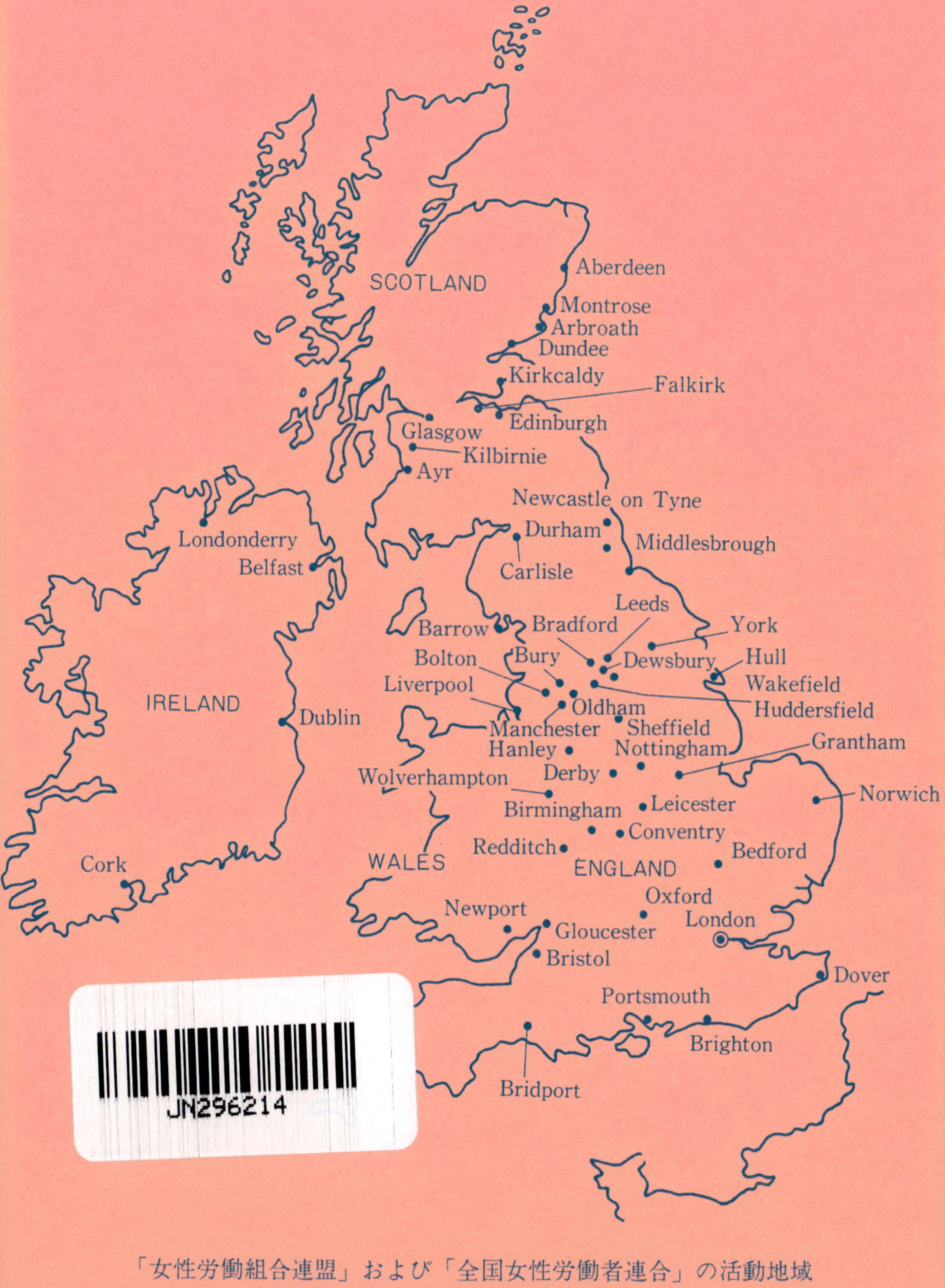

「女性労働組合連盟」および「全国女性労働者連合」の活動地域

フェミニズムと女性労働運動の結合

イギリス女性運動史

今井けい

日本経済評論社

1　メアリ・ウルストンクラーフト

2　エマ・パタスン

3　メアリ・マッカーサー

4　エミリア・ディルク

5　ランカシァの織布工女たち（1907年）

7　鎖製造工女（1910年）

6　鎖製造家内作業場（1906年頃）

9　協同組合女性ギルド
100周年記念マーク

8　ロンドン・イースト・エンドの仕立工女たち(20世紀初頭)

10　「全国女性労働者連合」のデモ行進

12　女性参政権要求デモ行進（1908年６月３日）
フォーセット夫人およびE・デイヴィス指揮

11　ミリセント・フォーセット

14　サフラジェットの逮捕

13　獄中服のパンクハースト母娘

目　次――イギリス女性運動史――フェミニズムと女性労働運動の結合

装丁＊武井英雄

写真資料の出典は左記の通りである。なお、原題については「参考文献」参照。
①⑪⑬⑭はR・ストレイチィ『大義』、②はH・ゴールドマン『エマ・パタスン』、③はM・A・ハミルトン『メアリ・マッカーサー』、④はB・アースクウィズ『レイディ・ディルク』、⑤はC・アスピン『綿工業』、⑥は『苦汗産業展示会ハンドブック』、⑦はS・ルーウェンハック『女性と労働組合』、⑧はA・V・ジョン編『機会の不平等』、⑨は『協同組合女性ギルド一〇〇周年記念』、⑩は記念絵はがき、⑫はL・E・スネルグラウヴ『サフラジェッツと女性参政権』。

凡　例

1．欧米人人名は原則として初出のみ仮名書きの下に原語で示した。そのうち巻末の「本書に登場する主要人物の略伝」の中に掲載されている人名については初出のみに*を付した。

2．欧米人人名の発音は *Everyman's English Pronouncing Dictionary* by Daniel Jones (1969) に依った。

3．地名も原則として初出のみ仮名書きの下に原語で示した。発音表記については同右書に依った。ただし、わが国ですでに親しまれている地名については仮名書きのみとした。

4．機関紙名、政党・組織名等は重要なもののみ初出に原語あるいは略号を示し、以下必要に応じて略号を用いた。

5．middle class は原則としてミドル・クラスとしたが、場合によっては中産階級、中流階級、中層階級などのわが国で親しまれている訳語を用いた。とくに訳語上の差違はない。

6．tailoring は紳士服を主とする仕立て、dressmaking は婦人服仕立て、dress は（男女の）衣服、clothing は衣料（紳士服、婦人服、帽子、手袋など、時には長・短靴をも含む）と訳出した。

序論

一九六〇年代にアメリカで始まった女性解放運動《ウーマンリブ》は六〇年代末以後多くの国に波及した。イギリスでも一九七〇年二月全国的な女性集会が半世紀ぶりに、名門校オクスフォード大学のステューデント・ユニオンを会場として開かれた。それは女性たちの旧社会秩序への挑戦を意味するかのようであった。

ユニオンの大ホールには同大学を卒業した有名政治家や学者・経済人などの胸像が並べられているが、そのすべてが男性である。当日は参加した女性たちの手でこれらすべての胸像に古新聞でつくられた三角帽がかぶせられていた。当時、文化大革命で中国の青年たちが、実権派と呼ばれた人たちに反対して、彼らに三角帽をかぶせたことからヒントを得たものであろう。それはイギリスの階級社会の頂点に立ち、イギリスを支配してきた男性たちに対する意義申し立てのシンボル的行為であった。

集会では、女性差別の現状が次々と紹介されたが、これを契機にその後多くの地域で女性学研究《ウィミンズ・スタディズ》が始まった。「歴史に埋もれた」(1)女性に光を当てるだけでなく、すでにでき上っている政治・経済・社会・学問・芸術その他あらゆる分野の実態を女性の視点から見直そうとする動きが出てきたのである。オクスフォードでも当初は大学のカリキュラムの枠外のささやかなサークルで発足したが、現在では大学の制度の一部に格上げされて、ウィミンズ・スタディズ・セミナーが定着している(2)。

当時、オックスフォードに留学していた筆者は、幸運にもこの歴史的大転換に最初から遭遇することができた。そして、その強烈な印象をその後の自分の研究のための大きな原動力とすることができた。

他方、一九六〇年代のイギリスでは、すでに労働史学会の創立がみられた。支配的な立場の著名人の歴史、あるいは支配階級の歴史――しかも政治史――だけでなく、一般庶民の、とくに、労働者階級の研究の必要が認識されるようになった(3)。支配される側の女性の研究がこの中に含まれるのも当然であった(4)。こうして、女性史研究さらには女性学は女性解放運動からも、労働史・社会史研究の側面からもその発展が期待されるようになった。そして、七〇年代から今日にいたるまで次々と新しい意欲的な女性史研究が発表され、わが国にも紹介された。女性労働史・女性労働運動史研究についても同様の傾向が見られる(5)。

本書はこうした近年の国際的な動きの中での筆者の十数年にわたる研究のささやかな成果である。以下、筆者の意図と本書の課題について、主要な点を示すことにしたい。

筆者が本書で第一に目ざしたのは、従来別個に進められてきたフェミニズムの歴史と女性労働運動史研究を総合的に把握し、とくに、後者を前者の中に位置づけて、上・中層階級と下層階級の二つの運動が実は相互に密接な関係をもちながら進展したことを明らかにすることである。しかも、女性労働運動は男性の運動とも不可分である。したがって、こうした二つの側面をもつ女性労働運動が、一方では性差の、他方では階級差の問題の解決にいかにとり組んだかを検討することが第二の課題となる。

これらの課題を解明するに当っては、イギリスの女性労働運動史の中でたびたび言及される「女性労働組合連盟（WTUL）」の活動を通して検討することが適当と考えられる。なぜならそれはWTULがこの二つの女性運動をつなぐ重要な役割を果していると思われるからである。またWTULのまとまった研究がイギリスでもいまだ少ないために、その解明を第三の目的としているからである。ウェッブ夫妻は「労働運動の理念は多くの異なった産業で、婦人労働者のあいだに、しっかりと出来上りつつあった。その多くはこの時代に彼らを倦むことなく助けたチャールズ・ディルク卿夫妻の努力に帰せられるべきである」(6)と述べて、ディルク夫人の功績を称えたが、彼女の指導したＷＴＵＬの実態は必ずしも十分明らかにされてはいない。本書のディルク夫人とＷＴＵＬについての叙述は、その意味で筆者の最も力を入れた部分である。

イギリスでは、男性労働組合は主として自分たちの技術が他から侵害されないように、独占的地位を守るためにできたもので排他的性格の強いものであった。熟練労働（＝技術）の供給量を限定することによって、雇主との交渉を有利にした。これに対して、女性労働者は当初から弱者の立場におかれた。女性には特別な技術もなければ、自分たちの労働条件の改善をもたらすような組織をつくる力も、時間もなかった。ここにミドル・クラスの女性が助っ人的に登場し、女性労働者を助ける重要な役割を演じた。ＷＴＵＬもミドル・クラスの女性のイニシアティヴによって結成された。働く女性の中に自助と互助の精神を養い、それを実現するための組織づくりに、彼女たちは指導的な役割を果したのである。それは、男性労働組合が産業革命によってその地位と賃金を改善し熟練労働者自らの力によってつくられた経緯とは、著しく異なっている。

本書では、こうしたミドル・クラスの女性のイニシアティヴが、男性労働運動とのかかわりの中でいかに変化していくかを歴史的にフォローすることに努めた。運動の過程で、時には彼女たちの中産階級人としての限界があらわになった。しかし、時には雇主ばかりでなく男性労働者のエゴイズムに直面して彼女たちは、女性労働者を守るために勇敢に戦かった。けれども、男性の未熟練労働者がふえていく中でＷＴＵＬは全体としては、しだいに男性労働運動との連帯を深めていくことになる。

それではヴィクトリア時代のイギリスでなぜ、そして、いかにしてミドル・クラスの女性が労働者階級の女性の問題に関心をもち、その解決にかかわっていくようになったのだろうか。その過程を約言すれば、産業革命が労働者階級ばかりでなく、上層・中層階級の女性の伝統的な生活と意識をも変えた結果だと言える。すなわち、この時代の工業生産の発達にともなって家庭が生産の場から消費の場に移ることによって、ミドル・クラスの女性は教養と余暇を享受するようになった(7)。折から普及していた福音主義は、宗教を通して家庭生活を立て直し、道徳を改善することを訴えていた。その影響で、家庭重視論が高まる中で、ミドル・クラスの女性たちは家庭の幸福を見出し得ない貧民の救済問題に逢着する。宗教心と教養に加えて余暇をもつ彼女たちはここで慈善運動に参加することになる。「家庭重視」を説きながら、自らは、家庭の外で、慈善運動をするという矛盾を犯しながらである。

貧困の実態にふれた彼女たちは、しだいに社会・労働問題に開眼する。女性の低賃金は男性の賃金引下げにつながりかねないし、女性の賃金労働は家庭の崩壊につながると考えた彼女たちは、男性の賃金を高め、一家を養えるような「家族賃金」を男性のために保証することを望んだ。そのため、ミドル・クラスの女性は、女性労働者の教育とともに、彼女たちの低賃金を防ぐために、WTULの設立に向かったのである。

他方、社会問題に対する彼女たちの開眼は、自分たち自身の置かれた地位に対しても向けられた。彼女たちは自らを含めた女性の人間的社会的な無権利状態を自覚した。こうして男性支配に対し女性の正当な権利や地位を求めるフェミニスト運動と女性労働運動は彼女たちの運動の中で深いつながりをもつことになった。

本書の第I部では、イギリスのフェミニスト運動の歴史の中で、ミドル・クラスの女性がWTULにかかわる経緯を明らかにした。その際フェミニズムの歴史を「独自派」フェミニズム、「平等派」フェミニズム、「社会派」フェミニズムの三つの観点から追跡し、それぞれの異同と相互連関を明らかにしようと試みた。

第II部第三章の前半では、これらのフェミニスト思想に影響されながら、女性労働史研究がどのように変容したかについて、A・クラークやI・ピンチベック、その他の女性労働史家の研究に依拠しながら検討した。従来工業化が女性労働に与えた諸変化についての評価は多様である。そのため実際に女性たちがいかなる分野で就労し、その実態はいかなるものであったかを明らかにすることが課題となる。第三章後半では女性の就業分野、産業の地域的特性、賃金、労働時間などを男性と比較しながら、女性労働の諸特徴を示すことにした。とくに女性就業者の多かった繊維産業と衣料産業における女性労働の実態とその組織化との関係をさぐった。

第Ⅱ部四章と第Ⅲ部五章では、本書の叙述の中心部分になるWTULが前記のような諸特質をもつ女性労働者をいかに組織したか、また組織し得なかったかについて、三つの時期に分けてあとづけた。第一期はE・パタスンの時代（一八七四〜八六年）で、ロンドンを中心とした、共済組合的色彩の濃い時代であり、フェミニスト的思考も強かった。第二期はディルク夫人の時代（一八八六〜一九〇四年）で、地方への発展と女性労働者の法的保護を求めた運動方針が特徴である。この時期になって、男性労働者との協力の必要が認められ始めた。

第三の時期（本書の第Ⅲ部）はM・マッカーサーの時代（一九〇三〜二一年）ともいうべき時期で、女性労働者の法的保護要求がいっそう強められていく時代である。労働党の誕生（一九〇六年）により、イギリスではそれまでの自由主義時代に比べて、国家が国民の生活に関与する度合が高まった。勤労女性に対しても同様である。第Ⅱ部前半でとりあげた低賃金労働者という立場の女性労働の改善には、とくに国家介入が必要とみなされた。工場法の改善、最低賃金法の制定、国民保険法の成立などがその主なものであるが、これらの制定と実施のために、WTULは広く労働界や知識階級の人びとと連携した。その実態を明らかにするため第Ⅲ部では、WTULとその他類似組織との協力的活動の発展経過を検討した。

しかし、こうした当時の一連の活動と、制定された法律の基底を成す思想は、男女平等思想ではなく「男が外で働き、女は家を守る」という伝統的家父長主義であった。そこには福音主義に根ざした中産階級的「家庭重視論」が脈々とうけつがれていた。したがって、彼女たちが男女平等賃金を標榜しても、それは一家のかせぎ手としての男性の賃金を引下げないための配慮が貫かれていたのである。

第一次大戦中に、女性は多数男性の職場に進出し、同一労働・同一賃金を実現した。しかしこれも、一部の分野を除き一時的なものであり、戦後また、多くの女性が家庭に戻ることになった。女性労働運動の指導者たちの多くがこのような傾向を支持した。そのため一九六〇年代以後のフェミニスト歴史家たちは、現代的視点から当時の指導者たちの限界性を批判する。しかし、筆者は、一九世紀後半から二〇世紀初頭にかけての女性労働運動を歴史的に展望することによって、その限界性とともに、同時代の歴史的環境の中で、それが持ち得た先駆的意義をも指摘するように努めた。そうすることによって、WTULのより客観的な全体像が得られると思われるからである。

同様のことは、福祉政策要求運動にもあてはまる。WTULは労働市場における女性を主として活動の対象としたから家庭の主婦や子どものための福祉政策を求める活動に直接関与しなかった。しかし、労働党婦人部、フェビアン協会婦人部、女性協同組合ギルド、その他に属する「社会派」フェミニストたちは「母性手当」と「子どものための福祉政策」を政府に求めた。前者は家庭の主婦の経済的自立を助けるし、後者は子だくさんからくる女性への負担を軽減することができるからである。また、当時子どもは個人のものというより社会全体のものという認識が広がり始めていた。だが、結果的には、男性世帯主の扶養家族として妻や子どもが位置づけされて、「育児手当」の支給や税制措置がとられることになった。主婦の経済的自立を求めて始まった運動が「育児手当」その他の福祉政策に矮小化したことに、現代フェミニスト歴史家たちは批判の矛先を向けるのである。しかし、筆者はこの点においても、その先進性と保守性の両面を時代的背景にそくして理解することに努めた（六章2）。

フェミニズムの歴史の中でもっとも大きな部分を占めるのは女性参政権運動である。メアリ・ウルストンクラーフトが男女の平等を理論的に主張してから一世紀以上、また、バーバラ・リー・スミスらがジョン・スチュアート・ミルの協力を得ながら、実際に女性参政権運動を始めてからも半世紀以上を要した活動であった。従来女権運動は主にミドル・クラス女性の運動として理解されてきたが、本書では「平等派」フェミニストと「社会派」フェミニストの運動としてとらえ、ミドル・クラスの女性と労働者階級の女性の連携が運動を成功に導く原動力になったことを示した（六章1）。

以上、冒頭に述べたように、本書では女性労働運動の歴史に重点をおきつつ、それへのミドル・クラスの女性のかかわりを見る中でフェミニズムの歴史、すなわち女性解放の歴史を検討することを目ざしている。そして、女性労働運動も福祉政策要求運動も、さらには女性参政権運動もミドル・クラスと労働者階級の双方の女性の間に連帯が生れ、より広い大義（cause）に向けて相互補完的な協力が実現した時、その過程でさまざまな運動の目標が達成され得たことを明示したつもりである。

こうした階級を越えた連携の伝統は、階級区分が稀薄化しつつある現在、いっそう有効に生かされて、二〇世紀七〇年代のイギリスの男女平等立法の制定をもたらしたのである。

一九八五年に日本の現代史研究会が主催した三回（二月〜三月にかけて）にわたる連続シンポジウム「労働運動と女性」では、この問題についてのイギリス、ドイツ、日本についての研究者が各二人ずつ報告し、その後討論会がもたれた。筆者は「イギリスの女性と労働運動」について報告した。シンポジウムは全体的に非常に示唆に富むものであり、矢野久氏の鋭い批判的「まとめ」は本書執筆に大きな刺激となった。同氏は女性労働運動史研究者（筆者を含めて）がともすると、運動史における発展の側面を強調するのに対し、女性労働史研究者たちは女性労働の停滞的・悲観的側面を重視する。後者は女性労働の実態研究を広げ、深めたという貢献はしても、そうした停滞的状況の中でもなぜ女性労働運動が進展し、一定の成果を収めてきたかについての論証に欠けていると批判した。その上で、同氏は両側面からの、総合的な研究の必要を主張されたが(8)、本書が多少とも同氏のご批判に答えられれば幸いである。ここに改めてこうした機会を与えて下さった現代史研究会の方々にお礼申し上げたい。

〔注〕

(1) Shiela Rowbotham, *Hidden from History : 300 Years of Women's Oppression and the Fight Against It* (London: Pluto Press, 1973).

(2) イギリスの女性学については拙稿「イギリスにおける女性史研究の動向」『歴史評論』一九八六年三月参照。

(3) 労働史および社会史研究の歴史については松村高夫氏がすぐれた論文を数多く発表している。(1)「イギリス労働史の諸問題」、社会経済史学会編『社会経済史学の課題と展望』(有斐閣、一九八四年)、(2)「イギリスにおける社会史研究とマルクス主義史学」『歴史学研究』五三二号 一九八四年九月、(3)「イギリス労働史の文献」『三色旗』一九八四年四月、(4)「イギリスにおける社会史研究」角山栄編『講座西洋経済史V』(同文館、一九七九年)。

(4)「労働史学会」第二〇回大会では、労働者の技能に関して、女性は技術から排除されていたこと、これをめぐって労働組合内部で男女労働者の対立があったことなどが話題となった。草光俊雄「『労働史学会』第二〇回大会参加記」『歴史学研究』四九〇号、一九八一年三月。

(5) 拙稿「イギリスにおける女性と労働――最近の諸研究によせて」『婦人労働問題研究』(労働旬報社) 14号、一九八八年。

(6) シドニィ・ウェッブ、ビアトリス・ウェッブ、荒畑寒村監訳 飯田鼎・高橋洸訳『労働組合運動の歴史』下(日本労働協会、昭和四八年)五八〇~五八一ページ。

(7) 余暇が増え、無為に過す女性が増えたとする伝統的な解釈に対して、家事使用人はせいぜい一~二人であって、中産階級の主婦は家事使用人の監督と家庭管理に多忙であったとPatricia Branca, *Silent Sisterhood : Middle Class Women in the Victorian Home* (London : Croom Helm, 1975) は述べている。しかし、後述するように、当時、イギリスにおける家事使用人は一〇〇万人を超えていたし、慈善活動参加者の数も確実に増えていた。

(8)『現代史研究』(現代史研究会) 三二号 特集=「労働運動と女性」まとめ、一九八五年八月。

第Ⅰ部　イギリスにおけるフェミニズムの歴史と諸相

フェミニズムを「女性の地位を変える」ための思想、あるいは運動と定義して、イギリスのフェミニズムの歴史をひもとく時、私たちはそこに二つの流れを見出す。一つは女性の独自性を重視する独自性主張派と、もう一つは人間として女性を男性と同等にみる平等主張派である。前者を「独自派」、後者を「平等派」と呼ぶならば、「独自派」は一八世紀後半から台頭した福音主義にその源を発し、「平等派」は啓蒙主義思想から生れて、それぞれ発展していったことがわかる。加えてイギリスでは一九世紀のはじめにロバート・オウエンによって提唱され、一八八〇年代に再生した社会主義思想がフェミニズムの発展に深くかかわっている。それゆえ、オリヴ・バンクスが、イギリス・フェミニズムの中に、福音主義、啓蒙主義、社会主義の三つの伝統を見出したことは妥当と言えよう(1)。ただし、筆者は、社会主義に源泉を見出したものと、社会主義に影響されながらも、必ずしも社会主義だけに依存するのではなく、女性問題を広く、社会改革全体の中で解決しようとしたフェミニストたちをも含めて「社会派」と呼ぶことにした。

これらの三つの伝統は具体的な運動の中では互いに対立したり、協調したりする複雑な様相を呈した。例えば、啓蒙主義者たちが女性参政権を主張したのに対して福音主義者たちの一部はこれに反対した。また社会主義者たちは有産階級の女性のためよりは、すべての成人のための普通参政権を主張した。一方、「独自派」と「社会派」が、女性労働者に対する保護立法を政府に求めたのに対し、「平等派」は保護法を女性労働者の雇用を制限するものとして反対した。産児制限運動に対する各派の反応はさらに複雑で、それぞれの中でも微妙な意見の相違や対立が見られた(2)。

しかし、対立と協調の中で、あるいは工業化社会の実現の過程で、思想的にも、あるいは現実的にも女性の社会における地位は確実に変りつつあった。福音主義運動は慈善活動を活発にして女性に自己表現《セルフ・イクスプレション》の場を与えた。同時に宗教的慈善活動に限界を見出した女性たちは、参政権、財産権、教育権を求める運動へ、あるいは既成の社会そのものの変革を求める社会主義運動へと参入していった。女性労働者とのかかわりもこうした背景の中で生れたのである。

以下、福音主義、啓蒙主義、社会主義とフェミニズムとの関係を概観し、産業革命後の社会構造の変化と女性との関係をまず検討しよう（イギリス女性運動の展開〔図〕、四一〇～四一一ページ参照）。

〔注〕

（1）Olive Banks, *Faces of Feminism : A Study of Feminism as a Social Movement* (Oxford : Martin Robertson, 1981) pp.7-8.

（2）J. A. and Olive Banks, *Feminism and Family Planning in Victorian England* (New York : Schocken Books, 1964), 河村貞枝訳『ヴィクトリア時代の女性たち――フェミニズムと家族計画――』（創文社、昭和五五年）。

第一章　「独自派」フェミニズムと女性社会福祉活動

1　家庭重視論の形成

福音主義とフェミニズム

ピューリタン革命に端を発した激烈な宗教上の争いは名誉革命で一応終息し、一八世紀のイギリス社会は平和で安定した状態を保ちつづけた。

七年戦争（一七五六～六三年）でフランスに勝ったイギリスはアメリカをはじめとする広大な植民地を手に入れ、経済的にも発展して産業革命の到来を準備する。その間、イギリス国教会は着実にその影響力を強化したが、その反面、教会が本来もつべきはずの信仰心はしだいに薄らいでいった。国教会の指導者たちは支配階級と結びつき、さまざまな特権を享受して(1)、しだいにキリストの使徒としての自らの使命をかえりみなくなった。彼らは、特権的地位に安住して俗世の問題にも無感動・無関心のままに安閑として日々を送っていた。

このような状況の中で、うわべや形式ではなく、聖書の福音の真理にたちかえろうとする福音主義が一八世紀前半に生れた。そして、ウェズリィ兄弟によって広く流布されたのである。彼らは信仰の基礎は、理性や知性にあるのではなく、すなおな心で聖書に近づくことにあると主張した。聖書を字義通りに解釈することが重要であり、人間は堕落した存在だが、その救済は信仰によってのみ可能だと宣言した。そのような新しい運動の下で人間はいかに生くべきかを極めることが課題となり、結局生そのもののための生よりは、来世への準備としての生が考えられるようになった。彼らにとって、日常生活の一挙一動が永遠の生のための魂の準備とみなされた。人びとはその指導者ウェズリィ兄弟らの教理研究および礼拝がきわめて組織立っていたことからやがて彼らをメソジストと呼ぶようになったが、それは一八世紀後半から一九世紀初頭まで福音主義者とほとんど意味上の区別はなかった。

しかし、一七九一年に兄のジョン・ウェズリィが亡くなると、数年後にメソジストたちは国教会から離脱し、非国教徒の中でも最大の宗派を形成した(2)。

他方、国教会の中にとどまって福音主義を主張する者も多数出た(3)。彼らも信仰の復興を唱え、国教会の堕落を救済してその再生をはかろうとした。具体的には、教会を増設したり、学校の建設を行なって教育の充実にも努力したのである。

福音主義はこうして国教会の内外を問わず各宗派に広がっていった。その時期は一七八〇代年から一八三〇年代にいたる産業ブルジョワジー形成期と一致する。福音主義者たちは、貴族と商業資本主義の社会から産業資本主義社会への移行期において調停的役割を果した。彼らは、フランス革命に震駭したイギリスの上層階級に対し、その退廃を批判しつつ、混乱の収拾にあたっては全く新しい社会構造をつくり出すのではなく、内からの改革によって現体制を改良し維持しようとした。他方、奴隷貿易廃止運動を展開して、さまざまな階級の糾合に成功した。彼らは前者では、上層階級の力を信頼する社会的保守主義者であったのに対し、後者では自由主義的ヒューマニストの役割を演じて、古い支配階級と新しい中層階級の橋渡しをしたといえる(4)。この運動の中心的指導者が貿易業者で熱心な福音主義者である下院議員のウィリアム・ウィルバーフォース（William Wilberforce, 1759 - 1833）であり、福音主義と女性を結びつけたのがハナ・モア*（Hannah More, 1745 - 1835）であった。

ウィルバーフォースはハナ・モアとともに福音主義を日常生活にとり入れる点で貢献した。彼は、人間は罪深い者であり、腐敗や堕落から逃れるためには日常生活における規律が必要だとした。神の言葉への従属、服従がもっとも必要であり、それらに照らし合せての自己点検を中心的課題とした。彼は真の信仰と名目上の信仰を区別し、キリスト者とは「私たちがそのように生れついている状態ではなくて、私たちがつくり変らなくてはならない状態であり、私たちが継承するものではなくて、新しく創造されなくてはならない性質である」とし、さらに「これは継続的な監視と絶え間ない努力そして不屈の忍耐を必要とする困難と労苦の事業である」(5)と主張した。そこには人生は常に救済への旅だとする、巡礼のイメージがあったのである(6)。日常生活における厳しい規律とともに、他人への最大限の奉仕が絶えず求められた。一八〇二年、ウィルバーフォースは「悪徳抑制協会」を結成し、安息日の遵守や冒瀆的でみだらな本・劇場・ダンス・祭り・女部屋・遊技場の抑制に努めた。

こうして、一七九〇年代から一八二〇年代にかけて福音主義運動は放蕩や不道徳など諸悪に対する不断の攻撃と、イギリスの生活様式の転換を迫るものとなった。それは当初、上層階級のマナーとモラルに対して批判を加えた。しかし、フランス革命後の激動期には、目ざめ始めた労働者階級に対する対策も不可欠であった。既存の体制への批判に対しては単純な抑圧策だけではもはや不十分である。そこで、福音主義が下層階級の自己再生への道を開いたのである。ウィルバーフォースは彼らの運命が神から与えられたものとして甘受し、それぞれの境遇において聖書の教えを守ることを説いた。上層階級の退廃を非難するだけでなく、また下層階級を弾圧するだけでなく、両者に共通する新しいモラルと生活様式を説いたところに福音主義が運動として広く流布した一因があった。もちろん、これにはすでに指摘したように、フランス革命の動揺を鎮め伝統的社会を維持するという保守的側面があった。宗教によって上層階級の堕落を内側から救い、労働者階級には彼らの不満を宗教へかわす役割を果したのである(7)。しかし、混乱が終息すると福音主義者たちは、彼らの意図に反して、急進派ばかりではなく支配階級からの攻撃にもさらされる。そのために福音主義は中層階級との結びつきを強め新しい倫理と新しいライフスタイルを彼らのために用意した。それはヴィクトリア社会にはかり知れないほど大きな影響を与えることになった。

フランスの英国史家エリィ・アレヴィも福音主義をヴィクトリア時代の英国史の原点に据え、次のように述べている。

……一九世紀を通じて、福音主義信仰は、英国社会の道徳的きずなであった。英国の貴族にほとんどストイックともいえる威厳を帯びさせ、一般大衆から成り上ったばかりの富豪を俗悪な見栄と遊蕩から防止し、無産階級の上に、美徳を熱愛し自制心のある労働者選抜隊《エリート》を置いたのは、福音主義者たちの影響力であった。かくして、福音主義は、革命勢力の爆発によって一時崩された均衡を英国において復活させた保守的な力であった(8)。

福音主義とフェミニズム（家庭と家庭婦人の理想化）

以上述べてきたように、福音主義者たちは宗教を世俗化し、マナーと道徳を改善することによってイギリス社会の立て直しをはかった。家庭は罪の発生を抑え、宗教生活を実行する重要な場となり、聖書の講読や祈とうが各家庭で行なわれるようになった。もっとも一九世紀後半ともなると、サミュエル・バトラーが『万人の道』（一九〇三年）の中で描いたように、この習慣も硬直化し、形がい化し、人びとを束縛するものとなった。しかし、この時期にはまだ誰もそうしたことには想い至らなかった。

女性は「家庭を守る天使《エンジェル》」となり、男の世界は外であり、女の世界は内という明確な領域の区分が生れた。家庭と家庭婦人の美化がここから始まった。仕事のために家庭を離れたウィルバーフォースは規則的に妻に手紙を送ったが、議会に登院する直前に彼女に宛てて次のように書いている。「この決定的に重要な議会で充分義務が果せるように啓発と力が与えられるように祈ってください。これまで神は私に驚くほどの支持と祝福を与えてくださいました。ああ、それはどれ程私の力を超えていたかしれません。嵐から逃れ、あるいはそれを超えて、いわば山の頂きにいるあなた方みんなが、谷間の下で闘う私のために祈っていることを思うと私にとって一つの慰めとなるでしょう」(9)。

福音主義者たちのこのような家庭の美化と重視は、ハナ・モアによっていっそう強化された。「ブルーストッキング」の一員として活躍したモアは、熱心な福音主義者であり、女性を宗教と結びつけ、宗教に基づく規律や道徳を家庭の中に確立する使命を女性に与えた。さらに彼女は限定的ではあったが、女性が社会へ出る契機もつくったのである。当時、上層階級の女性が男性の飾りものであったことを思うと、彼女の主張は一定の先進性をもっていたと言えよう。

しかし、こうしたモアの主張は一七九二年にメアリ・ウルストンクラーフトが発表した『女性の権利の擁護』(10)に反ばくするためのものだった。その中で主張されているウルストンクラーフトの男女平等思想はとうていモアに受け入れられなかった。福音主義者たちにとって、男性と女性はあくまで異質であり、男女それぞれがもつ特質を生かすことこそ望まれる。上層階級の娘たちの教育が音楽や、裁縫、ダンスなどに限られていて、彼女たちの精神的成長を無視したものだとして批判する点で、モアはウルストンクラーフトと一致した。しかし、ウルストンクラーフトがさらに女性に対して男性と同様に理性に基づく女性の一般教育あるいは職業教育を求めたのに対し、モアが宗教に基づく教育を主張した点では大きく異なっていた。この点でも福音主義者たちは急進派と上層階級の調停的役割を演じたことになる(11)。

ハナ・モアは、女性は宗教的生活にとって男性より適しているとした。彼女は、女性が高い学問的知識を身につけていないためにかえって、それらが陥りやすい危険から免れ、純粋な気持で聖書の教えに従うことができるし、生存競争にさらされないために社会の汚濁に染まらず、家庭にいるために規則的に宗教的行事に時間をさける利点をもつと主張したのである。理想的妻として、モアは彼女の小説『妻を求めるコウレブズ』の中で主人公に次のように語らせている。

伴侶として、私はヘレンや聖シシリアあるいはマダム・デイシアのような人を望みません。しかし、彼女は優雅でなければなりません。さもなければ、私は彼女を愛せません。また彼女は賢明でなければなりません。さもなければ私は彼女を尊敬できません。彼女はまた冷静でなければなりません、さもなければ私は彼女を信頼できません、教養がなければなりません、さもなければ私の子どもたちを教育できません。家柄がよくなければなりません。さもなければ私の友人をもてなせません。節操がなければなりません。さもなければ私の母の影を傷つけます。信心深くなければなりません。さもなければ、私は彼女と幸福にはなれないでしょう(12)。

ここには夫、子ども、姑との関係で妻が描かれていて妻自身は存在しない。神への従属が求められたと同様に、家庭ではひたすら夫への従属が求められたのである。

妻はまた、家庭が夫にとっても家族にとっても心地よいものにしなければならなかった。福音主義者たちは家事について次のように述べている。

家庭は片づいていて清潔であるだけでなく、誰にも当惑や怒りの感情を起させないように、すべての人の好みに合うように秩序立っていなければならない。一定の行動様式が出来上っているだけでなく、平和が維持されていなければならない。さもなければ幸福は壊れてしまう。……外面的な秩序や慰安が守られているだけでなく、あらゆる家庭的な情況の周辺には、いかなる内的な疑いもその土台をくずさず、外的な敵も打ち破ることのできないような強固な信頼の壁がなければならない(13)。

こうして女性の世界は、男性のそれが波乱と危険に満ちた公的なものであるのに対し、夫や子どものための穏和で温かい私的な領域となった。家政と家計の円滑な運営が女性の重要な仕事となり、女性は家にいることが望まれ、家庭でこそその優れた資質を発揮できると考えられた。ただハナ・モアは「無意味で、軽薄な目的からかすめとられた……時間とお金は、キリスト教徒の慈善という正しいチャネルへ、より賢明に向けられる」(14)べきであると語って、慈善活動への女性の参加を認めた。それらは家庭のモラルの延長であり、女性の特質を生かすものである。モア自身は貧民の子のための日曜学校をつくった。もっとも、その目的は限界のあるものであり、読むことは教えても書くことは教えなかった。しかも自分たちの運命に満足することを教えるのが主眼であった。このことは下層階級の女性に対しても同じである。モアは、女性の相互扶助組織を結成して、倹約や家計の上手なやりくりを教えたのである(15)。「しかし彼女が何かを教えているという事実そのものが全く革命的なことであった。彼女は少しもそうする意図がないままに、中層階級の若い女性のために新しい領域を開いた。そして彼女たち自身の狭いつまらない生活への反逆が当然のこととして続いたのである」(16)。

ハナ・モアは宗教を通して、一方では上層・中層階級の女性たちに生活の立て直しを訴えながら、他方で、彼女たちを慈善活動へと駆り立てていった。例えばニューカースルのメソジスト、J・ギブソン夫人は彼女の『回想録』の中で、ハナ・モアの次の言葉を熱心に引用しているが、このことからもモアの影響力が伺える。「慈善は淑女《レイディ》の使命であり、貧民の世話は彼女の職業である」(17)。

こうして福音主義は、家庭を重視したハナ・モアによって、皮肉にも女性を狭隘な家庭から新しい活動領域へと引き出す役割を演じた。同時に彼女たちによる貧民や病人の訪問、聖書やパンフレットの配布、バザー開催などの慈善活動は、福音主義ばかりでなく、中層階級の家庭観・女性観を下層階級に広めていく媒介となった。

以上のように福音主義とフェミニズムは不可分の関係にあったが、クウェーカー教徒についても同様である。すなわち、クウェーカーは、女性に公衆の面前で話すことを許し、女性が牧師になることを許してフェミニズムの歴史に新しいページを開いたのである(18)。

富裕な毛織物業者の娘でクウェーカー教徒であるエリザベス・フライ*（Elizabeth Fry, 1780 - 1845）はその一人で牧師の経験を積んだ後、監獄改革に向かい、下院の委員会で女性ではじめて諮問に応じた。しかし、フライの考えもハナ・モアと同様、決して伝統的な家庭観・女性観に抗らうものではなかった。信仰復興と結びついた社会改革運動の中で、はからずも家庭の外との接触をもったのである。ただ、同じクウェーカー教徒のアン・ナイト（Anne Knight）は女性参政権の最初のリーフレット発行（一八四七年）にかかわり、その後六〇年代にはクウェーカー教徒による「女性参政権全国協会」が結成されている(19)。しかし、バンクスも指摘するように、このような活動はクウェーカー教徒の中でも一部である。したがって、クウェーカー主義も福音主義もフェミニズムに大きな影響を与えたとはいえ、それは「急進的というより保守的であったし、女性を家庭の外へ導き出す時でも、それは第一に家庭的美徳を公的領域にもたらすためであった。つまり、女性らしさの観念や家庭生活のあり方を変えようなどという要求はほとんどなかったのである」(20)。

とはいえ、女性は確実に福音主義からより急進的なフェミニズムへ移っていった。その移行には啓蒙主義が貢献するが、啓蒙主義とフェミニズムの関係を述べる前に、以下では産業革命による中層階級の台頭とその女性たちの地位の変化、彼女たちと慈善活動との関係、およびそれらの現代への影響について見ることにしよう。

〔注〕

（1） G. Kitson Clark, *The Making of Victorian England* (London : Methuen, 1962) p.153 は、国教会牧師の宗教心の希薄化は複数の聖職禄の保持などによる堕落が原因だとみる。その実態は一二一六八人の聖職者が二～三以上の聖職禄を兼任、そのうち三禄兼任が三五二人、四つが五七人、五つが三人である。

（2） ウェズリィ研究については次を参照。岸田紀『ジョン・ウェズリィ研究』（ミネルヴァ書房、一九七七年）。

（3） 一八五三年には、一万七〇〇〇人の国教会牧師のうち、教区で働く約六五〇〇人が福音派であった。Clark, op.cit., p.177.

（4） Catherine Hall, 'The Early Formation of Victorian Domestic Ideology', *Fit Work for Women*, ed. by Sandra Burman (London : Croom Helm, 1979), p.20.

（5） W. Wilberforce, *A Practical View of the Prevailing Religious System of Professed Christians in the Higher and Middle Classes in This Country Contracted with Real Christianity* (London : T. Cadell Junior and W. Davies, 1797), p.298, quoted in ibid., p.17.

（6） Ibid.,

（7） 「福音派」の保守性については、水田珠枝『女性解放思想史』（筑摩書房一九七九年）、第六章に詳述されている。

（8） Elie Halévy, *A History of the English People in the Nineteenth Century* (London : Ernest Benn Ltd., 1924 - 27). 山田泰司「ヴィクトリアニズムの歩み」『一橋論叢』七二巻二号、一九七四年八月。

（9） R. I. and S. Wilberforce, *The Life of William Wilberforce*, vol.5, p.77, quoted in C. Hall, op.cit., p.24.

（10） Mary Wollstonecraft, *A Vindication of the Rights of Woman with Strictures on Political and Moral Subjects* (1792). 白井堯子訳『女性の権利の擁護――政治および道徳問題の批判をこめて――』（未来社、一九八〇年）。

（11） C. Hall, op.cit, p.22.

（12） H. More, *Coelebs in Search of a Wife*, vol.1 (London: R. B. Seeley and W. Burnside,1809), p.23, quoted in ibid., p.

27.
(13) J. A Banks & Olive Banks 前掲訳書、八〇ページ。
(14) Hannah More, *Moral Sketches of Prevailing Opinions and Manners* (London, 1819) p.214, quoted in F. K. Prochaska, *Women and Philanthropy in Nineteenth Century England* (Oxford : Clarendon Press, 1980), p.6.
(15) 水田珠枝、前掲書、第六章参照。
(16) Ray Strachey, *The Cause : A Short History of the Women's Movement in Great Britain* (New York : Kennikat Press, Inc., 1928, reissued 1969), p.13.
(17) F. K. Prochaska, op.cit., p.118.
(18) クウェーカー主義については次を参照。William C. Braithwaite, *The Beginnings of Quakerism* and *The Second Period of Quakerism*, 2 vols (London : Macmillan, 1912 - 1919).
(19) Marian Ramelson, *The Petticoat Rebellion* (London : Lawrence, 1967), pp.72,81.
(20) O. Banks, op.cit., pp.25 - 26.

2　女性慈善活動の始まり

産業革命と中層階級の女性

一八世紀末にはじまった産業革命はイギリス社会に大きな物質的富をもたらした。とくに中層階級に対するその影響は大きく、富裕になった中層階級の人びとは、しだいに上層階級の生活様式をとり入れるようになった。郊外に土地を求め、豪華な調度で飾られた大邸宅を構え、多数の家事使用人を配することによって自らの経済的成功と社会的地位の上昇を誇示するのである(1)。そこで暮らす女性の生活ももちろん変った。工業化以前の社会では、妻は家事・育児に加えてさらに、夫とともに家業にも従事した。それは家内工業であったり、商業であったり、農業であったりした(2)。しかし、工業化によって仕事場と家庭が分離すると女たちは働く場を失い、家庭は消費の場へ移行した。妻の有償労働は夫の男としての対面を傷つけるものと考えられるようになった(3)。母親は育児をも乳母に任せ(4)、しだいに家の飾り物となり、疲れて帰宅する男たちに安らぎと慰めを与える存在となった。仕事は男にとって家族の生計の維持と社会的地位の上昇にとって重要だが、女にとっては徳と情緒の源泉である家庭の維持が最重要と考えられた。一八世紀末から一九世紀初頭にかけて始まった福音主義運動とそれから派生した家庭観・女性観が、物質生活の向上とともに、しだいに中層階級に定着していったといえる。それは厳しい競争社会の中で勤勉と節約によって台頭してきた中層階級の人びとの要請と巧妙に合致したのである。

カーライルは男性の仕事の世界と家庭を次のように描いている。

> 大事業の世界は異質の世界であって、あなたの世界ではありません。……あなた自身であり、あなたの心や顔の住みかでは全くありません。……そこで暮すことは父親なしで、子どもなしで、また兄弟もなしで暮すことです。……家に帰ると、わたしたちは仮面をはずし、道具を置き、もはや法律家でも、水夫でも兵士でも政治家でも僧侶でもなくなって、まさに人間になるのです。わたしたちは再びもっとも人間的な関係に入るのです。……(5)。

「近代生活の不安からの避難所《シェルター》、道徳的・精神的価値のための避難所」(6)として家庭が美化され、それを守る者として女性には「家庭の天使《エンジェル・イン・ザ・ハウス》」のイメージが賦与された。彼らは上層階級の生活様式を模倣したが、道徳面では上層階級の堕落を拒否し、積極的に宗教を生活の中にとり入れて、健全な家庭の育成に努めたのである。

しかし、料理人、家庭教師《ガヴァネス》、乳母など多数の家事使用人に囲まれ、彼らの管理以外これといってまとまった仕事がなくなった中層階級の女性は、上層階級の女性と同様にやがて自らの有用性の喪失意識に悩まされる。アメリカの英文化史家W・E・ホートンがヴィクトリア時代の女性について指摘した「対象のないものに対する憧憬《アスピレーション》」がここに生れた(7)。彼女たちは、それが何か分からないが、何か社会のためになることをしたという漠然とした欲求をもつようになったのである。名門の出のナイティンゲール*（Florence Nightingale, 1820 - 1910）は一九世紀初頭にすでにこの苦しみを味わっていたが(8)、同様の苦悩がしだいにミドル・クラスの女性にも広がっていった。もっとも、パトリシア・ブランカは、中層階級の四二％に当る年収一〇〇ポンドから三〇〇ポンドの家庭では一人あるいはせいぜい二人の召使をもつのがやっとであったとして、無為に過ごす女性像に反対している(9)。しかし、一八五一年に家事奉仕《ドメスティック・サービス》に従事する者の数が約七八万人であり、七一年には一二三万人になったことを考慮すると(10)、中層階級の女性が以前に比して、より多くの自由と時間をもっていたことは否めない。

慈善活動はこうした有閑階級の女性に、自己表現《セルフ・イクスプレション》の場と、憧憬と情熱の対象を与えたといえるのである。

慈善活動《フィランスロピー》と女性

当時のイギリスの有閑階級の女性が従事した慈善活動の内容としては、貧者の家庭訪問、彼らに対する毛布やスープの提供、聖書の講読、日曜学校の開設と運営、養老院・孤児院の運営資金集めのためのバザーの開催、母親向けの縫いものや節約のクラブなどがあげられる。実際著名なJ・オースティンの作品『エマ』（一八一六年）の中では、すでにヒロインのエマが病気の貧しい婦人にスープをとどけ、聖書を読んで聞かせる場面がある。

それでは一体どれくらいの人数の女性がどのように慈善活動に参加したであろうか？　正確な数字は不明だが、

ロンドンの二～三の慈善団体の数から推測することはできる。例えば、一八三五年に「会衆派キリスト教教育協会（Congregationalist Christian Instruction Society）」は約二〇〇〇人の自発的な家庭訪問員を擁しており、月に二回、四万軒以上の家庭を訪問していた。ロンドン司教は四三年に「首都訪問救済協会」の設立を助けたが、同会は一二カ月に一〇〇〇人の、また七三年までに二二〇〇人の訪問員を確保した。一九〇五年には、ロンドンの教会、布教会、慈善団体などで合せて、ヴォランタリーが七五〇〇人、有給の訪問員が九〇〇人いたと推定されるから(11)、全国規模ではかなりの数の訪問員がいたと想定される。

一九世紀イギリスにおける慈善活動の研究者であるプロチャスカは、また、慈善団体に対する女性の寄付者数の増加から、財政面での女性の貢献度を調べている。彼女によれば一九世紀に発展した多くの慈善団体の中で、女性寄付者の割合は著しく増加した。この傾向はとくに大きな組織でみられ、一八〇〇年代には一〇％台であったのが、一八九〇～一九〇〇年代には四〇～五〇％に増えている。実数を見てみよう。例えば宗教書普及協会（Religious Tract Society）」では女性寄付者数は約二五〇〇人（一八八〇年）で、全体の四一％に当り、「キリスト教知識普及協会（Society for Promoting Christian Knowledge）」では、二七四〇人（一九〇〇年）、三〇％に相当している。後に詳しく触れるが、財政面だけではなく実際に女性の活躍が目ざましかった「慈善組織協会（Charity Organisation Society, 以下ＣＯＳと略）では六三一人が女性寄付者で全体の三四％（一九〇〇年）に相当した。道徳改善あるいは女性や子どもに関わる団体においては、当然のことながらこの比率はさらに高く、例えば「ワークハウス訪問協会」（後述）では寄付者全体の八四％（一八六四年）、「女性雇用促進協会」では八〇％（一八六七年）、「道徳改善連合」では七七％（一八八三年）が女性寄付者であった(12)。このような団体では運営委員会に占める女性の割合もしだいに増えていった。

以上が一九世紀イギリスの慈善活動における女性の活躍の数量的概観であるが、それでは具体的にどのように活動が行なわれたのであろうか。

慈善活動における原初的形態は前にも触れたように、日曜学校の運営や、貧者や病人の家庭訪問であったが、後者は一九世紀を通じて確実に増えていった。かなりの規模で行なわれるようになったのは、メソジストのJ・ガードナーの始めた一七八五年にまでさかのぼれる。女性のみの組織もすでに一八〇二年に生れている。一八七〇年には「ロンドン市伝道会（London City Mission）」が年間二万ないし四万ポンドの予算で一年に会員が総計約二〇〇万回の訪問をしている(13)。

家庭訪問《ホーム・ヴィジティング》

訪問の当初の目的としては、フランス革命の影響が労働者階級に及ぶのを防ぐことがあげられる。しかし、革命による動揺の沈静後も訪問が続いたことを考えると、「主な動機は真の博愛主義であり、自分たちが義務と信ずることを実行する堅固な決意である」(14)といえるかもしれない。彼らは石炭、飲料、衣類などの供与を通して、貧者の当座の飢えと寒さをしのがせるのに貢献した。だが、訪問される側の人びとはこれらの訪問をどのように受けとめていただろうか。書きものを残さない彼らの気持ちは推測する以外手だてはない。ただ、産業革命によって労働と生活の場が離れ、ミドル・クラスの住居がしだいに郊外へ移ることによる、階級間の隔離を、上・中層階級の女性の訪問によって埋め合せたということは指摘されよう。また、彼女たちを通して、例えば、客を迎える時には立ち上がらねばならないというようなミドル・クラスのマナーや考え方が下層階級に広がっていったともいわれる。

〔注〕

（１）ミドル・クラスの生活様式の変化については、村岡健治『ヴィクトリア時代の政治と社会』（ミネルヴァ書房、一九八〇年）、および西村貞枝「イギリス・フェミニズムの背景――ヴィクトリア期ガヴァネスの問題」『思想』一九七四年四月、参照。

（２）工業化以前の女性は多面的に有能であったとして、クラークは一七世紀の女性の生活を明らかにした。Alice Clark, *Working Life of Women in the Seventeenth Century* (London : Routledge & Kegan Paul, 1919, new edn, 1982). 詳細は第三章参照。

（３）Virginia Woolf, *A Room of One's Own* (London : The Hogarth Press, 1929, repr. 1967), 川本静子訳『自分だけの部屋』（みすず書房、一九八八年）。

（４）母親が授乳せず、育児を乳母に任せたことが、多産の原因だと、マクラーレンは指摘している。Dorothy McLaren, 'Marital Fertility and Lactation 1570 - 1720, in Mary Prior, *Women in English Society 1500 - 1800* (London : Methuen, 1985) 三好洋子編訳『結婚・受胎・労働　イギリス女性史一五〇〇～一八〇〇』（刀水書房、一九八九年）。

（５）Thomas Carlyle, *Past and Present*, Bk. IV. chap 4, p.274. quoted in Walter E. Houghton, *The Victorian Frame of Mind 1830 - 1870* (New Heaven : Yale Uiversity Press, 1957), p.345.

（６）John Ruskin, "Of Queens' Gardens," sec. 68, in *Works, 18*, p.122, quoted in Houghton, ibid., p.343.

（７）Walter E. Houghton, ibid., pp.291 - 297.

（８）Florence Nightingale, 'Cassandra' in Appendix I to Strachey, op.cit., pp.395 - 418.

（９）P. Branca. op.cit., pp.45; 54-57.

（10）Census Reports for the years 1861 & 1871. Irish University Press Series of British Parliamentary Papers. Population 15. p.xliii.

（11）Anne Summers, 'A Home from Home - Women's Philanthropic Work in the Nineteenth Century' in S. Burman, ed.,

Fit Work for Women, op.cit., p.34.

（12） F. K. Prochaska, op.cit., pp.29 - 31. 本書巻末に付された六つの表には、一八世紀末から一九〇〇年までに設立されて活動した、主な慈善団体一四〇の寄付者数と、そこに占める女性の比率が記されているばかりでなく、寄付の額、慈善団体に遺された遺産の額も記載されていて興味深い。

（13） *The Thirty - Five Annual Report of the London City Mission* (London, 1870) quoted in ibid., p.104. pp.231 - 252.

（14） Ibid., pp.102 - 103.

3　社会福祉事業への女性の参加

一八三四年救貧法

一八三四年の救貧法の改正は訪問を含む慈善活動をさらに促進した。すなわち、慈善活動は一方で同法の施行を補完する意味をもちながら、他方では院外救助の廃止を求める法の趣旨をくつがえすようなあい矛盾する形で女性によって担われていった。

周知のように新救貧法は次の三点においてそれまでの救貧法と異なっていた。第一に、労働可能な貧者とそうでない者を区別し、前者には救貧費を支給せず、場合によってはワークハウスに収容する。第二は「より劣位の資格」《レス・エリジブル》と呼ばれる原則で、救済を与える場合、その条件の決定については、被救済者の地位を、自立している労働者のうち最も貧しい者のそれ以下に留める。第三は、従来地方によってばらばらであった救貧行政を中央で管轄するための機関が設けられたことである。また、選挙による救貧委員と有給の専任官吏が設定された。同法は健康な労働者が救貧費に依存してまじめに就労しないのを防ぐためにつくられたが、やがてそれは救貧費節約のためにのみ適用されるようになった。

労働可能な貧者とそうでない者との区別は非常に厳しく行わなれた。法的に定められた「劣位」原則が厳格に適用されたワークハウスは「絶望的な困窮の場合以外は誰にも二の足を踏ませるようなところ」であった。「家族とは離ればなれにされ、ワークハウスの制服を着せられ、食事の時には沈黙を守らねばならず、訪問することも訪問されることも禁止され、喫煙やビールも許されるべきではないとされた」(1)のである。こうしたワークハウスはやがて人びとの批判の対象となり、ディケンズも『オリヴァー・ツィスト』(一八三七~三八年)の中で、ワークハウスの劣悪な食事である薄粥を紹介している。一八九二年に「救貧委員会委員」になったジョージ・ランズバリも白塗りの壁、ジャラジャラ鳴る鍵束、巨大な名簿帖、みすぼらしいボロ着、それに下着はおろか、婦人の衛生用品さえ与えられない(2)とそのひどさを嘆いている。貧者の家庭訪問をしていたミドル・クラスの女性も当然その実態に直面した。金品を与えることは人間を堕落させると言われても、貧困を見ては、小銭を与えずにいられなかった女性もいたのである。

ルイザ・トワイニング* (Louisa Twining, 1820 - 1911)

紅茶業で著名なトワイニング家の姉妹もそのような女性たちであった。彼女たちは長い間訪問し続けていた貧しい老女がワークハウスへの入所を余儀なくされ、六週間後に死んだことを知ってひどく悲しんだ。

とくに妹のルイザは「バスティーユ監獄」とあだ名されたワークハウスに老女を訪ねなかったことを悔いた。彼女は次に別の知人の収容を聞いた時ワークハウスへの訪問を決意した(3)。しかし、彼女がそこで見たのは次のような目にあまる光景であった。「食べられそうにない食物、看護人も付添人もいない死にかけの病人、彼らのシーツは死ぬまで何カ月間もとり替えられていない。寒々としたがらんどうの部屋の固いベンチに座ったままの老人、発育不全の子どもたちがものうげに困窮者や精神異常者と混じり合っている」(4)。ルイザは、ヴォランティアの女性が花や本を持参して、公式に訪問する許可を救貧委員に申し出たが、拒否された。彼らは自分たちの仕事が批判され、干渉されるのを好まなかったからである。彼女は私的な訪問を続け、観察したことを、当時（一八五七年）設立されたばかりの「社会科学振興国民協会（National Association for the Promotion of Social Science, 以下ＮＡＰＳＳと略）」で発表した。情熱的な彼女の報告は同年、「ワークハウス訪問協会（Workhouse Visiting Society, 以下ＷＶＳと略）」の結成をもたらした。

著名な女性たち、例えばブリストルのメアリ・カーペンター*（Mary Carpenter, 1807 - 77）やフランシス・パウア・コッブ*（Frances Power Cobbe, 1822 - 1904）、ロンドンのシドニー・ハーバート夫人らの努力も加わって、ワークハウスの扉はしだいに開けられていった。そして、いくつかの改革が行なわれた。健康な者も病人も、男も女も子どもも区別なく収容されたことは相互にはかりしれない悪影響を与える。訪問者たちはやがて子どもたちを民間のソーシャルワーカーや団体の運営する養育院に収容することにした。里親制度も一八六七年に生れた。ワークハウスの中には適切な病室、学校や図書室がつくられ、子どもにはおもちゃも与えられるようになった。ＷＶＳはアンジェラ・バーデット・クーツから資金を得て訓練校をつくり、ワークハウスの少女に家事を教えて、家事奉公人として送り出した。

一八七一年にはよりひろい責任を担う地方行政官が設置され、健康な者には従来通り抑制方針がとられたが、自立能力のない貧者には充分な救助をという思想が広がっていった。「劣位資格」原則も九〇年代には消失した。

女性の慈善活動も一九世紀なかば頃からいっそう活発になり、プロチャスカの前述の調査でも同時期における女性の寄付者数は著増している。しかも、活動の内容も単なる家庭訪問や「施し」の供与から活動自体の専門化が始まった。ナイティンゲールはすでに専門職として看護婦の訓練を始めていたが、その訓練をうけた女性がワークハウスへ派遣されたり、貧民の子どもに対する専門的監督人となった。また何よりも慈善活動自体が専門化された。その最も良い例が「慈善組織協会（ＣＯＳ）」である。

慈善組織協会ＣＯＳとオクテイヴィア・ヒル*（Octavia Hill, 1838 - 1912）

ＣＯＳは一八六九年ロンドンに設立されたが、その目的は第一に、これまでの多くの慈善活動を統合し、その重複を避けることであり、第二に困窮した人に状況を審査の上、十分な援助を与えて自立させることであった(5)。事実「首都訪問救済協会」（一八四三年）「貧困救済協会」（一八六〇年）ＣＯＳなどは組織においても目的においても似通っており、そのための費用が無駄になっていた。無差別に与えられる救済は受取る側からみても望ましくない。

一八三四年救貧法の精神を最も忠実に踏襲するＣＯＳ、とくに創立者の一人であり、ＣＯＳの名と不可分のオクテイヴィア・ヒルは、見境いのない施しが与える致命的な影響を避け、貧者が自力で世に出るのを助けたいと思った。彼女は社会的困難の原因を、社会構造にではなく個人の性格の中にあるとして、その治療は貧者自身の心に、また彼らが個人的責任を受入れることにあるとした(6)。資金の有効利用という点からも統合は望まれたが、慈善家たちの忌避にあって実現しなかった。結局「慈善組織協会（ＣＯＳ）」も単なる一つの慈善団体になってしまった。だが、オクテイヴィア・ヒルの始めた活動は合理的・組織的であり、救貧官吏との提携などから、家庭訪問者もしだいに現在のソーシャル・ワーカー的色彩を帯びるようになった。もっともこうしたやり方が、のちに述べるようにＣＯＳの人気を落とし、他の団体がＣＯＳとの統合を嫌った理由でもあった。

当時、下層階級の住宅問題は衛生面からも道徳面からも解決の急を要するものであった。各種の「住宅協会」が組織され、慈善家たちは貧しい労働者が支払い得る家賃で、人並みの住宅を提供するのに努めていた。ヒルも一八六〇年代にジョン・ラスキンの財政的援助を得て、極貧者のための住宅供給に手を染め、ぼろ家を買い、修繕してこれを彼らに貸与した(7)。こうして一方で財産を保全するとともに、他方で借家人の独立心と自尊心を助長するというやり方で彼女自身が経営にあたった。家賃徴収の仕事は――ビアトリス・ウェッブの場合もそうだが――女性の重要な仕事になり、この仕事を通して救貧事業が続けられた。七〇年にオクテイヴィア・ヒルはCOSのロンドン・メルバン地区委員になり、同地区の救済活動に着手した。彼女のもとに集まったヴォランティアたちは妻であり、母であったが、彼女たちは必要な情報・教育・訓練をうけ、救貧委員や役人、学務委員などさまざまな委員との交流をすすめた。彼女たちはすべてノートを携帯し、貧者たちに関する重要な情報をたんねんに記録することを求められた。貧者に対する適切な対策を講ずるためである。こうしたことはやがて七三年に救貧事業官吏との情報交換にまで発展した。

ヒルは同地区の役人から、救済要請者の名簿を受けとると、それを調査用紙とともに訪問者たちに渡した。彼女たちは要請者を訪問して、調査事項を記入する。それには貧者たちが慈善団体や訪問者たちから得る援助の額まで書き入れることになっていた。この過程でおのずと民間の援助と公的な援助が区別されるようになった。前者が予防的矯正的手段で助け得る者を助けるとすれば、後者はそのような方法では救済され得ない者を扱った。そこには重複はほとんどなかった。公的な援助が終った所から民間のそれが始まる。このようなやり方ですれば、救済を受ける者は減り、労働者階級での節約が増え、救貧税は減るはずであった。しかし、実際にはさまざまな理由から期待したようにはならなかった(8)。それどころかCOS会員の貧困の原因を個人の問題に帰しすぎる態度や、ビジネスライクで、厳しく裁判官的な態度は強い批判を浴びるようになった。ブルースも「それは疑いもなく慈善団体のうちでも最も評判の芳しくないものであった」(9)と述べている。ビアトリス・ウェッブも『私の修業時代』の中でCOSを批判しているが、このことについては後にもう一度触れたい。

以上のように、ＣＯＳやオクテイヴィア・ヒルの業績については多くの批判があるが、彼女たちが必要な訓練と技術を身につけ、公的な救貧事業に参加していったことは、それまでの単なる家庭訪問より一歩進んだことを意味する。パトリシア・ホリスは次のように言う。「公共の慈善事業は華やかな流行で、漫然として放縦なものだというイメージを捨てなければならない。それは持続的な力、懸命な努力、注意、訓練、そして邪心のない個人的なサービスを要求する。リーズの女性救貧委員は『それは労働《レイバー》である。しろうとの仕事とか、あるいは暇な数時間のための無害な趣味だなどと人びとに想像させてはならない』と述べている」(10)。それは、アマチュアリズムからプロフェッショナリズムへの転換である。

しかし、地方自治体や慈善団体による有給の訪問員が誕生したとはいえ、救貧事業の中心は圧倒的に多数の、女性の無償サーヴィスに負っていた。国家が国民の生活に干渉することを好まなかったＣＯＳやオクティヴィア・ヒルにとっては、むしろ、無償の救貧活動こそ理想であった。したがって、女性の仕事が専門化されてもそれらは無償であり、有償であってもその額には限度があった。ぼう大な無償の女性労働の存在こそが国による福祉事業の導入を可能にしたのであり、のちに見るように福祉部門での女性の低賃金にもつながっているのである。

とはいえ、ルイザ・トワイニングやＷＶＳ、オクテイヴィア・ヒルやＣＯＳなどによる救貧事業の一連の改善の過程で女性の存在が認識され、やがて人びとの評価を得るようになった。一八七五年にロンドンのケンジントン地区ではじめて女性の救貧委員が選出された。もっとも彼女の場合、選挙が彼女の住居移転中に行なわれたとして七九年資格を喪失した。学務委員の場合と異なり、救貧委員の選挙権には財産上の制限があったから、女性救貧委員はまず財産上の資格があるばかりでなく、適正な手続きによって指名され、選出される必要があった。こうした複雑な手続きは女性が規則に則して選ばれるのをおくらせたが、財産資格が廃止される九四年にようやく実現した。この頃貧困の原因は個人であるより、社会的・経済的構造にあるとする考え方が広がった。社会運動・労働運動が高揚し、独立労働党が誕生することによって、ミドル・クラスの女性のみでなく、労働者階級の女性も救貧委員に選ばれるようになった(11)。九五年に選出された女性委員の数は八〇〇人以上を超え、一九〇九年には一二〇〇人以上になったのである。国会議員の選挙権要求が高まっていったのも当然であった。しかし、女性参政権運動へ稿を進める前に、慈善活動のもう一つな大きな柱である売春婦救済問題についてみてみよう。それは女性の特質を生かし、女性の独自性を主張する運動でありながら、性道徳における男女平等を求めるという点で「平等派」運動とのかけ橋になるものだったからである。

〔注〕

（1） Maurice Bruce, *The Coming of the Welfare State,* (1968). 秋田成就訳『福祉国家への歩み——イギリスの辿った途——』（法政大学出版局、一九八四年）一三九ページ。

（2） G. Lansbury, *My Life,* p.136. quoted in ibid., p.158.

（3） E. Twining, *Leaves from the Notebook of Elizabeth Twining* (London : W. Tweedie, 1877), p.82 ; Louisa Twining, *Recollections of Workhouse Visiting and Management* (London: C. Kegan Paul, 1880), Appendix I, pp.91,92, quoted in Anne Summers, op.cit., p.47.

（4） Patricia Hollis, *Ladies Elect : Women in English Local Government 1865 - 1914* (Oxford : Clarendon Press, 1987) p. 198.

（5） ブルース、前掲書、一八一ページ。

（6） Prochaska, op.cit., p.130.

（7） Gillian Darley, *Octavia Hill* (London: Constable, 1990), pp.91-94.

（8）Prochaska, op.cit., pp.131 - 132. 救済をうけていた数は下表の通りである。Patricia Hollis, op.cit., p.197n.

（9）ブルース、前掲書、一八一ページ。

（10）P. Hollis, op.cit., p.202.

（11）ハナ・ミッチェルが好例である。Hannah Mitchell, *The Hard Way Up: The Autobiography of Hannah Mitchell*, ed. by Geoffrey Mitchell (London : Virago, 1968), および拙稿「針子から治安判事へ――ハナ・ミッチェルの生涯――」川本静子・北條文緒編『エッセイ集　ヒロインの時代』(国書刊行会、一九八九年)。

被救済者数

年	院内給付	院外給付	計	全人口に対する比率(%)
1860	113,507	731,126	844,633	4.3
1870	156,800	876,000	1,033,800	4.6
1880	180,800	627,800	808,000	3.2
1890	188,000	587,000	775,000	2.7
1900	215,400	577,000	792,400	2.6
1910	275,000	539,600	814,600	2.6

注）1870年の数字はランカシアの綿花ききんを反映．ラウントリィによる1901年のヨーク調査によれば，第一次貧困の半分は低賃金であり，約4分の1が主たる賃金取得者の死去が原因である．1910年の計は臨時的および精神障害者の被救済者数を除外．

出所）31st Annual Report, LGB 1901-2. Appendix E. Patricia Hollis, op. cit., p. 197nに引用．

4　道徳の改善と社会浄化を求めて

売春防止運動とフェミニズム

伝染病《コンテイジャス・ディジーズ》法《アクト》廃止運動とジョセフィーヌ・バトラー*（Josephine Butler, 1828 - 1906）自身を論ずる場合、まず次のことに注目しなければならないであろう。それは彼女の運動を通じて売春婦救済運動が堕落した者の救済という側面のみならず、それが一九世紀後半の道徳改善・社会浄化運動と結びついたことである。そして、その面での女性の優れた資質と能力が発揮され、社会で認められたことである。さらに重要なことは、バトラーによってはじめて道徳における男女の平等が主張されたことである。しかし、一般的にフェミニスト運動が男性と同等の機会を女性にも開放せよという要求であるのに対し、バトラーたちの運動は、男性の堕落そのものの抑制、本能の抑制を求める極めて倫理的宗教的なものであった。それは男女平等思想というよりキリスト教徒として男女双方に求められる貞節《チャスタティ》概念からきたものであった[1]。それはさらに健全な家庭を重視するヴィクトリア時代の精神的道徳的風土から生れたものでもあった。一九世紀初頭のハナ・モアの主張がいっそう強調され組織化され、女性の独自性の主張から一歩進んで女性の優位性《スーピアリオラティ》への主張となった。そして、伝染病法反対運動の中で目ざめたバトラーたちは、国家的レベルでの女性の能力の活用を求めて女性参政権を要求していくのである。

ここに女性独自の能力を主張する慈善家たちの「独自派」が、男女平等の権利を主張する「平等派」と結びつくパイプが生れた。以下ではこの経緯をさらに詳しく見ることにしよう。

病人や貧者の家庭訪問、ワークハウス訪問、聖書普及あるいは禁酒運動をつうじて運動家たちが売春婦に出会うのは極めて自然な成り行きであった。彼女たちはワークハウスの病室で、一般の病院で、またパブやビア・ホールで、あるいは街角で、そして最後には売春宿で発見された。その数は一八五〇年代にロンドンで一万人から八万人いたと推定され、警察が把握している数としては六三年に同じくロンドンで五五八一人、住民五七六人に一人の割合であった(2)。その数の大きさに人びとは仰天し「この国家的な罪から何らかの形で苦しまない家庭はおそらく一つとしてないだろう」(3)と恐れた。原因としては、収入の格差、厳格な道徳律、男性の結婚年齢の上昇などがあげられるが、女性側の理由としてはとくに貧困が指摘される。著名な経済学者ヘンリ・メイヒューは四九年から五〇年にかけて売春の温床について調査し、針子や安既成服仕立工たちの低賃金が彼女たちをいやおうなしに街角へ立たせている実情を明らかにしたのである。その他の類似の書物や統計はさらにヴィクトリア時代の良識ある人びとを驚かせ、彼女たちの救済に向かわせた。もちろん一九世紀初頭にも救済活動はあったが、それらは男性によるものであり、当時の一時避難所は売春婦に対してむしろ懲罰的でさえあった。しかし、一八四〇年代になるとこの事業に女性も加わり、五八年には有給の女性宣教師をもつ「売春婦救済女性布教団(Female Mission on the Fallen)」が設立された。当初の目的の一つは夜分に街へ出て宗教的パンフレントやその他の資料を配布することだったが、しだいに救助活動にも入っていった。そして、六〇年代になると数多くの小さな救済ホームが開設され、キリスト教徒たちが宗派を問わず救済事業に参加した。その中にはウォルソールの国教会派の尼僧シスター・ドーラも含まれるが、彼女はのちに述べるディルク夫人の義妹である。ジョセフィーヌ・バトラーとエリス・ホプキンスはこのような時期に新しい観点、すなわち、フェミニストの視点からこの仕事にとり組んだ。無論、宗教的色彩が依然として濃厚だったが、彼女たちははじめて売春婦たちを不道徳の犠牲者としてとらえ、タブーを破って道徳改善のために積極的に立ち向かったのである。

ジョセフィーヌ・バトラーと伝染病法

ジョセフィーヌ・バトラーは一八五二年に彼女の生涯にわたるよき理解者ジョージと結婚し、オクスフォードに住んだ。しかし、当地の人びとの女性に対する偽善的態度に彼女は苦しんだ。とくに実子殺しの未婚の母が投獄されたのに対し、その子の父親が大学の学究生活に戻れるという不当な裁判に激しい怒りを覚えたのだった(4)。六四年に幼い一人娘を失ったことは彼女にさらに深い悲しみを与えた。その後リヴァプールに移ったジョセフィーヌは「自分の苦しみより大きい苦しみに直面し、自分自身より不幸な人に出会う」(5)ために街に出た。そこで救助した売春婦を彼女は自分の家に引きとり、肺病で死ぬまでの三カ月間看病したのである。こうした女性は多い時には一時に五人もいた(6)。彼女たちとの交流はジョセフィーヌ自身の悲しみを和らげた。そして、彼女はそれ以後神の前での平等というキリストの教義に従って生きようと決意する。その教義は彼女にとって両性の社会的平等の実現を意味していた。

一八六九年の伝染病法（Contagious Diseases Act, 以下ＣＤ法と略）改正はまさにこのような時期に行なわれた。同法はすでに六四年に軍隊内の性病蔓延防止の目的で施行されていた。一一の軍隊駐屯地、海港都市に適用され、罹病容疑売春婦には外科医による検査があり、罹病者と認定された時は拘留された。六六年法は同法がさらに強化されたものであり、罹病容疑者のみならず一定地域のすべての売春婦の定期的検診が義務づけられ、罹病者は治安判事の命令なしに、外科医の証明だけで拘留されたのである。今回の六九年法はこれをさらに一八都市にまで拡大適用をはかるものだった。内容はもちろん、同法の成立と実施の過程にもさまざまな問題があり、やがて反対の声が上ったのである。

同年「伝染病法廃止淑女全国協会（Ladies' National Association for the Repeal of the Contagious Diseases Acts, ＣＤ法廃止協会と略）」が結成され、ジョセフィーヌ・バトラーが会長に選ばれた。ジョセフィーヌはすでに一八六八年から「女子高等教育英国北部評議会（North of England Council for the Higher Education of Women)」の会長で、女子教育の向上に努力しており、夫のジョージがリヴァプール・カレッジの学長であったから、まさに適職についたが、七三年には辞任し、伝染病法廃止に専心することになる。一方、CD法廃止協会会員たちはその反対声明を六九年一二月三一日、ハリエット・マーティナウ*（Harriet Martineau, 1802 - 76)、F・ナイティンゲール、メアリ・カーペンターら著名な女性たちの著名入りで『デイリィ・ニューズ』紙に発表した。

反対の理由は、まず第一に一定の女性たちが市民的権利を奪われ、それ故憲法が侵されていることであり、第二に、同法は悪徳に関する国家的規定であり、間接的に悪徳を許しており、第三に広範な自由裁量権が警官に与えられ、罪のある者と同じように無実の者まで危険にさらし、そして第四に同法は貧しい階級の人びとに向けられているからである。その上同法は病気の防止という点では失敗しており、何よりも、売春婦をとり締っても、その客たちをとり締まらないという矛盾する二重の道徳基準を固定化している[7]ということである。

信仰心の厚いバトラーはとくに不道徳という理由で反対した。病気はモラルが正されれば直ると信じたからである。彼女は、「伝染病法実施に関する王立委員会」でも「同法に含まれている道徳的原則で十分です、なぜなら健康は道徳に従うからです。道徳のみに従うからです」[8]と答えた。もちろん病院の治療を受けることは望ましい。しかし、それはあくまで個人の意志によるべきであり、「男も女も自発的な自己抑制によってのみその病気を避けられるのであり、それに干渉するのは危険だと思います」[9]と指摘している。ここには彼女の個人の自由と高い道徳心への希求がある。また、バトラーは次のように述べて、一方の性にのみ適用される同法の不備と女性に仕事がない点を突いた。「もし、あなた方が平等な法律さえ与えて下さったならば、私たちは不平を言わないでしょう。その法律を施行して下さい。但し、女性と同様男性に対しても施行して下さい。また民間の紳士もその中に含めて下さい」(10)。「男性が不道徳で、女性に職がない限りこの悪（売春）は続くでしょう」(11)。

伝染病法廃止をめぐって

CD法廃止論はバトラー、マーティナウ、その他宗教家や労働組合員、女権論者のリディア・ベッカーらに支持され、J・S・ミルも個人の自由への脅威として同法に反対した。しかし、エミリィ・デイヴィス*（Emily Davies, 1830 - 1921）やミリセント・フォーセット*（Millicent Garrett Fawcett, 1847 - 1929）は内心ではCD法廃止に賛成であっても公式にはそれを表明しなかった。女子の高等教育の実現と女性参政権の獲得を目ざしている両人はそれぞれの第一義的運動に支障が出ることを恐れていた。他方、女性医師第一号のエリザベス・ギャレットは医学界の同法承認の線を支持したのである。売春婦救済活動家《レスキュー・ワーカー》たちも警官の協力のもとに活動していたから、CD法に賛成だった。

このようにCD法そのものについては意見が分れたが、子どもの売春反対については一致した。当時の刑法では、子どもの救助のためにも親が売春宿に立入る権限はなかったので、修正の要求の声が高まった。一八八五年W・T・ステッドは「現代のバビロンに捧げられる少女の貢物」と題する論文でさらに詳しく少女売春の実態を曝き出した。ステッドは「自分自身でもやる気があれば、三〇ポンド以下で一〇日のうちに九人の女子を買うといったことが容易にできる状況を暴露した。彼は、少女を売春婦として売る女衒の仕事がまったく公然と実際に行なわれていることや、娼家での少女の監禁を法律が許していることを描出した」(12)のである。ステッドの記事は、バンクス夫妻も指摘するように「嵐のような抗議を引き起したが、その抗議は、彼が述べた内容に対してよりもむしろ、彼が公然とそれを論じたという事実に対して向けられた」(13)。ステッドは当時のタブーに挑戦したのである。そして、そのタブーはやがて崩壊し、個々の少女の矯正より、女性と少女全体の保護に目が向けられるようになった。売春の同意年齢はすでに七五年に一二歳から一三歳に引上げられていたが、八五年には一六歳になったのである。

道徳の改善と社会浄化

道徳の改善と社会浄化についても当時のイギリス女性たちの多くの意見の一致をみた。E・ホプキンズ(Ellice Hopkins)は「組織された大きな罪に対してわたしたちが反対していることを覚えておきましょう。そして、それにはただそれに対抗し得る組織によってのみたち向かえるのです」[14]と警告した。女性らしさを守るには女性の救済者たちが提携しなければならない。「男性に肉体的力と知的卓越が与えられているとすれば、世界の良心は女性にあります」[15]。また「わたしたちの原則は、末端で原因を攻撃したり、結果を修正するだけでなく、この大罪の真ただ中で働くことです」[16]と彼女は主張した。そして、おそらく二〇〇を超える救助団体および道徳改善慈善団体が誕生したのである。ホプキンズ自身も「孤独少女保護淑女協会(Ladies' Association for the Care of Friendless Girls)」を創設して、売春婦の救助と同時に少女の転落防止に努めた。また、バトラーとともに、八五年にできた「全国監視協会(National Vigilence Association)」に加わったが、同協会は修正刑法のモニター、救助活動、救貧委員への女性の選出に努め、劇場、ミュージックホールに反対し、そして女性問題で係争中のチャールズ・ディルク(後述)を批判したのである[17]。ミリセント・フォーセットも八五年にCD法反対にまわり、同法は翌八六年遂に廃止された。

「罪への許可証《ライセンス・トウ・シン》」だとして批判され、廃止されたCD法は、以上のように社会浄化運動をもたらしたが、これは一方では一九世紀初頭の「悪徳抑制協会」のように社会に抑圧的雰囲気をつくり出した。警察が女性と子どもに対してより大きな力をもったのである。そこでは道徳問題を重視するあまり、階級社会や経済的構造に対する配慮が不足していた。一九世紀初頭と七〇～八〇年代の浄化運動の違いは、おそらく前者においては、上層および下層階級の不道徳が攻撃されたのに対し、後者では中層階級をも含めた男性の不道徳が批判されたことである。

その意味から道徳改善・社会浄化は多くのフェミニストから支持された。中層階級と労働者階級も共闘できた。ただ、その実現の方法をめぐって前者に属する自由主義者たちが「自発性《ヴォランタリ》」や「個人原則」を主張したのに対して、労働者階級の人びとは社会・経済問題をより重視し、これらの解決に対する国家干渉を要請したのである。この点については後でさらに触れたい。

政党レベルでは、自由党員たち、とくに信仰心のあついグラドストンが自由主義を原則とする浄化を支持した。保守党員たちは概してこの種の問題については無関心だが、パターナリスティックな見地から党首脳部、例えばシャフツベリ卿などは関心をもち、刑法修正に協力している。

以上見たように、CD法と同様社会浄化キャンペーンには、社会の諸階級によって対応の仕方が微妙に異なっていた。しかし、フェミニズムの視点から見た時浄化運動の最大の成果は、運動の担い手である女性の存在が社会的に認識されたことであり、彼女たちの主張がいっそう明確に形成されたことである。

女性の美徳を政治の場へ

ハナ・モアは宗教を日常生活にとり入れ、家庭生活を確立することによって退廃を克服しようとした。これに対してバトラーは一九世紀前半を通して確立された家庭をあらゆる徳の養成所とみなし、家庭の諸徳を、家庭を越えて社会へ拡大しようとした。女性の道徳的感情は政治の世界においても必要だとして女性参政権の要請へと連なっていくのである。彼女はCD法反対運動の経験から次のように結論した。

女性は未来における偉大な力として期待されています。不幸な姉妹たちのために私生活を離れて私たちを連帯させたこの恐ろしい衝撃によって、私たちは一つの教育を――貴重な教育を経験しました。神は私たち、世界の女性の内に、偉大で公正な未来のすべての大義《コーズ》のために力を用意しました[18]。

エリス・ホプキンズも女性は自らの保護のために立法権をもつべきであるとし、さらに国家を家庭と比較して、女性が家庭で重要な領域を開拓したのと同様に国家的諸問題においても卓越しているだろうと考えた。「世界の仕事は、国家というより大きな家庭で男女の協力によって、最善に達成されるのを私たちは見ないでしょうか？ それぞれが不足しているものを相補ない合って、すなわち男性は女性の頭脳となり、女性は男性の心となって」[19]とホプキンズは述べている。両性の独自性を認め合った上での両性の協力が政治上不可欠だとして、女性参政権主張の論理的根拠とするのである。

〔注〕

(1) O. Banks, op.cit., p.63.

(2) *Meliora*, i, 1858, p.76. quoted in Prochaska, op.cit., p.184 n.

(3) Ibid.「この著書は娘たちが売春婦になることより息子たちが性病にかかることを恐れている」とプロチャスカはとくに指摘している。

(4) J. Lewis, op.cit., p.130.

(5) *Josephine E. Butler, an Autobiographical Memoir*, eds. George W. and Lucy A. Johnson (Bristol and London, 1909) pp.58 - 59.

(6) *P.P. Reports from Commissioners, Report of the Royal Commission upon the Administration and Operation of the Contagious Diseases Acts*, 1871, xix, p.437, quoted in Prochaska, op.cit., p.203.

(7) Constance Rover, *Love, Morals and the Feminists* (London : Routledge & Kegan Paul, 1970), pp.73 - 74.

（8） *P.P. Reports from Commissioners, Report of the Royal Commission upon the Administration and Operation of the Contagious Diseases Acts,* 1871, Qn.5434, quoted in ibid., p.79.

（9） Do., Qn.12, 941, quoted in ibid., p.78.

（10） Do., Qn.12, 939, quoted in ibid., p.76.

（11） Do., Qn.13, 033, quoted in ibid.

（12） バンクス夫妻、前掲書、一二七ページ。

（13） 同右。

（14） Prochaska, op.cit., p.204.

（15） Ibid.

（16） Ibid., p.205.

（17） Ibid., p.216. 一八八五年八月、C・ディルクは、D・クロフォード卿によって、彼の離婚訴訟の共同被告とされた。W・T・ステッドは道徳改善の風潮が高まる中で、C・ディルクに不利な言動を行なった。詳細は拙稿「ディルク夫人とイギリス女性労働運動その1」およびR. Jenkins, op.cit. 参照。

（18） Johnson and Johnson, eds., *Josephine E. Butler*, p.181. quoted in Prochaska, op.cit., p.220.

（19） *Opinions of Women on Women's Suffrage*, (London : 1879), p.53. quoted in ibid., p.219.

5 「独自派」フェミニズムの女性解放運動史における意義

以上見てきたように、福音主義を伝道するにあたってハナ・モアは女性のもつ独自の資質に着目した。そしてそれらは、一九世紀を通じて、宗教家、作家、批評家その他さまざまな人の演説や書物の中で明確にされ定式化された。優しさ、温かさ、寛容、信心深さ、謙虚、道徳的、忍耐強さ、自己犠牲的、慈善的、……が女性の優れた属性とされたのである。そして、ハナ・モアはこのような女性独自の資質を社会問題の解決に活用することによって、彼女自身は意図しなかったが、女性の社会参加の契機をつくった。意識的にせよ、あるいは無意識的にせよ女性独自の資質に基づいて女性の社会的地位の変化を求める思想あるいは行動を「独自派」フェミニズムと呼ぶなら、一九世紀における「独自派」フェミニズムの積極的な意義は次の五点にまとめることができよう。

まず第一に家庭重視説を普及し、貧者や病人の家庭訪問はじめ各種慈善事業を行なったことである。また、道徳改善と社会浄化に貢献したことである。道徳改善の対象となったのは一九世紀前半では上層および下層階級であったが、後半では、売春婦の増加を契機に全階級の男性が対象となった。運動の担い手は、一九世紀前半では上層および中・上層階級だったのが、後半では中層階級全体あるいは生活水準の向上した熟練労働者階級（労働貴族）(1)の妻や娘にまで広がった。しかし、家庭の重要性を説く女性自身も、自らは家を出て社会で活動するという矛盾に直面しなければならなかった。彼女たち自身が家事とより広い社会活動との調和の努力の必要を痛感したわけである。しかし、この家事と仕事との摩擦から階級を越えた女の連帯が直ちに生れたわけではなかった。

第二は「独自派」フェミニズムが家庭重視を説いたにもかかわらず、その一方で慈善活動のみならず、公的な場への女性の進出を促進したことである。慈善活動を専門化し、活動家たちに必要な教育と訓練を与えることによって女性に専門職への道を開いたことである。ソーシャルワーカーの誕生をもたらし、福祉国家の基盤づくりに貢献したのである。ワークハウスや監獄の改善に努力したルイザ・トワイニングやメアリ・カーペンター、看護職の地位向上に努めたフローレンス・ナイティンゲール、安価で快適な住宅を提供し、地方自治体と協力しながら貧民の自助自立を助けたオクタヴィア・ヒルなどがそれらの典型と言えよう。

第三は性における二重基準《ダブルスタンダード》の廃止を求め、それに成功したことである。これは平等の権利要求へと連なっていくものであるが、売春婦の救済と道徳改善・社会浄化の運動の中から出てきたものであった。売春という不道徳な行為において犠牲者である女性のみが不当な処遇をうけるという伝染病法が、ジョセフィーヌ・バトラーらの努力によって廃止されたのである。

第四は、上記一～三の活動を通して、「独自派」フェミニストたちも政治に参加するようになったことである。もっともそれは地方レベルにおいてであり、国政レベルについては、CD法廃止運動におけると同様に運動の内部で賛否激しく分れるところであった。

一九世紀前半期に活躍し、メアリ・ウルストンクラーフトの強い批判者だったハナ・モアをはじめ、ルイザ・トワイニングも参政権を要求しなかった。オクテイヴィア・ヒルも女性参政権運動を、より適した仕事から女性を引き離す「一種の燻製ニシン」(2)、すなわち、根本の問題から注意をそらすものとみなして反対した。監獄の女性や子どもの救済に献身したメアリ・カーペンターも長い間参政権運動に関与しなかった。J・S・ミルは六七年に彼女宛の手紙で、参政権を要求し、それを「幼児や病人や白痴など投票権をもてない人びとを守る手段として」(3)使うことは女性の権利だけではなく義務だ、と説得した。しかし、メアリは財産資格に基づく参政権要求は独立した女性世帯主にのみ適応されるものであり、彼女が対象としている極貧の者には無関係だと信じていた。その後ジョセフィーヌ・バトラーの運動にかかわるようになってから、徐々に女性参政権支持に移行した。七七年三月、彼女は「ブリストルおよび英国西部女性参政権協会」の大集会では参政権支持のスピーチを行なうにいたったのである(4)。

バトラーは政治の世界で女性の協力が必要であり、女性はそれらに応える能力と権利をもっていると主張した。

何故なら、彼女たちは経済的に自立し、税金を納めているからである。バトラーは次のように述べている。

貧者の子どもの看護を含む貧困《ポーパリズム》の問題は、男性が女性の洞察力あるいは繊細な理解力から得られる助力のすべてを必要とするものです。なぜならそれはあらゆる年齢と男女双方の人間を扱わねばならない問題だからです。さらに公衆衛生、監獄管理、大きな組織の支出の詳細といったことは良識ある男女の協力を必要とする問題であり、女性が社会全体の大きな利益のために、より大きな責任の分担を果し得る問題です。……可能な多くの女性が結婚するでしょう。しかし、自立の必要に迫られる者もいます。こうしたことは政府が無視してはならない問題です。なぜならこの多数の女性納税者や家計支持者たちは全国的により独立した、知的で探究心旺盛な階級となりつつあるからです。……このような納税者や家計支持者たちは、男性と同じように彼女たちにも日日影響を与える地方の施策や規則に何らかの発言権をもつべきです。彼女たちがおかれている独立と活動の条件は、そうした問題に対して彼女たちが鋭い判断を下すことを可能にしています(5)。

一八四八年のチャーチスト運動の崩壊後、五〇年代に入ってイギリス経済が好況をむかえると、男性労働者に対する選挙権賦与の問題が再び新しい形でもち上ってきた。一方、女性の側でも、家庭の重要性が叫ばれながらも、男女の人口比率のアンバランスやその他の理由で結婚できずに自立を迫られる女性が増加する中で、財産権はじめその他の権利の「平等」を求める声が高まってきた。

「独自派」フェミニストのJ・バトラーもこうした影響の中で女性の高等教育、職業および政治への参加を主張したのである。そして、地方レベルでは前記のように七〇年に女性の学務委員が、七五年には救貧委員が生れたのである。しかし、国政レベルではさらに約半世紀も待たねばならなかった。このことについては「平等派」フェミニズムの項で論じたい。

最後に「独自派」フェミニズムの重要な一側面である慈善活動の担い手たちの側での意義をあげることができる。彼女たちは慈善団体で最初は補助的な仕事をしていたが、しだいに中心的な役割を果すようになった。組織の運営、資金の調達、執筆と講演、パンフレットの作製と配布、ロビー活動等の幅広い活動を通して自らの社会的見識と能力を開発していったのである。

また、プロチャスカも指摘するように、この間にできた各組織のネットワークは、その後の女性参政権運動の急激な高まりを可能にしたといえるのである(6)。

これらが「独自派」フェミニズムに対する積極的な評価とすれば、批判的な側面は前記と表裏をなす事実、すなわち家庭重視論が「女性の領域は家庭」とする性別役割分業を定式化し固定化したことである。女性の「家庭の天使」像を強固なものにつくり上げ、ヴィクトリア時代を通して社会のすみずみにまで広げていった。

第二に募金活動では、富裕な人びとより、むしろ同情心の厚い比較的貧しい人びとから多く集められた。しかし、「それは必ずしも必要に応じて配分されるのではなく、しばしば不正直で受けるに値しない人びと」(7)に与えられた。

第三は、前記二と対応することだが、ぼう大な数の女性ヴォランティアの存在が福祉国家の基盤となっているが、この事実が福祉事業に従事する労働者たちの低賃金の原因となっていることである。この点については後に再度触れたい。

第四に、これが最大の批判の対象となったが、貧困その他の社会問題を個人の問題に還元して、社会構造や経済事情にはその原因を求めなかったことである。とくに「慈善組織協会、COS」やオクテイヴィア・ヒルへの批判が強かった。それに伴って一般的に社会科学の欠如が認識されるようになった。だが、このことが契機となって、五七年に「社会科学振興国民協会、NAPSS」が設立され、社会問題に対する積極的なとり組みが始まったのである。しかも、NAPSSは前にも触れたように、ルイザ・トワイニング、メアリ・カーペンター、ハリエット・マーティナウら当時の女性活動家たちに講演や執筆の場を提供したから、フェミニストたちの重要な社会への登竜門となったのである。

以上のように、「独自派」フェミニズムは「平等派」から見れば、いくつかの問題点を内包していた。しかし、それが「平等派」フェミニズムへの重要な橋渡しをしたことも明らかである。また、慈善活動家たちも社会改革運動にたずさわる中で、やがて個人問題には帰し得ない社会・経済問題に気づくようになる。この点を明確にしたのがビアトリス・ウェッブの功績である。彼女は科学的な調査から社会構造の欠陥を明らかにし、女性問題の解決を宗教や道徳とは関係なしに、またいわゆる社会浄化によるのではなく、社会改革こそ必要だと説いた。その主張が、改革された社会でこそ女性問題は解決されるとする「社会派」フェミニズムを生むことになる。また、同じ「社会派」フェミニストでも、哀れな存在とされた女性賃金労働者への直接的な働きかけによって、彼女たちの組織化と生活向上をはかったグループもあった。

以上の諸点を要約するならば、一八世紀末から一九世紀初頭にかけて萌芽的に対立・併存したフェミニズムの「独自派」と「平等派」のうち、一九世紀前半には前者が支配的となり、中葉では両者が拮抗しながら補完し合った。そして八〇年代以降には、一九世紀初頭に芽生えてその後中断した「社会派」が再び台頭して、三つのフェミニズムが二〇世紀初頭の女性参政権運動で合流することになるといえるのである。

〔注〕

（1）「労働貴族」については松村高夫氏のすぐれた労作がある。第二章1注(12)参照。

（2） G. E. Maurice, *Life of Octavia Hill* (Macmillan, 1914) pp.263；264, quoted in Ronald G. Walton, *Women in Social*

Work (London : Routledge & Kegan Paul, 1975), p.67. Walton は女性に対するヒルの態度について、彼女と交流のあったラスキンの影響を考慮し『胡麻と百合』における次の言葉を引用している。

……女性の力は戦いのためではなく統治のためにある――彼女の知性と発明や想像のためではなく、好ましい秩序、配列、そして決定のためである。女性はものの質やその主張や場を理解する。彼女の偉大な機能は賞賛である。彼女は試合にかかわらないが、試合の王者を正しく宣告する。ibid., p.271.

なお、「燻製ニシン」とは「根本（当面）の問題から注意をそらすもの、人を迷わすもの」の意である。

（3） J. E. Carpenter, *Life and Work of Mary Carpenter.*（Second edition, London, 1881）, Appendix, quoted in *Mary Carpenter and the Children of the Streets*, by Jo Manton（London : Heineman, 1976）, p.217.

（4） Ibid., pp.218 - 219.

（5） J. Butler, ed., *Women's Work and Women's Culture*（Macmillan, 1869）, p.36.

（6） Prochaska, op.cit., p.228.

（7） Ibid., pp.134 - 135.

第二章　フェミニズムにおける「平等派」と「社会派」

1　メアリ・ウルストンクラーフトとウィリアム・トムプスンの女性解放論

「平等派」フェミニズムの芽ばえ

ここで「平等派」フェミニズムと「社会派」フェミニズムの起源にさかのぼり、その主唱者であるウルストンクラーフトと、ウィリアム・トムプスンの女性解放論について概観しておくことにする[1]。

「平等派」フェミニストとして、不十分ではあったが、はじめて理論的に男性と同等の権利を女性に求めたのはメアリ・ウルストンクラーフト（Mary Wollstonecraft, 1759 - 97）であった。

トマス・ペインが政治への参加の権利を「人権」として、あらゆる階級に賦与すべきことを主張した時、彼女はその権利を女性にも拡大すべきだと遠慮がちに訴えたのである。彼女の主著『女性の権利の擁護――政治および道徳問題の批判をこめて――（*A Vindication of the Right of Women: With Strictures on Political and Moral Subjects*, 1792)』のタレイランへの献辞の中でウルストンクラーフトは次のように述べている。

……もし抽象的な人権が議論の対象にされ、論理的に説明されうるものならば、女性の権利も同じように議論の対象にされ、論理的に説明されるべきです。……

立法者として、是非次のことを考えて下さい。男性は、自分の自由を求め、そしてまた自分自身の幸福に関しては自分で判断することが許されるべきだと主張しますが、その時に、女性を服従させるということは、たとえそれが女性の幸福を増すのに最も良く工夫された方法だとあなたが堅く信じていようとも、筋が通らないし、かつ不正ではないでしょうか？　もしも理性という神からの賜物を女性が男性と共有しているとするならば、誰が男性だけに決定権を与えたのでしょうか(2)。

もちろん、ウルストンクラーフトは、彼女が訴えた当時の上層階級の女性がこのような理性を実際にもち合せ、このような権利を主張するのにふさわしい能力を持っているとは思っていなかった。否、理性と能力がありながら、それらが適切に開発されないどころか、所謂「女らしさ」の育成のために誤った教育が施されているとして批判した。ウルストンクラーフトの偉大さは、この「女らしさ」が支配階級に有利なように人工的につくられたものであり、貧者が生来無知でないと同様に、女性も生来劣ったものではないことを主張した点である(3)。そして、女性の立場から当時の教育の欠陥を具体的に指摘したのである。すなわち、当時結婚は女性にとって人生の最大の目的とされていた。教育は有利な結婚のための方便とみなされ、その内容は嗜み程度のものであった。男性の飾りものとして教育された女性は化粧や衣装、その他男の気を引くためにのみうつつを抜かしていたから、ウルストンクラーフトは次のような激しい批判を加えたのである。「有徳な男性の愛情を得るのに、虚飾が必要であろうか？……夫の愛情を確実にするために、ことさらに技巧を用いたり病的なか弱さを装うことまでしなければないのだろうか？」(4)と彼女は問う。そして、「最も完全な教育とは、……肉体を強くし心を鍛えるのに最も適するように知性を働かせる訓練である。……いいかえれば、個人を独立せしめるような美徳を獲得する習慣を、身につけられるようにさせることである」(5)と主張した。同時代人のハナ・モアも、上べや見栄のための教育を批判したが、改革の方向は宗教に依拠したものであった。これに対し、ウルストンクラーフトは理性に基づく教育を求めた。独立した人間の愛情に基づく結婚こそが重要であり、生涯の生活を託すための結婚を厳にいましめたのである。彼女によればそれは形を変えた売春に外ならない。美徳と自由と独立を保持した者こそ結婚の相手に対して寛大であり、真の愛情をもつことができる。しかし、このためには女性にとっても経済的独立が必要であるという。当時、そうした女性は上層階級において少なかったが、もし妻が、「男性が仕事に打ち込むのと同じように、家庭を管理したり、子どもを教育したり、隣人を助けたりすることに専心し、……市民としての義務を果たしているなら……、彼女は、市民法によって個人的に守られていなければならない。彼女は夫が生きているからといって自分の生計を夫の恵みに頼ってはならないし、夫の死後にも夫の財産に支えられているようではいけない。――自分自身のものを何ももっていないような人間が、どうして寛大でありえようか？　自由でない人間が、どうして有徳でありえようか？」(6)とウルストンクラーフトは述べて、女性から財産権という自然権が奪われている事実を婉曲に批判したのである。

彼女はさらに優れた特性をもつ女性が社会に進出し、政治の審議に参加できない当時の情況を嘆き、いつの日か女性にも参政権が与えられることを望んでいる。もっとも当時額に汗して働く労働者ですらも参政権を持てなかったから、彼女もその実現は遠い将来になると考えていた。ウルストンクラーフトはまた正直で独立した女性が立派な職業につくことを奨励した。看護婦だけでなく医者になることや、政治学を学んでより多くの力を社会に発揮することを求めた。

このようにウルストンクラーフトは、まず当時の誤った女性教育批判から始まり、理性に基づく幅広い教育、男女共学の必要を主張するとともに、女性の財産権、参政権への要請、職業をもつことの促進など、およそ二〇〇年以前の思想とは思えないような革新的な思想を展開したのである。しかし、それらはあまりにも時代を先取りしたものであり、また彼女自身の私生活(7)も当時としては世人の受け入れ難いものだった。既婚のスイス人画家フュースリ(四七歳)との恋、アメリカ軍人で著述家でもあるイムレィとの事実上の結婚と破綻、そして最後の無政府主義者ウィリアム・ゴドウィンとの別居結婚は、たとえそれが彼女の意志ではなかったとしても、これらの事実が当時の人びとの理解をはるかに超えるものだったことは事実である。

折しも、前述のように、社会はハナ・モアたちを中心とした道徳改善運動がもり上り、ウルストンクラーフトの名を口にすることさえはばかられるような情況だった。そして、彼女のこともその著『女性の権利の擁護』も、一九世紀七〇年代末まで、人びとにしだいに忘れ去られてしまった。これに続いたフェミニストのハリエット・マーティナウはウルストンクラーフトが「あらゆる力をもっていながら、情熱の気の毒な犠牲者であり、自分自身の平安を調節できず、自分の個性の要請が満たされる時以外は静穏も満足もなかった」(8)として、自らの行動にあたっては大義のために自分の感情を抑制することに努めたのである。

「社会派」フェミニズムの芽ばえ

女性問題はむしろ別の系譜の中で論じられた。工業化の進展の中ですでに自由競争の弊害が指摘され、一九世紀初頭からロバート・オウエンは競争に代って協同の原理を唱えた。とくに私有財産制が過度の競争を生み、人びとの人間性をも蝕んでいたから、オウエンは私有財産制を廃止し協同の精神に基づく共同体の建設を主張し、また実際ニュー・ハーモニィにおいてそれを実験した。彼は家族を私有財産のとりこであり、彼が反対していた「個人主義や利己心の守護者」(9)とみなしていた。したがって家族の影響を減らし、共同体成員のより強固なむすびつきのためには、共同の食堂、台所あるいは保育園が望ましいとしたのである。

このような協同組合的社会主義を女性問題と結びつけて、理論的にさらに発展させたのがウィリアム・トムプスン（William Thompson, 1785－1833）である。R・オウエンとフランスのサン・シモンやフーリエの影響をうけた彼は一八二五年に『人類の半数の訴え（*Appeal of One Half the Human Race, Women, against the Pretensions of the Other Half, Men*）』を刊行し、政治的、市民的、家庭的に奴隷状態におかれている女性を解放し、女性参政権と女性の経済的平等の必要を論証したのである。しかし、自由競争社会では、家事と出産・育児の負担を背負う女性が男性と同等の権利をもって競争にうち勝つことは難しい。むしろ、競争のない協同精神に基づく共同体社会こそ女性を解放することができる。そこでは専任の保育者・教育者が育児にあたり(10)、炊事、洗濯、掃除なども専任の担当者が行なうので、子どもにとっても母親にとっても有益である。女性も共同社会では政治や生産活動に参加できるのである。トムプスンは『訴え』の中で次のように述べている。

このような社会制度（協同（アソシエーション）、すなわち相互協力による労働）が男女間の完全な平等と完全な幸福の相互利益を全うし、永遠に確保する唯一のものである。民法や刑法あるいは政治的諸法律の平等も、また開明的な世論によって高められた平等な道徳制度も完全に除去できない害悪を、この人間的努力による制度が、とり除くかあるいは大いに償うであろう(11)。

このように、社会構造や家族形態の変化を通して男女の平等を達成しようとする理論および運動を「社会派」フェミニズムと名づけるなら、W・トムプスンはイギリスにおける「社会派」フェミニストの旗頭の一人と言えよう。

「社会派」フェミニズムは法的・政治的平等と離婚の自由を求めるという点で「平等派」フェミニズムと意見を同じくするが、上記トムプスンの言葉から分るように、それらの諸権利を実効あらしめるために、さらに社会的、経済的改革をも求めるという点で「平等派」フェミニズムとたもとを分けたのである。さらに「社会派」フェミニズムの中でも、変革する将来の社会をいかなるものにするかによって、しだいに多様になる。トムプスンの求めたものは協同組合的社会主義であった。

しかし、トムプスンの主張も、ウルストンクラーフトの場合と同様、社会に定着し普及するまでにはいたらなかった。R・オウエンの社会主義的協同組合の構想も消滅し、一八四〇年代にはロッチデールにおける消費者協同組合に変質した。、労働者の選挙権を求めたチャーチスト運動も四八年失敗に終った。一九世紀前半を通じて見られた労働者たちによる「直接的・散発的・破壊的」運動は衰退し、それに代って「間接的・組織的・合法的」な運動になり、体制内化した。それはイギリス社会の経済的安定と繁栄による一部労働者階級の「労働貴族」化と彼らの保守化によるものといわれる(12)。

女性参政権についても、チャーチスト運動の初期にはその要求項目の中に入っており、女性もさまざまな形で運動に参加したが、要求項目自体が途中で脱落し、女性もやがて運動から撤退した。チャーチズム研究家のドロシー・トムプスンはこの理由は必ずしも明確ではないとしながらも、次のように述べている。

……産業資本主義社会が成熟する中で、労働者階級の重要な層は、労働組合、政治的圧力団体、協同組合、教育制度などのかなり精巧な組織を発展させた。これらは彼らの賃金や労働条件を守り、増加する国富の分け前を要求することを可能にした。……しかし、こうする中で熟練労働者は未熟練労働者や女性を置き去りにした。後者はその生活様式のために、より体系化された政治形態に参加することを許されなかったのである。……子持ちの既婚女性は家庭にとどまり育児に専念できるようになった。しかし、こうした利点に対して労働者階級の女性は、家庭中心であり、劣った性としての自らのイメージを受け入れたように見えた。……ヴィクトリア時代のこのような過程で、労働者階級の女性は政治や社会に対する自らの潜在的な貢献能力を失ってしまったのである(13)。

ただ、ハナ・モアの家庭重視論と同様に慈善活動が普及する中でバザーその他の慈善活動に参加できる一部労働貴族の妻や娘たちも出現するようになった。しかし、この体制内での多少の変化は別として、ヴィクトリア時代前期の多様な革新的主張と試みはしだいに影をひそめていった。「平等派」フェミニズムも「社会派」フェミニズムもともに一九世紀初頭に芽生えはしたが、こうした状況の下で十分開花することはできなかった。しかし、前者は一九世紀中頃から、新しい社会的環境の中で、別の理由から再び活発になった。だが後者については、さらに一世代を待たねばならなかった。

〔注〕

（１）一章の注(10)参照。ウルストンクラーフトの生涯、思想、その歴史上の意義、彼女についての研究、とくに、時代による彼女の著作のとり扱い方の相違については、『女性の権利の擁護』の訳者（白井堯子）解説が詳しい。最近刊行された伝記としては、Claire Tomalin, *The Life and Death of Mary Wollstonecraft* (New American Library, 1974), 小池和子訳『メアリ・ウルストンクラフトの生と死』（勁草書房、一九八九年）一・二巻。Jennifer Lorch, *Mary Wollstonecraft : The Making of a Radical Feminist* (New York : Berg, 1990).

（２）ウルストンクラーフト、同右、一六～一七ページ。

（３）Margaret Walters, 'The Rights and Wrongs of Women : Mary Wollstonecraft, Harriet Martineau, Simone de Beauvoir,' *The Rights and Wrongs of Women*, eds. by Juliet Mitchell and Ann Oakley (Penguin Books, 1976), p.319.

（４）ウルストンクラーフト、前掲書、六一ページ。

（５）同右、四九ページ。

（６）同右、二七六～二七七ページ。

（７）ウルストンクラーフトの生涯については、William Godwin, *Memoirs of the Author of A Vindication of the Rights of*

Women (London : Joseph Johnson, 1798). 白井厚・白井堯子訳『メアリ・ウルストンクラーフトの思い出』(未来社、一九七〇年)。

(8) Margaret Walters, op.cit., p.330.

(9) J. F. C. Harrison, *Robert Owen and the Owenites in Britain and America* (London : Routledge and Kegan Paul, 1969), pp.59 - 60.

(10) W. Thompson, *Appeal of One Half of the Human Race, Women, against the Pretensions of the Other Half, Men, to Retain Them in Political, and Thence in Civil and Domestic Slavery* (London : Longman, 1825, repr. Source Books Press, 1970), pp.179 - 180.

(11) Ibid., p.190.

(12) 松村高夫氏は自著 *The Labour Aristocracy Revisited : The Victorian Flint Glass Makers 1850-80* (Manchester University Press, 1983) などの業績をもとに「労働貴族」を単に保守的あるいは反動的と見る一面的見方を批判し、「労働貴族」の経済的・社会的・文化的側面など多面的検討の必要を強調するとともに、彼らが時と場合によって進歩的役割を演じていることに注意を喚起している。「一九世紀第三・四半期のイギリス労働史理解をめぐって――労働貴族論と『新型組合』論を中心にして――」上・下『日本労働協会雑誌』一九七七年一一月、一二月、および松村高夫「労働者階級意識の形成」『世界史への問い』第四巻「社会的結合」(岩波書店、一九八九年)など参照。

なお、この主題に関する邦書としては、中山章『イギリス労働貴族――一九世紀におけるその階層形成』(ミネルヴァ書房、一九八八年)がある。松村氏の書評は『大原社会問題研究所雑誌』三七四号、一九九〇年一月に掲載されている。また、原剛『一九世紀末英国における労働者階級の生活状態』(勁草書房、一九八八年)も第一章で論じている。

(13) Dorothy Thompson, 'Women and Nineteenth - Century Radical Politics : A Lost Dimension', Juliet Mitchell & Ann Oakley, eds., op.cit., pp.137 - 138.

2　諸権利の男女平等を求めて

諸権利の男女平等を求める運動は、一九世紀の後半から始まった。それは、ウルストンクラーフトの主張の論理的発展というより、現実的要請から生れたものであった。それはまず財産権を求めることから出発し、女性の雇用の拡大、女性の高等教育、さらに女性参政権運動へと発展した。いずれの実現にも長い時間と多くのエネルギーを要したが、とくに女性参政権運動には半世紀以上にわたる努力が求められた。この長くて忍耐強い運動に多数のユニテリアン派の人びとがかかわっていたのである。

「独自派」フェミニズムが福音主義と深い関係があったように、「平等派」フェミニズムもユニテリアン派(1)と密接な関係をもっていた。これは一九世紀イギリスにおける社会改革が多くの面で宗教と不可分であったことを示している。ユニテリアン派は男女の平等を認めた啓蒙主義の継承者であり、理性、自然権、自由、寛容の概念をうけついでいたからだった。「平等派」の先駆者、メアリ・ウルストンクラーフトも、本節で登場するバーバラ・リー・スミス*(Barbara Leigh Smith, 1827 - 91)、ベッシー・パークス*(Bessie Rayner Parkes, 1829 - 1925)、ハリエット・マーティナウらもユニテリアン派のメンバーあるいは、その出身者だったのである。

他方、啓蒙主義の直系ともいうべき哲学的急進派の代表格であるJ・S・ミル(一八〇六～七三年)は一八三〇年に彼の終生の伴侶となるハリエット・テイラー夫人に出会った。彼女もユニテリアンであり、明確な男女の平等思想をもっていたから、ミルはその影響を大きくうけた。哲学的急進派の雑誌である『ウェストミンスター・レヴュー』はこうして、三〇年代のはじめからフェミニズムについての論文を掲載するようになったのである。

三〇年代から四〇年代にかけては、さらに、サン・シモン主義やオウエン主義の普及あるいはチャーチスト運動の中で、両性間の平等が主張された。しかし、社会運動として持続的な活動が始まったのは、一九世紀も五〇年代以後である。

財産権の平等を求めて

それは、一八五五年に、バーバラ・リー・スミスが既婚女性の財産権を求めることから始まった。当時は、女性は結婚をすると、財産がすべて夫の名義になってしまい、自分の財産も自由に使えず、遺言状を書くこともできなかった。

バーバラ自身は父も祖父も自由党急進派の国会議員であり、開放的で富裕な家庭に生まれた。母とは七歳の時に死別したが、父を訪ねてくる法律家、政治家、文人、芸術家たちのホステスとして豊かな知性をみがいた。二一歳になると、父は息子の場合と同様、彼女に年間三〇〇ポンドの収入を与えたが、一八六〇年の死去後、彼女は年間一〇〇〇ポンドの個人的収入を得ることになった。

バーバラは父、ベンジャミン・スミスと、婦人帽製造の徒弟であり、彼より三〇歳も年下のアン・ロングドゥン（Anne Longden）との間に生まれた五人の子の長子であった。父がアンと最終的に、正式に結婚したかどうかは定かでない。だが、こうしたバーバラの私生児としての出生の特殊性が、彼女を「既成観念に反対する強靭な闘士」(2)にしたのかもしれない。少なくとも著名な小説家のギャスケル夫人はそう見ていた。

一八五四年バーバラ・リー・スミスは『女性に関する最も重要な法律の平易な要約』を出版した。この中で彼女は、女性は結婚すると「財産に対していかなる法的権利も持たなくなる。彼女の衣服も、本も、家財も彼女自身のものではない、彼女が稼ぐいかなる金銭も法的に夫が奪うことができる。いや、結婚の契約が始まってからすでに、彼女は婚約者の了解なしに自分自身の財産を処理することもできない」(3)と述べた。そして、独身女性とあまりに異なる既婚女性の処遇を規定した法律の不備を突いたのである。翌五五年彼女は「法律改正協会」の援助を得て、財産と収入に対する既婚女性の権利を求める請願文を作成した。同年、はじめて、定期的なフェミニスト委員会が結成され、精力的に請願を支持する署名集めが行なわれた。執筆による収入をうけとれず、小額の金銭も夫から得なければならなかったギャスケル夫人も(4)、H・マーティナウもG・エリオットも署名した。しかも、この法律改正は、財産のある上・中層階級の女性のみならず、労働者階級の女性にも必要であった。労働者階級では、しばしば夫婦共働きによる収入で生活をまかなっているにもかかわらず、父のみの収入となり、子どもの養育にもっとも必要とする母の手に金銭が渡らないことがあった。両者の収入が酒場で費やされてしまうことが少なくなかったのである。

一八五六年三月に請願が議会に提出された時には二万六〇〇〇人の女性の署名があり、ロンドンだけでも三〇〇〇人の署名が集まった。「既婚女性財産法案」は五七年、第二読会を通過した。しかし、同じ頃、同法案とは全く無関係なところで、「結婚および離婚法」が議会で成立した。これによって、妻の不貞に対して夫は離婚できるが、妻の場合は、夫の暴力、遺棄、その他の罪（夫の不貞は入っていない）に対して離婚できることになった。また、同法は合法的な別居条項を含んでおり、別居の際には、妻の親権と生活費の支給が法律で認められた。また、別居後の収入や妻自身の相続財産に対する彼女の権利が認められた(5)。しかし、バーバラたちは既婚女性全体の財産権を主張したのだから、同法はあまりにも限定されたものだった。結婚を維持しつつある女性の、独立した、独自の権利という考え方に基づく法は、一八八二年まで待たねばならなかったのである。

女性の雇用拡大

バーバラたちは運動の矛先を女性の雇用の拡大に転じた。五一年にはじめて実施された人口調査では、女性が五〇万人以上も男性より多いことが判明したからである。バーバラの友人のベッシー・パークスがいみじくも指摘したように、これは「結婚生活が女性の職業だ」とした原則が崩れることを意味した(6)。結婚できず、自活を強いられている女性の存在がはっきりしたのである。その頃の中層階級の女性の職業としては家庭教師《ガヴァネス》か針子くらいしかなかったが、どちらもすでに供給過剰であり、その労働条件はお粗末極まりないものだった。ジェーン・オースティンが一八一六年に『エマ』の中で語ったことは一九世紀なかば頃でも同じだった。彼女はガヴァネスになることは「人生のすべての喜び、知的な交流や平等な交際、平和や希望から、苦痛や屈辱に、永遠に引き下ること」(7)だと述べている。

バーバラは五七年に小冊子『女性と労働』を発表した。しかし、彼女はこの中で女性の過剰問題を露骨には出していない。むしろ、女性の経済的独立の必要を論じ、次のように主張した。

父親は娘たちを養う負担を他の男性に委ねる権利をもっていません。それは女性の尊厳を低めるものです。合法的であれ、街角においてであれ、それは女性を売春婦にしかねないのです。父親が、自分のパンの稼ぎ方を教えない理由を、子どもの性〔女性〕にしている限り、女性は堕落するに違いないのです(8)。

バーバラはこのような観点から、ガヴァネスや針子を助けるすべはないが、新しい職業を女性のために開発することによって、女性の品位を保つことができると考えた。そして、時計製造、教師、看護婦、会計士などに向けて女性を訓練することを提案した。こうした職業はまた、女性を求めているのである。結論として、バーバラ・リー・スミスは、次のように結んでいる。

女性は自分たちの精神と肉体の両方のために仕事を求めています。彼女たちは食べなければならないし、子どもやその他を扶養しなければなりません。――つまり、男性が仕事を必要とするのと全く同じ理由で――仕事を求めているのです。彼女たちは技術をもたないから、労働市場で不利な立場におかれています。それ故にまた、報酬も少ないのです。彼女たちはほとんど訓練をうけていません、娘たちにこの訓練を与えることが両親の義務なのです。

結婚生活にとって女性の独立の影響が良いものであることは、あらゆる経験が証明しています(9)。

女性の過剰問題を女性の職業開発とはっきり結びつけて論じたのは、ハリエット・マーティナウの『エディンバラ・レヴュー』に載った論文である(10)。彼女自身も富裕な家に生まれながら父親の事業の倒産により、文筆家として成功するまでの一時期に針子として働いたことがあった。その経験から、ハリエットも女子の能力開発の必要を身にしみて感じていた。しかし、自分自身フェミニストではあっても、そのことを明確には示さなかった用心深いハリエットの、この論文はむしろ、ヴィクトリア時代の人びとの注意をひいた。移民や結婚年齢の引上げ等による、適齢期の男性の不足――すなわち、女性の過多――の問題は当時の大きな不安要因となった(11)。こうして、バーバラのフェミニストとしての主張と、ハリエットの現状認識からの主張が結びついて「女性雇用促進協会」が一八五九年に設立された。五七年にはすでに、バーバラの財政援助で『イングリッシュ・ウーマンズ・ジャーナル』が発刊されていたが、ランガム・プレイスにあるその発行所の建物の中に「協会」の事務所がつくられた(12)。

当時、印刷業は女性に閉ざされていたから、ヴィクトリア・プレスと呼ぶ印刷所も自らつくって、女性を雇い『ジャーナル』の印刷にあたった。

『ジャーナル』編集長のベッシー・パークスは誌上に求人欄を設け、せいぜい二〇〇～三〇〇人の読者を通じて、適切な職を適切な人に提供できればと考えた。当時、読者の多くは慈善活動に参加し、職業学校、小病院、療養所あるいはさまざまな種類の養護所などにかかわっていたが、そこでは女性の職員を必要としていたからである。しかし、『ジャーナル』と「協会」の両方の秘書の所には、予想以上の数の求職者が殺到した。ベッシーたちは、応募者たちが訓練も受けていなければ、選り抜きでないことを知った。こうした女性には、まず教育の必要性があることが判明した。他方、その頃の新しい職業——店員、事務員、電信員などは女性に適職とされ、すでに多数が雇用されていた。「協会」としては、こうした半ば機械的《セミ・メキャニカル》な職業へのあっせんをするとともに、女子教育と、さらには、オーストラリアやニュージーランドへの移民の奨励に努めたのである(13)。

女子高等教育

女子教育の必要は、すでにガヴァネスの地位改善との関係で論じられていた。その頃の女子は結婚のための「嗜み」程度の教育しか受けていなかったから、算数や文法に関する基本的な知識もなかった。ガヴァネスの地位を高め、給与の改善をはかるには、まず彼女たちの学力向上が不可避である。こうして、一八四七年にロンドンのキングズ・カレッジで女性に対する特別な講義が始められた。翌四八年には、女子のためのクィーンズ・カレッジが、さらに、四九年にはベッドフォード・カレッジが創立された。後者の運営には女性も参加した。しかし、これらは、どちらかといえば中等教育程度の水準である。五九年に「女性雇用促進協会」に参加したエミリィ・デイヴィスとエリザベス・ギャレット(15)は真に男子と同等の高等教育と医学教育の女子への開放を求めた。エミリィの努力によって、カリキュラムも男子カレッジと全く同一の女子のためのガートン・カレッジがケンブリッジに設立されたのは一八七四年であり、その前年七三年には三人の女子が学位試験に合格した。学位は授与されなかったが、女子が高等教育にたえ得ることを証明した快挙であった。エミリィ・デイヴィスは男性と同等の能力を示すことが、専門職の女性への開放につながると信じていたからである。したがって、女子のために特別な水準を設定しようとした同じくケンブリッジのニューナム・カレッジ（一八七四年）には激しい敵意を抱いた。同様のことがオクスフォードでも起こり、サマーヴィル・カレッジが男子と同一の、レイディ・マーガレット・ホールが別のカリキュラムを女子学生に与えたのである(14)。

女性に投票権を！

E・デイヴィスとE・ギャレットがランガム・プレイス・グループに加わったことは「女性雇用促進協会」をフェミニスト運動の中心的存在にした。折から、男性労働者のための第二次選挙法改正運動が高まっていたが、その中で女性の選挙権への要望も高揚していたのである。

一八六五年にJ・S・ミルが下院に当選すると、マダム・ボディション（バーバラ・スミスは五七年に結婚）、E・デイヴィス*（Emily Davies, 1830 - 1921）、E・ギャレット*（Elizabeth Garrett Anderson, 1836 - 1917）らはミルに女性参政権問題を議会に提出するよう要請した。彼からその同意を得ると、バーバラたちは積極的に署名集めを始めた。マンチェスター、エディンバラなどの地方でも請願委員会が結成され、署名は全国の三〇〇〇人以上から集まった。フローレンス・ナイティンゲール、ハリエット・マーティナウ、ジョセフィーヌ・バトラーらもその中に含まれていた。ミルの女性参政権についての国会でのスピーチは真摯で、深い思索に支えられたものだった。しかし、賛同者はわずかに八〇人であった。公共の場へ女性が出ることは、女性のすぐれた資質である優しさ、穏やかさ、謙虚さが失われるし、家庭の崩壊につながりかねないとする見解が根強くしみわたっていたからである。

一八八三年の「腐敗選挙防止法」は選挙に金銭を使ってはならないことを決めたから、比較的余暇に恵まれた女性が選挙運動に大いに協力することになった。保守党支持の女性は「プリムローズ・リーグ・女性評議会」をつくり、自由党の女性は「女性自由連合」を通して、それぞれの党のために活動した。とくに、フェミニストたちは自由党の勝利に貢献した。しかし、翌八四年の第三次選挙法改正においても女性投票権は認められなかった。フェミニストたちの議会への不信はつのった。同法によって、「七〇〇万人の成年男子のうち、五〇〇万人が有権者となった。有権者から除外された者といっては、もはや主人の家に同居する者（奉公人）と、父の家に同居する者（自分の家庭にとどまっている息子）と、そして、女子との他にはほとんど無いといってよい」(15)ほどになったのである。今回も自由党の平議員からは多くの賛成を得たが、党首のグラッドストンが反対した。彼はその理由を明示しなかったが、おそらく、女性参政権が保守党に有利に作用すると考えたからだと思われる。同じ理由で、保守党の指導者であるディズレリやソールズベリは賛成したが、一般議員たちは、逆に、女性が政治に参加するという考え方そのものに反対した。

一八八九年に著名な女性によって『ナインティーンス・センチュリ』誌上に出された「女性参政権に反対する声明」はいっそう女性参政権運動に水をさした。そして、運動そのものが退潮期に入った。ただ、六九年に女性の地方税納入者に、地方自治体議員の選挙権と、九四年に地方自治体の議員と市参事会議員の被選挙権がそれぞれ与えられ、地方レヴェルでは一応の民主化が達成されたのである。

国会議員の女性選挙権に関する第二の高揚期は九〇年代末から始まった。ニュージーランド（一八九三年）やオーストラリア（九四年）における女性参政権の賦与、あるいは、女性参政権に好意的な独立労働党（ＩＬＰ）の創設（九二年）とその活動が大きな刺戟を与えた。分裂していた女性参政権協会が再統一して「全国連合」ができ（九七年）、エリザベス・ギャレットの妹であるミリセント・フォーセット夫人が会長に就任した。これがロンドンを中心とした組織とすると、マンチェスターを中心とする北部工業都市では、ＩＬＰの人びとの熱心な支持で、とくに綿工業女性労働者の中に広がった。前者に所属する人びとをサフラディスト（女性参政権論者）

と呼ぶと、後者はラディカル・サフラディストと呼ばれた(16)。さらに、一九〇三年には、有名なパンクハースト夫人が、マンチェスターの工場労働者を中心に「女性社会政治連合（ＷＳＰＵ）」を結成し、のちにサフラジェッツと呼ばれるようになった。当初、ラディカル・サフラディストとサフラジェッツは相携えて活動するが、後者の戦闘性が激しくなると、袂を分った。ラディカル・サフラディストたちはむしろ、沈着・冷静・組織的で民主的な活動を続けているフォーセット夫人のグループと共同行動をとることになる。だが、独立労働党や労働組合、社会主義団体を母体として労働党が創設されると、新生の労働党は財産に依拠した女性選挙権(婦選)ではなく、一般成人男女に共通の普通選挙権（普選）を要求したのである。

こうして、運動の進め方の異なる穏健派のサフラディストと、放火や投石など戦闘的《ミリタント》な手段をとるサフラジェットとの対立、また、労働界では「婦選」と「普選」の対立が複雑にからみ合って、女性選挙権は結局一九一八年に到るまで賦与されなかった。この経緯については第六章でさらに検討したい。

〔注〕

（1）ユニテリアン派。三位一体を排するキリスト教の一派。キリスト教を合理的な宗教として、人道主義的に解釈し、主としてプロテスタント諸派に関係をもって発展した。一六世紀に人文主義の風潮にのってヨーロッパに起った。

（2）Chapple, J. A. V. and Pollard, A, eds., *The Letters of Mrs Gaskell* (Manchester : University of Manchester Press, 1966), p.607, quoted in Introduction to *Barbara Leigh Smith Bodichon and the Langham Place Group*, ed. by Candida Ann Lacey (New York : Routledge & Kegan Paul, 1987), p.3. 後者はボディション夫人のみならず、ランガム・プレイス・グループに所属したベッシー・レイナー・パークス、エミリィ・デイヴィス、エリザベス・ギャレット、エリザベス・ブラックウェルらの論文を再録したものである。本書における引用は同書に依拠した。

（3） Barbara Leigh Smith, *A Brief Summary in Plain Language, of the Most Important Laws Concerning Women: Together with a Few Observations Thereon* (London, 1854), p.31, in Lacey. ed., ibid.

（4） Lacey, Introduction to ibid., p.4.

（5） Ray Strachey, *The Cause : A Short History of the Women's Movement in Great Britain* (New York : Kennikat Press, Inc. 1928. repr. 1969), p.76.

（6） Bessie Rayner Parkes, 'Statistics as to the Employment of the Female Population of Great Britain', *The English Woman's Journal*, 1860. p.177, in Lacey. op.cit.

（7） Jane Austen, *Emma* (1816), p.179.

（8） Barbara Leigh Smith, *Women and Work*. 1857, p.41, in Lacey, op.cit.

（9） Ibid., pp.63 - 64.

（10） Harriet Martineau, 'Female Industry' *Edinburgh Review*. CIX Apr. 1859, pp.293 - 336.

なお、西村貞枝「イギリス・フェミニズムの背景―ヴィクトリア期ガヴァネスの問題」『思想』一九七四年四月および John D. Milne, *Industrial Employment of Women in the Middle and Lower Ranks* (1857, repr. New York : Garland Publishing Inc, 1984).

（11） 女性の過剰問題こそがフェミニズムの原因だとO. R. McGregorは述べている。'The Social Position of Women in England, 1850 - 1914: a Bibliography, *British Journal of Sociology*, VI, Jan. 1955.

（12） *English Woman's Journal*は一八五七年発刊。七年間続いて七八号の後、*Alexandra Magazine*に合体されたが、短命に終り、*English Woman's Review*の名前でB・ブーシェレットによって復活された。

「女性雇用促進協会(Association for Promoting the Employment of Women)」は女性を訓練し、雇用するパイロット・プロジェクトとして次のものを開設した。

① ヴィクトリア・プレス

② 法律事務所
③ 「堅実な英語教育（solid English education）」クラス。約四〇年間一八九九年まで続いた。
④ 美容、彫刻、写真、住宅装飾、校正、慈善団体の運営などに必要な知識と訓練の賦与。

（13） Bessie Rayner Parkes, 'A Year's Experience in Woman's Work' A paper read at the National Association for the Promotion of Social Science, August 1860 and reprinted in *The English Woman's Journal*, October 1860, and in Lacey, op.cit., p.184.

　バンクス夫妻は一八五一年と七一年の間に女性に開かれた職業は増加し、フェミニストはかなり成功したとして、次のように述べている。「商業や公務や医業および教育職において雇われている者の数は、九万五〇〇〇人から一三万八四〇〇人にのぼった。すなわち二〇年間で四四・九％増加したことになる。この数を同時期の雇用された女性全体の増加率三二・一％と比較してみるとよい。J. A. and Olive Banks, *Feminism and Family Planning in Victorian England* (1964), 河村貞枝訳『ヴィクトリア時代の女性たち――フェミニズムと家族計画――』（創文社、昭和五五年）、五二ページ。

　しかし前記のO・R・マクレガー論文は、こうした職種の増加はフェミニストによるものではなく、産業および社会の変化によるものとしている。

（14） Olive Banks, *Faces of Feminism*, op.cit., pp.40 - 41.

（15） A・モロワ、水野成夫・小林正訳『英国史』下巻（酣燈社、昭和二五年）、三六七ページ。

（16） Jill Liddington and Jill Norris, *One Hand Tied Behind Us : The Rise of the Women's Suffrage Movement* (London : Virago, 1978) p.15.

3　慈善活動から社会改革・労働運動へ――「社会派」の復活

「平等派」フェミニズムが当初ミドル・クラスの女性による有産階級の女性を対象としたものだとすれば、「社会派」フェミニズムは階級を問わず、すべての女性を対象とした理論であった。なぜなら「社会派」は女性が共通にもっている特性＝母性の維持は、資本主義という競争社会では困難だとみており、母性の尊重と男女の平等が共存し得る新しい社会や家族の形態とあり方を求めたからである。しかし、オウエンやトムプスンのかかげた協同精神に基づく共同体社会の建設までには長い道のりがある。その間社会的矛盾の影響を最も受けやすかったのは労働者階級の女性であったから、「社会派」フェミニズムはいきおい労働者階級の女性を対象とすることが多かった。

「独自派」の慈善運動も彼女たちの救済が主要な活動であったから、「社会派」と重なる部分があった。「社会派」も「独自派」も母性を尊重したという点でも共通していた。実際、アメリカ史家のW・オニールは社会運動や慈善活動に参加し、女性の諸権利を求めた人びとを「社会派《ソーシアル》」フェミニストと定義している(1)。しかし、社会認識や、社会問題の解決の方向あるいは方針をめぐっては大きな違いがあったから、やはり慈善活動に従事した「独自派」と、「社会改革」を求めた「社会派」とは分けて考えるべきであろう。

「独自派」が貧困の原因を、個人の努力や向上心の欠如に求めたのに対し、「社会派」は個人的水準では解決し得ない、さらに深刻で困難な社会的・経済的理由に求めた。すなわち、資本主義の競争原理が過剰生産をもたらし、それがやがて生産の縮小と不況・失業を生み出し、貧困の大きな原因となっているとするのである。したがって、そこから出てくる解決策は、前者では貧民の自立心の涵養であり、人間の自尊心を育成するための快適な住宅の供給などであった。だが、後者では議会を通じての、漸進的な、イギリス流「社会主義」社会の建設であったり、国家による社会政策の実施であった。

こうした視角を育てたのが一八七三年以後の大不況であったことは特に論ずるまでもない。そのため「社会派」フェミニズムの再生の時期は一九世紀第4・四半期とみてよい。明確に社会主義を標榜する「社会民主連合（SDF）」、「フェビアン協会」と「独立労働党（ILP）」が誕生したのは八〇年代から九〇年代にかけてであり、これらは社会主義の実現の過程で女性問題も解決できるとした。ただし、女性問題の認識の仕方は団体によってもあるいは団体の中の各個人間でも微妙に異なっていた。

このように「社会派」フェミニズムは「独自派」とは違って、「社会主義」と密接な関係をもっているが、筆者は「社会派」フェミニストをさらに広義に理解している。イギリスのフェミニスト史家、E・マッペンもソーシァル・フェミニストを、「女性の生活にかかわる社会問題に関心をもち、女の経済的諸権利を要望する人たち」(2)と定義し、彼女たちは必ずしも社会主義をかかげないが、フェビアン協会などの社会主義グループに多数関与していると指摘する。筆者の見解もそれに近い。すなわち、「社会主義」を標榜しなくても女性の貧困の原因を、個人の怠慢や無責任に帰することなく、広く、社会や政治に求め、そこでの解決とともに、女性のための諸権利を希求する人として「社会派」フェミニストを理解する。そのため、女性労働者を組織し、組織を通して彼女たちの生活の向上を求めた「女性保護共済連盟（WPPL）」による女性労働運動もまた「社会派」フェミニズムに含まれる。この女性労働運動はやがて国家に対して労働対策を求めていくことになる。

同様に、国家に対して、福祉政策をはじめ各種社会政策を求めていった活動家たちも「社会派」フェミニストである。

しかし、以上述べたような「個人」から「社会」への社会認識の変化は徐々に現われたのであり、フェミニズムの観点から言えば、まず「独自派」の慈善活動への批判から始まった。それは、一九世紀後半の慈善活動の中心的存在だった「慈善組織協会（ＣＯＳ）」において、家賃集金人として社会活動を始めたビアトリス・ウェッブからである。彼女は次のように述べて、慈善活動の限界を指摘して、社会そのものの変革の必要を主張するようになる。

……貧困が発生してからそれを救済する場合とは異なり、貧困を防止する仕事の大きな部分はどうしても個人の能力を超えるものであり、もしやるなら、私的財産を規制する強制力をもつ公的権威によって、あるいは、公的資金の支出によって行なわれるべきことがヴィクトリア時代初期においてさえ明らかになっています。……一八三四年の救貧法報告書の作成に大きくかかわったエドウィン・チャドウィックも……同法施行後数年にして、道徳頽廃的な施しの供与をただ禁止するだけでは、とくにそれを受けるに最も値いする人たちの貧困の基本的諸原因に触れないまま、貧困を放置することになるのに気づきました。一〇年もたたないうちにエドウィン・チャドウィックは、かつて院外給付や慈善的施しの廃止についてそうだったように、熱心に、下水道の敷設、道路の舗装、給水、空き地、住宅の改善、病院などの設立に市が積極的にとり組むことを主張しました。しかし、ＣＯＳはこのような先駆者たちの経験を明らかに忘れてしまっています。……

一八八六年に「慈善組織協会（ＣＯＳ）」の狭隘でますます強固になるドグマと決別したバーネット夫妻は……ロンドン東部の最も悲惨な地域での一二年間の居住の間に、ロバート・チャーマーズ（Robert Chalmers）やエドウィン・チャドウィックの足跡をたどりました。そして彼らは無制限で無規律な慈善より、はるかに深く、またより継続的な害悪、すなわち、無制限で無規律な資本主義と地主制度があることに気づいたのです(3)。

「社会派」フェミニズムはこうして折から再登場した社会主義思想に影響されつつ進展する。とくに、一九〇〇年に労働党が結成されると、その女性政策にうけつがれていくのである。これらの叙述は第Ⅲ部の主要テーマの一つである。

他方、ＷＰＰＬもその出発点においては、第四章でみるように「独自派」フェミニストの諸特徴を備えていた。「未組織だから低賃金であり、低賃金だから未組織」だという女性労働者のもつ悪循環を断つためには、外部からの働きかけが必要であった。そのため、ＷＰＰＬが意図的・継続的に女性を組織化するために結成されたのである。したがって、これは女性労働者自身がつくったものではない。慈善活動が広がる中で中層階級女性の呼びかけによってできたものである。プロチャスカの慈善団体名簿によれば(4)、設立の翌年の一八七五年の寄付者数は五四人、そのうち女性は三六人で、女性の占める割合は六七％である。同じく八九年には寄付者数は八九人、うち女性は六七人で女性の占める割合が七五％であることから、当時の数多い慈善団体の中で、圧倒的に女性中心の組織であることがわかる。このような性格をもつものとして、ＷＰＰＬは当初、社会改革を通じて女性問題の解決をはかるいわゆる「社会派」フェミニストではなかったが――そして、最後までこの点を明確にしなかったが――、女性労働問題を単に「慈善」や「個人」の問題としてのみ把握することもしなかった。女性労働者を共済組合に組織して、教育と自助の精神の育成に努めたという点では慈善団体の域を脱しない。しかし、ＷＰＰＬはしだいに男性労働者との関連で女性労働者を理解し、また、立法・行政問題として、その解決を求めるようになったから、広い意味での「社会派」フェミニストと名づけることができる。あるいは、「独自派」フェミニストが始めたＷＰＰＬの活動が、時代の推移とともに、「社会派」フェミニズムに変容し、ＷＰＰＬもＷＴＵＬに変質することによって担い手自身も「社会派」フェミニストに変容したと言えよう。

前記ドロシー・トムプスンは、ヴィクトリア時代の保守思想の偽善は、一方で女を壊れやすく、繊細で、装飾的で、同時に寛容で依存的なものとして典型化しておきながら、他方で、ぼう大な数の女性を、炭鉱から売春にいたる、困難で、品位を落とす仕事において搾取していることだと批判している。さらに続けて彼女は、女性の労働とその組織の特徴を次のように指摘した。

……彼女たちの仕事は社会的認識の点でも賃金でも低かった。彼女たちの賃金や労働条件を改善し、守るための安定した組織はほとんど一九世紀末まで組織されなかった。法律による労働条件の改善は、女性自身の組織の結果というより、急進派あるいはヒューマニストのキャンペーンによる結果であった(5)。

D・トムプスンの一九世紀末における「女性自身の組織」に対する評価はこのように低い。それだけにWPPLの女性労働者の組織化の苦闘が想像されるが、急進派あるいはヒューマニストをこの女性自身の組織と結びつけたのがWPPLであった。それは絶えず、女性労働者の問題を提起し、ある時には組織の力によって、また他の時には急進派知識人などの協力を得ながら立法の力によって問題を解決していったのである。以下では、その過程を詳細に見たいが、その前に女性労働者の置かれていた当時の一般的状況を概観したい。

〔注〕

（1）William L. O'Neill, *The Woman Movement : Feminism in the United States and England* (London : George Allen & Unwin, Ltd. 1969), p.33. オニールはソーシャル・フェミニストたちは諸権利の獲得を目ざしたが、それは必ずしもすべてに最優先されたわけではないとしている。

（2）E・マッペンはさらに「社会派」フェミニスト（social feminist）の大半は選挙権をも求める人たちであると定義している。E. Mappen, *Helping Women at Work : The Women's Industrial Council, 1889-1914* (London : Hutchison, 1985), p.27.

（3） Beatrice Webb, *My Apprenticeship* (Longman, 1926 ; Peguin Books, 1971), pp.215 - 217.
（4） F. K. Prochaska, op.cit., p.243.
（5） D. Thompson, 'Women and Nineteenth - Century Radical Politics' op.cit., p.112.

第Ⅱ部　イギリスにおける女性労働運動の形成とフェミニズム

第三章　工業化社会における女性労働とフェミニズム

1　女性労働の変容――フェミニズムと女性労働史研究の変遷

二〇世紀後半に始まったウーマン・リブ運動は、資本主義以前の時代から久しく受け継がれている「家庭重視主義（domestic ideology）」と「家父長主義（patriarchy）」に挑戦する全く新しい運動であった。それは、各方面でこれまで平等が達成されなかったのはこうした「性別分業主義」や「男性優位主義」が思想、文化、芸術、人びとの行動様式、その他ありとあらゆる所に深く根づいているからだとする。古典的婦人解放運動によって得られた政治的制度的平等も実は形式的なものに終っている場合が多い。したがって、新しい時代のフェミニストたちは家庭重視主義と家父長主義の払拭と根絶なしには真の男女の平等の達成は不可能だと見ている(1)。そのため、一九六〇年代以後のウーマン・リブ運動をこれまでの婦人解放運動と区別して、女性解放運動、男女平等運動と呼び、一九八五年の「女子差別撤廃条約」批准以後は、差別撤廃運動とも呼ぶようになったのである。

最近の女性労働史および女性労働運動史研究もこのような考え方に大きく影響されている。従来、産業革命によって女性は社会や経済活動に大いに進出し、独身女性の場合は経済的独立さえかち得たとされてきた(2)。だが、近年の研究では少なくとも第二次世界大戦までは、労働力全体に占める女性労働の割合には変化がないし、女性が従事する労働のタイプにも変化はなかったとする見解があり、その理由として女性が家族と密接に結びついていることを指摘する。女性労働史研究者のティリィとスコット（L. A. Tilly and J. A. Scott）は次のように述べている。

私たちの研究は、工業化が家族と仕事をそれぞれ別べつの分野に分離したとする、古い考え方に挑戦しています。私たちは、工業化が家族単位からその生産活動を奪ったことを知りました。それにもかかわらず、家族はその成員の生産活動に影響し続けているのです(3)。

結論を先どりした形になったが、それでは具体的に女性の生産活動は、家族からいかなる影響をうけたか、女性はいかなる分野で働き、その労働のタイプはティリィやスコットが言うように、産業革命後も本当に変らなかったのか、変った所があるとしたら、それは何かを検討すべきであろう。だが、その前にティリィとスコット以前の女性労働研究史について瞥見しておきたい。

F・エンゲルスの女性労働史観

産業革命が労働者階級の家族に与えた影響については、古くはF・エンゲルスによる否定的もしくは悲観的な評価がある。彼はその著『イギリスにおける労働者階級の状態』の中で、産業革命以前は一家がともに生産に従事したのに比べて、工場制工業が導入され家内工業が崩壊すると、男も女もそして子どもも工場に誘致され、そのことによって家族的きずなが弱まり、あるいは崩壊することを嘆いた。エンゲルスはさらに機械が成人男性労働者の労働をますます排除し、女や子どもの安い労働を求めて、「いまや必然的にあの現存社会秩序の反転が生じた」と指摘し、次のように述べている。「この反転はまさに強制的なものであるために、労働者にたいしてもっとも破滅的な結果をもたらす。女の労働はなによりも家庭を完全に解体する。なぜならば、妻が昼間に一二～一三時間以上も工場ですごし、また夫も同じところか別のところで働いている時に、いったい子供はどうなるというのであろうか？　……子供の労働によっても同様に家庭は崩壊する。子供の労働も、両親が子供をやしなうのにかかる費用以上も稼ぐほどまでになると、……子供は自分を解放し、両親の家を下宿屋と考え、気にいらなければまた別の下宿屋と交換することが、しごく頻繁におこる」(4)。要するに、産業革命は家庭を破壊し、一家の稼ぎ手の仕事を奪い、女や子どもを労働市場にかり立てたというのである。

出生率の低下とオリヴ・シュライナー

このような産業革命の消極的イメージを、エンゲルスよりおくれること半世紀以上後にエンゲルスとは全く異なる観点、すなわち、フェミニストの視点からうけついだのが南アフリカの女性作家で、たびたび来英したことのあるオリブ・シュライナー*（Olive Schreiner）である。彼女は、家庭内の生産活動からも、そして工場の生産活動からも除外された存在としての、中層階級の女性について、その労働からの乖離の影響について論じたのである。一九一一年に出版された『女性と労働（*Woman and Labour*）』(5)は「婦人運動のバイブル」(6)と呼ばれるほど、当時多くのフェミニストに影響を与えた。シュライナーはこの中で、産業主義が女性から労働を奪い、女性の社会的有用性を減少させ、女性を男性に依存する「寄生的生活（parasitism）」に封じ込めたと主張したのである。彼女は同書の一～三章に「寄生的生活」の標題を与えて、次のように論じている。

旧来からの生産と社会的労働の領域……私たちの糸車がみんな壊れてしまいました。……私たちはもう以前のように誇らしく、私たちが、私たちだけが人びとに衣服を着せていると言えなくなってしまいました。

もう、ずっと昔に農夫や粉屋が私たちの所にやってきた時に、私たちの使っていた鍬やひき臼は、私たちの手元から消えてしまいました。それでも、私たちはしばらくの間こね鉢と醸造用大桶をしっかりつかんでいました。しかし、今日、機械がパンをつくり、そのパンが私たちの家の入り口に置かれています——それは男の運転する自動車によって運ばれたのかもしれません！……ばら色の頬をした乳しぼり女は永遠にいなくなりました。彼女たちはクリーム分離機や大抵は男が使う機械でできたバターにその席を譲ってしまいました。家族のために食物の用意をするのは全く女の仕事という古くからの格言が、文明が完成するのに比例して、古くさいものになってしまいました(7)。

シュライナーはこのように主張し、無為の寄生的生活から離脱し、労働に従事することによって女性の能力が十全に発揮されるとした。しかも、それは女性の生産力だけではなく再生産力も増加する。すなわち、労働と、母親であることのバランスのとれた生活こそが必要だとした。こうした主張の背景には、女性の出産率の低下と、南ア戦争の時に明らかになったイギリス兵士の体位の低下に対する優生学者たちの警告があった(8)。彼らは子どもの増加を望むとともに、後者については、労働者階級の妻が家庭の外での賃金労働をやめて、育児と家事に専念すべきことを強調していたのである。

シュライナーは、「女性は自己実現のためには母親であると同時に生産労働者であることの必要を信じ、女性が母であることの重要性を認めるが、また、独立した職業人であることを望むようにと訴えたのである」(9)。そして、この実現のために彼女は次のように主張した。「私たちにふさわしい仕事と、その仕事に合う訓練を与えるように！　私たちはこれを私たちだけのためではなく私たちの種族のために要望します」(10)と。

こうして、シュライナーは女性の「独自性」すなわち母性の十全の発達のために、労働への「平等」な参加を主張するという「独自派」フェミニズムと「平等派」フェミニズムの中間に位置した発言をしたのである。

フェビアン協会婦人部と女性の経済的自立

婦人参政権運動がもっとも高揚した時期における、シュライナーのこのような女性労働史観は、フェミニストたちに大きな影響を与えた。一九〇八年に創設されたフェビアン協会婦人グループ（Fabian Society Women's Group, 以下ＦＷＧと略）の人びともその一部である。全国の約二三〇人から成るＦＷＧは、上部組織であるフェビアン協会のフェミニズムと女性問題に対するとり組みの生ぬるさに飽き足らずに結成された。その目的は二つあり、一つは親組織が主張する市民としての男女の平等を促進することであり、二つは「社会主義との関連でとくに女性の経済的独立の問題を研究する」(11)ことであった。彼女たちはすでに女性の経済的独立がフェミニストの主要な目標であるとした。また、彼女たちは、女性が資本主義ばかりでなく家父長主義の犠牲になっていることを、社会主義者が認めていない点に気づいていた。バーナード・ショウ夫人は一九一〇年のグループ討論の要約を紹介して、女性の自立の必要性を強調しつつ、次のように警告した。

社会主義はこの問題を必ずしも解決しません。なぜなら、安全と良き賃金が家長の手の届く所にもたらされるならば、各家庭の被扶養者である妻や子の問題はその取扱いを家長に託し得ると、社会主義学派の人たちが考えていることを私たちは知ったからです。そのような状態が男性にとっての社会主義ですが、それは大抵の女性にとって、家父長的家族制への従属を意味します。私たちはそうしたことが起こる前に考えておかなければなりません(12)。

一九〇九年と一〇年の両年において、ＦＷＧは労働者としての女性の能力の限界の問題（例えば生理日の労働に与える影響）(13)や「労働者としての母の能力の限界の問題」(14)について研究論文を回し読みしたが、その結論は女性一般も母も労働者として何らその資格に欠けるところではないということであった。

ＦＷＧの一人である、Ｍ・アトキンスン（Mabel Atkinson）はシュライナーの提起した「寄生的生活」と経済的独立の問題をとりあげ、『フェビアン・トラクト』の中でさらに詳しく検討した(15)。彼女はシュライナーの主張は中層階級の女性に関するものであり、労働者階級の女性の問題とは大きく異なる点を明らかにした。彼女にとって、また当時の多くのフェミニストにとって、「寄生的生活」とは夫に依存した中層階級の「拘束された妻(the kept wife)」(16)のことを意味した。そして、こうした生活からの脱却をフェミニストたちは求めた。アトキンスンは次のように述べている。

中層階級の女性が自分の経済的独立にいかなる重要な意義を与えているか、ほとんどの男性が理解していません。……専門職についている女性の生活はしばしば苦労が多く、孤独なものです。しかし、経済的独立がもたらす自己管理と自己活動の威力はさらに大きな意味をもっています。そして、性的寄生生活(sex-parasitism)の意味を理解し、それからの脱出に成功した女性はほとんどそれに戻ることを喜んでいないのです(17)。

こうして、中層階級の女性にとって、同じ階級の男性による仕事からの除外とそれがもたらす経済的依存からの離脱が婦人運動の大きな目的となった。しかし、労働者階級の女性にとっては、むしろ、長時間労働と家事・育児との二重負担こそが問題であった。アトキンスンは次のように続けて言う。

プロレタリアートの女性が苦労として感じているのは、彼女の労働があまりに長く、単調で、彼女に課された負担が重すぎるということです。とくに、彼女の場合、その負担は私たちの社会制度の不正からくる資本主義的搾取の力によるのです。それは少なくとも、かなりの程度まで、彼女と同じ階級の男性が割のよい仕事から、彼女を締出しているからではありません。それ故に、労働者階級の女性の間に、性別意識は弱いのです。……労働者階級の女性は、自分の階級の男性に、自分に対する敵意よりも連帯を感ずるのです。彼女の求める改革とは、独立や労働の権利ではなくて、彼女にのしかかってくる終りなき苦悩の負担に対する保護なのです(18)。

もちろんこうした保護が、女性の自立を犠牲にすることをシュライナーと同様アトキンスンも知っていたし、長期的には中層階級の「寄生的生活」が労働者階級にも浸透することを予測していた(19)。しかし、現在のように家事・育児が合理化されていない当時において、労働者階級の妻や母の仕事がそれだけで十分な労働であることをアトキンスたちは理解していた。そして、妻・母としての彼女たちの立場を守りつつ、経済的独立を達成するためには、家事や育児に対する国からの母親年金が必要であるとの結論に達したのである。この計画は一九一〇年のハーベンの執筆による『フェビアン・トラクト』(20)の中で詳しく論じられているが、アトキンスンの主張でもあった。母親年金があれば、母は家にいながら、経済的独立を維持できるというのである（この点については、第六章で詳述）。

A・クラークと前工業化時代の女性労働

以上のような中層階級と労働者階級の双方に及ぼした産業革命とそれ以後の資本主義の発展に対する悲観的な評価に(21)、さらに別の観点から追打ちをかけたのがA・クラーク（Alicc Clark）である。

ＦＷＧのメンバーであるクラークは、同じくＦＷＧ会員のバーナード・ショウ夫人からの助成金を得て、資本主義以前の女性労働の実態を調査した。そうすることによって、シュライナーやアトキンスンの、資本主義下の女性に関する主張の正当性を検証しようとしたのである。その結果が『一七世紀の女性の労働生活』（一九一九年）である。

彼女はこの本の中で、一七世紀初頭に女性は二〇世紀の女性より産業において活発であり、男性も家庭生活においてはるかに積極的であったと次のように主張している。工業化以前の経済は、家庭消費のための生産

(domestic industry）と、家族全員の労働による商品生産（family industry）に基づいていたが、こうした経済体制では、女も家事・育児のほかに多様な生産活動に従事した。農村では果樹園や菜園、家畜や家禽の世話をし、羊を飼い、ビールを醸造し、乳製品やその他の市場向け商品もつくった。都市では、女性も婦人帽や婦人外とう製造などで独自の仕事をもっていたし、妻も夫の醸造、印刷、絹製造、皮なめしなどの仕事で、実質的パートナーの役割を果たしていた。また、階級による差異もなかった。上層階級の妻も繁忙期には率先して、果実摘みや保存に協力した(22)。十分な土地をもたない貧しい農夫の妻たちは、洗濯、羊飼い、草刈りなどの賃金労働に従事して家計の足しにした。こうした臨時的労働をクラークは、地主階級の妻たちの回漕業や塩・石炭業に対する投機と同じように評価していた。

繊維業では、紡績のすべてを女と子どもが担当したから、彼女たちが夫の単なる扶養家族と見られることはなかった。また、夫に家賃やその他の必需品支払に十分な稼ぎがあれば、妻は自分と子どもの衣食を自分の労働で賄うことができた。「だが、貧困から妻が賃金労働を強いられる時、彼女の家族に対する生産力の価値は大きく減少した。なぜなら、彼女の賃金で家族に食べさせたり、着せることができないどころか、自分自身の食いぶちすらほとんど十分には得られなかったからである。この事実は、産業の資本主義的構造によって女性が労働市場にますます追いこまれていることを示すだけでなく、そこでの女性の立場の弱さを示している。……〔他方〕上層階級の女たちは絹取引での特異な地位を失ったし、富裕なラシャ商や毛織物商人の妻たちは事業に対する積極的な関心を持たなくなったように思われる。こうして、女性は賃金労働者としてのみ雇われるようになった(23)。」ここに「寄生的生活」をする女性と、賃金労働者としての女性の二分化が起こった。クラークは、自家消費用物資の生産（domestic industry）と家内工業（family industry）の崩壊が広がった一七世紀が生産関係と家族関係が変った決定的時期だと見ているのである(24)。

また、専門職については、軍隊、教会、法曹界が女性を除外したが、教育、看護、薬事は家事の一部とされ、助産婦も女の仕事であった。しかし、内科医、外科医、薬剤師の協会からは排除された。助産婦や当時「賢女」と呼ばれた女性の方が彼らの知識や技術水準より高い場合が多かったにもかかわらずである。しかも、やがて教育や治療の分野が専門職になるにつれて、それらの分野における女の地位は失われていった。「女の不可侵の職」とされていた助産婦の仕事も、一七世紀の末には男の医師によって、支配されるようになった(25)。

以上の数例からも分かるように、クラークによれば、女性のさまざまな分野における活動は彼女たちの活力、能力、進取の気性の証拠である。さらに、こうした資質は前資本主義時代の家庭経済に女が積極的に参加し、重要な役割を果たすことによって得られたとみなされる。しかも、このような経済活動は、クラークが最も重視した母性（母親であること、motherhood）と調和的に両立する。かつて女の多面的能力は、家庭で尊敬されるだけでなく地方のコミュニティでも治安官や民生委員らと同じくらい重要なものだったのである。

クラークの主張は、彼女がクウェーカー教徒の家庭の出身であり、彼女自身が家業である製靴業のミシン作業室の監督に当ったという宗教的家庭的背景から生まれている。彼女にとって、倹約、勤勉、自助、事業に対するすぐれた感覚、技能は男ばかりでなく女にとっても必須と思われた。しかし、資本主義の導入によって、企業利潤を生み出す営業活動が最重視され、それに伴って生産活動が私的分野と公的分野に分割されると、社会は家庭における生産活動に対して、工場や事務所におけるものと同様の価値を認めなくなった。さらに教育の機会も与えられなかったために女はしだいに経済的社会的劣位の立場におかれるようになった。クラークには、一七世紀が、まさにこの転換期だったのである(26)。そして産業革命による工場制の導入がこの傾向を決定的にした。だが、イギリス史家のジョーン・サースクも指摘するように、クラークは一七世紀の自給自足に近い家庭生活を理想的に描きすぎてはいないか、という疑問や批判が避けられない。サースクは、彼女の書に一定の評価をしなが

ら も、次のように批判する。〔本書は〕「安泰で危機のない時代の、ヨーマンや都市の職人たち、あるいは土地を十分もたない農民たちの生活さえ公平に描いています。しかし、それは、絶えず貧困に悩む人びとが経験する、家庭を基礎とする経済の欠点をすべて考察しているわけではありません。さらに、財産や子どもあるいは自分たち自身の生活様式を管理する法的権利を、何ら女性がもたないことに注目していません」(27)。

シュライナーは、クラークと同様に、母性と労働の調和的発展を期待したが、クラークのように前工業化時代の家内工業に戻ることは望まなかった。むしろ、新しいタイプの労働を求めたのである。FWGの女性たちも、子どもの出産については経済的に夫に依存し、民族の将来のために家父長主義的理想を優先すべしとする優生学者たちの意見に反対した。けれども、母にとってもっともふさわしい労働は家の中にあるとした。これに対してクラークは、母であることがいかなる仕事より道徳的にすぐれており、したがって、女の家の外での仕事はそれに適合するものでなければならないと主張する。その意味で一七世紀の女性労働を望ましいものであるとみなしており、それがすたれたことに対する悔悟の情が読みとれるのである。

M・チェイターとJ・ルイスは次のように語っている。「もし、クラークが一九世紀と二〇世紀の女性労働について書いたなら、おそらく、彼女はシュライナーより、アトキンスンの分析に従ったであろう」(28)。

以上のように、クラークの研究についてはさまざまな欠陥も指摘できる。しかし、工業化による女性労働への影響を悲観的にみる見方が、当時のフェミニストの間で支配的であり、そのような見解を補強するためにも前工業化時代の女性の役割についての研究が待たれていたのである(29)。そうした中で、クラークが一九世紀にくらべて一七世紀における女性労働の有用性を検証した功績は大きかった。とくに、それは、当時の人びとの回顧録や手紙、世帯会計簿の参照から始まり、請願書や教会、裁判所、ワークハウスなどの資料にも依拠した最初の本格的研究だったのである。

女性労働に対する産業革命の影響の積極的評価

産業革命が女性に与えた影響についての積極的（ホブズボーム＝ハートウェル論争の用語を使えば、楽観的）評価は、第一次大戦後の一九二一年に発表されたリリアン・ノウルズ（Lilian Knowles）の研究に見ることができる(30)。ケインブリッジのガートン・カレッジで経済史を学び、ロンドン・スクール・エコノミックス（LSE）の教授になったノウルズは、産業革命の世界貿易と国際関係への影響について研究し、その過程で一九世紀における家内工業の衰退を議会議事録によって知ったのである。個々の家の一室、あるいは住宅に隣接した暗くじめじめした作業場《ワークショップ》と、明るく清潔で風通しのよい工場《ファクトリー》を比較して、ノウルズは、労働環境が改善され、家内工業による悪臭や塵埃が住宅から除去されるのを高く評価した。消極的な側面として彼女は家にいる女性が収入を得る機会を奪われ、そのことによって自負心を失ったことをあげた。しかし、未婚の女性は利益を得た――彼女たちは安定した仕事と一定の賃金によって得られた独立を享受した。これに対して中層階級の女性は、得るものより失ったものの方が大きいことをノウルズは認めた。家庭が活動の中心である時、中層階級の女たちは事業において夫のパートナーであったが、仕事場が家から離れると彼女たちは事業の世界との交流を失い、狭い生活におしやられたというのである。要するに、産業革命はさまざまな結果をもたらしたが、総合的に判断すると、労働者階級の女性にとっては利益の方が損失より大きかったとノウルズは結論づけたのである(31)。

I・ピンチベックの研究

LSEでノウルズからインスピレーションと激励を得たアイヴィ・ピンチベック（Ivy Pinchbeek）は、ノウルズと全く同じ時期を対象に、女性労働の本格的研究に立ち向かった。その著『女性労働者と産業革命　一七五〇～一八五〇年』（一九三〇年）(32)はすぐれた古典的研究であり、ウーマン・リブ運動がもり上った一九六九年に再版が出た。しかし、いまだに、一八五〇年以降を対象にした、彼女の著作に匹敵するような女性労働研究は出ていない。

ピンチベックは農業に関する章では、大農家《ファーマー》や酪農家の妻、中・小農家の手伝い女性、小屋住み農民の妻の生産労働の分析から始め、農業革命の女性に与えた影響、女性日雇い労働者の実態、農業不況と救貧法、女性賃金の男性賃金への影響などについて詳細な検討を加えた。工業においても、繊維産業では、綿と羊毛の家内工業から工場制工業への移行過程での女性の労働問題――労働力の調達、技術訓練、労働条件、賃金（出来高払い制がとられていた所では、すでに男女平等賃金が支払われていた）(33)、その他について分析した。レース、麦稈《ばくかん》さなだ（麦わらをさなだひものように編んだもの）、手袋、手編みなどの小規模工業の女性、鉱山と金属工業の女性、女性職人（例えば、金細工における）と女性事業家、専門職の女性についても詳しく論じている。

そして、このような詳細な研究を通して次のような結論に達した。それはノウルズの結論と非常に近いものである。

まず第一に、商品生産が家庭から工場に移ることにより、家はもはや作業場ではなくなった。「労働者階級の歴史において、はじめて多くの女性が家事と育児に自らのエネルギーを捧げることができるようになった」(34)。確かに、仕事が家庭の外に移ることによって、妻たちは生産から隔離され、収入を得る機会を失い、夫に依存することになった。彼女たちの経済的独立の喪失の意味は大きい。しかし、妻の家庭外での就労による収入が、損失(35)を補うことはめったになかった。そのため男性の賃金はむしろ、家族単位で支払われるべきであり、既婚婦人は育児や家事において十分な経済的貢献をしているという、より近代的な概念を産業革命はもたらした。これは個人を中心とする考え方からすれば「後向きの傾向に見えるかもしれない。しかし、労働者階級の間では既婚婦人が賃金労働者になるのは、必ずしも健全な経済的主張ではない」(36)。事実、女性が経済的必要から就労した場合でも、既婚婦人の割合は低かった(37)。

第二に、独身女性にとって産業革命のもっとも顕著な成果は、彼女たちが既婚婦人とは違って、経済的にも社会的にも独立をかち得たことである。より高い賃金、より良い食物と衣服、より改善された生活水準を享受できた。彼女たちは、はじめて自分の好みにあった衣服をまとうことができた。もっとも、それらは安物の既製服であったから、工女たちは自分の洋服さえ縫えないといって批判の材料にもされた。また、独身女性はしばしば両親の家を出て下宿し、彼らの監督から離れることによって大きな自由を獲得した。

第三に、未婚・既婚を問わず、女性工場労働者たちは、地方のコミュニティでともに働くことによって、家内工業ではもつことのできなかった広い経験と多様な関心をもつようになった。彼女たちははじめて自分たちの共通の利益のために協力する必要を理解した。そこには、まさに新しい精神の始まりの徴候が見られた。

第四に、中層階級の女性にとっては、実社会との接触から隔離し保護されたがためにかえってイニシアティヴも独立も失うことになった。一面では勤労婦人の新しい独立を見て、彼女たちは自らの経済的社会的地位に目ざめることになるが、中層階級の女性の場合、世間的に上品《ジェンテイリティ》さ、優雅さが求められたために、仕事といってもすでに人手の過剰な洋服仕立てや帽子製造、あるいは家庭教師の職しかなかったのである。

当時、女性の主要就労分野は家事手伝い、工場労働、針仕事、農業労働と家内工業の五つであった。工場労働以外の分野を見ると、いまだに低賃金と長時間労働が目立った。とくに家内工業ではレース、手袋製造など狭くて不衛生な仕事場と長時間労働が問題であった。この点はロンドンの洋服仕立業や製帽業でも同じである。一年のうち数カ月間は一日一八～二〇時間労働が続いたのである(38)。こうしたことを考慮すると、近代的な工場労働が女性にとって重要な意味をもつことが理解できよう。

批判的見解、例えば、女性の工場労働が家庭の慰安を減らし、家庭の崩壊をもたらすという意見に対して、ピンチベックは、それは誇張であり、農業における場合の方が情況はさらに深刻だったとしている。工女は針仕事をはじめ家事ができないという非難に対しても、ピンチベックは、その他の分野における女性も同様で、食事もオートミールのかゆ、ミルク、パン、チーズ、じゃがいも、そして、ごくまれなぜいたくとして肉が添えられるような粗末なものだったし、教育や訓練が施されない限り家事に関する知識や技能は、いずれの職域の女性にとっても増える見込みはなかったという。工女の増加が男性の職を奪うとする説に対しては、ピンチベックは繊維業ではすでに多数の女や子どもが就業していたと反論する。しかも、男性は機械、鉱業、運輸などの新しい産業に吸収されていた。要するに、工女のみへの批判は女性を工場から追放しようとする意図以外の何ものでもないとみる。そして、家内工業が工場へ移ったために、仕事を失った者、あるいは親をはじめ扶養してくれる親族をもたない者にとって、工場は大切な就業の場所になったのだという(39)。

このような結論に対し、ダイハウスはとくに前半部分におけるピンチベックの見解の矛盾を指摘する。ピンチベックは一方で、労働者階級の妻の独立の喪失を認めながら、他方でそれは「後向き傾向」ではないと言う。そして、「家族賃金」の導入を認め、女性の家事労働の経済的貢献を評価するのは「保守的イデオロギー」に基づく分析方法」(40)を用いた結果だとダイハウスは批判するのである。彼女が指摘するように、ピンチベックの研究は一九三〇年に出ているが、その当時は、すでに第一次世界大戦中に女性参政権が賦与されまた戦後専門職が女性に開放されるなどして、フェミニストの要求が実現する中でフェミニスト運動そのものが退潮期を迎えていた。しかも、二〇年代の厳しい経済情況の中で「家族賃金」への要望は高まっていた。こうした背景の下でピンチベックの主張を評価しなければならないであろう。この点についてはあとでもう一度とり上げるつもりである。

既婚女性の労働とM・ヒューイット

以上の叙述から分かるように、ピンチベックは産業革命の受益者は労働者階級の未婚の女性であるとしたが、既婚女性への影響はいかなるものであったろうか？　それまで既婚女性の労働時間や労働条件については配慮されたが、既婚女性の家の外での労働が家庭生活に与える影響については検討されなかった。この点にメスを入れたのが、ロンドンのベッドフォード・カレッジ（Bedford College）でピンチベックの指導をうけたM・ヒューイット（Margaret Hewitt）の研究である。

彼女はその著『ヴィクトリア時代の工業における妻と母』（一九五八年）(41)の中で女性の家庭外の就労分野は繊維工業ばかりでなく農業も同様であり、また、実数は必ずしも多くないが、女性の比率が高い点では製陶業でも同じだとしている。一八四五年の新型水平プレス機械の導入と若年労働者への規制強化が女性の増加の原因である。最も多い時期（一八八一～九一年）にはスタファードシァの製陶地域で前年比二二・一％の増加をみた。一九〇一年のセンサスでは、はじめて未婚者と既婚者を分けて統計をとったが、それによると同年の既婚者の比率は二九％でランカシァの二四・五％より高かった。もっとも実数は六一五九人であった(42)。ヒューイットの研究の特徴は繊維と陶器の両産業における女性労働者に対する社会の非難（彼女たちが家事知識と技能に欠け、また妻に収入があるため夫が怠慢になり、道徳も頽廃しているという）や、結婚年齢や家族規模に対する女性労働の影響を検討していることである。なかでも注目すべきは、両産業における幼児死亡率の比較である。彼女は健康医療官吏の調査などから、母親が外で働いている場合は、そうでない場合と比べてその幼児死亡率は確かに高いと指摘する。綿業の場合、アメリカ南北戦争を契機とした綿花ききんで既婚女性は失業したが、その分育児に専念できたので死亡率は下ったという(43)。製陶業の場合、一八九二年までの一〇年間のスタファードシァの実情を見てみると、北部の製陶業地域では女性労働者が多く、幼児死亡率は一〇〇〇人につき一八二人だった。これに対し、南部では石炭業と製鉄業が中心で女性労働は少なく、幼児死亡率も一五八人と低かった(44)。

既婚女性の就労の動機は家計の補助が圧倒的に多く、工場が好きであるとか経済的独立のためという理由は少ない。綿業の場合、夫の収入のみで生活できるのは四四%、製陶業の場合はわずか一八%であり、残りは家族がいろいろな形で支えている。その意味でヒューイットは結論として、就労女性へのさまざまな非難は当らないが、育児の点からだけすれば、両産業の実例からも、経済的必要に迫られない場合、既婚女性の就労は必ずしも望ましくないとしている(45)。ピンチベックの予測が立証されたわけである(もっとも、この見解に対して、すでに全面的にではないが疑問が提示されている)。

ウーマン・リブ運動と女性労働史研究

一九六〇年代に労働史研究会(Society for the Study of Labour History)が創設されて以後、社会史、労働史の研究が盛んになった。産業革命の研究も、大規模に工業化した分野のみでなく、工業化の緩慢な分野あるいはそれらの影響をほとんど受けなかった分野についても研究が積極的に始められた。他方、同じ頃に始まったウーマン・リブ運動も既述のように、女性労働史研究を大いに活気づけた。この運動は、それまでの男女平等の進展の障害が家父長主義にあるとした点で画期的であった。こうした視点に立って「一九世紀ロンドンの女性労働」(一九七六年)(46)の研究を行なったのがサリィ・アリグザンダー(Sally Alexander)である。

彼女は、従来の産業革命研究で等閑視された側面、とくに産業革命の性別分業に与えた影響について検討した。彼女によれば、ロンドンでは産業における生産様式の転換は既製品生産においてもっとも特徴的に現れた。一九世紀を通じて既製品産業は大規模工場制に反対し、商業・港湾都市ロンドンという大消費地を背景に一八三〇～五〇年に確立した。それは紳士服、婦人服、靴、化粧箱、書き物机など多様な商品にわたっており、それらにほう大なチープ・レバーを提供したのが女性であった。一種の「家内工業」である既製品生産は、女性の家事・育児と両立したからである。多様な仲買人が商店と生産者の間に介在し、仕事の材料を労働者の家庭に配給して、それぞれの家庭で作業させる、いわゆる内職であるが、仲買人たちは製品のコスト・ダウンのために絶えず賃金をおし下げた。彼らにとって社外注文《アウトワーク》は工場製品との競争に対抗する効果的なものだった。なぜなら、資本を節約し、過剰な人手と労働者を孤立させることによって彼らの組織化を防ぎ、低賃金を維持できたからである。

こうして、既製品生産における再下請けと賃金引下げは一八三〇年代と四〇年代におけるロンドンの労働者を生存線ぎりぎりにまでおいつめた。アリグザンダーはこれがまさにランカシァの機械や工場がもたらしたと同じように「産業革命」のもう一つの側面だと主張するのである(47)。

ロンドンにおける女性のもう一方の典型的職業は、家事労働に関連するもので、洗濯、料理、雑役、裁縫、アイロンかけ等々である。これらも低技能・低賃金の職域である。技術革新は古い技術を廃棄し、新しいものに代えるが、それでも再び別の男性支配の労働力構造をつくり出し、性別分業は依然として維持され続けたとアリグザンダーは指摘するのである(48)。

ティリィとスコットのU字型説

ティリィとスコットの『女性・労働・家族』(一九七八年)は、従来の研究が工業化の女性への影響を論じたのに対し、産業が発展しても労働力全体に占める女性比率に変化はないこと、繊維工業を除いて、女性は依然として非機械化・伝統的部門に集中していることから、女性労働のタイプには工業化以後も変化はなかったと主張する。さらに著者たちは、(1)工業化は女性に多様な職を創出したが、その経済的人口的環境はいかなるものであったか、(2)女性自身はその環境にいかに対応したかという点に着目して(49)、イギリスとフランスにおけるおよそ一七〇〇年から一九五〇年にいたるまでの二五〇年間の女性労働を検討した。そして、工業化以前は家族の協同労働であったのが、工業化以後は雇主のための労働に変り、賃金も彼女個人に支払われるようになって労働のパターンは変った、すなわち、プロレタリア化が女性労働のパターンを変えたというのである。

工業化に対する家族の成員としての女性自身の態度としては、「家族賃金」の考え方から、夫の賃金が不足し、稼ぎの可能な子どもが家にいない時、はじめて妻が賃金労働に従事した。

第二次世界大戦以後は、出生率と死亡率の低下による子どもへの配慮の高まりと、教育水準の向上による教育費の増加が、既婚女性の就労を促進した。他方、需要側の要因としては、就学期間の延長による若年労働の不足と第三次産業の発展が既婚女性の労働力を求めた。

このような家庭経済とのかかわりから起こる女性の生産活動への参加の過程は、U字型を画いている。すなわち、前工業化時代の家内経済におけるかなり高い程度の参加から、工業化時代の低い水準、さらに現代の第三次産業発展に伴う再度の高水準へという具合である(50)。

以上の分析から、ティリィとスコットは、工業化が家庭と仕事場を分離し、それぞれの分野を孤立させたとする考えに反対した。工業化は確かに家庭から生産活動を奪った、しかし、「家庭はその成員の生産活動にずっと影響し続けている」(51)、とくに既婚女性の場合はそうである。結論として著者たちは、女性労働研究には社会・経済構造の変化と、家庭における経済的人口的変化の両面からの学際的研究が必要だと主張するのである。

性別分業の受容——E・ロバーツ（Elizabeth Roberts）の研究

エリザベス・ロバーツは、このような女性の賃金労働への進出は経済的独立への志向というより、家庭経済の要請によるものだとするティリィたちの主張をうけついでいる。彼女は自分自身をフェミニストだとしながらも、その書『女性の領域——一八九〇～一九四〇年における労働者階級の女性のオーラル・ヒストリィ』（一九八四年）(52)は家父長主義すなわち、男性による女性の抑圧を調べたものではない。むしろ、女の人生の多くの部分が家庭で費されているために、家族や近隣とのかかわりにおける労働者階級の女性（職業をもつ者ももたない者も含めて）の生活を明らかにしたものだと述べている。研究の方法は聞きとりによるものである。そして、ロバーツは、インタヴューをした女性の大部分が彼女自身も彼女の母たちも男性——とくに労働者階級の男性——によって搾取されていたという意識がないことを知った(53)。

ロバーツはランカシァ中部と北部の経済的基盤の異なる三地域を選び、それぞれの地域の男女労働者計約一六〇人へのインタヴューによって、彼らの仕事と余暇、結婚、女性の職業生活と家庭生活などについて調べた。三地域とは、重工業の中心地であるバーロウ、綿工業のプレストン、そして、油布とリノリウム製造のランカスターである。聞きとり調査で判明したのは次のようなことである。

重工業地域で女性の職場の少ないバーロウでは二五歳から三四歳までの女性のフルタイム雇用率は一〇％台と低く、逆にプレストンは六〇％以上と高い(54)。男性の賃金は綿業でとくに低く、失業はバーロウでは一九二一年に四九％に達し、プレストンでは三一年に二七％だった。こうした経済的苦境が妻たちをまず、内職へ、あるいはささやかな商売へ、また下宿人を置くなどの措置をとらせた。

家庭重視の思想は労働者階級にも浸透していたから、妻がフルタイムの仕事につくのは最後の手段であった。しかし、女性のフルタイム雇用が定着した地域では、同じ内容の仕事であっても男性の賃金は他の地域より低かった。家庭内の力関係については、多くの場合財布のひもは妻がにぎっており、妻が「踏みにじられ、いじめられ、依存しているようには思われない」(55)。夫婦は別々の、異なる役割ではあるが、同等の役割を果たしており、「別々の役割はこの時期を通じての規範だった」(56)とロバーツは述べて、性別分業が労働者階級の男女の間ですんなり認められていたことを強調する。

既婚女性の雇用と幼児死亡率との関係については安易な断定を下すことはできない。プレストンではフルタイム雇用が三〇・五％（一九〇一年）から三五％（一九一一年）に増えたにもかかわらず、平均年間死亡率は一〇〇〇人につき三二五人（一八九六～一九〇〇年）から一六二人（一九〇六～一〇年）に減った。ロバーツは、生活水準の低さが高死亡率と関係しているとして、ヒューイット説に反対した(57)。結論としてロバーツは一八九〇～一九四〇年間に家族規模が小さくなり、家庭の設備や道具（バス、トイレ、ガス台など）に大きな改善がみられたが、変らない部分も大きいという。

女性は依然として家庭と近隣を中心に生活しており、彼女たちは「規律正しく、控え目でお互いに依存しており」(58)、家族を犠牲にするような自己実現を求めなかった。概して当時の女性は自分というものにまだ十分目ざめていなかったのである。

女性労働研究の歴史をあとづける中で、私たちは工業化が女性に与えた影響が一様ではなく、階級、地域、産業構造、家庭経済等によって大きく異なることを知ることができた。例えば工業化による経済的地位の上昇で、妻の賃金労働を必要としない層は労働者階級の中で一〇％くらいだったと推定されている(59)。また、一八八一年の人口調査では女性が約一〇〇万人、男性より多かったから中層階級の一部と労働者階級の女性の多くが何らかの形で賃金労働に従事していたことになる。しかし、前述のようにティリィとスコットによれば、労働力全体に占める女性の割合は三〇％台（一八五一～一九六一年）(60)とほぼ一定である。変ったのは職業別労働力構成である。すなわち、農業から工業およびサービス部門への移動である(61)。機械化と大規模工業は男性に対して織維、金属、機械、造船、建築業において新しい職を創設したが、女性にとっては繊維業のみにおいてであった。

ただ、産業革命による中層階級の繁栄は、家事使用人や紳士服・婦人服仕立工に対する需要を増した。したがって、産業革命の影響は近代工業部門だけではなく――これまでは、この部門の拡大のみが強調されたが――実は、非工業、非工場部門にも見られたのである。大規模工場の進出の余地のないロンドンのような商業地域では、とくにこうした非工業、非工場部門における女性の集中が目立ったのである。

また、前述の諸研究ではとくにとり上げられなかったが、機械工業の発展によって、バーミンガムやブラック・カントリィでは、これらの部品製造に女性が従事した。もっともそれらは主として家内工業であり、既婚女性が自宅に隣接する小屋掛け作業場（口絵参照）でその生産に従事したのである。

これらに共通する特徴は、女性の職業が家庭生活に直接関連するものであり、家事と両立する家内工業であり、また特別な技能を必要としない臨時的・副次的なものだということである。換言するならば、工業化されても繊維業を除いては大部分の女性の職業の特質に変化はなかったことになる。こうした性別分業をE・ロバーツの言うように、女性労働者が規範として受け入れたとしても、別の観点からすれば、それはアリグサンダーが指摘するように家父長主義が脈々と生き続けていたことになる。

では、次章において、家事使用人《ドメスティック・サーヴァント》を除いてもっとも女性の就業率の高かった繊維産業（とくに綿工業）と衣料産業における女性労働の実態を比較的に検討しよう。前者は女性に開かれた唯一の近代工場制工業部門（しかも、イギリスの主要産業であった）であり、後者は工業化の影響をうけても、依然として家内工業部門であった。ピンチベックは前者では、少なくとも独身の工女は一定の自由を享受し、社会的政治的にも目ざめたとしたのに対し、ロバーツはそれらはごく一部であり、大多数は伝統的家族観・女性観に支配されていたと主張している。

〔注〕

（1）新しいフェミニズムの思想的源泉となったもの、およびその思想と資本主義との関係を論じたものとして、次の研究がある。

K・ミレット、藤枝澪子他訳『性の政治学』（自由国民社、一九七三年、ドメス出版、一九八五年）、およびS・ファイアストーン、林弘子訳『性の弁証法　女性解放革命の場合』（評論社、昭和五五年）は女性抑圧と家父長制の関係を明らかにした。

家父長制と資本主義の関係については次を参照。J・ミッチェル、佐野健治訳『女性論　性と社会主義』（合同出版、一九七三年）、A・クーン、A・ウォルプ編、上野千鶴子他訳『マルクス主義フェミニズムの挑戦』（勁草書房、一九八四年）、エリ・ザレツキィ、グループ七二二訳『資本主義・家族・個人生活』（亜紀書房、一九八〇年）、竹中恵美子編『女子労働論「機会の平等」から「結果の平等」へ』（有斐閣、昭和五八年）。

（2）Ivy Pinchbeck, *Women Workers and the Industrial Revolution, 1750-1850*, (London, 1930, New impression 1977), p.316.

（3）Louise A. Tilly and Joan W. Scott, *Women, Work and Family* (New York : Holt, Rinehart and Winston, 1978), p.232.

（4）エンゲルス、一條和生・杉山忠平訳『イギリスにおける労働者階級の状態――一九世紀のロンドンとマンチェスター』（岩波書店、一九九〇年）（岩波文庫　上）、二六九～二七二ページ。エリ・ザレツキィ、前掲書、五五～五六ページ。

（5）Olive Schreiner, *Woman and Labour* (1911; London; Virago, 1978).

（6）Vera Britain, *Testament of Youth : An Autobiographical Study of the Years 1900-1925* (London : Gollancz, 1933), p.41. quoted in Carol Dyhouse, *Feminism and the Family in England, 1880-1939* (Oxford : Basil Blackwell, 1989), pp.63-64.

（7） Schreiner, op.cit., pp.50-51.

（8） 出生率は一八七一～七五年の一〇〇〇人につき三五・五人から、一八九六～一九〇〇年の二九・三人に低下した。G. F. McCleary, *The Maternity and Child Welfare Movement*,(London, 1935), p.5. quoted in Carol Dyhouse : Working-class Mother and Infant Mortality in England, 1895-1914', *Journal of Social History*, vol.12, no.2 (1978), p.248. および本書第六6章2節参照。

（9） Miranda Chaytor and Jane Lewis, Introduction to Alice Clark, *Working Life of Women in the Seventeenth Century* (Lndon : Routledge & Kegan Paul, 1919, new edn. 1982), pp. xviii-xix.

（10） Schreiner, op.cit., p.67. シュライナーは母性と労働の関係についてだけでなく、性そのものの解放について重要な発言をしている。彼女は『女性と労働』の中で、家族制度に対して承認も疑問も呈していない。ただ、ある時、彼女は三〇歳以上の未婚の女性は誰でも不名誉にならずに子どもを生むことを許されるべきであるとし、それは女性の権利であり、女性の肉体的機能の健康のために必要なのだと語っている。S. C. Cronwright - Schreiner, *The Life of Olive Schreiner*, 1924, p.26, quoted in R. First and A. Scott, *Olive Schreiner*,(New York : Schocken Books, 1980), p.277.

（11） Fabian Women's Group Pamphlet, 'Three Years' Work of the Women's Group' (Library, London School of Economics, n.d. [c. 1911]).

（12） Fabian Women's Group, 'Summary of Eight Papers and Discussions upon the Disabilities of Mothers as Workers' (Printed for private circulation, 1910), p.5.

（13） Fabian Womem's Group, 'A Summary of Six Papers and Discussions upon the Disabilities of Women as Workers' (Printed for private circulation, 1909).

（14） 注(12)と同じ。

（15） M. A. Atkinson, 'The Economic Foundatins of the Women's Movement', Fabian Tract, no.175 (London, 1914).

（16） Carol Dyhouse, *Feminism and the Family in England, 1880-1939*, op.cit. p.36.

（17） Atkinson, op.cit., p.14.

（18） Ibid., p.15.

（19） Ibid.

（20） H. D. Harben, 'The Endowment of Motherhood', Fabian Tract no.149 (1910).

（21） 産業革命以降の資本主義の発展が労働者の生活水準を高めたか否かのいわゆる「生活水準論争」では、資本主義の発展によって労働者階級の状態は悪化したとする「悲観論」をE・J・ホブズボームがとっている。これに対して、R・M・ハートウェルは「楽観論」である。*The Standard of Living in Britain in the Industrial Revolution*, ed, with an introduction by Arthur J. Tatlor (London & New York, 1975).

　なお、「生活水準論争」の詳しい紹介が松村高夫氏によって行なわれている。「イギリス産業革命期の生活水準―ハートウェル＝ホブズボーム論争を中心として―」『三田学会雑誌』六三巻一二号、一九七〇年。「イギリス産業革命期における生活水準論争再訪」(上)(下)『三田学会雑誌』八二巻二号、八三巻一号、一九八九年七月、一九九〇年四月。

（22） Alice Clark, op.cit., p.15.

（23） Ibid., pp.145-146.

（24） Ibid., pp.295-296.

（25） Ibid., ch. Vl.

（26） Joan Thirsk, Foreword to *Women in English Society* 1500-1800, ed. by Mary Prior (London : Methuen, 1985), p.15. 三好洋子編訳『結婚・受胎・労働――イギリス女性史一五〇〇～一八〇〇』(刀水書房、一九八九年)。ただし、原書の一、二、三、六、七章の翻訳。

（27） Ibid., p.11.

（28） Miranda Chaytor and Jane Lewis, Introduction to Alice Clark, op.cit., p.xx.

（29） ＦＷＧでも、アングロ・サクソン時代、中世、チューダー時代、前工業化時代の女性に焦点を合せた論文が発表された。

Fabian Women's Group Pamphlet, 'Three Years' Work of the Women's Group', op.cit., pp.14-15, quoted in Dyhouse, op.cit., p.67.

（30） L. C. A. Knowles, *The Industrial and Commercial Revolutions in Great Britain during the Nineteenth Century* (London, 1921). 半世紀以上にわたって闘われた運動が結実し、女性参政権が一九一八年に三〇歳以上の女性に与えられた。また、一九一九年には、専門職が女性にも開放された。こうした政治的・社会的変化が女性労働の理解にも変化をもたらしたと思われる。

（31） Ibid., Preface, pp.viii, 81, 86, 96-7, 99-100, summarized in Thirsk, op.cit., p.7.

（32） Ivy Pinchbeck, *Women Workers and the Industrial Revolution 1750-1850* (London : Frank Cass, 1930, Reprinted 1969).

（33） Ibid., pp.177-180.

（34） Ibid., p.307.

（35） 例えば、子どもを預ける費用や既製の食品の購入などの実質的支出はもとより、家庭の慰安の喪失など精神的なものも含めて。これらの点については、後述。

（36） Pinchbeck, op.cit., p.312.

（37） レスターの工場では、一八三三年に既婚婦人は一〇%であり、ランカシァの木綿工場では、二一歳の結婚適齢期をすぎるとその多くが退職するが、一八四四年にはそれ以後も在職し続けた女性のうち、二七・五%が既婚であった。ibid., p.198.

（38） Ibid., p.308.

（39） 女性を追放しようとする動きに対して、綿工業の中心地の一つであるトドマーデン（Todmorden）の工女たちは、『エグザミナー』（*Examiner*, January 29, 1832）紙に就労の必要性を説く記事を送付した。ibid., pp.199-200.

（40） C. Dyhouse, op.cit., p.73.

（41） Margaret Hewitt, *Wives & Mothers in Victorian Industry* (Westport, Connecticut : Greenwood Press, 1958).

（42） Ibid., p.19. 既婚女性の増加に加えて、この頃製陶業における鉛害が問題になり、WTULがこれにとり組んだことについては次章を参照。

（43） Ibid., pp.104, 118.

（44） Ibid., p.120.

（45） Ibid., pp.190-195. この見解に対して、C・ダイハウスは、ヒューイットが依拠したG.Reidの調査における町の分類が、現地医療官の「印象的な証言」（二五二ページ）に基づいているという。彼女はまた、ダラスや南ウェールズ（炭鉱地域で女性の家庭外就労は少ない）では幼児の死亡率が繊維地域よりも高いという、全く反対の例も紹介している。C. Dyhouse, 'Working-Class Mothers and Infant Mortality in England, 1895-1914'. op.cit., 要するに、幼児の死亡率は単に母親が家庭外で就労しているか否かだけではなく、C・ブラックも後に指摘するように、幼児の栄養問題、衛生環境その他多様な要因が複雑にからみ合っているのである。

（46） Sally Alexander, 'Women's Work in Nineteenth Century London : A Study of the Years 1820-50', in *The Rights and Wrongs of Women*, ed, by J. Mitchell and A. Oakley (Penguin Books, 1976).

（47） Ibid., p.83. 研究対象の年代面で、アリグザンダーの研究をひきつぐものとして次がある。松浦京子「ロンドンにおける既婚女性の賃金労働——一九世紀後半から二〇世紀初頭まで——」『西洋史研究』一五二、一九八八年。

（48） Ibid., p.111. ロンドンの既製品産業は、一九世紀末に苦汗産業として人びとの注目をひくが、この点については、本章２②衣料産業および第五章２で再度とり上げる。

（49） Louise A. Tilly and Joan W. Scott, *Women, Work, and Family* (New York : Holt, Rinehart and Winston, 1978).p.3.

（50） Ibid., p.229.

（51） Ibid., p.232.

（52）　Elizabeth Roberts, *A Woman's Place : An Oral History of Working Class Women 1890-1940* (Oxford : Basil Blackwell, 1984).

（53）　Ibid., p.2.

（54）　Ibid., p.39.　既婚女性のフルタイム就業率はバーロウで五・八%、プレストンで三〇・五%（いずれも一九〇一年）である。ibid., p.143.

（55）　Ibid., p.124.

（56）　Ibid., 性別分業を規範とする考え方は第二次大戦中にも健在だったと中村伸子氏は主張している。「第二次世界大戦期のイギリスの女性就業——ボルトンにおける産業動員と復帰過程を中心に——」『社会経済史学』五二（三）、一九八六年一〇月。

（57）　Ibid., pp.166-168. 高い幼児死亡率は生活水準の低さ、低賃金からきているとする説は、C・ブラックがすでに一九一五年に立証している。C. Black, ed,. *Married Women's Work Being the Report of an Inquiry Undertaken by the Women's Industrial Council* (London, 1915, repr. Virago 1983).

（58）　Ibid., p.203.

（59）　S. Alexander, op.cit., p.65. メイヒューの調査から引いているが、ホブズボームもほぼ同数を示している。E. J. Hobsbawm, *Labouring Men: Studies in the History of Labour* (London : G. Weidenfeld and Nicolson, 1964). 鈴木幹久・永井義雄訳『イギリス労働史研究』（ミネルヴァ書房、一九六八年）、一五三ページ。ただし、G.J.Barnsby のブラック・カントリ研究 'The Standard of Living in the Black Country during the Nineteenth Century', *Economic History Review*, 2nd ser. 26, 1973）によれば、同地域では家族全体の収入を合せても安楽水準を越えているのは同地域の人口の四分の一強である。松村高夫「イギリス産業革命期における生活水準論争再訪（下）」前掲論文、一三九ページ参照。

（60）　Tilly & Scott, op.cit., p.70. E・ロバーツも同様の見解を示している。Elizabeth Roberts, *Women's Work 1840-1940* (London : Macmillan, 1988). 第二次大戦後に大きな変化が見られ、女性の就業率は、一九五一、一九六一、一九七一

表3-1　イングランド・ウェールズにおける主要職業別女性就業者数(1871，1891年)

	1871	1891
専門職（教師・公務員等）	197,984	328,393
下宿	52,252	72,094
家事サービス（家事使用人等）	1,336,534	1,759,555
商業	44,826	20,830
農業・園芸・林業等	186,696	51,696
製本・印刷	10,578	23,735
建築・家具	23,753	21,600
タバコ等		16,567
製紙	15,611	39,477
飲食品	65,884	126,758
繊維	568,070	628,001
〃　（綿・亜麻）	(338,798)	(373,865)
〃　（ウール・ウーステッド・絹等）	(229,272)	(254,136)
衣服	730,453	691,441
陶器・ガラス	20,009	26,401
金属	30,182	36,705
採鉱・採石	13,191	9,092
全女性就業者数	3,401,083	4,016,230

注）1871年は全年齢の女性就業者，1891年は10歳以上の女性就業者を示す．
出所）*Census of England and Wales, 1871.　Civil Conditions Occupations, and Birth-Places of the People. vol. III. C-872. Census of England and Wales, 1891. Ages Condition As To Marriage, Occupations, Birth-Places, and Infirmities. vol. III. C-7058*

年にそれぞれ、四五、四七、五五%になった。Catherine Hakim, *Occupational Segregation*, Department of Employment Research Paper no.9 (1979).

(61) Angela V. John, ed., *Unequal Opportunities: Women's Employment in England 1800-1918* (Oxford : Basil Blackwell, 1986) p.37, Appendix B 参照。

2　女性の就業分野とその特徴

女性の主な就労分野は表3-1および2から明らかなように、一八七一年で家事サービス（約四〇%）、衣服製造（二一・五%）、繊維製造（一六・七%）と大きくこの三分野に集中している。もちろん、統計に現れない賃金労働者や、職業区分の明確でない分野で働いている女性もいるために、この時代の統計は必ずしも厳密なものではない。例えば、賃金台帳から得られる人数と人口統計からの数字が異なる場合がある[1]。しかし、女性の就労分野の特徴と女性労働者のすう勢を理解することはできる。男女の賃金格差は、表3-3の通りである。平均就業年齢が低いことや、不熟練が女性の平均賃金の低さの原因だが[2]、もちろん、中には男性より高い賃金を得ている者もあった。綿工業では織布部門で女性の賃金の方が高かったことが、聞きとり調査で明らかになっているし、製陶業では箔置きや染付けで女性がすぐれた技能を示していた。しかし、一般的には技術は男性のものとされ、機械化によって作業が単純化されても一定の職

表3-2　職業別女性労働力比，（1871，1891年）
（単位：%）

	1871	1891
専門職（教師・公務員・軍人）	29	35
下宿	36	51
家事サービス（家事使用人等）	89	93
商業	16	5
農業・園芸・林業等	11	4
製本・印刷	13	16
建築・家具	4	3
タバコ等		0.4
製紙	39	53
飲食品	14	19
繊維	55	56
〃（綿・亜麻）	(60)	(59)
〃（ウール・ウーステッド・絹等）	(48)	(52)
衣服	65	63
陶器・ガラス	27	29
金属	6	7
採鉱・採石	2	1

注）対象年齢は表3-1と同じ.
出所）表3-1と同じものより作成.

表3-3　産業別男女平均収入格差，1906～35年
（男性＝100）

	1906	1924	1931	1935
繊維	58.5	56.1	56.0	55.9
衣料	46.3	49.1	50.2	51.2
食品・タバコ	41.5	48.1	48.7	47.0
紙・印刷	36.4	39.6	39.4	37.3
金属	38.1	44.7	47.6	45.7
計（全産業）	43.7	47.7	48.3	48.0

出所）A. L. Bowley, *Wages and Income in the U. K. since 1860*(1937). J. Lewis, *Women in England 1870-1950*(1984), p. 164に引用.

種は男のものとされ、それ故に高賃金が維持された(3)。女性はまた肉体労働で劣るとされ、綿業では女性監督が見られなかった。監督には織物が完成した時、織機の捲軸をあげる力仕事があったからである。しかし、女性は鉱山や農業あるいは家内労働で優れた能力を発揮した。したがって、女性の技術や体力についての低い評価には、現実に依拠したというより、多分に伝統的な観念が反映していたといえる。

また、男性は家族を養っているから、「家族賃金」を与えるべきだとする考え方が男女の賃金格差の一つの原因にもなっている。「家族賃金」は性差別意識からというより、雇用者から賃金引上げを得るための理由として用いられた。そのため、一九世紀には男女双方の労働者から支持され、組合の指導者たちはこれを目ざして雇用者との交渉にあたった。しかし、最近の研究では(4)、このような「家族賃金」が妻の夫への依存を生み出したし、女性でも家族を養っている独身者、離婚婦人、未亡人がいるにもかかわらず、彼女たちには「家族賃金」が支払われなかったから、彼女たちと男性労働者との間にいっそう大きな格差を生み出したとする批判が見られる。

さらに、賃金格差の原因として、冒頭に述べたことと関連するが、女性の職業の種類が極端に限定されていることがあげられる。表3-2で明らかなように家事サービス、衣料・繊維業では女性就業者の絶対数が多いだけでなく、それぞれの職業に占める女性の割合が圧倒的に高い。少数の職域への女性の集中はそれだけ賃金を引下げることになる。また、女性が多いということは、その職業が低技術だということである。低技術であれば賃金が安くなる。こうして、性による職業分離（job segregation）が悪循環をもたらすのであり、現在でも深刻な問題となっている(5)。

他方、男女労働者が同じ職業に従事している場合、女は絶えず男のライバルとなり、賃金引下げ、失業の脅威の原因とみられがちであった。男女労働者がともに働いていたのは次の職業においてである。製本職（男＝一万二九六〇人、女＝一万八四四九人）、綿織布（男＝八万二三四一人、女＝一九万九二七人）、綿糸巻およびたて糸

織機《はた》掛（男＝二万四八六人、女＝五万九一七一人）、紳士服仕立（男＝一二万二三五二人、女＝一二万七一一五人）、土器・陶磁器製造（男＝四万四三四人、女＝二万九四三九人）（いずれも一九一一年）[6]。

また、女性に適した職業がその地域に存在したかどうか（例えばランカシァの綿工業、ヨークシァの毛織物工業など）も女性の就業と密接な関係をもっていた。

以上のような女性労働者の一般的特徴と前節で検討した研究史上の諸問題を念頭におきながら「女性労働組合連盟、（ＷＴＵＬ）」が深くかかわった繊維産業（とくに綿工業）と衣料産業における女性労働の実態を次にみることにしよう。

〔注〕

（1）Elizabeth Roberts, *Women's Work 1840-1940*, p.19. 大森真紀、奥田伸子訳『女は「何処で」働いてきたか』（イギリス女性労働史入門）（法律文化社、一九九〇年）。

（2）女性の低賃金の理由については、これまで多数の研究がある。Alice Amsden, ed. *The Economics of Women and Work* (Penguin Books, 1980), 居城舜子「『差別の経済学』批判・検討――性差別とのかかわり――」『婦人労働問題研究』第七号、一九八五年、など参照。

（3）技術に対する考え方については次を参照。Patrick Joyce, ed., *The Historical Meanings of Work* (Cambridge University Press, 1987).
また、非技術化（deskilled）部門に対する伝統的なとり扱い方は、第一次大戦中のダイリューションの時に、とくに明らかになったが、この点については後述。

（4）Michelle Barrett and Mary McIntosh, 'The Family Wage : Some Problms for Socialists and Feminists', *Capital and Class*, no.11 (1980).

表 3-4　素材別女性繊維労働者数

年	綿		ウール・ウーステッド		絹		亜麻		ジュート他	
	E&*W*	*S*	*E*&*W*	*S*	*E*&*W*	*S*	*E*&*W*	*S*	*E*&*W*	*S*
1851	247,705	26,675	96,638	6,641	68,342	1,059	13,219	39,579	4,818	1,816
1871	279,870	13,188	117,494	14,117	51,100	1,256	10,629	26,863	1,516	3,677
1891	332,784	11,909	130,094	18,123	31,811	2,615	5,592	19,216	2,333	22,059
1911	374,785	9,360	127,148	15,148	29,643	810	2,930	16,360	995	27,074

注）*E*&*W*＝イングランドおよびウェールズ，*S*＝スコットランド．
出所）E. Roberts, *Women's Work* 1840-1940, p. 33

（5）現代の job segregation については，Jane Lewis, *Women in England 1870-1950 : Sexual Divisions and Social Change* (Sussex : Wheatsheaf, 1984), ch.5 参照。および、C. Hakim, op.cit.

（6）E. Roberts, *Women's Work*, op.cit., p.27.

①　繊維産業

既述したように、最近の研究では産業革命によって目ざましく発展した部門より、おくれた部門あるいはとり残された部門への照射がより多くなされるようになった。だが、そのことによって、イギリスの経済成長の主導的役割を果した繊維産業がその地位を低めたわけではない。とくに、女性に唯一開放された近代工業部門であるだけでなく、前述のように女性労働力の二〇%を吸収した。そのうち綿工業への就労は五〇%を超したから、女性労働にとって綿工業の占める重要性が理解できよう。

しかし、一九世紀を通じて、家事使用人が女性労働者の中でもっとも多かったことを忘れてはならない。それは農村や都市近郊の唯一の職業であったことと、家事見習いの点から、あるいは階級の上昇などを目ざして、女にふさわしい職業と考えられていたからである。だが、商店員、事務員などの職業が増加する中で、世紀末からしだいに減り始め、第一次大戦後は激減した。また、その仕事はほとんどの家庭で一二時間以上に及ぶ長時間労働だが、私的な家庭での雇用であったために、社会運動や労働運動の対象にならなかった。家事使用人は、ＷＴＵＬの活動の対象にもならなかったので、本書でも一応叙述の対象からはずすことした。

繊維産業では表3-4から明らかなように、綿に続いて、羊毛・絹工業への就労率が高い。スコットランドでは亜麻（リンネル）・ジュートで高く、のちにＷＴＵＬが組織化に努める地域である。

綿工業はイギリスの北部から中部へかけて広がるペナイン山脈のゆるやかな丘陵と谷間にそって、早くから小屋がけ工業《コテイジ・インダストリイ》として発展した。女が紡ぎ、男が織ったが、賃金はかなり高く、仕事も豊富にあった。一八世紀末にミュール紡績機が力織機より二〇～三〇年先に導入されると、手織工に対する需要はさらに増加した。しかし、一九世紀初頭からの織布部門の機械化は一挙に彼らの立場を逆転させた。そのうえ力織機に対する手織工たちの根強い抵抗が彼らの状況を悪化させた。男性の誇りとした手織りの仕事が週に九シリングとか、七シリングさらには五シリングにまで落ちた。Ｅ・Ｐ・トムプスンは、自営織布工や自作農兼業織布工あるいは日雇い織布工などいずれの織布工もあたかも突進するかのように無産階級（プロレタリアート）に身を落としていったと述べている(1)。このような状態の打開のために妻や子どもたちが働きに出て、織布部門は圧倒的に女の職域になったのである。これは雇主の望むところでもあった。賃金が安い上に、彼女たちの器用さが好まれたからである。他方、蒸気機関が動力として紡績機に使用されると、紡績は近代的工場の主要な仕事になった。それは熟練労働として、男性の独占的就業部門となり、賃金も高かったのである。

こうした発展の過程で、しだいに地理的分業が始まった。一九世紀はじめには、小屋がけでも工場でも同じ屋根の下で紡績と織布の両方が行なわれていたのが、北部はしだいに織布地域となり、南部は紡績の町となった。ネルソン、バーンリィ、ブラックバーンが前者の中心地であり、ロッチデール、ボウルトン、アウルダムが後者の典型である。もっとも、はっきりした分離ではなく、大抵の町が多少とも両方を残していた。しかし、一八八

図3-1　ランカシァの綿工場における労働構成と賃金

部門	室	職種	人数	賃金
紡績部門	梳綿・打綿室	粉砕工・色抜き(センイの)工	男20(人)	25シリング(週給)
		梳綿枠掛け工	女70	18
	↓			
	紡　績　室	ミュール紡績工(熟練工)	男40	41
		継糸工(助手)	男 20	18
			少年60	12
	↓			
	糸　巻　室	緒巻(タテ糸を巻く)工	男10	30
		糸巻工	女40	19
織布部門	織　布　室	織布工	男100	25
			女160	21
		巻揚工《タックラー》	男10	42

資料）Liddington and Norris, *One Hand Tied Behind Us*, p. 85より作成.

○年代までに北部地域は総織機数の五分の三を、南部地域は総紡錘数の四分の三を支配するようになった(2)。町の景観も北部では織物工場に独特な、ノコギリの歯型の屋根の、一階建て建物が目立った。織布に必要な光をノコギリ型の屋根ガラスから採るためである。他方、南部では紡績工場に特徴的な五～六階建ての巨大な石造りやれんが造り建物が町を威圧していた。

紡績部門では準備工程と生産工程に分れた。前者は梳綿・打綿室と呼ばれ、綿をとり出し粉砕する少数の男性と多数の梳綿工女から成り立っていた。紡績室は助手の継糸工《ピーサー》とミュール紡績工から成る完全に男だけの世界である。紡がれた糸は糸巻室へゆき、ほとんど女性が巻く。そして、最後に織　布　室《ウィーヴィング・シェド》で織物となる。織布部門は少数の男性巻揚工と男女の織布工で構成されていた。紡績部門の準備室と織布部門がミュール紡績部門と明確に区分され、前者で男女の不熟練工が、後者で男の熟練工が作業した。

賃金とハーフ・タイマー

賃金は、紡績・準備室では図3-1のように、男性が週に二五シリング得たのに対し、女性が二〇シリング稼ぐことはまれであった。これに対し、熟練工のミュール紡績工の賃金は二倍以上の四一シリングであり、ボウルトンでは四五シリング九ペンスに達した(3)。

織布工は男女とも同一賃率による出来高払いで支払われた。普通一人で四台の織機を操作するが、有能な女性は男性なみに、あるいはそれ以上に稼ぐことができ、週の賃金が三一シリングになることもあった(4)。平均では男が週二五シリングで、女は二一シリングだった。男性の平均賃金が二九シリング六ペンスで、女性の場合他の産業ではわずかに一三〜一四シリングだったことを考慮すると(5)、織布部門は男にとっては低賃金の、女にとっては高賃金部門だったと言える。

では、次にランカシァの住民がどのように綿工業に吸収されたかをみてみよう。

貧しい労働者の家庭では、わずかな子どもの稼ぎも重要な収入源であった。普通母親は子どもが働き始めると、工場での仕事をやめたことからも子どもの賃金労働の重要性がわかる。雇用者にとっても女の場合と同様チープ・レーバーと柔軟な彼らの手先が魅力であった。子どもたちは名目的には一三歳で学校を終えるが、一定の学力を証明できれば、それ以前からハーフ・タイマーとして働くことができた。しかし、学力テストといっても形式的なものだから、希望者はほとんど誰もが働くことができた。午前中のみ登校して午後働くとか、あるいは、その逆のことも行なわれた。一八九〇年代のはじめでもランカシァの一〇歳以上の人口の半分がハーフ・タイマーを経験していたから、その普及程度が想像できる。幼い子どもたちにとってそれは厳しい経験であった。自分自身一一歳で仕事を始め、綿工業都市の小学校で八年間教鞭をとったことがあるアレン・クラークは次のように述べている。

……私が教師をしたどの学校にもかなりのハーフ・タイマーがいました。私は自分の経験から、ハーフ・タイマーたちに同情し、たびたび彼らの勉学を免除しました。私は彼らが教科書や問題集の上で眠っているのを見ました。午前中（六時間もの）工場での労働のあとです。彼らは大抵元気がなく眠そうでした。教育指導要領にそって決められたカリキュラムを彼らに強制することは、明らかにしばしば残酷でした。しかし、校長は、いかに優しい心の持ち主といえども、彼らにきめられた進度を守ることを強制しました。さもなければ、自分の学校を水準にまで維持できなかったとして批判されたり、職を失ったりする危険にあうからです。……(6)

女子の教育は男子の場合よりさらにないがしろにされた。女の子が学校を休んでも、先生はその日が母親の洗たく日でり、子どもの手伝いを必要としたことを思うと、叱ることはできなかった。

工女に対する考え方

こうして数年のハーフ・タイマーを経験した後に、母や姉の例に従い、フルタイムの綿工女としての生活が、結婚まで、あるいは結婚後も続くことになる。もっともそこへ行きつくまでには迂余曲折があった。女性の工場労働に対する批判が世間で強かったからである。男女が同じ仕事場で働くことから起こる道徳上の問題(7)や家事知識が得られないとする批判からであった。実際、同時代の小説家ギャスケル夫人も工場労働を否定的に描いている。例えば『北と南』(一八五四年)の中で、登場人物のベスは、彼女の妹が工場で働くのではなく、家事使用人になることを望んでいる。また、『メアリ・バートン』(一八四八年)の中では、主人公の父ジョン・バートンは彼の娘が工場で働くことに反対した。ギャスケル夫人はまた、同じく登場人物のエスターが工場で知り合った男の情婦になり、やがて街の女になることを描いている。こうした工場労働に対する世間の否定的な見方のために、家族や少女たちはむしろ針子になることを望んだ。一四人兄弟の末子で、後に女性参政権運動の活動家になるエセル・ダービシアの娘は、母が働き始めた時の経験を次のように語っている。

家族の兄たちは、彼女が仕事を始める時に言いました。「お願いだから、末っ子くらいは工場に行かせないでほしい」。すると姉たちは、みんな織布工ですが――おそらく一抹のしっとからだと思います――みんな工場に行ったのだから、彼女も、織り方を習うためにも行くべきだ、と言いました。それは大きな問題で綿業労働者たちはよくそのことについて話しました。「あんたは手に職をつけることになる。織り工というすばらしい職を。もし、織り方を習えばあんたの両手に職が。そう、工場に行って習うべきよ！　そうすればいつだって手に何か持っていることになる」と彼女たちは話しました。すると兄たちは「いや、末っ子は工場から離れるべきだ、むしろ針子にやるべきだと思う」と言ったのです(8)。

結局、エセルは姉たちの助言に従って、織布工場に入ったが、当時は紡績工場の準備室に入った女性もいたわけである。

梳綿・打綿室工

準備段階の仕事は不熟練労働とみなされていたから、組合の結成も紡績工（一八三七年）よりはるかにおくれて一八八六年であった。同じ不熟練工のガスや港湾労働者の組織ができたのが一八八九年であるから三年早いことになる。紡績工の争議が準備室の打綿・梳綿工たちに不当な影響を与えたからである。賃金引下げに反対する前者の罷業が後者に失業をもたらしても、そのストライキ中の補償はなかったし、争議の結果、紡績工が労働条件の改善を得ても、後者にはその恩恵が及ばなかったからである。

「合同梳綿・打綿室工組合（Amalgamated Association of Card and Blowing Room Operatives）」結成の経緯については次章で触れるが、その過程で工女たちもこれらに早くから参加した。一八八八年には一万五〇〇〇人が加盟のうち四分の三が女性だった。同年アウルダムの梳綿工たちは新しい出来高賃率表の作成を雇主に要請し、二年後に完成した。これは梳綿工たちに賃金引上げをもたらし、さらに組合員の増加をもたらした。九一年には約二万五〇〇〇人となり、そのうち七四％に当る一万八五〇〇人が女性だった。こうした高い女性の組織率は他の産業では見られないが、おそらく、同じ梳綿室で働く父親や夫が娘や妻の加入をすすめたと思われる。また、母親が娘たちを、あるいは姉が妹たちを勧誘した例もあろう。炭鉱地域ほどではないとしても、綿工業が一定地域に集中していたために社会的プレッシャーとして工女に作用したことも考えられる(9)。また、非常時のための一種の保険と考えて、組合費をおさめる工女もいた(10)。しかし、組合員数は多かったが、女性の組合に対する意識は概して低く、地方組織の執行委員以上の地位に女性がついたことはほとんどなかった。ボウルトン梳綿室工組合の執行委員を勤めたシシィ・フォリィ（Cissy Foley）やアシュトン近くのモズリィ（Mossley）で委員となったアニィ・マーランド（Annie Marland）は例外である。シシィはやがて女性参政権運動でも活躍するし、アニィはＷＴＵＬのオーガナイザーとして重要な働きをすることになる。戦闘的女権論者《ミリタント・サフラジェット》のパンクハースト母子とのちに行動を共にしたアニィ・ケニィも梳綿室の出身であった。

紡績室は圧倒的に男の職域であったが、極くまれに、助手の継糸工《ピーサー》に女が雇われることもあった。継糸工は図3-1からも明らかなように紡績工より数も多く、紡績工の後継者として考えられていた。ミュール工たちは継糸工がいずれ紡績工になることを念頭におきつつ、同時にスト破りにならないように対処しなければならなかった。対処の仕方は地域によって異なるが、紡績工の組合への加入を認めなかったり、認めても劣位の資格を与えることによって、ミュール紡績工たちの特権を維持した。彼らの賃金は唯一機械工たちのそれに匹敵するほど高かったのである。

このような紡績工と継糸工の微妙な関係の中で一八八六年ボウルトンの三人の女性継糸工がミュール紡績工として、女の賃率で採用された。その結果については次章で述べるが、継糸工の仕事が熟練職と不熟練職との間に位置する微妙な職域であるために、女性就業者の数は少なかった。

リング紡績機の導入

一八八〇年代初頭にアメリカから導入されたリング紡績機も紡績部門で複雑な問題を起こした。運転がより迅速、単純で、危険も少ないために、雇用者は技能職の男性に四〇シリング払う代りに女性を一五シリングで雇うことができたからである。紡績工組合はこの問題とかかわりをもたず、リング紡績を女性の仕事として限定した。したがって、男性ミュール工との競合がない所で人数は増えたが、リング紡績工女は工場の中で賃金がもっとも安いばかりでなく社会的地位も低かった。そのため、組合活動についても、女性参政権運動に対しても彼女たちの関心は低かった。リング紡績工女が梳綿室工組合に加入を認められるのは一九〇〇年である。しかし、リング紡績機の本格的導入が第一次大戦以後と、著しくおくれたことを、イギリス綿工業の衰退の一因とみなす見方があるだけに(11)、この部門とこの部門の女性労働者の実態については今後も検討の余地が残されている。

紡績と織布部門の間にある糸巻室《ビーミング・アンド・ワインディング・ルーム》は地下にあり、床には糸くずのほこりがたまって決して衛生的な環境ではなかった。賃金も織布工女より安かったが、糸巻工女たちには他の工女とどこか違う所があった。人数も少なく、仕事場もはるかに静かだから、特別なグループのように思われていたからである。織布室のように何百台という織機の騒音の中で会話も「読唇術に訴える」(12)ような必要はなかった。比較的自由も多かったので、作業中に雑談を楽しむこともできた。彼女たちの間には独特のコミュニティ意識も生まれた。彼女たちは「北部諸州会同織布・糸巻・撚糸工組合」に所属したが、一定の自治も保っていた。このような雰囲気の中から、実際の人数に比してかなり多数の、参政権運動や組合運動の活動家たちが生まれたのである。

セリナ・クーパー（Selina Cooper）やセアラ・レディシュ（Sarah Reddish）が前者の典型とすればバーンリィ出身のアニィ・ヒートン（Annie Heaton）は後者で、一八九三年以後ＷＴＵＬで活躍することになる。

表 3-5　産業別女性平均賃金（1906年）

全産業平均	13～14シリング
衣　料	13シリング 6ペンス
婦人服・婦人帽（仮縫・裁断）	33シリング 5ペンス
繊　維	15シリング 5ペンス
綿（平均）	18シリング 8ペンス（産業平均の40%増）
綿（織布）	20シリング 7ペンス（バーンリィでは24シリング11ペンス）
ウール	13シリング 10ペンス
ジュート	13シリング 5ペンス
リネン	10シリング 9ペンス
紙および印刷	12シリング 2ペンス
全男性平均	30シリング
熟練労働者	35シリング
繊　維	30シリング
鉄鋼・石炭	2ポンド

資料）Clegg; Fox and Thompson, *A History of British Trade Unions since 1889*, vol. I, p. 482より作成.

織布工女の地位の向上

しかし、綿工業の中でもっとも目ざましい活動をしたのは織布工女たちであった。

ランカシァ北部に位置するブラックバーンは織物業の中心地で、一八五三年以後すでに、賃金の算定基準となる標準賃率表をもっていた。同市の西北にあるバーンリィも七三年頃しだいに織布のもう一つの中心地として成長しつつあった。だが、賃金率は最低であった。大不況を契機にさらに一〇%の賃金引下げの通告があり、一八七八年についに全州にまたがる争議となった。結果は労働者側の敗北に終ったが、その後一八八四年に「北部諸州合同綿織布工組合（Northern Counties Amalgamated Association of Cotton Weavers）」の創設をみた。詳細は次章にゆずるが、「均一賃率表」が労使間で作成されることによって、低賃金地域の労働者に賃金の引上げをもたらしたのである。この過程で織布工組合は急成長し、一八八八年には、紡績工組合員が一万七〇〇〇人だったのに対し、四万人を数えた。そのうち半分以上が女性だから工女を吸収した点で全国をリードした。九一年には六万五〇〇〇人となり、そのうち六二％に当る四万三〇〇人が女性であった(13)。織物業の中心地ブラックバーン、バーンリィ、プレストンだけでも一万二〇〇〇人、ロッチデールには紡績工と同数の四〇〇〇人の織布工女が、また、紡績の中心地アウルダムでも四〇〇〇人の織布工女がいたから、かなりまとまった地域に織布工女が、したがって、織布工女労働組合員がいたことになる。均一賃率表は男女に平等に適用されたから、工女の賃金をおし上げ、綿織布業を女性の最高賃金産業に仕立てた。一九〇六年の女性の産業別平均賃金は表３-５の通りである。

綿工女の生活

しかし、織布工の賃金は女性の賃金であって、男性のそれを代表するものではない。また、、織布工女は織布工のみならず、その他の職域の男性の賃金の改善の足を引っぱったとする批判もあった。Ｅ・ロバーツも、次のように指摘している。既婚婦人の三〇％がフルタイムで働いている町――ブラックバーン、バーンリィ、プレストン――では、建築工と機械工の一九〇五年の賃金指数はロンドンを一〇〇として八五・六と七七であった。これに対し、既婚婦人の二〇％以下がフルタイムで働いているバーロウ、ボウルトン、アウルダムなどの町では前者が九一・四、後者が八〇・二であり、ランカシァとチェシァの中間的指数も八八と七九で、いずれも働く既婚女性の多い所では男性の賃金は低かった(14)。明らかに家庭全体の収入を考慮して男性の賃金が決められている。女性が労働組合活動に一般的に不熱心だったことも批判の対象とされているが、この点については後で検討したい。いずれにしても、一九世紀末に到達した織布工女の賃金が全産業の男性の平均と同じになり、女性の全産業平均の約二倍であったことは顕著な事実であった。おそらく労組の果たした役割の重要性をそこに指摘できよう。労働組合が存在しなかったブリストル地域では一九一四年になっても織布工の賃金は週給一〇シリングだった。

これは賃金委員会法で決められた最低賃金より低かったのである(15)。

工場生活の実態

賃金が高かったとはいえ、織布工女たちの労働は相当厳しかった。糸巻室に移る前に短期間ながら織布作業場で働いたことがあるシシイの妹のアリス・フォリィ（Alicc Foley）は次のように書いている。「最初、私はがちゃがちゃいう機械があまりに近くて、その騒音がとてもこわかった。……作業場は広くて歩き廻れない程であり、息苦しく、つんぼになりそうで、その上ひどく汚なかった」(16)。さらに、危険が充満していた。ものすごいスピードで動く機械の操作にはかなりの神経の集中を必要とした。時に、少女の髪が機械に巻き込まれて死亡するという事故も起きた。

既婚者が多かったことも織布部門の特徴である。前述のように、プレストンなどでは三〇％を超えていた。女性労働に対する需要が多いと同時に、女性の側でもフルタイムの賃金を必要としたからである。こうした所では昼休みのブザーが鳴ると、自宅へ飛んで帰り授乳する母親労働者の姿が見られた。また、逆に年上の子どもが赤ん坊を工場までつれてきて親から母乳を飲ませて帰る光景も見られた。アレン・クラークは、赤ん坊に乳を飲ませられない母の苦痛を描いている(17)。一八九一年の工場法は、ギャレット・アンダースンやミリセント・フォーセットらフェミニストたちの反対にもかかわらず、産後四週間以内の労働を禁止した(18)。だが、出産前にはいかなる規制もなかったために、経済上の理由から、出産ギリギリまで働いて、機械の傍で分娩する者もまれではなかった。産前休暇を求める運動がその後続けられていくことになる。もっとも中には、静かな家よりも人混みのする工場を好む者もいた。彼女たちは孤独な家事を嫌っていた、とクラークは言う。そして、続いて、「私は、しばしば既婚婦人たちが、何百という働く仲間に慣れてからは、ひとりぼっちの家事はゆううつなだけだ、家より工場の方がよい、と言っているのを聞いた」(19)と述べている。アリス・フォリィも長時間で辛い労働を慰めてくれるのは「ただ、同じように苦労している工女たちとの日々の仲間意識だった」と書いている。そして、日常的な活動では低調であったとしても、何か特別な折には、例えば、一八九三年のアウルダムでの「八時間労働」示威行進では日頃の連帯意識が発揮され、人びとは隊列の中の工女の姿に注目せずにはいられなかった。

……その光景には変化があった。通りに群がっている群衆たちが気にとめないような四列縦隊の男たちが威厳のある面もちで行進した。それに続いて笑いながら楽しそうにやって来る女や少女たちの群があった。やがてその変化は全体的なものであることが分った。彼女たちが現れると、見物人たちはもっと楽しそうになり、工女たちと見物人の間には冗談が自由にとび交った(20)。

また、男性が賃金の高い紡績や石炭部門に吸収されているアウルダムやウィガンでは、織布工組合のメンバーは九〇％以上が女性で、女が執行委員を務め、組合費の徴収も行なった。それは、一〇歳で工場で働き始めたヘレン・シルコック（Helen Silcock）である。彼女は一八九〇年に「ウィガンおよび周辺地域織布工組合」が結成されるとすぐそれに加わり、二六歳で執行委員に就任、その二年後の一八九四年に組合委員長に推挙された。彼女はさらに、九〇年代にウィガンを訪れたミス・マーランドの推せんでWTULのオーガナイザーとなり、労働組合会議（TUC）にも出席した。彼女は糸切れ防止の目的で作業場に蒸気が噴入されることに反対して、「短いが力強いスピーチ」をしたのである。アウルダムでも女性が委員長に就任した。シルコックと同様、彼女も雇主たちに「均一賃率表」を守らせるように努めた。その他バーンリィ、ソールファド、ブライアフィールドからも活動家が現れたが、彼女たちは熱心なサフラジストでもあった。

男性綿業労働者たちの保守性

女性活動家たちの数は、確かに、織布工女全体の数に比較するとあまりに少ない。工場労働そのものに対してもそうだが、ましてや労働組合は男の仕事だとする風潮が女たちの中で強かったことが起因している。だが、男性支配の組合の中で女の出る幕がなかったことも大きな原因であった。織布工が自由党を支持し、紡績工が保守党を支持するという保守的な構図の中で女性の活躍できる余地は少なかった。この頃、議会への労働者階級の代表を、自由党からではなく、直接、労働者の代表として送り出すための「労働代表委員会」が結成されたが、綿工業からはカウン（Colne）織布工組合が加盟しただけであった。

さらに、通常、執行委員になるためには、個々の労働者の賃金を算定するための複雑な数学のテストがあった。織られた布の長さや密度その他が勘案され、一ペニィの八分の一から一六分の一まで計算しなければならないようなものであった。賃金労働と家事労働の二重の負担を背負う女性にとって、これは決して容易なことではなかった。それとても、アリス・フォリィのようにテストに合格しても、実際に役員になれたのは一九一一年に国民保険法が通過してからであった。

以上のように、綿業工女はその多くが伝統的な「家庭重視《ドメスティック・アイデオロジー》」観をうけつぎながら、他方では、賃金労働への従事による家庭経済への貢献に強い誇りをもっていた。その点を重視するジョン・K・ウォルトンは、E・ロバーツが、母親の収入の多くが子守や既製品の食料購入に当てられていることを誇張しすぎるとして批判している。そして、「一九世紀末には多数の妻、青年、未婚の女性は、単なる貧困の不可避的な解決としてよりは……むしろ、最低にして適当な生活水準を拡大するために工場に入り、あるいは、とどまった」(21)として、女性の工場労働を積極的に評価している。ジル・リディングトンも、綿工女が多数、女性参政権運動に参加したのは、彼女たちが政治的に目ざめているにもかかわらず、綿工業内部、例えば、組合活動などで彼女たちの活躍の場がなかったからだと説明している(22)。それ程に労働組合の内部でも男性支配が強かったのである。

〔注〕

（1）E. P. Thompson, *The Making of the English Working Class* (Vintage Book, 1966, 1st ed. 1963). pp.270 - 271. これに対し、S・D・チャップマンは、D・ビゼルが、全く異なる見解を示していると言う。ビゼルによれば、「一八一五年までに綿手織作業は大部分未熟練の、臨時的な職業になり、女や子どもたちにパートタイム労働を提供した」、たしかに、いくつかの地域では、一八二〇年代、三〇年代、そして四〇年代の初頭に恐しい苦悩が存在したが「綿工業における手織り工の大半は急速に容易に代替的雇用に吸収された」のである。D. Bythell, *The Handloom Weavers* (Cambridge, 1969) p.271. S. D. Chapman, *The Cotton Industry in the Industrial Revolution* (Studies in Economic History) (Macmillan, 1972), p.61. に引用。佐村明知訳『産業革命のなかの綿工業』(晃洋書房、一九九〇年)。ただし、この部の原文に対する理解が佐村氏と異なるので、訳文は筆者（今井）自身のものである。

（2）Jill Liddington and Jill Norris, *One Hand Tied Behind Us* : *The Rise of the Women's Suffrage Movement* (London : Virago, 1978). p.57.

（3）Ibid., p.87.

（4）Barbara Drake, *Women in Trade Unions* (London : Virago, 1984. orig. ed. 1920), p.51.

（5）Liddington and Norris, op.cit., p.87.

（6）Allen Clarke, *The Effects of the Factory System* (London : Grant Richards, 1899), p.97.

（7）右記のクラークも、乱婚ではないが、若い男女労働者の間で婚前の交渉があったり、雇主や監督からの未・既婚を問わず、若い女性への誘惑があったことを記している。ibid., pp.84-85.

（8）Interview recorded by Liddington and Norris, September 1976. op.cit., pp.57-58.

（9） H. A. Clegg; Allan Fox ; A. F. Thompson, *A History of British Trade Unions since 1889*, vol. I. 1889-1910（Oxford. Clarendon Press, 1964), p.121. 松村氏は本書を「一八八〇年代に現われた新組合主義の意義や社会主義のそれに果した役割を実証的に否定した」ものとして紹介し、松村氏自身はそうした見解に反対している。松村高夫「イギリスにおける社会史研究とマルクス主義史学」『歴史学研究』第五三二号、一九八四年。筆者も松村氏の見解に賛成であり、次章でさまざまな職域の女性労働者が広範に新組合に叫合される実態を示して、新組合の意義を強調した。ただ、本書には有益なデータが含まれているために、無批判にではなく、参照した。

（10） E. Roberts, *A Woman's Place*, p.147.

（11） この点については相異なる二つの見解がある。Lars Sandberg, 'American Rings and English Mules' *Quarterly Journal of Economics*, 83（1969), pp.25 - 43, はミュール機がより繊細な高級品を生産でき、その結果、より多くの利益があったから、長期間使用されたとする。これに対しW. Lazonick, 'Industrial Relations and Technical Change,' *Cambridge Journal of Economics*, 3（1979), pp.231-262. はミュール紡績工組合の阻止がリング機導入をおくらせたとしている。Alan Fowler and Terry Wyke, *The Barefoot Aristocrats : A History of the Amalgamated Association of Operative Cotton Spinners*（Littleborough, George Kelsall), pp.122 - 123, に引用。

マサイアスは、イギリスの機械生産技術の面から、「リング」導入は容易であったが、イギリスの熟練労働はアメリカ合衆国よりも比較的低廉であったこと、高品質の糸や布は「ミュール」紡績技術にいっそう適合していたこと、また産出物が多種多様なことは、自動織機による長時間作業にあまり適合しなかったことから、「ミュール」機の存続の意義を認めている。Peter Mathias, *The First Industrial Nation*（1969, 2nd ed. 1983). 小松芳喬監訳『最初の工業国家——イギリス経済史一七〇〇～一九一四年——』〔改訂新版〕（日本評論社、一九八八年）四五一ページ。

（12） Liddington and Norris, op.cit., p.92.

（13） H. A. Clegg, op.cit., pp.29-30, 120.

（14） E. Roberts, *A Woman's Place*, pp. 147; 206.

（15）Drake, op.cit., p.51.
（16）Alice Foley, *A Bolton Childhood* (Manchester University, Extra-Mural Department & the North Western District of the Workers' Education Association, 1973), pp.51 - 52.
（17）Clarke, op.cit., pp.88 - 89.
（18）Hewitt, op.cit., pp.177 - 178.
（19）Clarke, op.cit., p.88.
（20）*Oldham Chronicle*, 31. 7. 1893, quoted in Liddington and Norris, p.94.
（21）John K. Walton, *Lancashire : A Social History, 1558 - 1939* (Manchester University Press,) p.293.
（22）ジル・リディングトンとのインタビューから。一九九〇年七月一五日、筆者は運河を見下すハリファクスのリディングトン女史の自宅の庭で女性労働研究についての彼女の意見を聞くことができた。

②　衣料産業

女性の多い就業分野である衣料産業のうち、衣服製造業は一八九一年の統計では六九万一〇〇〇人（表3-1参照）で、家事サービスにつづいて第二位である。統計上の数字はフルタイマーのみを計上しているから、下請け、内職《ホームワーク》などに従事する衣類製造工女を考慮すると、この数はさらに多くなる。後者の家内労働者数はロンドン、コルチェスター、ブリストルなどにとくに多かった（表3-6）。ランカシァやヨークシァの繊維工業のように、女性を吸収する産業が存在しなかったからである。

このように多数の女性が集中し、それ故に賃金が著しく低かったのが一九世紀末から二〇世紀初頭にかけて悪

表3-6　家内工業労働者の地域分布

	仕立業の女性家内労働者①	仕立業の全女性労働者†②	②に対する①の割合(%)
リーズ	570	15,917	3.5
リヴァプール	228	3,604	6.3
クルー	19	..	..
ナントウィッチ	402	..	..
ダービー	86	820	10.5
レスター	167	1,634	10.2
ウォールソール	91	1,245	7.3
ブリストル	868	5,032	17.2
ストラウド	152	..	..
プリマス	233	1,101	21.2
コルチェスター	1,363	3,598††	37.9
ノリッジ	58	1,292	4.5
チャタム	625	..	..
ロンドン	3,632	31,718	11.4

注）† *Census of England and Wales* 1911.

†† Censusにはコルチェスターの数字がないため，エセックスの数字を示した．したがって，コルチェスターの家内労働者の割合はここに示された数値より高くなる．

出所）R. H. Tawney, *The Establishment of Minimum Rates in the Tailoring Industry*. 1915, p. 22.

名の高かった、いわゆる「苦汗産業」である。一八八〇年末の苦汗制度に関する上院特別委員会の定義によれば、「苦汗労働」とは一、不当に低い賃金率、二、過度の長時間労働、三、不衛生な作業環境という労働条件を意味した。それは家内労働だけではなく、工場労働にもあり、上院特別委員会も作業場や工場の苦汗労働にも注目した(1)。そして、このような労働条件の下で人びとが働いている産業を「苦汗産業《スウエッティング・インダストリィ》」と呼んだのである。

したがって、苦汗産業には仕立業ばかりでなく鎖製造・マッチ箱製造など広範囲の産業や職業が含まれた。しかし、その従業者数あるいは規模において最大の仕立業が圧倒的に多数の人びとの注意をひいた。B・ポターも自ら針子としてイースト・エンドの仕立屋に就職して、その体験から苦汗産業の実態を詳細に記している。彼女は、苦汗労働の原因は下請業者すなわち仲介業者の搾取にあるのではなく、苦汗産業が工場法の対象になっていない点にあるとした。

すなわち、仕立業者が自らの工場で衣類を製造しようとすれば、工場の衛生状態や労働者の労働時間その他の勤務状態すべてについて工場監督官の監督をうけなければならない。しかし、その仕事を下請業者に委託して、工場法の対象にならない小規模の仕事場や家庭の居間での作業に移せば、仕立業者（＝発注者）は自らの工場をもつことなく生産を拡大することができる。こうして下請けが無数に広がっていったのだというのである(2)。しかも、このような「需要」に見合うチープ・レーバーの「供給」が容易に行なわれ得る条件が整っていた。歴史家のR・H・トーニィが鎖製造業とともに仕立業の調査で明らかにしたように、父親や夫の不安定な就業事情が、妻や子どもたちの家庭での賃金労働を不可避にしたのである(3)。

従来、苦汗労働は、おくれた産業や職業に見られる小規模生産と家内工業の特徴として、一般に考えられていた。しかし、ジェームズ・シュミーチンは最近の研究で、苦汗労働は仕立業の停滞の結果というより発展の結果だとする。そして、雇主たちは工場法の適用を逃れながら、その一方で、衣服の需要の増加に応えるためにますます下請けを利用したと主張するのである(4)。これに対して、フェミニストの歴史家であるジェニィ・モリスは、苦汗労働は工場法の適用・不適用にかかわらず、家内労働だけではなく下請けした工場労働にもあったことを、リーズにおける場合をとりあげて立証する。そして、フェミニストの視点から、仕立業における苦汗労働の存在は、性別による分業の結果だと主張している(5)。

注文服から既製服へ

さて、イギリスで紳士服仕立業が技術をもった職人の仕事からしだいに苦汗産業に変っていったのは一八四〇年頃からである。キリスト教社会主義者のチャールズ・キングズリィは、当時仕立職がほとんどウェスト・エン

表3-7　既製衣料販売店の増加　1880～1915年

A. 実数	1880	1885	1890	1895	1900	1905	1910	1915
男性・少年用衣料	44	119	211	349	570	854	1,085	1,259
女性・少女用衣料	—	20	77	153	245	342	472	543
履物	500	757	1,231	1,967	2,589	2,962	3,544	3,879
計	544	896	1,519	2,469	3,404	4,158	5,101	5,681

B. 増加比率	1880～85	1885～90	1890～95	1895～1900	1900～5	1905～10	1910～15
男性・少年用衣料	170.4	77.3	65.4	63.3	49.8	27.0	16.0
女性・少女用衣料	—	285.0	98.7	60.1	39.6	38.0	15.0
履物	51.4	62.6	59.8	31.6	14.4	19.6	9.4
計	64.7	69.5	62.5	37.8	22.1	22.6	11.4

出所）James B. Jefferys, *Retail Trading in Britain, 1850-1950*(Cambridge, 1954), Table 85. より作成．Schmiechen, op. cit., p. 13.

ド（上・中層階級の人びとの居住地域）に限られ、急速に消滅しつつある「名誉ある《オナラブル》」職業と安物既製服店の「不名誉な《ディスオナラブル》」職業に、分化しつつあることに注目した(6)。

婦人服仕立てや婦人帽製造業でも同様の経過をたどっている。S・アリグザンダーも指摘する通り(7)、両部門は、高級品製造に関して、女性の熟練労働が存在する数少ない職業であった。しかし、この部門でもウェスト・エンドの住民を対象とする高級品と、安物既製品の製造に分極し、一部少数の熟練女性職人を除いて、大多数は苦汗労働者となった。すなわち男女の既製服に対する需要の拡大が伝統的な仕立職人の職を奪うことになった。シュミーチンによれば、一八六〇年代までにロンドンは仕立職の「蟻の巣」となり、仕立職人の半分から四分の一が下請労働者《アウトワーカー》になったと推定される。彼らは「巨悪」である搾取者《スウエター》（仲介業者）に屈服せざるを得なかったのである(8)。

それでは、既製服に対する需要の伸びはどの程度であったか？それを示すのが表3-7である。

イギリスでは、一八四五年以後の六〇年間に、労働者階級の所得に対する衣料支出の割合はほぼ倍増した。四五年の推定六％から、八九年には八～一〇％に、さらに一九〇四年には一二％に増加した。小売店の数も一八八〇年の五四四から一九一五年には五六八一に増えた(9)。このような急激な需要の増加に対応して成長したのが下請制度であった。

下請けは家内労働と混同されやすいが、重要なのは、下請人が必ずしも家内労働者ではないし、彼らがまた、規制のない作業場で働いていたわけではないという点である。逆に家内労働者は常に下請けである。つまり、下請けは請負業者《コントラクター》が自分の小工場あるいは作業場に労働者を雇って作業させる場合と、請負業者または下請業者を介して家内労働者に委託する場合がある。作業はしばしば多様な工程中の一工程、例えば、仕立業の場合ならプレスとか、他の場合には、例えばマッチ箱製造のように全工程が下請けされることがあった。

換言するなら、請負制度は発注者が自らの作業場も技術も資本もなしに生産を開始したり増加できる利点をもっている。受注者にとっては、請負業者＝仲介者《ミドルマン》は分っても、発注者すなわち雇用者は分らず、したがって、賃金などの交渉の手だてはない。また、作業場が受注者の住居——大抵は居間や食堂が使われる——となると、家内労働者たちは横の連絡がないために、労働組合をつくる基盤がない。そこへ縫製用ミシンが導入されることによって、低賃金がますます助長されることになったのである。

縫製ミシンの導入

イギリスでは縫製ミシンの導入は一八六〇年代である。ミシンは手縫いの速さの三〇倍であり、また手仕事を九〇％減らすことができたから(10)、その導入は、結局、労働力の相対的過剰をもたらすことになった。

他方、縫製ミシンは家内労働者が、小作業場の持主によってはじめて導入された分割支払制度で、購入できた。したがって家内労働者たちは、ローンの返済のためにますます内職の必要にせまられた。しかも、小規模な機械化は衣類や靴の裁断、ボタン穴の穴かがり機械など、多方面にわたったのである。

表3－8　ロンドンおよび全国(U.K.)の女性衣料労働者の週給，1886；1906年

衣料産業	1886（ロンドン）	1886（全国）	1906（ロンドン）	1906（全国）
婦人服製造	14s. 1d.	13s. 5d.	14s.　1d.	13s. 10d.
婦人服製造(工場)	NI	NI	15s.　5d.	15s.　5d.
シャツ・ブラウス等	NI	NI	15s. 10d.	13s.　4d.
婦人帽	14s. 3d.	13s. 2d.	15s.　8d.	15s.　5d.
紳士服仕立(注文)	20s. 3d.	13s. 5d.	16s.　2d.	14s.　2d.
紳士服仕立(既製)	NI	NI	11s. 11d.	12s. 11d.
マント製造	15s. 6d.	14s. 5d.	15s.　8d.	NI

資料）1886年の全国については，George H. Y. Wood, 'The Course of Women's Wages During the Nineteenth Century', in B. L. Hutchins; A. Harrison, *A History of Factory Legislation*, p. 261.
1906年の全国については，Board of Trade. *Report of an Enquiry into Earnings and Hours of Labour of Workpeople of the United Kingdom*. II. Clothing Trades in 1906, より作成.
1886;1906年のロンドンについては，Schmiechen, op. cit., p. 63.
NI＝調査に含まれていない．s＝シリング，d＝ペンスを表す．

表3-9　苦汗制度特別委員会で申立てられた女性労働者の賃金（1888年）

	額	証言番号
女性週給		
製造業者によって十分と考えられた額	7s. または8s.	*Hawes* 1467.
フルタイム労働	15s.	*Zeitlin* 8099.
コート製造(ホームワーク)	8s. 6d.	*White* 1311.
青少年用スーツ製造(ホームワーク)	6s.	*Madden* 7965.
商店	7s.	*Lakeman* 17132.
伏せ縫い職人(時間給)	9s. から22s.	*Appendix H*, Vol. II., p. 586.
平均	14s. 1d.	
70パーセント	9s. 8d. から17s. 4d.	
婦人用胴着	8s. から20s.	*Wilchinski* 3965.
女性，一般	5s. または6s.	*Zeitlin* 8099.
女性の紳士服店週給	16s. 以上	*Marens* 9860-1.

注）s＝シリング，d＝ペンスを表す．
出所）British Parliamentary Papers. *The Sweating System. Industrial Relations* 17. Brought from the Lords, 15 August 1889. INDEX. Sweating System. Part 1. p. 482.

一方で労働力の過剰があり、他方でローン支払いの圧力がある中で、仕立業の賃金はしだいに下り始めた。一八七〇年代にシティのシャツ・メーカーは二八シリングから一四シリングに賃金を引下げ、同じ頃ロンドン（ピムリコ）の国営仕立工場でも、労働時間の延長とともに一〇〜二〇％の賃金引下げが行なわれた(11)。八六年の賃金統計によれば当時の週給は表3-8の通りであるが、これらの数字は調査が行なわれた時点での週給であるから、年平均の賃金はこれらより下廻ると思われる。さらに、家内労働賃金が平均八〜九シリングであることを考慮すると（表3-9）、一八八〇年代のなかばから後半にかけて、仕立業にフルタイムで従事した女性の平均賃金はおよそ一一シリングと推計される(12)。労働時間は午前八時から午後八時、あるいは九時半までであったり、また監督官をごまかすために午前六時から午後八時まで、一三〜一四時間に及ぶことがしばしばであった(13)。特別委員会への証言者たちは、また、仕事が不規則であることを嘆いている。月曜日、時に土曜日に仕事がなく、その他の曜日に集中することがあった(14)。

クルーの仕立業――A・チューの投書から

このような状況は圧倒的にロンドンで多く見られた。しかし、表3-6からも分る通り、クルーでもリーズでも見られ、前者については仕立工場で働いたことのあるエイダ・ニールド・チュー*（Ada Nield Chew, 1870-1945）がその記録を残している。「クルー工女からの手紙」と題する彼女の投書は一八九四年五月五日から同年九月二二日まで一二回にわたって『クルー・クロニクル』紙に掲載された。政府公務員（軍人・警官など）の制服製造の仕上工として就労していたチュー（当時はまだニールド）は、はじめはおそるおそる婉曲に、匿名で、仕立工場での低賃金と長時間労働について訴えた。

一週間分の賃金に相当する仕事をすることはあまりにきついために、私たちはとても「生活している」などとは言えません、――ただ存在しているだけです。食べ、眠り、果てしなく働き、月曜の朝から土曜の夜まで休む間もなく、絶え間なく働いています。心の修養は？　どうしてそんなことが可能でしょう？　読書は？　人間らしく生き、肉体と同様に精神の糧をも必要とする私たちは、この欲求を満たすためには睡眠に必要な時間を使うことをよぎなくされています。レクリェーションとか自然の美しさを楽しむことについては、四季はただやってきてまた過ぎていくだけです。私たちは今が春なのか夏なのかに気づかない程ほとんど時間がありません。……（中略）

「生活賃金ですって！」。私たちのは、さまよい、死にいく賃金です。一体誰が私たちの苦労の利益を刈りとるのでしょう？　私は時に他社での異なる状況について読むことがあります。他社でそうなら、どうしてクルーではそのようにならないのでしょう？　私はたった今王立労働委員会の報告書を読みました。とてもよいものです。しかし、王立委員会が調査し、報告し、提言している間に何人かの労働者たちはその墓場へと急がされているのです。（一八九四年五月一日）(15)

この投書に対し、『クルー・クロニクル』の編集者はさらに詳しい情報を提供するように求めた。このために遂に一〇回以上に及ぶ投書になったのである。しかし、こうした内部告発の結果によくみられるように、チューも最終的には退職をよぎなくされ、最後から二番目の投書には「前クルー工女」と署名され、最後の回にやっと彼女の氏名が明記された。このような行為にどれだけ多くの勇気が必要だったかが想像される事件だった。

チューが明らかにした当時のクルーの仕立工場の賃金は週に五～八シリングであり、労働時間は九～一〇時間だった。しかし、繁忙期には仕事を家にもち帰ったために――家での少なくとも四時間の労働を加えると、一日の労働時間は一四～一五時間に及んだ(16)。もともと低賃金である上に閑散期には仕事がなくなるから(17)、シーズン中の長時間労働は不可避だった。しかし、当時――今でも同様だが――作業工程が細分化されているために、仕事の内容が単調であり、それが長時間続くことがどれ程苦痛であるかを、彼女は生き生きと訴えている。それでも彼女は哀れみではなく、正義を求めたのである。

……私たちの労働は雇主にとって（おそらく）必要でしょう。私たちが雇われなければ、他の人たちが雇われねばならないでしょう。そして、もし、それが男性であったら、きっと非常に異なる単位で賃金が支払われるでしょう。自分たちの諸権利を求めて立ち上がるだけの勇気と気骨をもたない弱い女性であるために、私たちはこの惨めな賃金に虐げられねばならぬのでしょうか？　……実際、私に加えられた不正に抵抗することなく、沈黙し、屈従し続けることは、私を自ら卑しめ、私にとって不名誉なことに思います。……それ故、投票という特権を持たないがそれでも影響力をもっている貴紙の女性読者に、その影響力を知的に正しい方向に行使するよう主張することをお許し下さい。また、この特権をもっている男性読者には、その政治的信条がどのようなものであれ、この国の抑圧されて苦しむ労働者——この中にはクルーの工女が多数含まれています——の苦悩を除去するために、可能な限り早急に全力を尽くす候補者のみを議会に送ってほしいとお願いすることをお許し下さい(18)。

この訴えの中には、のちに彼女が女性参政権問題と労働者階級の解放の問題を同じカテゴリーの中で理解し、両者の実現のために努力する素地を見出すことができる。

チューと同様に十分な学校教育をうけなかったハナ・ミッチェルもマンチェスターの近くの小さな町の仕立屋で働き、その体験を自伝に書き残している(19)。彼女は自分の技術が高く評価されて、上司との人間関係もよかったとしながら、それでも低賃金と長時間労働には悩み、繊維工女が終業時の五時半になるといっせいに工場の門から帰宅する姿を見て羨ましく思ったと記している。だが、仕立工場の場合は家内工業と同じような条件下にあったのである。

チューは退職後、独立労働党（ＩＬＰ）のクルー支部で働き、一九〇〇年から八年まで女性労働組合連盟（ＷＴＵＬ）で活躍した。その後、第六章でみるように、女性参政権運動にかかわっていくが、ミッチェルもパンクハースト母子の女性社会政治連合（ＷＳＰＵ）に加わった。両者の仕立業での労働体験がともに彼女たちを政治的に目ざめさせたのである。もっともそれは衣料産業内で大きく発展することはなかった。

リーズの仕立業

リーズの仕立業については、チューのように働く女性自らがまとまった記録を残していない。しかし、それでもチューより五年前の一八八九年にリーズの仕立工女が『リーズ・イクスプレス』に投書して、低賃金を嘆いている。彼女は自分の会社の支配人が「週給一二シリングの工女がいると言っています。しかし、それより少ない者が何人いるかを言っていません。彼は仕立てでどれだけの利益があるのか、どれだけの期間工女たちに仕事がないのか、忙しいのは年間に七カ月だけだということを言っていません」(20)と訴えている。

リーズの仕立工女は一八八一年に女性労働力の六・七％、二七四〇人だったのが、九一年には少なくとも一万人、約二〇％に増えているから急速な発展が窺える。今でも市の中心部に堂々とそびえる市庁舎や市公会堂、また少し北に離れた所にあるリーズ大学には、一九世紀に毛織物業や仕立業で栄えたリーズのおもかげが残っている。だが、その裏面史もまた明らかになりつつある。

前述のモリスの研究によれば、リーズでは一八五〇年代にはじめて動力が仕立業に導入され、卸売洋服店のＪ・バランスがユダヤ人に仕立ての下請けをさせている。地代や家賃が高いために工場や作業場をつくりにくいロンドンと違って、その後、リーズではその規模はかなり大きくなり、最大の請負業者は四〇台のミシンを、普通でも二〇台から三〇台のミシンを備えていた。これに対して、ロンドンでは最大の作業場でも八台から一〇台であった。一九〇六年の賃金はリーズの既製服仕立業では週四日の労働で男性の平均賃金が二六シリング五ペンス、女性は一一シリング五ペンスだった(21)。キャドベリとシャンが推計した生存最低賃金は一九〇八年で男が二五シリング、女が一四～一六シリングであったから(22)、男性だけがかろうじて最低賃金を一シリング五ペンス上廻ったことになる。女性については、シュミーチンが一八八〇年代の後半におけるロンドンの女性の賃金について推計した額一一シリングよりわずかに五ペンス多いだけである。一九〇〇年以後、生活費が高騰したことを考慮すると、リーズの女性もロンドンの女性と同様に、その経済的地位を下げたことになる。下請制度は衣料需要の変動に対処するのに格好の制度であり、衣料産業の発展とともに成長した。しかも、下請けは家庭や作業場ばかりでなく、工場でも導入され、圧倒的に多数の女性がこれらの下請仕事に従事して、苦汗労働を工場と家庭の両方に固定させた。女性の仕事が低賃金であり、低賃金部門に女性が集中していることは表3-10の通りである。

以上のように、既製服仕立ては一八八〇年代後半にその目ざましい発展をみる

表3-10　リーズ既製品仕立業における性別分業と賃金

		%	賃金（週平均5日労働）
男性	監督	11.7	39s. 3d.
	裁断師（手作業）	26.4	25s. 5d.
	（機械作業）	4.8	27s. 0d.
	仮縫係	4.7	23s. 0d.
	仕上係	8.6	22s. 10d.
	アイロン掛係	12.2	21s. 9d.
	倉庫・梱包係	15.0	24s. 9d.
	機械係・火夫	2.8	25s. 6d.
少年	徒弟	11.3	
女性	監督	0.6	18s. 0d.
	仮縫係	1.2	11s. 3d.
	ミシン工（動力）	58.7	11s. 9d.
	手縫係・仕上係	30.0	9s. 7d.
	アイロン掛係	4.7	13s. 4d.
少女	仮縫係	1.6	
	ミシン工（動力）	58.1	
	手縫係・仕上係	24.4	
	アイロン掛係	2.4	

注）1906年リーズの既製紳士服仕立業に従事する男女比率．全男性と全女性の何パーセントが監督，裁断師，ミシン工などとして従事しているかを示す．

出所）UK Board of Trade, *Reports,* vol.Ⅱ *Clothing Trades,* PP 1909, LXXX, Cmd. 4844.
男性平均26s. 5d.　女性平均11s. 5d.

資料）J. Morris, op. cit., pp. 101 ; 118より作成．

が、ロンドンではすでに指摘したように七〇年代に相対的過剰労働と縫製ミシンの導入によって、賃金の下落とそれらを補うための長時間労働が始まっていた。

エマ・パタスンがWTULの前身である「女性保護共済連盟」（WPPLと略）を創設したのは、まさに、このような時（一八七四年）であった。彼女は女性労働者の互助組織をつくり、失業時の苦労を分ち合うとともに、賃金の引下げに対してはあらかじめ労使で協議することによって、争議を回避しようとした。男性の仕立工たちは一八六七年に六カ月間に及ぶストライキとロックアウトを経験していたのである。七五年に「シャツ・カラー製造工女組合」と「婦人服・婦人帽・マント製造工女組合」が結成され、WPPLの活動が始まった(23)。また、八〇年代には「リーズ仕立工女組合」の結成にかかわった。この間の詳しい事情については次章で触れることにしたい。

他方、苦汗労働は家内労働に多く見られたために、その労働者の組織化は困難をきわめた。できてもそれらは短命に終った。だが、八〇年代後半からとくに苦汗労働の深刻さが明らかになると、冒頭で述べたようにB・ポターをはじめ社会調査家や社会改良家あるいはマスコミなどの注意をひくようになった。「苦汗制度にかんする上院特別委員会」ができたのも一八八八年であった。そして、こうした面での改善のためには、むしろ国家介入が求められ、「最低賃金法」制定への運動に発展していく。WPPLが改名したWTULの第二期の指導者であるディルク夫人の夫のチャールズ・ディルクや第三期の指導者であるメアリ・マッカーサーがこれらに関与するが、この点については第五章で検討したい。

以上のように、主要産業である綿業に就労した工女は紡績部門では性別分業に従事したが、織布部門では高度の平等を享受した。前者でも男性と利害をともにする局面が多かったために、綿工女の組織化は、次章で詳述するように綿工業内部の力ですすめられた。そのため、WTULと綿工女との関係は綿工女労組の創設に協力するというより、でき上った組織の維持と強化にあった。また、ＷＴＵＬは先進的な綿工業の経験を、組織化のおくれた地域に適用する、いわば、パイプの役割を果したと言える。その点ＷＰＰＬが組織化を始めたにもかかわらず、容易にその目的を達成し得なかった仕立業の場合と大きく異なったのである。なお、本章でとくにとり上げなかったが、金属部品工業にも女性が多数従事し（表3-1）、その労働条件の低さから苦汗産業のひとつとみなされていた。ＷＴＵＬが食品加工業とともに、二〇世紀になって組織化にとり組む部門である。

では次に繊維産業や衣料産業その他で女性労働者がいかに組織化されたかを、ＷＰＰＬの活動を中心にしながら、具体的に検討しよう。

〔注〕

（1）*Fifth Report of the House of Lords Select Committee on the Sweating System*, PP. 1890, XVII. Cmd. 169. p.xlii.

（2）Ｂ・ポターがこの頃執筆したものとして、次のものがある。
Beatrice Potter, 'The Tailoring Trade of East London' (*The Nineteenth Century*, Oct. 1887).
Do., 'Pages from a Workgirl's Diary' (*The Nineteenth Century*, Oct. 1888).
Do, 'The Jewish Community of East London' (C. Booth, ed. *Labour and Life of the People in London*, 1889).
Do, 'The Lords and the Sweating System' (*The Nineteenth Century*, June 1890).
Beatrice Webb, 'How to do away with Sweating System' (S. & B. Webb, *Problems of Modern Industry*, 1892).
同様の見解をB. L. Hutchins, *Home Work and Sweating : The Causes and the Remedies* (Fabian Tract no.130), 1907. pp.4-6, も述べている。下請けの下方へのいっそうの広がり方については、Clara E. Collet, 'Women's Work' in C. Booth, ed., op.cit., 1st Series, : Poverty 4. 参照。
また、B. Webb, *My Apprenticeship* (1926, Penguin Books, 1971) も彼女が就職した仕立屋での実状を描き、雇主夫

夫婦がビアトリスが穴かがり一つできないのを見て、出身を見破っていたことなどを生き生きと描いている。

なお、高橋克嘉氏はその著『イギリス労働組合主義の研究』（日本評論社、一九八四年）第二章第四節で、B・ウェッブやトーニィの家内工業に対する見解を詳細に検討し、彼らが推進した最低賃金制は、苦汗の温床であった家内工業・小工業を消滅させた。そうすることによって「相対的過剰人口に許された最後の就業の場を彼らが剝奪」した。すなわち、「……最低賃金制の実施→この最低賃率以下のチープ・レーバーを根拠としていた家内工業・小工業の消滅→潜在的失業または停滞的失業から顕在失業への形態変化」（傍点今井）があっただけだとして、最低賃金制の限界を鋭く突いている。二三二ページ。

（3）R. H. Tawney, *The Establishment of Minimum Rates in the Tailoring Industry under the Trade Boards Act of 1909* (Studies in the Minimum Wage, no.2) (London : G. Bell & Sons, Ltd., 1915).

（4）James A. Schmiechen, *Sweated Industries and Sweated Labor : The London Clothing Trades 1860 - 1914* (Urbana : University of Illinois Press, 1984).

（5）Jenny Morris 'The Characteristics of Sweating : The Late Nineteenth-Century London and Leeds Tailoring Trade', in *Unequal Opportunities: Women's Employment in England 1800 - 1918*, ed. by Angela V. John (Oxford : Basil Blackwell, 1986). p.94. Do., *Women Workers and the Sweated Trades : The Origin of Minimum Wage Legislation*, (Aldershot, 1986).

（6）Charles Kingsley, *Cheap Clothes and Nasty* (1849). 2. quoted in Schmiechen, op.cit., p.9.

（7）S. Alexander, op.cit., pp.83 - 93. アリグザンダーはこの中で既製服が流行する以前の仕立職の実態について次のように記している。

　高級婦人服仕立てや帽子製造業では、雇主の店あるいは作業場で通常数人ないし十数人の針子が雇われていた。そこでは、極く少数の熟練女性仕立職人が週給三〇シリング以上の高い賃金を支払われた。また、一四歳から二一歳くらいまでの「住み込み徒弟」もわずかだがいた。しかし、その他の大多数の針子は、技術取得のための謝礼金を払わないが、賃金も得ていない「戸外徒弟《アウトドア・アプレンティス》」と呼ばれるものか、あるいはシーズン期間中（二月～七月まで、一〇月からクリスマスまで）のみ、年間一二～二〇ポンドで雇われる「通い」の針子であった。彼女たちは極く普通の庶民の娘で、小商人や、時に貧しい家の娘もいる。H・メイヒューは一九世紀なかばのロンドンの労働者と貧民の調査をしたが、彼に対して、ある「通いの針子」は年に七～八カ月間働いて週給七シリング稼ぎ、自分と母親の生計を立てていると述べて、さらに次のようにつけ加えた。

「娘を通いの仕事に出しているひとかどの《リスペクタブル》商人たちがいます。彼らは娘を助手として住み込みに出すより、こうしたやり方を好んでいます。通いなら、家で眠り、小使いや洋服代を通いの仕事で得られるからです。しかし、そうしたことは、私のように自活している若者にとっては不利なことです」と。苦汗労働は、したがって、既製服流行以前にすでに存在していたのである。

（8）J. A. Schmiechen, op.cit., p.9.
（9）Ibid., p.13.
（10）Ibid., p.25.
（11）*Women's Union Journal*, Feb. 1876 ; Nov. 1876 : Apr. 1880.
（12）J. A. Schmiechen, op.cit., p.64.
（13）*Report of the House of Lords Select Committee on the Sweating System*. 1888. *Tailoring Trade*. PP. XLVII. Hours of Work, p.450.
（14）Ibid., L. *Irregularity of Work* ; *Average of Working Days* ; *Long Spells of Work*, p.451.
（15）A Crewe Factory Girl〔Ada Nield Chew〕, Letter of a 'Crewe Factory Girl to the *Crewe Chronicle*, 5 May 1894, in *The Life and Writings of Ada Nield Chew*, Remembered and collected by Doris Nield Chew (Virago, 1982), p.76.
（16）Do, 19 May 1894, in ibid, pp.79-80.
（17）B・ポターによれば、大下請業者の仲介による家内労働者と最も熟練度の高い仕立工の年間平均した週当り就労日数はロンドンで四・五日である。C. Booth, *Life and Labour of the People of London* (Macmillan, 1902), vol. 4. p.54. リーズでは、ロンドンより、就労の不安定性が低く、週当りおよその就労は五日間である。J. Morris, op.cit., p.97.

(18) Letter of a 'Crewe Factory Girl', *Crewe Chronicle*, 19 May 1894, in ibid., pp.80 - 81.

(19) Hannah Mitchell, *The Hard Way Up : The Autobiography of Hannah Mitchell, Suffragette and Rebel.* (London : Virago, 1968). および拙稿「針子から治安判事へ――ハナ・ミッチェルの生涯」、川本静子・北條文緒編、前掲書。ミッチェルは一階が商店で、二階に作業室のある仕立屋に就労したが、週当り賃金は八シリングで、労働時間は名目的には午前八時から午後八時までであった。しかし、日曜日の晴れ着の完成のために、金、土曜日の夜は一〇時あるいは一二時になることもよくあったと書いている。

(20) *Leeds Express*, 19 July 1889.

(21) UK Board of Trade, *Report of an Enquiry into Earnings and Hours of the Workpeople of the United Kingdom*, vol. II. *Clothing Trades*, PP. 1909, LXXX, Cmd. 4844,

(22) E. Cadbury and G. Shann, *Sweating* (Headley Bros, 1907). quoted in Morris, op.cit., p.96.

(23) 中村伸子氏はWPPL創設期（一八七〇年代）の女性の就業分野を検討し、綿工業が地域的に偏在し、女性労働者の綿業への就労も女性労働力全体の約一〇%だったのに対し、縫製業従事者がほぼ同率でありながら、全国にまたがって存在したことから、WPPLの対象は縫製業だったことを正しく指摘している。「一九世紀第４四半期におけるイギリス女性労働と労働運動―― Women's Protective and Provident League の活動に関連して――」『三田学会雑誌』七九巻六号（一九八七年二月）。

第四章　イギリスにおける女性労働組合の歩み――「独自派」から「社会派」フェミニズムへ

1　ミドル・クラスの女性による「女性保護共済連盟(ＷＰＰＬ)」の創設――一八七四年

前章で見たように、女性保護共済連盟（ＷＰＰＬ）は、苦汗産業の中心である仕立業の賃金低下が問題になっている頃の一八七四年にロンドンで設立された。同年、「労働組合法」が制定され、それまで男性労働者たちが求めていた労使交渉権や争議権が認められるようになったから、これがＷＰＰＬの創立を促したことは容易に想像できる。「平等派」フェミニストたちが「女性雇用促進協会」をつくってから一五年を経ており、彼女たちも女性の経済的自立を求める観点からＷＰＰＬの創設にかかわった。本節ではまず当時の男性労働組合の実態や、男女労働者の関係、そこでの女性労働組合の地位を概観した後、ＷＰＰＬの設立の経緯とその性格、活動の内容をフェミニズムとの関係から検討したい。

職業《トレード》と組織――男女労働者の違い

世界でもっとも早く工業化を達成したイギリスは、またどの国におけるよりも先に、工業化のもたらした諸問題に直面せざるを得なかった。労働問題はその一つであり、労働者は自らの生活を守るために共済組合や労働組合を結成した。しかし、これらの組織をつくるにあたっては、彼らが手本とすべき先例はどこにもなかった。彼らは自分たちのおかれた地域や自分たちの職業《トレード》あるいは自分たちの所属する産業《インダリスト》にふさわしいものを、そのつどつくらざるを得なかった。したがって、イギリスの労働者の組織は複雑多岐である。H・A・クレッグによれば、新組合出現までの時期に存在した組織は次の三つに大別することができる(1)。第一は、「職能別組合《クラフト・ユニオン》」で、古い技術に基づく生産方法が産業革命によって著しく変化しなかった分野、例えば印刷業や建築業において発展した。しかし、鉄や蒸気の導入で大きく変った機械業や造船業においても、「職能別組合」は確固たる基盤をつくった。これはいわゆる熟練工の組織であるが、彼らのもとで手伝いをする助手たちは組織の外に放置されて、のちに、「新組合《ニュー・ユニオン》」に吸収されていく。第二は、「非職能別組合《ノン・クラフト・ユニオン》」で、請負い制度をとっている製鉄業、綿紡績業および一部炭田で発達した。下請人と彼らのもとで働く大多数の労働者はともに会社の被雇用者であるが、「非職能別組合」は前者の間で組織された。除外された大多数の労働者は、普通、投票権をもたないセカンド・クラスの組合に加入できたし、また、昇進の道も開かれていたため、第一の部類の一般労働者のように、「新組合」ができてもそれらに加わる者は少なかった。第三は、第一の「熟練労働者とその助手」というクラフト・パターンにも、第二の請負い制度型にも適合しない産業で生まれた組織であり、機械化が進むにつれてますます発達した。ここで働く労働者は不熟練労働者でもなければ、また高度の熟練労働者でもなかった。第二の部類におけるような昇進の可能性もなかった。この典型としては、綿織物業をあげることができよう。専門家と監督を除くすべての労働者を包含する「合同織布工組合（Amalgamated Weavers' Association）」は一八八九年にすでにイギリスにおける最も強い組合の一つになっており、女性労働者の組織化に大きく成功した先駆者でもあった。実際、その組合員の大半は女性だったのである。

七一年設立の「鉄道従業員合同組合（Amalgamated Society of Railway Servants）」もこの種の組合で、鉄道に働くあらゆる階層の労働者を吸収した。しかし、この種の組合で最も著しい発展をとげたのは炭鉱労働組合である。八九年の初頭に一五万人であった組合員が一九〇〇年には五〇万人にふくれ上った。高給の採掘現場労働者が組合を支配したとはいえ、ほとんどすべての坑内労働者が同じ資格で参加したのである。ただ、坑外労働者はとり残されて、のちに「新組合」の保護を求めることになる。したがって、炭鉱労働組合は、鉄道従業員組合と同様に、古い組合と新しい組合との中間に位置することになる。

これら三種類の組合のギャップを埋め、一つあるいは複数の産業の全労働者に門戸を開放したのが新組合である。「開放」という意味では、すでに織布工も製靴工も鉄道従業員組合も、そして、ある程度は炭鉱夫組合もそのすべての労働者に開放していたのであるが、新組合はもっと大規模に、例えば船員、港湾・ガス・化学・道路運輸労働者、あるいは熟練労働者のみが組織されている産業における未熟練労働者の間に開放して、彼らを組織したのである。その一部はさらに発展して、のちに「一般」組合と呼ばれるものに成長した。

以上のような男性を中心とする産業界で、女性の従事する職業はどのようなものであり、そこで女性労働者は自らを守るために、いかなる組織をつくったか。あるいはつくれないで呻吟していたのだろうか。

まず第一の「職能別組合《クラフト・ユニオン》」では、男性の不熟練労働者と同様、女性の入りこむ余地はなかった。印刷組合はとくに排他的であったために、ついに「ヴィクトリア・プレス」の創設者であるエミリィ・フェイスフル（Emily Faithfull）が一八七四年に、女性印刷組合（Women's Printing Society）」を結成した。だが、これは例外的なケースであった。機械工組合も同様に閉鎖性の強い組織で、部品製造などの補助的な作業に従事する女性を組合から完全に締め出していた。八〇年代に不況の色が濃厚になると、女性を組織の中にくみ入れるより、むしろ、この補助的な作業部門の労働自体から女性を放逐しようとする動きさえ出てきたのである。

第二の「非職能別組合《ノン・クラフト・ユニオン》」に属する綿紡績工組合は少数の女性継糸工の加入を認めたが、それはセカンド・クラスであったために投票権がなく、したがって組合運営に発言力をもたない従属的な地位であった。紡績部門準備過程の梳綿・打綿室工女については、既述のように、不熟練工の組合に吸収された。しかし、第三の部類の綿織布工組合では、前述のように女性が賃金の面でも、組合運営の面でも男性と同等の地位を獲得した。だが、炭田の坑外労働者の間では男女労働者の利害の対立は激しく、しばしば女性労働者は男性労働者たちによって坑口作業から追放されそうにさえなったのである。

このように男性と同じ作業場で働く女性労働者は、例外的ケースは別として、ほとんどすべての産業あるいは職業において男性労働者の補助的・付随的作業あるいは臨時的作業に従事した。そして、その大半は組織されないままに放置されるか、組織されてもより劣位の資格が与えられるだけであった[2]。これに対して、クレッグも全く無視している女性のみが従事する日常生活に密着した職業があった。その代表的なものは紳士服仕立の一部、婦人服仕立、婦人帽製造、室内装飾などであり、これらの職業においても女性労働者は全くばらばらで、労働条件もひどく劣悪だった。

こうした、ほとんどすべての産業や職業で未組織であり、それ故にあらゆる社会経済変動に無防備な女性労働者の問題に、正面からとり組んだのがエマ・パタスン（Emma Paterson, 1848-86）[3]であった。彼女は一八七四年に女性保護共済連盟（Women's Protective and Provident League, 以下WPPLと略）」を創設して、女性労働者の組織化にのり出したのである。

それは「独自派」フェミニズムから生まれた慈善活動の延長線上に位置づけることができ、プロチャスカの慈善団体一覧表の中にもＷＰＰＬを見出すことができる(4)。すでに見たように、慈善活動は当時単に貧者への金品の授与よりも、下層階級の人びとに「自助」を求め、彼らの自立のための援助に、より多くの配慮がされるようになっていた。すなわち女性労働者の低賃金による男性の賃金の低下と家庭の崩壊をまず防がなければならない。また、女性自身も低賃金と失業から「街角に立つ」ことをさけなければならない。そのためには、自らを守るための互助組織が必要だとして、慈善家たちは女性労働者の組織化に向かったのである。「平等派」フェミニストたちは、また別の観点、すなわち女性の経済的自立の保持という観点から女性労働組合の結成に参加した。他方、男性労働組合員たちは男女労働者のあつれきがふえる中で、男性の組織に女性を加えるより、女性のみの組織に意義を見出した。こうしてＷＰＰＬはさまざまな思想的政治的背景をもつ人びとによって活動が始められたのである。しかし、一八八〇年代になると、生活改善のために、自助だけではなく、国の介入の必要が認識されるようになった。また、社会改革と男女平等の間の不可分な関係に注目されるようになった。社会改革の中で女性を解放し、また男女の平等の達成によって階級問題の解決をはかる「社会派」フェミニズム(5)が復活する。そして、その影響をうけてＷＰＰＬも「女性労働組合連盟（ＷＴＵＬ）」と改名することになる。また、全般的な労働組合運動高揚の中で男性労働者との接触が深まっていくのである。

「女性保護共済連盟」の思想と政策

ＷＰＰＬの創設者であるエマ・スミス（Emma Smith）はロンドンの教区学校校長の娘として一八四八年に生まれた。その三八年という短い生涯は先駆的な女性活動家としての波乱に富んだものであった。学校を卒業すると短期間製本見習工として働いた。一六歳の時に父を失うと母がつくった学校で教えたこともある。だが、彼女は教師があまり好きではなかったようである。一八歳で男性労働者クラブ・協会連合(6)の書記補佐になり、後に彼女の夫になる家具職人のトマス・パタスンや、社会改良家で協同組合主義者のホジスン・プラット（Hodgson Pratt）と知り合う。その後一八七一年に女性選挙権協会の書記に就任したが長続きしなかった。結婚がその理由とされているが、ディルク夫人によれば、彼女自身はむしろアメリカに行き、そこで女性共済組合の実態を見たいと願っていた。選挙権が弱い性（女性）の苦悩の万能薬ではないと考えていた彼女は、彼地で何かヒントを得られたら、男性と同じように女性も連帯することによって、自助を促進できないか試してみたいと思ったのである(7)。上記クラブ・協会連合は当時の他の労働者階級のための組織と同様、労働者の徳育を目的として開明的なミドル・クラスや労働者階級の人びとによってつくられたものだが、エマもこの協会での仕事から多くを学んでいた。

こうして、ハネムーンで渡米した彼女は、アメリカで、「パラソル・洋傘製造工組合」と「女性印刷工組合」がすべて女性のみで運営されながら、それらが成功しているのを見たのである。帰国すると彼女は一八七四年六月の『レイバー・ニューズ』で次のように訴えた。「女性は、男性と同じように慎重に、かつ迅速に働いた労働に対して、しばしば男性の半分あるいはそれ以下しか賃金が支払われないばかりか、思慮と長期の訓練の結果である高度な技術をもつ熟練工女が、週に一一シリングから一六～一七シリングしか得ていない。他方、最も無器用な不熟練の男性労働者が週に少くとも一八シリングは稼いでいる。レスターの仕立工女あるいはブラック・カントリィ（ともにイギリス中部の工業都市と工業地域）の金属工女はわずか三～四シリングしか支払われていないといわれている」(8)。エマは、もし女性労働者が何らかの組織によって保護されなかったら、彼女たちは賃金の面でも労働時間の面でも雇用者の意のままになり、男性にも悪影響を与えかねないと警告した。そして、彼女はすべての女性労働者を包摂する全国女性労働者保護共済組合設立案の概要を提示したのである。

エマの呼びかけによって一八七四年七月設立集会が開催された。ホジスン・プラットが司会を担当した。ランガム・プレイス・グループのE・フェイスフル（後には時間がなく辞退）やJ・ブーシェレット（Miss Jessie Boucherett）、S・D・ヘッドラム（Rev. S. D. Headlam）らミドル・クラスの人びと「ロンドン労働評議会（London Trade Council）のG・シプトン（George Shipton）やE・シムコックス（Edith Simcox）らが執行委員に選出された。その他当時の多数の著名な知識人やフェミニストたち、例えばC・キングズリィ（C. Kingsley）。A・トインビィ（Arnold Toynbee）、H・マーティナウらが支持者として参加した。なかでもフォーセット夫妻やパティスン夫人（のちのディルク夫人）は熱心な支持者で、多額の寄付をしたり、時に集会の司会やスピーチを受けもった。

名称は「女性保護共済連盟（Women's Protective and Provident League）」とされ、警戒心をもたれないように意図的に「労働組合」なる言葉はさけた。第三回年次大会はヘレン・テイラー（Helen Taylor）の司会で進められたが、彼女は女性のための組織の有効性を保護立法よりも大きいとして次のように指摘し、また女性参政権にまで言及している。

　男性労働者が自分たちの労働組合によってわずか九時間の労働時間を確保している時に、女性を一日一二～一四時間以上働かせてはいけないと立法官は規定します。これはまさに保護に訴えるよりは自分自身を助ける方がいかによいかの見本です。私は、一般的原則として自分たちの努力によって自分たちの道を切り拓くことを可能にする政治的その他の諸権利を、女性にまで拡張させようと努力する女性の最良の友の中に、男性労働者が含まれるのを嬉しく思います。女性―弱い者が同じ賃金のために、男性―強い者より働く必要がなくなる時期は間もなく到来するでしょう。これは労働組合内の男女の兄弟姉妹的連合によって勝ちとることができるのです。……(9)

『女性の隷従』の著者J・S・ミルのまま娘であり、また自分自身熱心なフェミニストであった女性の言葉としてこの発言は興味深く、また当時の人びとが女性の組織化にかけた期待の大きさも示している。

WPPLの性格

しかし、WPPLに参加した人たちは決して雇用者に対して敵対的ではなかった。テイラーの後に立ったヴァーニィ（F. Verney）は多くの人が労働組合に対して抱いている誤謬について指摘し、「労働組合主義《トレード・ユニオニズム》が労使間の敵愾心をつくり出し、増進させていると考えるのは誤りである、むしろ逆に、組合主義《ユニオニズム》が最も強い所ではどこでもストライキは最も起こりにくい」(10)と語った。すなわち、労働組合は雇用者にとっても労働者との話し合いの機関として重要であり、ストライキをするためというより、ストライキを回避するために必要だとWPPLの人びとは考えた。当時労働者の代表は、経営者の多い自由党から議会に出ていたくらいだから、雇用者との友好関係を信ずる考え方が女性労働組合に反映するのも当然であろう。一八八四年二月にオクスフォードのベリオール・カレッジで開かれた社会問題研究会（アルフレッド・マーシャル司会）で、シムコックスは、雇用者と労働者の協力に対して、さらに消費者の協力も求めている。彼女は、当時賃金の低下は女性に起きているばかりでなく、両性の賃金が単なる生活維持賃金にまで下っていることを指摘し、これは雇用者たちの過度で無思慮な競争が原因していると述べている。したがって、その是正策は、もし、製品がよければ、すべての商品は公正な価格をもつべきであるから、良質の商品を公正な価格で売り——労働者に公正な賃金を支払う——雇用者を、消費者が支持することにある、とシムコックスは主張した(11)。

実際、雇用者の側でも、WPPLが組織化しようとする女性労働者の集会に出席して、協力を惜しまない例があった。もっとも、悪意の雇用者の場合には、わざと出席して組合に加入する女性の勇気をくじく場合もあった。WPPLは公正な賃金を支払っている良心的な企業名を、機関誌『女性組合ジャーナル（*Women's Union Journal*）』

に積極的に列挙して、そのような企業がふえることを期待したのである(12)。

雇用者との対立よりも、彼らの良心に訴えていこうとするＷＰＰＬのこのような穏健をなやり方は、賃金引上げを要求するより引下げに抵抗する戦術とか、「ストライキを軽率で誤った行為」とみなして、ＷＰＰＬが創設する組合にはストライキ基金を用意していないなどの事実に現れていた。

これに対して、疾病保険や失業保険は組合費の重要な要素になっていた。それはＷＰＰＬの組合に対するもう一つの考え方、すなわち、組合を労働者間の相互扶助機関としてみなす考え方を示している。フォーセット夫人はこの事に関連して一八八一年の年次大会で次のように語った。

ＷＰＰＬは最初は一見あい対立すると思われる二つの原則――すなわち一つは自助であり、他は相互扶助の原則である――に基づいています。これらはあい矛盾するものではありません。我慢強い勤勉によって、独立した地位にまで自分を高めた女性は自助の原則に基づいて行動したのであり、他人に依存しながら家にいる女性よりも、仲間を助けることのできる地位にあります。この運動によって広げられてきた扶助の精神ほど励みになるものはありません。……ここで、この組織のモットーを次のようにしましょう、「女性の信条はお互いに対する信頼です」(13)。

フォーセット夫人の発言は聴衆の大きな拍手を得たが、ここには、労働者の自立と労働者間の信頼と協調を求める思想が強く現れている。だが、自立の前提となる勤勉と節約については、パタスンは微妙に異なる見解を表明した。彼女は「多くの善意の人びとは、ＷＰＰＬの名称の中にある『共済《プロヴィデント》』という単語は好むが、『保護《プロテクティヴ》』という語は好まない」、一時間に七シリングあるいは一分間に七シリングの収入のある人が、週七シリングの収入しかない貧者に対して、備災と節約を要求できるかと問うて(14)、節約したくてもできないような女性労働者の低賃金にむしろ人びとの注意をよびかけた。いずれにしても、節約―自立―協力の現実的対応は、労働組合の共済的側面である。ＷＰＰＬの創設した組合費は職種によって週二ペンスまたは三ペンス、入会金は一シリングまたは二シリングときめられ、これに対する疾病および失業給付金は加入後一年経てから、一年間に八週間、週五シリング支払われることが決められたのである。

ＷＰＰＬは以上のような観点に立って女性労働者の組織化を進め、それに必要な資金を準備し、事務所を安く提供し、余暇のある人びとには暫定的な書記として働いてもらった。こうして生まれた各組合は、その他の点では全く独立していた。規約としてはＷＰＰＬがつくったモデルがあるが、これには次のような目的が含まれていた。㈠不当な賃金引下げを防ぎ、労働時間を均一にする。㈡病気や失業の時の基金を提供する。㈢雇用情報を収集、整備する。㈣労使間の紛争の調停を促進する、などである。入会資格としては一六歳以上の女性の被雇用者なら誰でもメンバーになることができた。「ストライキ」や「ロックアウト」の補償金については何も触れられていない(15)。

ＷＰＰＬの活動領域

パタスンはまず自分自身が働いたことのある製本職の工女の組織化に着手した。二〇〇人以上が参加し、一九一三年まで続くが、これは数少ない成功例の一つであった。もっとも後にしだいに保守的となり、男性組合から真の労働組合ではなく共済組合にすぎないという批判も受けた(16)。一八七五年四月には「室内装飾工女組合(Uphol-steresses)」が結成され、数百人が参加した。執行委員会の委員も自分たちの中から選んでその後一〇年間続いた。女性が多数仕立業に従事しており、こうした女性の組織化を目ざしたＷＰＰＬの試みについては前章でも触れたが、同年「婦人服・婦人帽・マント製造工女組合(Dressmakers, Milliners and Mantlemakers)」が創設された。しかし、男性の書記の不正によって、三年後に組合員わずか三三人で立て直しをはからねばならなかった。その後八一年に六〇人となり、八八～八九年の組合活動が高揚した時にも大きな発展をすることはできなかった。結局後述する一九〇六年創設の「全国女性労働者連合（ＮＦＷＷ）」の一支部に吸収されることになった(17)。「シャツおよびカラー製造工組合（Shirts and Collar Makers Union）」の設立は初年度のロンドンでの活動の最後のものであるが、雇用者からも好意的に迎えられたにもかかわらずわずか数年間しか存続しなかった。「ロンドン仕立工女組合（London Tailoresses' Trade Union）」はミス・シムコックスを名誉書記として七七年に設立された。シムコックスはエマ・パタスンとともに「労働組合会議（Trades Union Congress, 以下ＴＵＣと略）」総会に毎年出席して、女性労働問題の存在を男性労働組合員にアピールしたが、仕立工女組合自体の活動は九〇年代に到るまで停滞したままであった。

仕立業としては、比較的まとまって女性が就業しているピムリコ国営軍服仕立工場でもすでに見たように、一八七九年に前記「ロンドン仕立工女組合」の支部を結成している(18)。

この頃「ロンドン男性仕立工組合」のＪ・マクドナルドは苦汗労働の広がる中で仕立工女の組織化の必要を痛感し、ＷＰＰＬの活動に協力していた。しかし、すでに全国組織をもち、政治的に目ざめていた「合同紳士服仕立工組合（Amalgamated Society of Tailors, 以下ＡＳＴと略）」は女性に門戸を閉じていたのである。七九年には東部ロンドンにも仕立工女組合ができるが、これも不活発なままであった。

約言するなら、仕立工女の組織化は、前章でも見たように労働者の仕事場がばらばらであり、仕事が季節的に不定期であり、また、労働組合の意義に対する彼女たちの意識が低く、その上、男性労働者の協力が得られなかったために、不成功に終ったのである。一八八〇年代の仕立業に対するＷＰＰＬの活動については、リーズの場合も含めて次節で論ずることにする。

地方における功績としては、ヨークシァとレスターの例をあげることができる。前者では毛織物工たちが一〇

%の賃金引下げに対して組合を結成し、八週間にわたるストライキを行なって勝利をおさめた。これを指導したエリス夫人（Mrs. Ellis）は自分自身織布工であったが、指導者としての優れた能力を発揮した。レスターでも、靴下編み業における女性の劣悪な労働条件に人びとの関心が寄せられ、ＷＰＰＬが組織づくりの援助を依頼された。早速集会が開かれ、縫製工組合がつくられて約一〇〇〇人が加盟した。彼女たちは賃金引下げを阻止したばかりでなく、引上げをも獲得した。これらはエリス夫人と同じく自らも労働者であるメイスン夫人(Mrs. Mason)の努力に負うところが多かった。彼女は女性ではじめて、地方の労働評議会（Trades Council）委員に選ばれる栄誉を得たのである。

このような組織づくりの仕事に加えて、ＷＰＰＬの指導者たちは、労働組合のもつ教育的側面に期待をかけた。女性の堕落を防ぐには、生活に必要な十分な資金を女性の団結によって得ることは必須であるとしても、女性労働者の無知をなくし、個人の尊厳と仕事に対する誇りをもたせることも同様に重要である。組合はこうした意識を涵養する大切な機関である。ＷＰＰＬはコンサート、社交の夕べ、地方旅行、海辺の休暇施設、図書室等を提供して、彼女らの教育とレクリエーションに尽力した。こうしたＷＰＰＬの労働組合観は、一八七五年のディズレイリによる「労働組合法」がすでにストライキ権やピケット権を認めていたにもかかわらず、七一年当時の自由党内閣が「友愛・共済組合としての労働組合であり、平和的な団体交渉機関としての労働組合であって、闘う組織ではない」(19)とした考え方に共通するものであった。ＷＰＰＬの指導者たちが主にミドル・クラスの出身であり、自由党と深い関係があったことからすれば当然の傾向ではある。しかし、現実には例えばデューズベリ（Dewsbury）の毛織物工女の間で起きたように、まず一〇％の賃金引下げに反対する罷業が起き、その解決の過程で組合が結成されるケースもあって、闘う組合としての傾向はしだいに強くなっていった。

WPPL――女性労働組合――「女性労働評議会」

WPPLと個々の女性労働組合との相違は、これまでの叙述からも明らかなように、前者が女性労働者の間に組合の結成を促進する宣伝機関であり、その目的の達成のために時間や労力や費用を提供する人びとの集まりであるのに対して、後者はある特定の職業《トレード》に従事する人たちから成り立っている点である。前者は財政的援助を外部に求めるが、後者は独立採算制で組合員が毎週おさめる組合費でまかなっている。運営については、WPPLは組合設立までは協力するが、いったん結成されるとそれには関与せず、むしろ各組合員によって選出された委員会と書記が運営を担当した。

これら個々の女性労働組合の全国的なセンターともいえるものが「女性労働評議会（Women's Trades' Council）」で、各組合の書記から構成されていた。すなわち、ロンドンおよび地方の女性組合の友好的な協力と連帯を求めて一八八二年八月に結成されたのである。加盟費はロンドンの組合については組合員一人につき三カ月間半ペニィ、地方組合は一年間一ペニィと低額におさえることによってすべての組織が参加できるようにした。WPPLがこの評議会の役割をになってもよさそうにみえるが、WPPLは外部（アッパーおよびミドル・クラスの人びと）から援助を受けていることを理由に拒否した。むしろ、評議会が強力になり、全国の女性労働者の組織化という、現在WPPLの行なっている役割をも評議会が果せるようになるのを期待した。同評議会は毎年TUCに代表を送っているから、規模が小さくて独自の代表を送れない女性労働組合も、評議会を通して代表を派遣したことになる。地方によっては、その地域の男性の労働評議会が女性の組織化に着手し、それらを（例えばアバディーンの）評議会のメンバーに加えた。これは女性労働評議会の歓迎するところであり、他の地域でも同様のことが促進されるのを望んだ。WPPLとしては、男女のいずれにせよ、評議会が十分強力になり、財政的にも加盟組合の増加によって豊かになり、有給の書記――うち少なくとも一人は勤労婦人の――をもつことを期待した。そして、いずれはＷＰＰＬがその任務を果し、解散できることを望んで(20)、当時すでにＷＰＰＬの役割と限界を明確に理解していたのである。

〔注〕

（１） H. A. Clegg, *General Union in a Changing Society: A Short History of the National Union of General and Municipal Workers, 1889-1964*(Oxford: Basil Blackwell, 1964), pp.2-4.

（２） バーバラ・ドレークは、女性の加盟資格がどのようなものであれ、男性との混成組合を「合同『産業別』組合（joint "industrial" union)」と総称している。したがって、女性の加盟資格が産業や職業によってなぜ異なるかについての分析が必ずしも明確ではない。B. Drake, *Women in Trade Unions*(London: George Allen and Unwin, Ltd 1920, repr. 1984), pp.205-206.

（３） エマ・パタスンおよびＷＰＰＬの設立の経緯については、*The Women's Union Journal*, vol. XI, no.131, Dec. 1886(パタスン夫人追悼文)、Harold Goldman, *Emma Paterson: She Led Woman into a Man's World*(London: Lawrence and Wishart, 1974). および、J. M. Bellamy; J. Saville, *Dictionary of Labour Biography*, vol.V

（４） Prochaska, op.cit., p.243.

（５） 一八八〇年代および九〇年代における社会主義の復活と女性運動の関係については、Barbara Taylor, *Eve and the New Jerusalem: Socialism and Feminism in the Nineteenth Century*(London: Virago, 1983), p.282 参照。

（６） The Working Men's Club and Institution Union. 労働者の援助および教育を目ざして創立された上・中流階級のもの。初代会長はブローガム卿で、社会科学振興国民協会の会長でもある。詳細は次を参照。Henry Solly, *Working Men's Social Clubs and Educational Institutes*(London, 1904).

（７） Emilia Francis S. Dilke, 'The Great Missionary Success' *Fortnightly Review* o.s.51, n.s.45(May 1889).

（８）『レイバー・ニューズ』掲載論文は、H. Goldman, op.cit, Appendix に再録されている。なお、当時の男性の平均賃金は左記の通り。女性の賃金については比較的高いとされている繊維産業で、一八八六年に一一・二シリングである。

一八八六年における男性（成年男子および少年）の週平均所得（シリング）

石炭	二一・二
木工	二一・四
金属（機械および造船）	二三・〇
繊維	一九・四
鉄道	二一・〇
ガスおよび水道	二六・五
農業	一六・三

出所）H. A. Clegg ; Allan Fox ; A. F. Thompson : *A History of British Trade Unions Since 1889*, vol. I, 1889-1910(Oxford: OUP. 1964), p.480.

（９）*The Women's Union Journal*, vol.II, no.18, July 1877(以下 *WUJ* と略)、H・テイラーについては、J・S・ミル、朱牟田夏雄訳『ミル自伝』（岩波文庫、昭和四六年）二六二ページ参照。

（10）Ibid.

（11）Ibid., IX(97), Feb. 1884.

（12）Ibid., XII(139), Aug. 1887.

（13）Ibid., VI(66), July 1881.

（14）Ibid., IX(97), Feb. 1884.

（15）Barbara Drake, op.cit., p.13. M. A. Hamilton, *Women at Work*, pp.50-63.

（16）J. Ramsay MacDonald, *Women in the Printing Trades; A Sociological Study* (London: P.S.King & Son, 1904), pp. 36-38.

（17）NFWW, *Annual Report of 1906*. 4. & Schmiechen, op.cit., p.93.

ロンドンで創立された女性組合

事務所　Industrial Hall, Clark's Buildings, Broad Street, Bloomsbury, W.C.

組合名	創立年月	書記	会計係	保管人	申込日時
製本工女組合	1874.9	Miss E. White	Hodgson Pratt, Esq.		月，19.30～21.30
室内装飾工女組合	1875.4	Miss Mears	Frederick Vernet, Esq. M.A. Dr. Drysdale		月，20.00～22.00
シャツ・カラー製造工組合	1875.7	Mrs. Houlton		Miss C. Williams J.H.Levy, Esq.	月，20.30～21.30
ロンドン仕立工女組合	1877.5	Mrs. Cooper[1]	Miss Simcox		月，20.00～21.00
婦人服，婦人帽，マント製造工組合[2]	1875.2 1878.3再編	Miss Addis	Thomas Webster, Esq.		月，20.30～21.30
ロンドン仕立工女組合ウェストミンスター・ピムリコ支部[2]	1879.4	Mrs. Cooper		Rev. S.D. Headlam Miss A. Brown	土，18.30～19.30
イースト・ロンドン仕立工女組合[2]	1879.12	Mrs. Kellen[1]		D.F.Schloss, Esq. M.A.	火，20.00～21.30
科学的裁断師組合[2]	1888.3	Miss Tomanzie	Lady Dilke		月，20.00～21.30
チェルシー裁縫婦組合[2]	1888.4	Mrs. Whelan	Mrs. Brass[1]	Rev. I. Wilkinson C. Wall, Esq.	土，20.00～22.00
マッチ工女組合[2]	1888.7	Annie Besant	Herbert Burrows		月，20.00～22.00
タバコ製造工組合[2]	1888.11	Miss Goode			月[3] 20.00～21.00
合同洗濯婦・一般女性労働者組合	1889.	Miss Helen New	Miss Abraham[1]	Lady Dilke	

注）1．名誉職．2．事務所は別の所にある．3．集会日

出所）*The Women's Union Journal*, vol.XV, no.175, 1890.

（18）　*WUJ*, V(43), Apr. 1880. なお、一八九〇年八月の *WUJ*, XV(175) に付された「ロンドン女性組合リスト」（前ページの表参照）によると、*Westminster and Pimlico Branch of the London Tailoresses' Union* の評議員に、後に述べるS・H・ヘッドラム師が就任している。
（19）　David Thompson, *England in the Nineteenth Century* (Penguin, 1960), p.148.
（20）　*WUJ*., X (108), Jan., 1885, および XIII (152), Sept., 1888.

2　「労働組合会議（ＴＵＣ）」における男女労働者の協力と対立

以上ＷＰＰＬの基本的思想と政策、その雇用者との関係、ＷＰＰＬと個々の女性労働組合および男女の労働評議会との相違について述べたが、ＴＵＣにおけるＷＰＰＬの活動および男性労働者との関係はどのようなものであったか。ある場合は協力的であり、他の場合はライバル関係にあった実態を、次に、いくつかの事件を通して明らかにしたい。

ＴＵＣへはＷＰＰＬ創設以来ずっとパタスン夫人が彼女らの出席を認めるように求めていたが、その議長は、「ミドル・クラス・レイディ」が会議に出席して、勤労婦人の利益を代表するわけにはいかないとして拒否していた。ＴＵＣの規則によれば、真の労働組合あるいは労働評議会《トレーズ・カウンシル》を代表する者のみが、ＴＵＣへの代表資格をもっていたから、労働組合でもなければ、労働評議会でもないＷＰＰＬが出席を断られても、それ自体は不当なことではなかった。しかし、「公正な労働時間と公正な賃金」を確保するためには、女性労働者の組織化が何よりも急がれるとするパタスン夫人の主張はやがて認められ、一八七六年のグラスゴウの大会には彼女とミス・シムコックスがロンドンの製本、室内装飾、シャツおよびカラー製造工女を代表して出席した。彼女たちは丁重に迎え入れられ、大会五日目には女性問題に討議の時間がさかれて、今後女性労働者の組織化に協力する旨の決議が満場一致で採択された。

保護か平等か

しかし、一八七七年のレスターの大会では、女性の保護立法をめぐって男女の代表者の間で早くも亀裂が生じた。すでに七三年に内務省は労働時間の調査をし、女性労働については週六〇時間から五四時間に短縮することを勧告していたが、これに対し綿業労働組合は賛成の決議を表明したのである。だが、女性代表者たちは激しく反対した。当時女性参政権運動の熱心な支持者であったケンブリッジ大学のフォーセット教授（Henry Fawcett）は、女性に対する労働時間の制限は男女差別に通ずるものであるとして、議会で反対の論陣を張っていたが、パタスンたちもこれと同意見だった。彼は女性が男性と同じ時間働くことができなければ、雇用の機会を失うかもしれないと恐れたのである。労働時間の短縮についてフォーセット教授は、「女性も男性と同様、組織によって自分たちを守ることができる。この方が一方の性のみに適用される法律的規制より、正しく、効果的であり、危険の少ない保護の形態である」(1)と信じていた。パタスンも女性に影響を与える立法については、女性自身が発言権をもつべきであり、労働条件の改善は家父長主義的な国家的行為によるのではなく、雇用者と話し合いのできる強い組合をつくることによって可能であると主張した。また、この法案に男性労働組合員が賛成するのは、この法案の中に女性の職場をはく奪する手段を見出したからでもあると述べた。このような考えは国家的干渉を嫌い、個人主義、自由主義をいっそう望む六〇～七〇年代の風潮とも合致するものだったのである。

しかし、TUCの議会委員会書記であるブロードハースト（H. Broadhurst）は「自分たちの国と子供の未来を考えるのは男性であり、女性は自分にふさわしい場所である家庭にとどまって、強い男性の世界での競争に引きずり込まれるべきではない」(2)と主張した。また多くの男性労働者は、女性の労働時間が短縮されればいずれこの規定は男性にも適用されるとして(3)、この法案に賛成する決議を圧倒的多数で採択したのである。

この男女の対立は、実はフェミニストたちと男性労働組合員たちが異なった次元で問題を考えていたために起こったのだとR・ストレイチィは述べている(4)。前者は女性のおかれている現実をありのまま見るというより、あるべき姿を設定してその上で議論を展開した。したがってフェミニストたちはさまざまな習慣や差別、低賃金が女性の技術習得を妨げており、これが女性に困窮をもたらしているのみでなく、彼女たちの能力を浪費しているとみるのである。他方、男性は産業の現実を直視し、女性の就業が男性にもたらす悪影響を主として考えていた。すなわち、彼らは女性労働をあくまで一時的、不熟練なものとみると同時に、男性の賃金を引下げ、ある時にはストライキ破りとして採用されるおそれのある、一つの脅威として感じていた。したがって彼らはフェミニストたちの理想を、男性の不安を無視した、また女性労働者の実態に無知なものとして軽蔑した。他方、彼女たちからすれば、男性労働者の考えは全く彼らのエゴイズムそのものだったのである。

「女性会議」

同年パタスンは大会開催週間に同じ場所で「女性会議《ウイミンズ・コンファレンス》」と称する集会を開いた。それは、彼女たちが決して女性の労働時間短縮そのものに反対しているのではなく、その実現の方法、すなわち労働者の団結によるのではなく法によるやり方に反対していることを男性に理解させるためのものであった。また、大きな年次大会では討論しにくい女性問題をここでとり上げ、男性の理解と協力を求めようとしたためである。最初の会議には少なくとも八〇人の代表が出席し、熱心な討論が行なわれた。綿織物工でアクリントン（Accrington）の代表は、自分の組織には女性が九〇〇〇人いて、男性より多いこと、組合運営は主に男性が行なっているが、女性も常に協力的であることを報告した。しかしアウルダム（Oldham）の代表は逆に、両親が娘の収入をすべてとり上げてしまうために、彼女たちは組合費が払えずそのために組合に入れないでいることを報告した。女性の組織化自体に懐疑的ないしは反対の意見もあったが、議論の過程で明らかになったことは、「男性が反対するのは、女性が同じ品物を男性の半分の賃金で製造すること……」(5)であった。この「女性会議」は後にディルク夫人が出席して、ますます人気を博し、男女労働者の意志の疎通をはかる重要な機関となった。それは現在でも時期と形式は多少異なるが確実に受けつがれている(6)。

一八七八年の工場および作業場法（Factory and Workshop Act）そのものは、フェミニストたちの強い反対にもかかわらず、議会を通過した。だが、一〇年後の一八八八年のTUC総会では、後述するように、男女同一労働・同一賃金原則が満場一致で可決された。七〇年代と八〇年代におけるイギリスの経済事情の大きな変化がTUCのこのような政策の変化の原因の一つであることは言うまでもない。

TUCにおける活動の中でさらに忘れてならないことは、WPPLが女性工場監督官の任命をしつように要請したことである。七八年の大会で「実地に通じた《プラクティカル》人びと《パースンズ》（すなわち労働者）を工場監督官として任命すること」という動議が出されると、パタスン夫人はすかさず「実地に通じた男女労働者」とするよう修正動議を提出した。これは四六対三三で採択されたがその実施は見送られ、その後も続けて一二回のTUC総会で同じ動議が出され、同じ修正が女性代表から提出されねばならなかった(7)。パタスン夫人は八六年のハル（Hull）の大会で、次のように詰問している。

工場監督官に男性労働者と同様、女性の任命を求める決議が最初にTUCで採択されてから九年が経ちました。それ以来毎年同じことがくり返され、数人の男性労働者がすでに任命されましたが、女性はまだ一人もいません。そればかりか議会委員会はこの問題についてただの一度も報告をしていません。一体委員会はこれまで女性のために何らかの行動をとるよう努力したのでしょうか？　もし、そうでないなら、それはなぜかについて、明確な情報を示してください。工場監督官としての任命を喜んで受ける女性はたくさんいますし、女性も国家の歳入に大きな貢献をしているのに、なぜ彼女たちが公式に任命されないのでしょうか？(8)

この問題は、九三年にやっとディルク夫人の秘書のメイ・エイブラハム（May Abraham）が最初の女性工場監督官に任命されて解決した。B・ドレイクは、このことに関して、大会に出席した代表者たちが女性に敵対的だったのではなく、ただ女性の考え方に無関心なだけであったと述べている(9)。しかし、無関心であったこともまた問題とすべきことであろう。

女性労働者の締出し？

当時の職場における男女労働者の利害の対立は、八〇年代の不況を反映してきびしいものがあった。不況そのものについては、八五年に創設された「職業《トレード》および産業《インダストリ》の不況調査王立委員会」がその調査にのり出したし、有名なチャールズ・ブースもロンドンの貧民の調査を始めた(10)。こうした現実を背景として、議会委員会書記で、国会議員のブロードハーストが、ブラック・カントリィの金属労組の依頼で、一四歳以下の少女の鋳造業への就労を禁止する法案を導入しようとした。法案自体はWPPLの激しい反対もあって、議会を通過しなかったが、女性を金属産業から閉め出そうとする試みはその後も続いた。八七年のスオンズィ（Swansea）におけるTUC総会では、ジャギンズ（Mr. Juggins）（ミドランド職業連盟代表）は次のような動議を提出した。「工場および作業場法を改正して、女性が、鎖・釘・鋲・ボルトなどの製造に従事することを禁止するように、議会委員会に指示する」。彼はこの仕事が女性にはもっとも不適当であること、彼女たちは週六〇時間働き、わずか三シリングから三シリング六ペンス得ているだけであり、しかも、男性と同じ作業場でほとんど裸で働いているために風紀上も悪いことなどを述べた。

彼はまた女性が三ペンス——雇用者はそれを四シリングで販売——でつくっている一五フィートもの長さの鎖を実際に見せて、本大会がこの仕事《トレード》に従事する女性の道徳的・社会的条件を改善するために何らかの措置をとるように要請したのである。アバディーンの代表はこの動議に賛成したが、C・ブラック*（Miss Clementina Black, 1854-1922）は反対した。彼女は、前年の八六年末に急死したパタスン夫人の後を継いで、WPPLと「女性労働評議会」の両者の書記となって大会に参加していたのである。そこで、彼女は次のように述べた。ジャギンズの嘆いた釘と鎖製造業における肉体上の害悪は事実である、しかし、さらに悪い状況で働く女性たち——例えば針仕事やマッチ箱製造などで——の労働を禁止することを全く考えないのはなぜか？ それは、男性がこのような職業につかず、それ故に女性との競争で苦しむことはないからだと述べた。真の不満は女性の得ている低賃金である。女性にふさわしくない職業から彼女たちを締出すためには、男性は彼女たちを組織して同一労働同一賃金を実現すべきである。なぜなら、雇用者たちはもし女性にも同じ賃金を支払わねばならないとしたら、女性を雇う魅力を感じないからである。彼女はまた、ここには製鎖女工の代表はいないし、いない所で、男性労働者が女性労働者の労働を制限することには賛成できないと主張した。しかし、ジャギンズの動議は採択された(11)。

だが、翌八八年には妥協が成立して、ジャギンズはブラック嬢の動議、「女性が男性と同じ作業をする所では、彼女たちは平等の賃金を受けとる」に同意した。そしてWPPLに、クレイドリィ・ヒース（Cradley Heath）で働く女性の組織化に早期にとり組むよう要請したのである(12)。

同様のことが一八八六年に石炭業でも起きた。女性の坑内労働はすでに四二年に禁止されたが、まだ坑口では女性が石炭の選別や貨車への積込みをしていた。しかし、人数はしだいに減り、一八七四年に約一万二〇〇〇人であったものが八六年には五五六八人になっていた(13)。そして、この女性たちをさらに石炭業から締出そうとする動きが始まったのである。八六年三月「石炭業規制法修正案」の討議の際、ダラム（Durham）選出国会議員のJ・ウィルスンは、自分の考えでは、鉱山での女性の雇用を完全に禁止しないような新しい法は完璧ではないと語った。これに対して坑口で働く約二〇〇〇人の少女がさっそくウィガン（Wigan）の近くで抗議の集会を開いた(14)。しかし、翌八七年に、炭鉱夫代表は内務大臣に対して、「すでに雇用された女性をやめさせるのではなく、いつから女性労働の採用をやめるか、その日時を定めるべきだ」と訴えた。内務大臣のマシューズ（Mr. Mathews）は、この問題については女性の代表とも会いたいし、この仕事が女に不適当だとか彼女たちの道徳を低下させ健康を害しているとも言えない、と指摘した。彼には男性の立法者が、このまっとうな生活の糧を得る手段から女性を締出すべきだというのは少々過酷に思われたのである(15)。

ＴＵＣ総会におけるＷＰＰＬの代表の反対ばかりでなく、『イングリッシュ・ウーマンズ・ジャーナル』に関係するフェミニストたちの強い抗議もあって、これら二つの法による女性労働の規制は結局導入されなかった。「自由放任」思想がまだ根強く残っていたこの時期に国家干渉を嫌ったのは自然であるが、ＷＰＰＬやフェミニストたちが最も警戒したのは、国家干渉が男女共通の作業場における女子のみに加えられたことである。財産権や参政権などを求める女性の権利運動が一九世紀なかば頃から高揚し、また女性側の人口過剰から生ずる未婚者の増加がみられるなかで、女性の職業開発は当時真剣な問題であった(16)。したがって、女性のみに加えられる法的規制は女性の職業の喪失を意味するために、受け入れることはできなかったのである。

フォーセット夫人は女性の低賃金の一つの原因を、女性の職業の少なさに求めて、次のように語っている。

「男女の賃率の間には依然として大きな差がある。それは女性に開放された職が少なく、多くの人びとがその少ない仕事に殺倒して過当競争になっているからである。WPPLが新しい職業を開発できないか？　もし、できないなら、女性労働に対する法によるこれ以上の干渉には断固反対すべきである」(17)と。こうしたフォーセット夫人やブラック嬢の発言を、労働者階級の実情に疎いミドル・クラスの人びとの見解として軽視することはできないであろう。すでに見たように女性にとっても当時職業の保持は不可欠だったのである。

しかし、このことは同時に男性労働者にもあてはまる。一八八〇年代に失業者が増加する中でとくにこの傾向が強く、ジャギンズはくり返し軽工業（例えば、釘や鎖や鋲など）で働く女性の放逐を求めざるを得なかった。だが、ジャギンズ自身が到達した結論のように、「女性の賃金増加が害悪を正す最上の道であり、それ故に早急に女性を組織する」(18)ことが肝要となった。

こうして、同一の作業場における男女労働者の対立は、むしろ、積極的に女性を組織し、男女の同一賃金をめざすことで解消した。だが、男女同一の作業場における女性のみを対象とする法的規制を求めなくなったとしても、これまでの「自由放任」から「国家干渉」への政策の移行を求める風潮は人びとの間でしだいに高まっていった。

パタスンも晩年には強固な女性の組織がない限り、女性保護立法の支持も止むを得ないと認めるようになった。彼女はまた、後年、女性の組織がミドル・クラスの庇護から離れることを望んでいた。一八八二年WPPLに代わるものとして、純粋に女性の労働組合代表からのみ成る「女性労働評議会（Women's Trades Council）」を結成したが、長続きしなかった。これの真の開花はWPPLの歴史の第二期すなわち、WTULの時代においてである(19)。

一つの結節点――一八八六年の会議――一二年間のＷＰＰＬの成果と問題点をめぐって

一八八〇年代の深刻な不況と失業の増大は、当時の為政者たちにとって解決の急を要する重要な問題であった。アイルランドでも土地の国有化を求める運動が高まり、自由党党首グラッドストンをして「アイルランドの解決こそが私の使命である」と語らせた。彼はアイルランドに「自治」を与えることを自己の大きな政治課題としたが、周知のように、失業者のとくに多いバーミンガム出身の国会議員、ジャウジフ・チェムバレン（Joseph Chamberlain）はこれに激しく反対した。アイルランドを含むイギリスの植民地を維持・発展させてこそ、本国の失業問題も解決するというのである。同じ自由党内のこのような深刻な意見の対立は、チェムバレン以下数名の有力議員の自由党からの離脱――保守統一党への参加をもたらし、それ以後の長期にわたる自由党の衰退の一つの大きな原因となった。一八八六年の総選挙におけるグラッドストンのひきいる自由党の敗北はまさにその第一歩だったわけである。

ＷＰＰＬがこうした重要な政治・経済情況に対して、具体的にどのような認識をもっていたかは定かではない。概して、一般的な政治・経済問題より、むしろ、このきびしい状況下での女性労働問題の解決にいっそう重点をおいたといえるであろう。ＷＰＰＬの年次大会は例年六月末に行なわれてきたが、八六年には前述のように自由党にとって重要な選挙があった（ＷＰＰＬの支持者の中には、自由党員および同党の関係者が多数含まれていた）ために、一〇月に延期され、その代り六月にはＷＰＰＬの活動を拡大するための討論集会が開催されたのである。

序論で述べたように、女性の職業は男性の仕事の補助的・付随的なものか、あるいは家庭生活に直結する、女性特有の仕事で、ＷＰＰＬが最初に着手した活動もこれらの職業に従事する女性たちの組織化であった。討論集会では名誉書記のパタスン夫人がまず、この組織化をはじめとするＷＰＰＬの一二年間の活動の報告とその問題点を指摘した。

まず、ロンドンでは、製本、婦人服仕立て、室内装飾、帽子・シャツ製造、紳士服仕立て、洗濯（ハムステッド地区の）、事務および簿記に従事する女性などの一〇組合が一二年間に結成された[20]。このうち四組合がすでに解組し、紳士服仕立工女の二支部は依然として弱体である。しかし、他の五組合は発展して、活動費および失業・疾病給付金合計七五〇ポンドを支払ってもなお四七五ポンドが黒字として残った。他方、地方については、二一組合を結成あるいは結成の援助をした。それらは、ブリストル、デューズベリィ、レスター、マンチェスター(2)（カッコ内の数字は同地域の組合数）、グラスゴウ(2)、ブライトン、ダブリン(2)、リヴァプール(3)、バーカンヘッド、オクスフォード(2)、ポーツマス、ノッティンガム、アバディーン、リーズ、ダンディーにおいてであるが、八六年になお存続しているものはわずか九組合である。前年の八五年にレスターの「長靴鋲締・仕上工全国組合（National Union of Operative Boot Rivetters and Finishers）」は女性の加入を認めたために、三〇〇人以上が参加した。WPPLとしては、これは望ましいことであるとして、将来とも同じ職業に働く男女から成る混成組合を強く支持することを表明した。

女性のみの労働組合のメンバーは一八八六年におそらく二五〇〇人以下で、少なくともその半数はロンドン地域に属していた（綿業労働組合における女性の数は七六年の一万五〇〇〇人から、八六年には三万人に増加していた）。WPPL創立後一二年間に誕生した労組の数は三〇～四〇で、その大半は一〇〇人足らずのメンバーで、しかも数年間しか続かなかった。その中には設立後一年足らずで消滅したものもあった。

このような高率の失敗あるいは解組はいかなる原因によるのだろうか？　パタスン夫人はそれを主に外部からの援助の欠如に求める。なぜなら、女性労働者自身は長時間労働のため、余暇がないし、疲労からくる無力感と絶望感が組織の維持を不可能にするからである。ロンドンの組織が比較的栄えているのは、WPPLの事務所を自分たちのセンターとして用い、たえずWPPLからの協力を得ているからである。これに対して、地方の組織

（オクスフォードを除く）は十分なアフターケアを得られなかったために短命に終る場合が多かった。したがって、パタスン夫人としては、各地域の有閑女性がせめて組合結成後一年間、一週間に一度、夜間の数時間奉仕することを望んだのである。そうすれば組合の活動を軌道にのせることができるし、勤労婦人の中から書記を育て、訓練することもできる。

ミドル・クラスの女性の中には「少女友愛協会（Girl's Friendly Society）」や「青年女子援護協会（Young Women's Help Society）」、あるいは、勤労少女の家やクラブなどで奉仕するが、ＷＰＰＬの仕事には懐疑的な女性が多かった。彼女たちは、自分たちの友人である雇用者たちが女性労働者を抑圧するとは思えないので、雇用者を敵対視するような印象を与えるＷＰＰＬとは、なるべくかかわりをもちたくないと思ったからだった。パタスンはこのような考えの誤りを指摘し、オクスフォードにおけるように、主な産業都市にそれぞれＷＰＰＬの支部を設けて、働く女性の無知盲昧をなくし、彼女たちが産業社会でしかるべき地位と発言権を得るようにしたいと述べたのである[21]。

こうしたミドル・クラスの人びとの良心的な協力を呼びかけるパタスンのやり方に対して、当時流布していた社会主義思想[22]の影響の下でより広範な政治活動をＷＰＰＬに期待する声もあった。その一人であるＳ・Ｄ・ヘッドラム師はＷＰＰＬの会議の席上で次のように主張した。「労働組合主義《トレード・ユニオニズム》はよいものだが、それによって貧困から脱却できるとは思えない。そのため、女性が政治運動に参加するよう主張する。そして、この見解をもり込んだ次のような決議を提案する。ＷＰＰＬの活動の発展にとって最善の方法は、備災的《プロヴィデント》要素とは異なる保護《プロテクティブ》——労働組合——要素に重点をおくこと、さらにＷＰＰＬは、富のよりよい分配をもたらすような政治的行動を支持すべく、その影響力を行使することである」。

しかし、この動議に対して、勤労婦人が政治に関心をもち始めており、労働組合によるこの点での教育活動の重要性を認めるが、女性労働組合運動の推進と政治宣伝とを混同することには同意できないとの反対意見が出た。D・F・シュロス（D. F. Schloss）も、もしヘッドラムの決議が採択されたならば、現在の支持者の多くはWPPLを去るであろう。WPPLは存続し得ても資金が枯渇する。自分としては、新しいエネルギーを吸収しつつ旧来の路線に従うことを望む、と主張したのである。

WPPLの方針をめぐって、このような熱心な討論が行なわれたのははじめてであり、また事柄がWPPLの基本に大きくかかわるものであったから、採決は次の会議までもち越されることになり、その間にヘッドラムの動議やその他の決議は印刷に付されることになった[23]。

一〇月に再開された会議は、ホジスン・プラットの司会で同月一九日、約四〇人の寄付会員と協力者の出席のもとに行なわれた。前回にひき続いてヘッドラムの動議と、有給の書記を雇うことについて論議が集中した。まず、前者についてはヘッドラムが動議の内容を説明して次のように語った。「単に労働組合に加入し、週二ペンスを支払い、病気や失業の時に一定額を引き出すことによって、自分たちの生活を改善できると、女性に語り続けることはもはや残酷なように思われる。現在の土地制度が存続する限り、WPPLが女性の労働条件の改善をいっそう推し進めることは不可能である」[24]と。そして、さらに地代への課税がいかに働く女性に利益を与えるかについて訴え続けようとしたが、議長によって制止された。

次に立ったアドルフ・スミス（Adolph Smith）はヘッドラムの動議に賛成して次のように語った。設立後二年目から、すなわちここ一〇年間自分はWPPLの執行委員会の委員であったこと、当時、女性に労働組合主義《トレード・ユニオズム》を唱導することは進歩的だったが、当時進歩的だったことも、社会問題に対する考え方が変って現在では古くなっている。しかるに、WPPLはその綱領に何ら新しいものを加えていない。すでに結成された女性労働組合もその進歩は緩慢である。したがって、女性は組合に入っても大した前進はないと思って加盟をためらっている。

男性労働組合すら社会の変化のもとで分裂の危機にさらされている。政党とは関係なく、生産階級の経済的地位を改善するのに役立つような政治行動をとらない限りは、男女いずれの労働組合も社会問題を解決し、飢餓の危険から労働者を救い、頻度も多く期間も長くなった不況から社会を救うことはできない(25)。彼はその結論として強くＷＰＰＬに政治行動を要求したのである。

両者の見解の中にはヘンリィ・ジョージ（Henry George）がその『進歩と貧困（*Progress and Poverty*）』（一八七九年）の中で展開した土地所有制度への批判的見解と当時の社会主義思想の影響をみることができる。事実、欠席者の一人は執行部への手紙の中で、ヘッドラムの「保護」に重点をおくという動議の前半には賛成するが、後半部分には反対である、もし、これを認めれば、ＷＰＰＬは社会主義団体に変ってしまうし、そうなれば自分のように社会主義に反対する多くの会員は将来ＷＰＰＬに協力できなくなる、と書いている。結局、シムコックス嬢の修正動議が採択され、「政治的行動」という表現がより広い漠然とした表現、「他のあらゆる形態の行動」に変えられることになった。

有給の書記を雇う問題については、ＷＰＰＬの仕事の増大から、その意義と必要が強調され、できればパタスン夫人が年収一〇〇ポンドでこのポストを引き受けるよう要請された。彼女はこれに答えて、自分の奉仕に対して、金銭をうけとることは考えていないし、むしろ、新しい形態の行動をとるべくＷＰＰＬが決定したいま、名誉書記として今後も活動を続けるべきか否かを考えなければならない。しかし、現在もっとも必要なのは有給書記を雇うというような機械的な解決ではなく、ＷＰＰＬの多くの友人の個人的な熱意だと思う。また、ＷＰＰＬが存在し続けるべきか否か、あるいは女性労働組合の代表から成り、労働組合の基金によって支えられている「女性労働評議会」にＷＰＰＬの仕事をゆずるべきか否かも考えるべき時期にきている。なぜなら、このような独立の評議会の方がＷＰＰＬより、男性の労働組合指導者の積極的な援助を期待できるからだと述べた。そして、最後にパタスンは最も早い時期からの支持者の手紙を朗読した。「組合のこれ以上の発展は女性労働者自身にゆだねる方が安全な時期にきています。……後援（patronage）の継続は危険・有害になるでしょう。……それ故、私はより高価な役員を雇うためのこれ以上の寄付をつのることはできません」[26]。

他方、綿業労働者の機関紙『綿工場タイムズ（*Cotton Factory Times*）』はＷＰＰＬの会議のもようを紹介し、巨大な都市ロンドンでわずか六〇〇～七〇〇人の女性労働者しか組織できていないことにおどろきを示している。ロンドンは四〇〇万人の人口を擁し、そのうち少なくとも一割の女性および少女が毎日の職務に雇われているとみられるからである。そして、その比較的低い組織率からして、政治活動に移ることには反対し、むしろ、綿業におけるように、男女同一の組織に女性を吸収することをすすめた。なぜなら、マンチェスターおよびその周辺の綿業地域では、大きな村ならロンドンと同数の女性組合員を擁しているからである[27]。

ランカシァにおける綿業のような大工場制機械工業とロンドンの小規模工業における女性労働者の組織化の問題を同列に論ずることは困難であろう。しかし、今後男女混成組合を目ざすか？　パタスンの主張のように、ＷＰＰＬの従来路線を踏襲しつつ、時間と教育のある人びとに、より多くの協力を呼びかけていくか？　それとも、ミドル・クラスの人びとは手を引き、女性労働者自身に組織化の仕事をゆだねていくか？　また、ヘッドラムのいうように政治行動を導入するかについては、その後もたびたび論議を呼ぶこととなった。一八八六年の時点で二度にわたる討論集会が開かれたことでもＷＰＰＬの当時の危機意識の深刻さが窺い知れる。一八七五～八九年は不況とともに男性の労働組合も弱体化した時期であった。しかし、八九年に「新組合主義《ニュー・ユニオニズム》」が誕生すると、男性労働組合が著しい飛躍をしただけでなく、女性の組織化も進められた。そして、その中でＷＰＰＬの性格も、政策も新しい事態に適応して変り、成長し、発展していくのである。

パタスン夫人からディルク夫人へ

一八八六年一二月パタスン夫人は三八歳という若さで死去したが(28)、その突然の死は、ＷＰＰＬの歴史の上で象徴的な事件であった。前述したように、同年二度にわたって開かれた討論集会では、ＷＰＰＬの政策に何らかの転換が迫られていたからである。Ｃ・ブラックがパタスン夫人の後を継いでＷＰＰＬと「女性労働評議会」の書記に就任し、ディルク夫人(29)と彼女の姪のＧ・タックウェル（Miss Gertrude Tuckwell）がＷＰＰＬの執行委員会委員に選出された。問題になっていたＷＰＰＬの名称も、一八八九年には保護と備災の要素より労働組合の要素を重視した「女性労働組合連盟（Women's Trade Union League, 以下ＷＴＵＬと略）」に改称された。一八八八年のマッチ工女、翌八九年のガス労働者と港湾労働者の争議は女性を含む不熟練労働者の組織化を促進したが、ＷＴＵＬもこの運動に大きくかかわり、その組織も新事態に対応して改正された。ＷＴＵＬ加盟の女性組合も「紛争中の補償」を規約の中に入れるまでにその性格を変えた。他方、女性労働者に特有の「苦汗制度」や、鉛や燐による職業病、洗濯婦や店員などの労働時間については、立法措置によって改善を求めていくという二段構えの政策がＷＴＵＬによってとられたのである。

マッチ・ガス・港湾労働者の争議とＷＴＵＬ

マッチ工女のストライキにたいしてＷＴＵＬは四〇〇ポンドの募金を集めて財政的な援助をしたのみではなく、書記のＣ・ブラックを派遣して、「ロンドン労働評議会」とともに組合結成の具体的な作業にあたった。その結果女性のみでは最大といわれる約七〇〇人を擁する組織をつくることに成功した。これを契機とした不熟練のガス労働者たちの組織化と、数千人に及ぶ大組織を背景としたほとんど紛争なしの労働者側の勝利（一二～一八時間に及んだ労働時間が八時間に短縮された）は、まさにＷＴＵＬが組織に期待したものであった。『女性組合ジャーナル』は、労働者と会社側の交渉が終った翌八月の号に「この二〜三カ月の間に労働組合主義《トレード・ユニオニズム》はこれまでに見たこともなかったような偉大な成果をおさめた。しかし、普通のロンドンの新聞の読者たちはこの成果にふれた記事を見なかった。なぜなら、衝突も暴動もなかったために人びとはこの問題に注意を払わなかったし、日刊紙もほとんど何も発言しなかったからである」と記し、事件のあらましを簡単に紹介している。

さらに、七月二八日日曜日には、ロンドンのハイド・パークで労働者たちが彼らの勝利を祝うために示威行動をしたことを報じ、その時参加者の一人が戦闘がなかったのだから、勝利もなかったはずだと「勝利」という言葉を使うことに不満を表明したと伝えている。しかし、『ジャーナル』は次のように述べて、ガス労働者や弁士のW・モリスに深い共感を示した。

> 私たちの心には、闘わずに得られた勝利は一〇倍も大きな勝利である……私たちは労働者の勝利はできるだけこのような種類のものであってほしいと思う。二八日の集会は最も印象深いものの一つであった。……集まった人はおよそ一万二〇〇〇人で、弁士の一人はヴォクスホールのW・モリス師であった。……彼は労働者の間の団結は正当で、公正で必要だと信ずるが故に、自らを助けようとする人びとに協力することをキリスト教徒の義務だと信じていると語った(30)。

しかし、その直後、八月から九月にかけて起きた約一カ月間にわたる港湾労働者のストライキには、『ジャーナル』は何の言及もしていない。その代り、ダンディー(Dundee)で行なわれたTUC総会を契機にした、スコットランドにおけるWTULによる女性労働者の組織化について詳しい報告を行なっている。強大な組織を武器として、できるだけ少ない紛争で、労使間の問題を解決しようとするのがWTULの方針だったのである。

TUC内部の変化

パタスン夫人の後を継いでＷＴＵＬおよび「女性労働評議会」の書記に就任したＣ・ブラックは、後者を代表して一八八七年のＴＵＣ総会に出席し、女性が釘や鎖製造から追い出されることに激しく反対したことはすでに述べた。翌八八年には、ディルク夫人とともに、ロンドンの婦人服科学的仕立工（Society of Scientific Dress-makers）や同じくチェルシィ地区の裁縫婦の組合結成に助力し、また、六月には単身で北部工業都市ウォールソール（Walsall）の馬具製造工女組合の結成準備会に出席して、活発な活動を続けている。同年七月のマッチ工女の争議にかかわったことは前述の通りである。

しかるに、九月のブラッドフォードにおけるＴＵＣ総会には、「女性労働評議会」を代表して出席の予定であったのに、議会委員会は彼女を正式の代表として認めなかった。ＴＵＣの議事通則によれば、正式代表は真の（*bona fide*）労働組合および労働評議会によって選出された者となっており、Ｃ・ブラックは「女性労働評議会」によってしかるべく選ばれているのである。しかし、夏に議会委員会によって配布された注意書では「代表は、彼らが代表する職業の真の（*bona fide*）労働者であるか、あるいは労働者であった者」、でなければならなかった。Ｃ・ブラックは議会委員会書記のブロードハースト氏に宛てて、議会委員会には議事通則を勝手に変える権限のないこと、自分はロンドン女性労働評議会によって選ばれているのであり、これはまさにパタスン夫人のもっていた資格であり、彼女はこれによって数年間、そして、Ｃ・ブラック自身も前年はこの資格で正式代表として出席していたことを訴えたが、承認されなかった(31)。

ちなみに、一八七六年以降、パタスン夫人とともに出席し続けていたミス・シムコックスも翌八九年の総会から、また、マルクスの末娘であり、「ガス労働者・一般労働者組合(Gas Workers and General Labourers Union)」のシルヴァータウン支部の書記であるエイヴリング夫人（Mrs. E. M. Aveling）も、彼女自身はタイピストとして働く勤労婦人と考えていたが、彼女が社会主義者であったことも原因してか九〇年の総会では、出席を拒否された(32)。不熟練労働者の組織化という「新組合主義《ニュー・トレード・ユニオニズム》」の台頭を前に、ブロードハーストは一方では、労働運動におけるミドル・クラスの女性の存在を拒否し始めたが、他方では、彼自身が総会で激しく非難されるようになった。TUCの議会委員会の書記であり、同時に自由党の国会議員である同氏が自分を一体どちらの真の従僕と考えているのかが問題にされた。彼は「法定八時間労働日」などをめぐって、TUC総会の意向をしだいにくみ上げなくなっていたのである。

「女性労働組合協会」の設立とC・ブラック

C・ブラックは一八八九年一月に「マンチェスター労働評議会」が主催した、女性の組織化のための集会に出席し、また同年三月にはトム・マンが始めた商店員の組織化の仕事をうけ継いで、その名誉書記になっている。マッチ工女の争議以来社会主義者たちとの親交を深めていた彼女は、やがてWTULの書記を辞任し、同年一〇月には新しい——しかし、WTULと同様に女性労働者の組織化を目的とする——「女性労働組合協会(Women's Trade Union Association, 以下WTUAと略)」を結成したのである。一〇月四日の日刊紙には、彼女やジョン・バーンズ、シドニィ・バックストン、H・H・チャムピオンらの署名で次のような呼びかけが掲載された。

最近のロンドンの港湾労働者のストライキは最も貧しく最も不定期の職業の労働者の間にさえ、団結と自己規制とそれ故にまた自助の能力のあることを示した。しかし、イースト・エンドには、その賃金も環境も港湾労働者より不幸なぼう大な数の労働者がいる。それはあらゆる種類の低賃金の産業で苦しむ女性たちである。最高でも彼女らの報酬は一時間に二ペンスであり、平均ではおそらく一ペンスを上廻らないし、仕事もしばしば最も不定期である。慈善ではこれらの女性を助けることはできない。それは長期的には彼女たちの賃金をいっそう低くするだけである。幸運な人びとが彼女たちにさしのべることのできる唯一のサーヴィスは、彼女たちの自助に協力することである。適切に運営される労働組合はそのメンバーの物質的地位を改善するだけでなく、よき市民をつくるための多くの資質を開発する。組合は労働者に彼らの必要性や抱負を語るための はっきりした言葉を与えるし、資本家には労働者との恒久的な調和と協力的な関係に入るための手段を与えることができる。……(33)

呼びかけはさらに続くが、要するに、発起人たちはイースト・エンドの女性の組織化を助けるために、委員会を設立することを提案した。そして、その発足のための集会を一〇月八日に開催することを知らせている。

この呼びかけの内容は、WTULがずっと主張し続けてきたものと同じである。WTULとしては、この際その立場を明確にする必要があると思ったのであろう。同じく一〇月一一日の日刊紙に、M・エイブラハム（前述のように最初の女性工場監督官となった）、S・D・ヘッドラム、E・ホリオークらの署名で、設立以来一五年間のWTULの活動を紹介している。その中で「新労働組合主義《ニュー・トレード・ユニオズム》」は組合費を安くして、なるべく多くの不熟練労働者が加盟できるように配慮しているが、給付は「争議中の補償」に対してだけ支払われる点を指摘している。WTULはこの方式をとっているWTUAを暗に批判して「女性労働者たちは積み立てた基金から、病気や失業の際の救助」を受けられることが必要であり、WTULはこれを実行して、成功していると主張する。そして、最後に、女性の組織化がおくれている今日、「運動のこれらの新しい友人がわれわれ以上に成功すれば嬉しく思うし、成功を心から期待する」と述べている。と同時に、労働者間の団結のみでなく、これらの組織の創設者の間の連帯も必要であり、その意味で、新しい組織が発足したことを残念に思うと結んで、「女性労働組合協会（WTUA）」のライバル的活動を婉曲に非難したのである。

WTUAによる一〇月八日の集会はベッドフォード主教が司会し、大勢の参加者があったが、貧しい勤労婦人の数は少なかったようである。港湾労働者の争議の解決に大きな貢献をしたマニング枢機卿はこの集会に宛てたメッセージの中で「男性労働者は偉大な団結の力で自らを守ることができるが、女性は無防備であらゆる種類の辛苦と苦難にさらされている。……女性が望むのは施しや慈愛ではなく、正義である。彼女たちは自分たちの労働に対する正当な支払いを求め、一日五ペンスから八ペンスという少額のために、一二時間から一七時間働くことに反対しているのだ」(34)と書いた。

ジョン・バーンズは、女性が組合に加入し、お互いに支え合おうと呼びかける動議を提出した。WPPLが創設した「イースト・エンド仕立工女組合（East End Tailoresses' Union）」についても触れ、同組合員の名誉とWPPLの努力を称えた。そして、彼らの組織は既存の組織と衝突することを望まず、ともに有益な活動を続けることを希望し、彼らは、主に、まだ手のつけられていない所の多いイースト・エンドを活動の対象にすることを明らかにしたのである。

ミス・ブラックが具体的な手続きについて話し、チャムピオン、ティレット、サンドハースト（Lady Sandhurst）らも演説をした。

『イングリッシュ・ウーマンズ・レヴュー』も一〇月一五日号の中でこの大衆集会の記事をのせている。C・ブラックらは早速イースト・エンドの製綱労働者と製菓労働者の組織化に成功した。前者の労働組合書記に就任しまた「社会民主連合」の一員でもあったエイミー・ヒックス夫人（Mrs. Amie Hicks）は、後者の組合書記、C・ジェームズ（Miss Clara James）とともに、後に議会の労働委員会（Labour Commission）で証言し、イースト・エンドの両職種における女性労働者の実態を詳しく報告している(35)。C・ブラックはまたウェスト・ブライトンに五〇人余を擁する洗濯婦の組合を結成し、彼女の妹のG・ブラック（Grace Black）が短期間その書記を務めた(36)。しかし、イースト・ロンドンを中心としたWTUAの活動は期待した程の成果をあげられなかった。その第五回年次報告書はきびしい現状を報告し、このまま活動を継続することに疑問を提起している。

同報告書はまず、製綱労働者たちは依然として組合費を定期的に納入し、労使間も友好的な関係が続いており、箱製造労働者の場合は最初七〇人が加盟したが、六週間も組合費を払うとしだいに脱退したことを記している。また、仕立工、タバコ製造工、製靴工組合の場合は女性の加入を認めたために、女性のみの独立の組織は消滅している。

このような現実をふまえて、WTUAは次の三つの結論に到達した。(1)ロンドンの貧しい女性労働者の間に組合を結成し、有効に維持することは、当面不可能である。(2)女性の労働条件は注意深い体系的な調査と、組織化や教育の必要性を示している。(3)これらの組織化や教育的努力、そしてある場合には、立法による介入は、ロンドンの女性労働者の真に有効な労働組合運動に必要な予備的行為である(37)。この結論に基づいて、「女性産業評議会（Women's Industrial Council, 以下WICと略）」が設立され、女性労働者の実態調査と、討論や講演による啓蒙活動に着手したのである。WTUAのメンバーはすべて同「評議会」に移行することにより、WTUAはついに吸収合併されることになった(38)。

〔注〕

（1）Ray Strachey, *The Cause : A Short History of the Women's Movement in Great Britain,*（N. Y. : Kennikat Press, Inc., 1928, new edn. 1969）, p.235. フォーセット教授の修正案は一八七八年に否決されたが、彼がかち得た唯一の譲歩はこの規則が家内労働には適応されないことである。しかし、このことが長時間労働と低賃金に悩む苦汗労働者を生むことになった。

（2）Drake, op.cit., p.16.

（3）女性や子どもたちの労働時間短縮の要求は、実は男性自身のためのものであることについては次を参照。S. & B. Webb, *The History of Trade Unionism,*（London : Longman, 1926）, pp.310-312. 飯田鼎・高橋洸訳『労働組合運動の

歴史』上巻（日本労働協会、昭和四八年）、三五〇～三五四ページ。

（4） Strachey, op.cit., p.238.

（5） Drake, op.cit., pp.16-18.

（6） 一九八二年のＴＵＣ「女性会議」は三月一八～一九日の二日間ボンマスで開催され、筆者も出席することができた。同会議は最近では、ＴＵＣ総会以前に開催され、総会に提出できる五つの動議について検討する。

（7） Drake, op.cit., pp.18-19. 女性工場監督官制度については、大森真紀氏が詳細な研究を発表している。「イギリス女性工場監督官制度――」一八九三～一九二一年――上・下『日本労働協会雑誌』一九八一年四・五月号、および、「イギリス工場監督官制度を担った女性たち――女性工場監督官たちの経歴をめぐって――」『佐賀大学経済論集』第二〇巻一号、昭和六二年。

（8） *WUJ*, XI (128), Sept., 1886.

（9） Drake, op.cit., p.19.

（10） *The Final Report of the Royal Commission Appointed to Inquire into the Depression of Trade and Industry with Minutes of Evidence and Appendices*, (London, 1886.) この「多数派」報告と「少数派」報告における不況の認識の異同については、安川悦子『イギリス労働運動と社会主義――「社会主義の復活」とその時代の思想的研究――』（御茶の水書房、一九八二年）、三七～四五ページ参照。

C. Booth, ed., *Life and Labour of the People in London*, 17 vols (London : Macmillan, 1902-1903)

（11） *WUJ*, XII (141), Oct., 1887.ディルク夫人も製鎖業の実態を認めながらも、禁止的立法によるより、女性労働者の組織化による改善を訴えた。E. F. S. Dilke, 'Trade Unionism for Woman', *New Review*, 2 (Jan. 1890).

（12） Ibid., XIII (152), Sept., 1888. B. Drake, op. cit., p.20.こうした男性労働者の対応は家父長主義というより、労働市場の変動その他によると、P・セインは指摘する、'Late Victorian Women' in T. R. Gourvish & A. O'Day, ed., *Later Victorian Britain, 1867 - 1900* (London : Macmillan, 1988), p.203.

(13) R. Strachey, op.cit., p.236.

(14) *Englishwoman's Review*, March 15th, 1886.

(15) *WUJ*, XII (133), Feb. 1887.

(16) 「女性雇用促進協会（Society for Promoting the Employment of Women)」の設立の当初は Association for Promoting the Employment of Women と呼ばれた。フェミニズム、女性の職業開発の問題については、第二章2節注（11・12）参照。

(17) *WUJ*, VI (66), July 1881.

(18) Ibid., XIII (152), Sept. 1888.

(19) Drake, op.cit., p.24.

(20) 官公庁やその他の部門における事務職への女性の導入はすでに始まっており、一八九〇年には「全国事務員組合(National Union of Clerks)」が女性の加入を認めていたが、これは特殊なケースで、一般的にはまだ組織化は進んでいなかった。Sarah Boston, *Women Workers and the Trade Union Movement* (London : Davis - Poynter, 1980), p.47. 食品加工業における女性の進出も世紀の変り目頃である。

(21) *WUJ*, XI (126), July 1886.

(22) 「社会主義者の登場」と労働組合運動との関係については、シドニィ・ウェッブ、ベアトリス・ウェッブ、前掲訳書、上巻　四三一～四三六ページ、および安川悦子、前掲書参照。

(23) *WUJ*, XI (126), July 1886.

(24) Ibid., XI (129), Oct. 1886.

(25) Ibid.

(26) Ibid.

(27) *Cotton Factory Times*, Aug. 6, 1886, Manchester. この抜すいが *WUJ*., XI (127) Aug. 1886に掲載された。

（28）パタスンは一八八五年に糖尿病を患いギャレット・アンダスンの診察をうけた。休息をとるべく助言をうけたが、彼女の仕事はそれを許さなかった。葬儀はＳ・Ｄ・ヘッドラム師によってパディントン墓地で行なわれた。彼女の遺徳を偲んで集められた基金で、一八九三年ＷＴＵＬの事務所がクラーカンウェル通りの「男性労働者クラブ・協会連合」と同じ建物の中に設けられた。

（29）ディルク夫人の伝記としてはイギリスでは次のものが唯一である。
Betty Askwith, *Lady Dilke, A Biography,* (London : Chatto & Windus, 1969), 本書は美術史評論家としてのパティスン夫人（Mrs. Pattison）彼女とサー・チャールズ・ディルクとの関係、マーク・パティスン（Mr. Mark Pattison）と若い女性メタ・ブラッドリィ（Meta Bradley）との関係など、パティスン夫人のちにはディルク夫人（Lady Dilke）の私生活について詳しいが、本書でとりあげた彼女のＷＰＰＬおよびＷＴＵＬにおける活躍などの公的な生活については必ずしも叙述が十分ではない。なお拙稿「ディルク夫人と女性労働運動　その1――ジョージ・エリオット作『ミドルマーチ』と関連して――」『大東文化大学紀要』第二二号一九八四年参照。夫のサー・チャールズ・ディルクについては、Roy Jenkins, *Sir Charles Dilke. A Victorian Tragedy* （London: Collins,1958）参照。

（30）*WUJ,* XIV (163), Aug. 1889.

（31）Ibid., XIII (152) Sept. 1888. ミス・ブラックは代表名簿にはのらなかったが、出席して、すでに述べたように、この大会で「同一労働同一賃金」を要求して、満場一致で彼女の動議は採択された。

（32）都築忠七『エリノア・マルクス　一八五五―一八九八―ある社会主義者の悲劇』（みすず書房、一九八四年）。二二四～二二五ページ参照。

（33）*WUJ,* XIV (165), Oct. 1889.

（34）Ibid. 一〇月四日付の呼びかけでは、設立する組織を「女性労働局（Women's Labour Bureau）と呼んでいるが、正式名は「女性労働組合協会（Women's Trade Union Association）」である。

（35）Women's Trade Union Association, 〔At beginning〕How women work... Being extracts from evidence given before

Group C of the Labour Commission with regard to women... (Issued by the Women's Trade Union Association. I. Ropemaking and other trades in London...II. Confectionery and other trades in London) London, n.d.

（36） *WUJ*, XV (176), Sept. 1890.

（37） Women's Trade Union Association, *Fifth Annual Report of*: 1893 - 4, p.14.

（38） Women's Industrial Council (1894-1919) は調査結果を積極的に、その機関誌 *Women's Industrial News* やパンフレットに発表した。また二〇世紀の一〇年代には、慈善、子ども、協同組合、家内労働、最低賃金、救貧法などの広範な問題について、講演会を開いている。ラムジィ・マクドナルドの夫人のマーガレット・マクドナルドも創立以来参加して、その統計委員会の書記をした。「最低賃金法」をめぐるＷＩＣの対応については第五章2、および注（13）参照。

3　ロンドンから地方へ、男女混成組合の拡大——「女性労働組合連盟（ＷＴＵＬ）」の活動

①　ＷＰＰＬの改組と地方への活動の拡大

女性労働者の組織化というＷＴＵＡの仕事はこのように比較的短命に終ったが、類似機関の誕生や、ガス労働者や港湾労働者の組織化の成功はＷＴＵＬに大きな刺激を与えた。前者は「ガス労働者・一般労働者組合」へ、また後者は「ドック・波止場・河岸・一般労働者組合(Dock, Wharf, Riverside & General Labourers Union)」へと集約された。これらは従来のものとは異なり、入会金も組合費も安く、労働者なら誰でも入れる一般組合で、

「新組合」と呼ばれた。この、いわゆる「新組合主義《ニュー・ユニオニズム》」は前記二つのほかに次のような特徴をもっていた。一、争議中の給付（benefits）より、攻撃的なストライキ戦術を重視する。二、指導者が職能別組合のそれより一世代若く戦闘的である。三、彼らは組合結成時に、社会主義者の指導や協力を得たために、また、産業の発展による成果を立法措置によって労働者と分ち合うという思想に共鳴したために、その多くが社会主義の影響を受けていた。四、各都市に労働評議会（trades council）を設置し、一八八九～九一年の間に六〇評議会が新しく生れ、それ以前の時期の二倍に増加した、などである。新組合の誕生は当然旧組合にも影響した。職能別組合も入会資格を緩和して、組合員の増加をはかったのである(1)。こうして、これまで全く顧みられなかった職域にも組織化の波が押し寄せ、「洗濯婦やウェイターから郵便仕分人にいたるまで、この動きにまきこまれなかった職業《トレード》はほとんどなかったのである」(2)。

組織化の波は、もちろん、洗濯婦のみならず多くの女性労働者に押し寄せてきた。「女性保護共済連盟」が「女性労働組合連盟（WTUL）」と改名したのは、まさにこの時期である（一八九〇年）。社会主義者の「新組合員」を非難した銅細工職人であり、また『女性組合ジャーナル（*Women's Union Journal*, 以下『ジャーナル』と略記）』の編集長をしていたオウバトン（J. W. Overton）が死去したのも同じ頃の八九年一〇月であった。『ジャーナル』（月刊）はその後、九一年に『女性労働組合レヴュー（*Women's Trade Union Review*, 以下『レヴュー』と略記）』（季刊）として様変りして、ディルク夫人の姪のガートルード・タックウェルがその編集の任に当る。書記もミス・ブラック退任後、F・ラウトリッジ（F. Routledge, 出版業者の Edward Routledge の異母妹）が名誉書記に、ミス・ホリオーク（Holyoake）が書記補佐に就任した（八九年）。会計係にはM・E・エイブラハムがなったが(3)、いずれも結婚のために在任した期間は短かった（ただ、エイブラハムの場合は、九三年に女性としてはじめて工場監督官に就任した）。こうした人事面での移動の中で、実質的な指導性を発揮したのがディルク夫人であり、彼女のもとで地方への組織の拡大というWTULの新しい活動の路線が敷かれたのである。それは八九年以後の労働界での大きな変化に対応したものだった。だが、中心人物の顔ぶれからは、WTULが依然として、ミドル・クラスの影響下にあることがうかがえる。この点について、チャールズ・ディルクは九二年のTUCグラスゴウ大会と同時に開催された女性会議で、次のように述べている。「紳士・淑女と呼ばれている人びとの庇護の下にある労働組合主義を信頼しない。しかし、女性労働者の組織化がおくれていることも事実であり、また女性がこの国の労働者の大きな部分を占めていることを考えると、部外者が組織化を助けることは必要であろう。だが、いったん、組織化されたら、彼女たちは自らの手で自らの問題を処理しなければならないし、もし、できない場合には、同じ職場《トレード》で働く男性の組織からの助力を求めるべきである」(4)。

ディルクのこの考えこそ、WTULの一貫した考えであり、WTULの中心的ポストをミドル・クラスの女性が占めていたとしても、有能な組織者は綿業労働者の中から採用して、組織化にあたらせた。『レヴュー』の中でその後、毎回マーランド（Miss A. B. Marland）の署名入りで、生き生きした活動報告が寄せられているのはそのためである。さらに重要なことは、八九年以来、WTULは女性労働者ばかりでなく、男性を含む混成組合の加盟を認めた。加盟費は最初の一〇〇人まで、一人につき一ペニィで、それを超える場合は超えた分につき一人半ペニィと決められた(5)。加盟組合はこの費用に対して、年間に一度WTULのオーガナイザーの訪問を受けることができ、また、紛争が生じた場合はその解決のために協力を要請することができた(6)。

一方、WTULの評議委員会には毛織物組合のA・ジー（Allen Gee, West Riding of Yorkshire Power-Loom Weavers' Association, 書記長)、綿織物組合のD・ハウムズ（David Holmes, Northern Counties Amalgamated Association of Weavers, 議長)、G・シプトン（Shipton,ロンドン地区労働評議会書記）らの典型的な労働者階級の代表が含まれ、WTULは「ミドル・クラスの人びとによる労働者階級のための組織」より、むしろ「労働者階級の人びとによる自分たちのための組織」に変りつつあったのである。

創立（一八七四年）以来、WTULによって主張し続けられてきた女性の組織化の必要性は、以上のように、「新組合主義《ニュー・ユニオニズム》」の台頭によって、男性にも承認され、そのことによってWTULの活動はその対象を広げていくことになる。

以下では、WTULと協力しながら、または独自に、女性労働者たちがどのように一般組合や綿業組合あるいはその他の組合に組織されていったかを追跡しよう。

② 一般組合への吸収

まず、一般組合に続いてロンドン南部シルヴァタウン（Silvertown）にある弾性ゴム工場の女性労働者たちが、エイヴリング夫人（マルクスの末娘エリノア）の協力によって、「ガス労働者一般組合」の最初の支部を結成した。これにつづいてオーランドーフ（Ohlandorff）化学工場の製袋工女や、ノリッジ（Norwich）の製靴工女も一時同支部を結成した。ランカシァやチェシァあるいはヨークシァやダービシァの一部の綿工女たちは後に述べるように大綿業組合に組織されていくが、その他の地域、例えばブリストルでは「ガス労働者組合」に吸収されていった(7)。同じくブリストルでは、九二年にサンダース製菓工場の女性労働者の間で支部がつくられ賃金面で前進をみるが、組織自体は雇用者の認めるところとはならなかった。毛織物工業における組織化は綿業よりもおくれるが、ヨークシァなどでこれを助けたのはガス労働者であり(8)、一八九四年にはイギリス南西部デヴォンシァの毛織物工女の組織化もガス労働者とWTULがあたっている。オーガナイザーたちは当地の女性労働者たちのおくれた組織化状況を嘆息まじりに「暗黒のデヴォンシァ」(9)と呼んでいた。その他、「ガス労働者組合」

はＷＴＵＬとともに洗濯婦の組織化にも努めた(10)。

以上のように「ガス労働者一般組合」は北はヨークシァから南はデヴォンシァまで、職種もゴム、袋、靴、綿業、毛織物工業、洗濯業と広範囲に活動を広げていったが、「港湾労働者一般組合」は同程度には拡大しなかった(11)。それでも、グロースターの酢およびピックル製造工女が一〇～一五％の賃金引下げに直面すると、港湾労組は彼女たちに資金面の援助をしたり、トム・マッカーシィ（Tom McCarthy）を派遣して、ＷＴＵＬとともに、組織化に成功した。引下げ率は当初の予定より低い、五～一〇％でおさまり、今後問題が起きた時は、港湾労組と港湾労組の女性委員会と協議することを雇用者は約束したのである(12)。

ガス労組も港湾労組もロンドンで結成されたが、その活動はこのように地方にまで及んだ。この傾向は一般組合が衰退期（一八九三～九八年）に入るとさらに進み、地方へ組織を拡大することによって組合員の増加をはかった(13)。そして、その過程で女性も一般組合に吸収されていったのである。

③　繊維労働組合への糾合

女性労働者の組織化の第二の形態は、繊維組合に糾合されていくケースである。ＷＴＵＬは一八七七年以来ＴＵＣ総会週間に「女性会議」を開いて、男性代表との交流をはかってきたが、八九年以後は同時に総会の開催地およびその周辺の女性労働者の組織化にものり出した。スコットランドの「ダンディーおよび周辺製作所・工場従業員組合（Dundee and District Mill and Factory Workers Union）」(14)は八五年にヘンリー・ウィルキンスン師（Rev. Henry Wilkinson）が創設したが、それは、すでに一〇〇〇人の組合員を擁して、女性の組織化を目ざしていた。ウィルキンスン師はロンドンでディルク夫人（当時ＷＴＵＬの指導者の一人であった）に会った際、この目的を達成するために彼女の協力を要請していた。八九年にTUC総会がダンディーで行なわれると、当時の約束が実現してWTULのスコットランドでの組織化が始まったのである。

ディルク夫人、ミス・シムコックス、ミス・ブラックらはダンディーをはじめ、エディンバラ、グラスゴウ、アーブラウス(Arbroath)、モントラウズ(Montrose)の集会に出席して、女性の組織の重要性を説いたが、組合員の増加という直接的な成果は必ずしもあがらなかったようである。しかし、この年「スコットランド製作所・工場従業員組合(Scottish Mill and Factory Workers' Association)」が設立され、女性にも門戸が開放された。

ディルク夫人は、この経験をもとに女性を含む混成組合の加盟を、地方にまで拡大して認めることをWTUL執行委員会で提案した。この提案は無条件で承認され、彼女自身がこの計画を実施することになる。ディルク夫人は、このような連係が「将来、女性の加入を認めているあらゆる組合を、一つの大きな、しかし密接に関連しあった組織に結びつける紐帯になる」[15]ことを望んだのである。

「女性会議」と女性労働者の組織化

毎年TUC総会(九月)と同じ時期に同じ都市で開かれた女性会議は、ディルク夫人の考えを実行するための場を提供した。同会議は、しだいに男性指導者の間で定評になり、前述のように一八八九年のダンディー会議では、周辺地域の組織化について話し合われ、その後活動が始まった。この伝統はその後さらに充実し、九〇年のリヴァプールでも生かされた。同年のTUC大会は、前年のガス・港湾労働者の争議のあとをうけて、これまでにない盛会であった。これらの争議を成功に導いたジョン・バーンズ、トム・マン、ベン・ティレットらも出席し、大会出席者総数はこれまでの二一〇人から三七五人に増加した。女性代表も歓迎されたにもかかわらずエイヴリング夫人が出席を認められなかったことはすでに述べた通りである。この大会で法定八時間労働日は一九三対一五五でついに承認され、TUC総会の潮流は大きく変ったのである。

リヴァプールの女性会議には、三〇〇〇人以上が集まって、ディルク夫人、ジョン・バーンズ、ラウトリッジらが演説をした。また、ディルク夫人はアイルランド代表を昼食に招いて、北アイルランドのリンネル業における女性労働者の問題を討議した。これは三年後の九三年にベルファーストでTUC総会が開かれた時に結実する。問題は、リンネル業の女性労働者の賃金が六シリングから一三シリングという低賃金であること、それにもかかわらず、雇用者は非常に諮意的に、さまざまの口実で罰金を科し賃金からさし引いているために女性労働者の大きな不満のたねになっていることであった。ディルク夫人は、リヴァプール総会を利用してヨークシァやランカシァの繊維業代表とも会い、ベルファーストにおける女性労組結成のための最善の方法について検討したのである。

三年後のアルスター・ホールでの大衆集会は成功であった。イギリス北部繊維労働者たちの協力や国会議員のキアー・ハーディ（Keir Hardie）、B・ティレット、ベン・ターナー、ディルク夫人らのスピーチが深い感動を与えて、ベルファースト・リンネル業従業員一〇〇〇余人からなる組合が結成されたのである(16)。

ひるがえって、九一年のニューカースル大会の時にも、多数の男性指導者とTUC総会に出席した女性代表者および周辺地域在住の女性労働者が参加して盛会となった。ディルク夫人は周辺地域に対する宣伝活動にも加わり、サンダーランドでは製鋼組合に女性がさらに加わり、製紙組合はWTULへの加盟を決めた。活動範囲はさらに、キリミュア（Kirriemuir）、フォーファー（Forfar）、アバディーン（Aberdeen）、アルヴァ（Alva）まで広げられた(17)。

もちろん、ディルク夫人はTUC女性会議の開催時以外の時にも、組織の拡大に努めた。翌九二年の一月に、彼女はウエスト・ウィルトシァ（West Wiltshire）のトラウブリッジ（Trowbridge）の集会に招かれ、同地の組織化について討議した。ここはイギリスの最も古い織物工業の中心地の一つでありながら、今だに労働者の組織がなかったのである。WTULは、「ヨークシァ力織機労働組合」書記長A・ジーと連絡をとり、彼とともに同地の組織化に着手して、五〇〇人から成る組合の結成に成功した。そして、いずれはより大きな組織の一支部になる予定であった。翌二月には、すでに一二〇〇人を擁する絹業組合のあるリークで、ディルク夫人は講演をした(18)。

同じ年（一八九二年）のグラスゴウのTUC総会時に開催された女性会議には、同年夏の総選挙の結果を反映して、そうそうたる指導者たちを迎えることができた。独立労働党から当選したK・ハーディとH・ウィルスン、TUC議長で自由=労働派から当選したフェンウィック（Charles Fenwick）、それに、クロフォード卿の離婚事件にまき込まれ(19)苦しい六年間の在野生活を強いられた後に政界に復帰したチャールズ・ディルクらである。そして、その席で次の決議が採択された。「繊維産業の国家的重要性にかんがみ、かつ、労働力の四分の三が女性であることから、WTULはイングランド、スコットランド、アイルランドの全繊維労働者を包含する連合を結成すべくあらゆる努力をする」。A・ジーはこの趣旨に沿ったスピーチをし、ディルク夫人はトム・マンからの手紙を朗読した。この中でマンは、「女性が男性と全く同じ独立の路線で組織されない限り、労働運動の大義は真の前進をしないし、労働組合主義《トレード・ユニオニズム》の大義は、それぞれの組織が自立的な基盤に立たない限り進歩しない」と主張して、女性労働者に男性に依存しない活動を求めた。C・ディルクのスピーチは前述の通りである。この時の周辺地域の活動はブリーキン（Brechin）、カコーディ（Kirkcaldy）、その他であった(20)。

スコットランドの僻地に到るまでのこのような活動は、しかしながら、組合員数の増加という点から必ずしも大きな成果を得たとは言えない。年末のWTULの大会で、書記のホリオークは、「創立以来、一八年間大した進歩はなかったと考える人もいるようです。しかし、乏しい資金では限定された活動しかできないことを考慮に入れてもらいたいのです。女性労働者の賃金はあまりに少なく、自分自身を助けられないために、彼女たちは外部の援助を求めなければなりません。けれども、強力な女性組合も存在します。例えば二万六〇〇〇人から成る織布工組合、九〇〇〇人の綿業組合、三〇〇〇人のレスター・靴下編工組合などです……」(21)と述べて、上・中層階級の人びとのいっそうの協力を要請するとともに、将来の見通しが決して暗くないことを指摘した。事実、前述のように翌九三年のTUCベルファースト大会後に、北アイルランドのリンネル業労働者の間で組織化が成功している。

しかし、ホリオークの言葉を待つまでもなく、女性労働組合の中でそれなりの規模と持続性をもっていたのは、繊維の中でも主に綿業においてである。次に綿工業の中心地であるランカシァの女性労働者の組織化とWTULの関係について検討したい。結論を先どりするなら、主要産業である綿工業の女性労働者の組織化について、WTULはその中心的役割を担っていない。むしろ、男性労働者が自らの利益を守る努力の中で女性労働者を組織した。これに対し、WTULはこうした男性の影響力の及ばない地域で活動した。また、男性が組織した労組であっても、その中の女性労働者との持続的な接触を保ったのである。

梳綿・打綿室工組合

綿工業における労働組合は大別して三種類の組織から成り立っていた。第一は熟練工からなる綿紡績工組合であり、その特権を維持するためにすでに一八三七年に組織化を完了していた。第二は同じ紡績部門の準備工程に就労する未熟練工のための梳綿・打綿室工組合であり、第三はクレッグの言う熟練工と未熟練工の間に位置する織布部門の織布工組合であった。いずれの組合も綿工業の機械化とともに各地にそれぞれ散在していた。女性もメンバーであり、彼女たちは雇用者に対して時に男性より勇敢にたたかうこともあった。しかし、近代的な意味での労働組合に成長するのは八〇年代だった。

既述のように、梳綿・打綿室工は紡績工の争議にまき込まれても何ら補償の対象にならなかったことから、独自の組織の必要性を感じていた。その機会を提供したのがアウルダムの争議である。八五年の不況から雇用者は一〇%の賃金の引下げを言い渡したのである(22)。アウルダム労組は同年春から秋にかけて二万人の労働者が関係するストライキに突入した。だが、組合は労働者に争議中の賃金の補償をする程財政的裏づけをもっていなかった。彼らは近隣の梳綿工たちに援助を依頼し、かろうじて争議を継続した。その結果、当面の賃金の引下げを五%におさえ、経済状況がさらに悪化した時、もう五%の引下げを認めるとの条件で雇用者と折り合った。一二週間に及ぶ争議の経験から労働者たちは、広範な結束の必要を痛感して「合同梳綿・打綿室工組合(Amalgamated Association of Card and Blowing Room Operatives)」を八六年に創設したのである。

募金活動の過程で労働者たちは労働組合の重要性を認識し、組合のない地域には組合をつくり、すでに存在する所では工女のいっそうの組合加入を募った。争議中は募金から給付金として男性に週五シリング、女性に四シリングが支払われたことも組合の意義を具体的に教えた。こうして、一挙に組合員は二〇〇%増加した。そのうち女性は七五%を占めるにいたった。しかも、同労組にはリング紡績工を含む一六種類の職業につく労働者をも包摂したから、八九年に始まった、ウェッブ夫妻の言う新組合の先駆者とも言えるのである(23)。

しかし、九一年から九三年までの不況は再び紡績部門を襲った。アウルダムを中心とする粗綿糸に対するインドなど海外からの競争は激しかった。九一年にはミュール紡績機の回転速度の増加による増産が試みられたが、この試みは糸切れをもたらし、補償問題をひき起こした。また、翌九二年には再び五%の賃金引下げが雇主から提示され、一一月にロックアウトが実施された。約五万人の労働者が影響されたが、梳綿・打綿室工は八五年の時とは異なり、自らを守る組織をもっていた。しかし、一二月に資金は枯渇した。他方、紡績工はみごとにもちこたえた(24)。この間にディルク夫人は二〇ポンドを寄付した(25)。

結局、争議は翌九三年三月まで二〇週間続いたが、労使双方に与えた被害は甚大であった。彼らはついに綿工業のマグナ・カルタと呼ばれた、「ブルックランズ協約（Brooklands Agreement)」を結び、雇主の当初の賃金五％引下げ要求に対して、約三％引下げで妥協することができた。しかも、今後はストライキやロックアウトに訴えることなく、双方の代表的中央機関で、話し合いで、賃金その他の相違点について調整することが決められた(26)。

織布工組合

織布工も七〇年代から八〇年代にかけて大きな変化をとげつつあった。彼らは一八五八年にすでに「東北ランカシァ織布工組合（Northeast Lancashire Weavers' Association)」を設立したが、七八年の一〇％賃金引下げをくいとめることができなかった。雇用者側も争議には勝ったものの、八一年に賃金その他関連諸問題をともに協議する合同委員会の設置を求める組合側の提案に同意した。この労使「合同規制」制度はイギリスの労使関係史の上で画期的な事件である(27)。交渉を有効に進めるために、織布工たちは八四年に「合同織布工組合(Amalgamated Weavers' Association)」を結成した。

この新しい組織の主要目的は当時存在したブラックバーンとバーンリィの二つの均一賃率表《ユニフォーム・リスト》に代って、産業全体に適用される統一賃率表を作成することであった。それは、九二年に「平布織均一賃率表（Uniform Plain Cloth List)」が労使間で調印されることによって結実した。ブラックバーンとバーンリィのそれぞれの賃率表の妥協の産物だが、この導入により、おおむね織布工に賃上げがもたらされた。もともと賃金の低かったバーンリィの労働者にはとくにその恩恵が大きかった。しかも、この賃率表は性別にかかわりなく適用されたから、男性がその改善を求めようとすれば女性の組織された支持が不可決であった。こうして、織布工組合の女性組織率は六二％にまで上ったのである(28)。

綿工女とＷＴＵＬ

以上のように、綿工業における労働組合運動はイギリス経済の変動と、綿工業が海外からの厳しい競争にさらされる中で成長した。また、女性労働者もこの全体的な発展の中で多数が「梳綿・打綿室工組合」と「織布工組合」に結集されていった。もっとも男性主導の組織化であったから、女性の多い職域でも組合役員は男性だった。ＷＰＰＬから衣替えしたＷＴＵＬはこの発展に直接関与していない。しかし、ＷＴＵＬの規則の変更に伴い、男女混成の労組が加入できるようになったために両労働組合の地方支部が多数ＷＴＵＬに加盟した。また、綿業組合の著名な指導者がＷＴＵＬの評議員会の委員になっている(29)。加盟した労組はＷＴＵＬからオーガナイザーの定期的な訪問をうけ、その維持と強化に努めた。ミス・マーランドの活動がその典型であり、彼女の九五年の日記によれば、こうした活動をマンチェスターをはじめとしてグロソップ（Glossop）、ヘイウッド（Heywood）、ソールファド（Salford）などでみることができる。マンチェスターの集会では一〇〇〇人の聴衆を前にスピーチをしたと記されている(30)。

男女労働者の対立がみられたのは熟練工の支配する紡績業においてであった。第三章でも言及したように、大きな事件としては二つあげられる。第一はボウルトンの女性継糸工がミュール紡績に女の賃率で採用されたことであり、第二は女でも作動できるリング紡績機の導入である。前者については男性紡績工たちが抗議してストに入り、現地の紡績工組合もそれを支持した。二～三週間後には集会を開き、「本組合員は将来いかなる女性にも継糸の仕事を教えない」(31)との決議をした。概して、女性は男性より器用であり、継糸工女は男性継糸工から能力を評価されていたばかりでなく、その組合にも入っていた。それだけに、この決議は女性にとって厳しかった。しかし、ＷＴＵＬは、継糸工女の例は、男性紡績工の賃率を引下げた紡績工女の受難だとしてこの問題に関与するのを躊躇した(32)。真の解決は男女の賃金を同一にする以外にないからである。リング紡績機の導入の結果については前章で見た通りである。

しかし、同じ紡績業でもランカシァ西部のウィガンでは一八七〇年代に女性がミュール紡績機に挑戦したが、問題にはならなかった(33)。ウィガンは石炭産地として知られており、男性は賃金の高い炭抗にとられて、綿業は二次的産業として女性が主に就労していたからである。そのため組合も弱く、メンバーもほとんど女性であった。また、その同じ理由のために織布部門の賃金も著しく低かった。ウィガンには、他の地方組合と比較できるような賃率表もなく、したがって賃金も低かった。九〇年代に同地を訪れたアニィ・マーランドはこの実態にふれ、『レヴュー』誌に報告文を寄せている。彼女は「もし労働組合主義が炭鉱夫にとって良いものなら、それは工場労働者にとっても良いはずである」(34)として、ウィガンの織布工女の組織の建て直しに着手した。その際ＷＴＵＬは専任のオーガナイザーとして、さらにヘレン・シルコック（Helen Silcock）を九七年に採用した。彼女は、ミス・マーランドが九四年に女性としてはじめて全国の綿業労働者を代表して出席したのに続いて、九八年にＴＵＣ総会に出席している。

以上のように、ＷＴＵＬの綿業労働者との関係は、他の産業における場合と同様に男女労働者の対立に関与するのではなく、むしろ、男性労組との摩擦を避けて、彼らの協力を得ながら、より劣悪な労働条件の下にある工女の組織化をめざすものであった。この点フェミニストのリディア・ベッカーがボウルトンの継糸工女のミュール機操作への挑戦に対して、完全な支持を与えたのとは対象的であった(35)。

ＷＴＵＬと綿工女との関係で、もう一つ注目すべきことは、ＷＴＵＬが有能な綿工女を雇い入れ、彼女たちをオーガナイザーとして各地へ派遣したことである。同じ身分の女性からの労働組合結成と加入への呼びかけは、女性労働者に親近感と共感を喚起した。モズリィ（Mossley）の打綿室工女ミス・マーランドや、バーンリィやウィガンの糸巻き工女のアニィ・ヒートンやヘレン・シルコックはその好例である。ＷＴＵＬの活動を通して得られた彼女たちの組織力はやがて女性参政権運動で活用される。彼女たちは女権運動をミドル・クラス女性を中心とする運動から労働者階級の女性をもまき込む広範な運動へ広げていく重要な契機をつくったのである。

ランカシァの綿工女の労働組合は、主として、男性労働者の指導によって維持されていた。ＷＴＵＬはそのような状況下で、ボウルトンやウィガンのような問題のある地域での解決をはかり（あるいは静観し）、未組織地域については組織化を試み、そして、活動が停滞しているところには、オルグを派遣して活性化を試みた。

他方、ＷＴＵＬの指導者として、ディルク夫人は各地の労働者の集会に招かれている。九六年には、バーンリィの新しい「織布工会館 Burnley Weavers' Institute」の開所式に招待された。三階建てで、組合員一万一〇〇〇人のための会館としてふさわしい堂々たる建物である[36]。合同織布工組合委員長のＤ・ハウムズが司会をして、ディルク夫人が祝辞を述べた。彼女はスコットランド東部のリンネルとジュート繊維地域へのオルグ旅行から帰ったばかりであった。同地では、バーンリィですでに実施されている「賃金明細条項 Particular Clause」（後述）がないために、労働条件は雇用者の意のままであることを彼女は話した。「人がもし、私の財布を盗ったら、彼は処罰の危険にあうでしょう。しかし、たとえ彼が私の兄弟〔の労働〕を奪っても、私は沈黙していなければなりません。これはどうしたら直せるでしょうか」とディルク夫人は尋ねた。そして「ランカシァは私の教科書です」[37]と述べて、スコットランドではランカシァの経験を伝えて、姪のミス・タックウェルとともに同地で労働者の組織化にあたっていることを話した。

開所式の主賓という大役がディルク夫人に与えられたことは、彼女はじめWTULの活動が綿織布工たちに高く評価されている証拠と言えよう。実際『綿工場タイムズ（*Cotton Factory Times*）』も女性労働者の組織化に対するディルク夫人の積極的な関心が彼女の名前を有名にしたと伝え、さらに「女性労働者が自分の従事する職場の組合に加入することが、彼女自身に祝福をもたらすし、また、ディルク夫人の努力に対するお返しになる」[38]と記した。

さらに九三年に大規模なロックアウトが紡績業に起きた時、彼女はマンチェスターの労働者から、(1)週五六・五時間労働に対する賃金はいくらか？ (2)五％の賃金引下げが労働者にいかなる影響を与えるか？ (3)投資家の配当はいくらか？ などについての質問状をうけた。これに対し、ディルク夫人は『綿工場タイムズ』紙上でていねいな返事を書いた。そして、最後に「労働者が正直で、健全な判断と節度をもっていることを私は知っています。五％引下げに対する抵抗に私は賛成し、全力で彼らを支持するように、人びとに呼びかけるのにやぶさかではありません」[39]と労働者たちを激励したのである。

④　仕立工女とＷＴＵＬ（ロンドンとリーズの場合）

綿工業に働く女性が組合活動に関して大きな進展をとげつつある時、仕立業でも一八八〇年代に入ってさらにさまざまな努力がなされた。八六年のパタスンの死去以来ＷＰＰＬはディルク夫人の指導に移ったが、仕立業に関しては八八年に「婦人服科学的裁断師組合（Society of Scientific Dresscutters）」が結成されて、ディルク夫人自身が会計係に就任している。彼女の居住区でも「チェルシィ女性裁縫師組合（Society of Chelsea Seamstresses）」が設立されたが、両者に集まったのは何万というロンドンの仕立工女のうちのごく一部分であった[40]。

一方、七〇年代に設立された「ロンドン仕立工女組合」は過去一〇年間沈滞したままであった。しかし、九一年の男性紳士服仕立工たちの争議に仕立工女約五〇〇人が参加したのを契機に、J・マクドナルドの男性労組の一支部として再編された。委員長と会計係は男性だが、有給オーガナイザーとして仕立工女のメアリ・エルヴェリィと、前述したWTUAのヒックスが選ばれた。エルヴェリィの活躍はとくにその後、WTUL第三期のM・マッカーサーの時代まで続いた(41)。

しかし、最終的には一八九四年に「ロンドン仕立工組合」が入会金を引下げ、ユダヤ人と女性に門戸を開放して「ロンドン男女仕立工組合」が誕生したのである。「ウェスト・エンド仕立工女組合支部」は一九〇五年に一〇〇〇人以上の組合員を擁していると報告している。だが、こうした成功は長続きせず、また大多数は未組織のまま、その労働状態の改善にあたっては政府介入を待つことになるのである。

他方リーズでは、三章でみたように、工場制が発達しながらも苦汗労働が存在した。WTULは、イザベラ・フォード*(Isabella Ford, 1855-1924)を介してこの問題にもかかわったのである。

マンチェスターと同様にリーズには、ユダヤ人移民労働者が多く、彼らは比較的経済的にも恵まれ、苦汗労働者も少なかった。八〇年にはすでに労働組合も結成している。けれども、婦女子を雇用している工場でも労働組合は男性熟練工の裁断師やアイロンかけ人に限られていた。女性の仕上工まで門戸が開放されるのは一九〇〇年である。このようなリーズの一般的状況の中で、I・フォードが仕立工女の中に独自の組織をつくったのである。

同市の富裕な事務弁護士の娘であるイザベラ・フォードは、男女の平等を早くから認めていたクウェーカー教徒の開明的な家庭に育った。八五年に母の友人であるWPPLのエマ・パタスンに出会って、リーズの仕立工女の問題に関心をもつようになったのである。

八〇年代後半はイギリス経済が大きな曲り角にきた時であり、社会不安が絶えなかったが、前章でみた仕立工女からの投書もこのような時期に書かれた。当時リーズの仕立工業はロンドンの苦汗産業とは対照的に良く言われた。五階建の工場はルネサンス様式で建てられ、食堂や更衣室があり、換気や採光設備も整っていて、まるでパレスである、賃金も高く労働時間も短い(42)と。しかし、実態は異なることが判明した。イザベラは仕立工女の不満の解決のために八九年一〇月一六日「リーズ仕立工女組合（Leeds Tailoresses' Union）」の創立大会を開催した。C・ブラックがロンドンからかけつけ、最低賃金の、未熟練港湾労働者による、終ったばかりのストライキがいかに「秩序正しい連帯」によって勝利を得たかについて語った。イザベラも労働組合主義の物質面ばかりでなく精神面での利益について強調した。

そして、この創立総会の三日後にアーサー会社の七〇〇人のミシン工による予期せぬ最初の争議が起きたのである。工女たちは一シリングの収入に対して一ペニィの動力使用料の支払を会社から言い渡された。工女たちに呼び出されたイザベラは早速争議委員会をつくって自ら書記になった。会社側の、同社の賃金は高く、動力使用料の賃金からの天引きは計算を簡略化するためだけとの説明に対して、イザベラは他社との賃金比較表をつくり、他社では使用料は半ペニィを超えないことを新聞に公表した。他方、彼女はWTULの新しい書記フランシス・ラウトリッジに連絡して資金の援助を要請した。これに対して四〇〇ポンド以上の募金があり、また、さらに二五〇ポンドの寄付が一般からあった。争議自体は工女たちの敗北であったが、彼女たちの労働の実態が広く世間に理解される契機となった(43)。「リーズ仕立工女組合」はWTULに加盟して、会計係で、のちに最初の女性工場監督官となるメイ・エイブラハムの訪問をしばしばうけることになる。

イザベラ自身は翌九〇年一二月ブラッドフォードにあるマニンガム毛織物工場で起きた賃金引下げに反対する一九週間にわたる争議に関係して、いっそう労働問題に関与することになった(44)。また、労働問題の解決には政治が不可欠との認識にいたり、やがて女性参政権運動にかかわっていくのである。

ＷＴＵＬのオルグのミス・マーランドはアニィ・ヒートンとともに九三年に、マンチェスターより数マイル離れたトドマーデンの既製服工女たちの組織化にあたっている(45)。また、イザベラと連絡をとりつつリーズ仕立工女組合のメンバーの拡大のためにも努めた(46)。しかし、仕立業のもつ諸困難の解決は、結局最低賃金法の制定までおくれることになるのである。

⑤ 旧組合の女性への開放

次に、一般組合や繊維組合に吸収されなかった女性労働者の行方を瞥見しておきたい。それらの多くは、第三の形態である「旧組合」へと吸収されていったのである。

「新組合《ニュー・ユニオン》」の誕生は当然旧組合の職能別組合《クラフト・ユニオン》にも影響を与えた。合同機械工組合は五万三七四〇人（一八八八年）から七万一二二一人（九一年）(47)にふくれ上るが、これは機械の導入により、熟練工の技術も不要となり、しだいに入会制限が緩和されたからである。港湾ストライキを指導したトム・マンやジョン・バーンズが同組合のメンバーであることも影響した。しかし、女性労働者にまでは、門戸は開放されなかった。製靴工組合(National Union of Boot and Shoe Operatives) は繊維労組以外では、最初に女性の加入を認めた組織であり、八四年にはすでにかなりの人数が組合に入っていた(48)。九四年に長期間続いた争議は、綿工業におけるように調停委員会を設置して終息したが、この間ノリッジで開かれたＴＵＣ総会時の女性会議では、同地最大の製靴工組合に女性をさらに参加させるための動議がトム・マンによって出されて、決議されている(49)。しかし、八万人の組合員を擁する全国製靴工組合もしだいに労働界における地位を相対的に低下させつつあった。製靴業が中心的産業でない地域の組合活動が弱体であることも原因していた。ＷＴＵＬの助力が求められたのもこのためである。九八年に、ＷＴＵＬのオーガナイザーはレスターで通常より長い滞在を求められて三週間に及び、二〇〇～三〇〇人の新しい組合員を追加させた(50)。

印刷業においては、植字工組合が保守的であったために、女性はこの部門に参加できなかったが(51)、九三年には本の紙折り（book-folding）部門で約五〇〇人の女性から成る組織が生れた。これは強力な「印刷および関連職業組合連合（Printing and Kindred Trades Federation）に統一され、男性の指導下に入ることになる。印刷業には、その他数千人の少女が発送、スタンプ押し、袋貼りなどの仕事に飢餓賃金で働いていたが、組織はどの部門にもなかった(52)。

他方、タバコ業では九一年に男性組合（Men's Union of Cigar Sorters and Bundlers）の要請でＷＴＵＬが女性の組織化に協力して、まず「ロンドン女性タバコ製造工組合」が結成された。ディルク夫人も指摘するように、以前男性労働者で溢れていたタバコ業が今では女性で満ち溢れていたからである。この組合はのちに男性組合と合併するが、「ノッティンガム女性タバコ製造工組合」は、むしろ独立の組織を維持した。周辺地域に五つの支部をもち、組合員も一二〇〇人に達するほど盛況をみたのである。

製陶工女の組織化は、専任のオーガナイザーとなったミス・マーランドが九二年秋の地方活動で、製陶中心地のヘンリィ（Hanley）に二週間滞在し、染付工と陶土作業員に対して行なわれた。折から製陶業における鉛害が問題になっていたが、労働者たちは鉛害についても、労働組合についてもまるで無知であったと、マーランドは報告している。その後もＷＴＵＬは積極的に組織化にのりだすが、製陶業は概して成果の少なかった部門である(53)。

その他、フェルト帽、鎖製造業の一部などが女性に門戸を開放するなり、あるいは提携組織をつくるが、繊維産業におけるほどの大きな規模ではなかった。

しかし、女性労働者の組織化は確実に進み、一八八六年から九六年までの間に全女性労働組合員数は三万七〇〇〇人から約一一万八〇〇〇人に増加した。その後増加率は緩慢になるが、一九〇六年には一六万七〇〇〇人と再び増加した。このうち、一四万三〇〇〇人が繊維組合に、さらにそのうちの一二万五〇〇〇人以上が綿業組合に属し、おそらく五〇〇〇人程度の女性が女性のみの組合に組織されたと思われる(54)。時期的には少しずれるが、これを男性の場合と比較すると、一八八八年には全労働組合員は約七五万人であったのが、九二年まで著増、その後九六年までさらに着実に増加して、一九〇一年には二〇二万五〇〇〇人を数えた。有業人口に対する組合員の比率も六％から一五％に上昇した(55)。

WTULについては、一八九一年にはロンドンの一七組合（製本、シャツ・カラー製造、室内装飾、女性仕立工など）、地方の六組合（オクスフォードを含む）(56)に対して、九七年には、ロンドンは同じく一七、地方が二六組合へと増加して、二〇組合がわずか六年間にWTULに加盟したことになる。それはWTULの地方への活動の拡大が成功したことを示しているといえよう。地域も北はベルファーストを中心とする北アイルランドのエディンバラやグラスゴウをはじめとするスコットランドから、リヴァプール、レスター、マンチェスター、バーミンガム、リーズ、ブリストルなど広い地域に及んだ(57)。

⑥ ディルク夫人はじめ指導者たちの女性労働組合観

女性労働者の組織化はディルク夫人がくり返し述べているように、単に女性ばかりでなく、男性の労働条件を維持することを目的としていた。彼女は次のように述べている。

ある工場を例にとってみましょう。そこでは二〇年前に一〇〇〇人の男性が雇われており、彼らの賃金は妻や子どもたちを家庭で気楽に養っていけるほどのものでした――労働者の妻は「家事をきちんとやり」、子どもたちの面倒をみることができました。しかし、その後会社は若い女性を雇い入れました。彼女たちはすぐ、父親と同じくらい働きましたが、報酬ははるかに少ないものでした。……彼女たちが家計の補助をしている間はよかったのですが、ひき続いて起こったことは、雇主たちが競争という圧力のもとで、着実に女性を増やして、男性を減らしたことです。その結果、夫や父や兄弟たちは賃金のために臨時の仕事につきますが、これでは家庭を維持できません。他方、妻や娘たちは週の稼ぎを得るために工場に行くのを余儀なくされます。こうして、投下資本に対する配当が三倍になっている時に、家庭は、多かれ少なかれ崩壊していきます。そして、その後さらに多くの場合において、未組織の女性労働者の賃金は少しずつ飢餓水準にまでおちていくのです(58)。

ディルク夫人は各職業《トレード》における男女の賃金差を調べた。それによれば、例えば織物工業の発祥地であるウェスト・ウィルトシァのトラウブリッジでは男性が週給三〇シリング支払われているのに対し、女性紡績工は一八シリングだった。バーミンガムの金属業においては、男性が二二～三四シリングであるのに対し、女性は週給一〇～二四シリングだった(59)。これらの格差に対し、さまざまの理由がつけられるが、ディルク夫人は、「男性の仕事と女性のそれとの間における価値の差は、しばしば考えられているよりはるかに小さい。〔したがって、賃金格差については〕不公正がかなりの程度存在する」(60)と指摘する。

女性のチープ・レイバーはイギリスの経済的繁栄を支えているが、これをなくすには、女性が団結してその組織を背景に、雇主との交渉によって改善していく以外にない、と彼女は考えた。ディルク夫人はまた、賃金面での組織の有用性を説くだけでなく、組合がそのメンバーを教育し、彼女らの精神を高め人格を発展させるとして、その教育面も強調した。さらに社会的保護だけでなく、病気や失業時には女性労働者たちを経済的に支えてくれるとして、女性労組の共済面をも高く評価するのである。ディルク夫人はまた女性の経済的独立についても言及しているが、女性自身やその家族が彼女たちの職業的訓練を重視し、結婚による職業の放棄がなくならない限りそれは不可能だとみていた。また、上述のような不公正が熟練労働においても存在する限り、女性は絶えず、「最悪で、最も変動があり、不熟練で、低賃金の産業においやられる」(61)とみて、一方では、この不公正の除去を主張すると同時に、他方では、「……この国の女性の場はここ〔市場〕ではなくて、家庭です。……イギリスの家庭は危機に瀕しています。私たちはイギリスの男性の男らしさのために、女性の健康のために、小さな子どもたちの未来のために闘っています」(62)と述べるのである。トム・マンも同様に、組織化によって既婚婦人の産業における労働を不要にできると考えていた(63)。

それではその他のWTULの人びとや男性指導者は、女性労働者のかかえる問題をいかに把握していただろうか？　トム・マンとともに港湾労働者の争議を指導したB・ティレット（Ben Tillett）は九一年のニューカースルおよび九三年のベルファーストにおける女性会議で、女性労働組合の将来は男性の組合からの援助いかんにかかわっていることを指摘した。同時に彼は、女性労働者がイギリスを最先進国にする男性の母親になるのだから、彼女たちの教育こそ必要だと説いた。彼は、若い女性が低俗な雑誌を放棄し、真面目に仕事にとりくみ、頭脳を使って、高潔な女性になるよう訴えた(64)。しかし、彼の女性観は悲観的だった。女性労働者の無関心があまりにも多く産業上の問題をひき起こしていたからである。機械が導入され、女性がますます多数雇用されるようになると、やがて夫婦が同じ工場の入口で、仕事を求めて争うような時がくると予言し、それを避け得るのは目下のところ組織をつくることだけだと強調する(65)。女性はいつも個性的な男性によって指導されたがるが、自分たちを守るためには、「意識的で独立的で活気のある女性でなければならない」(66)。われわれは、行政面管理面のあらゆる点で自立的な女性の労働組合を望む、とティレットは主張した。

しかし、事態は世紀の変わり目になっても進展しなかった。女性に組合に入るよう説得するのは非常に困難であり、たとえ入っても、それを維持するのが難しい。弱き性は労働組合でも弱体であると、G・C・ジョーンズ（女性印刷・および関連職業組合名誉書記）は嘆き、バーミンガムのペン製造組合議長、A・キーガンも、最悪の事態は女性に忍耐心がなく、持続性がないことだと言う。名簿上では二〇〇〇人近い組合員がいても、有効なメンバーは三五〇人にすぎない。したがって、純粋に女性のみの労組は、独立性を失うことなく、男性の労組と連係しなければ将来は暗いとして、テイレットとは違って、むしろ、男性との連帯の必要を説くのである。これに対して、女性組合員を多数擁する繊維労組の指導者であるシャクルトン（David Shackleton, 北部諸州織布工組合書記）やジー（繊維労働者一般組合書記）などの女性評価は必ずしも悪いものではなかった。彼らによれば、女性労働者は組合活動に熱心ではないが、その意義を理解すれば男性と同じように誠実であった。彼女たちがともすると組合から離れているのは、組合活動における訓練が不足しているからだという。そして雇主との交渉の仕事、帳簿の整理などにおいて適切な教育を受ければ今よりははるかに組織が改善されるとして、将来に希望を託した。

以上のような男性の見方に対して、女性指導者の見方は概して楽観的である。一八九一年に創設された商店員組合のマーガレット・ボンドフィールド（Margaret Bondfield）は、同組合が男女双方に同じ権利・義務を与えているために、女性も共通の関心をもち、熱心に討議に加わっていると報告している。女性の教育不足については彼女も同感であるが、それはむしろ、彼女たちが独立や職業の意義について、男性と同じように教えられていない点にこそ問題があるとボンドフィールドは強調する。

ガス工労組は前述のように八九年の創立以来、女性の組織化を積極的にはかってきた。その経験からW・ソーンは少数のすぐれた女性活動家の存在を認めながらも、大多数の女性労働者は組合の意義を認めておらず、また支部会議への出席が悪いと指摘する。しかし、ここでソーンが他の批判的な男性指導者と異なる点は、彼が女性の家事労働の負担を正当に評価したことである。結論として、彼は「立法こそが、すべての女性労働者の利益のために用いられる最も強力な武器である」と述べ、女性に参政権を与える必要を主張した。

イザベラ・フォードも組織化の困難を女性のせいにはしなかった。彼女によれば、政治が女性に従順を説くだけで、選挙権を与えず、したがって女性を人間として認めないことこそ問題である。そのような社会は、女性に利己的な無関心しか育成しない。フォードは女性はこのような勢力とこそ闘う必要があり、それに成功した時、女性の労働運動も進展するとして、むしろ社会における女性のとり扱いの不当さを糾弾したのである(67)。

女性労働問題はこうして女性参政権問題と不可分になる。したがって、ウォード夫人を中心とする「女性参政権に反対する声明」(68)はフェミニストたちに大きな衝撃を与えた。これらの人びとは、救貧委員や教育委員としての仕事のように、国内政治における女性の役割は評価する。しかし、外交や植民地問題あるいは制度上の改革のような大きな問題を正しく判断する材料ないしは経験を女性はもたないと言うのである。ディルク夫人はこれに対して、「これまでできなかったことは、これからもできないと言うことは……上層階級の一〇〇人の女性のコーラスとしても勇敢な主張です」(69)と反論した。有益な知識や経験が特定の人びとに限られているのは事実である。しかし、ニュージーランドやオーストラリアの例からも分るように、女性参政権のみならず成人参政権（すなわち、性的・階層的差別のない普通選挙権）が与えられる時期がイギリスにも間もなくくると彼女は期待したのである。

以上のように、労働問題から参政権問題にいたる女性のかかえる諸問題についての見解はさまざまである。同じ事象を全く異なる側面から論じたものもある。この中でディルク夫人の一貫した態度は、政治経済学の無慈悲な原理が女性労働者に貫徹する(70)のを座視し得ないということであった。彼女は無制限な競争が家庭の幸福を脅していることを警告した。男性が仕事を奪われ、女性が代って彼らの半分ないしは三分の一の賃金で働いている状況を改めなければならないと思った。そのためには、女性は組織をつくり、それを通して女性の賃金を男性のそれと同等にしなければならない。そうすれば男性の仕事がなくなることはない。組織化にあたっては、男性の協力が必ずしも無私なものではないことを知りながらも、ディルク夫人は女性のみの小さな組織が弱体なことを指摘して、男性組合との合体を主張した。

また、前述のように、繊維労組においては男性指導者の協力が女性の組織化の大きな原動力となったのも事実であった。しかし、ソーンと同様に彼女も女性の家事労働の負担、教育や経験の乏しさから、女性の組織が男性のそれ程強力にならないであろうことも理解していた。そのような認識に立って彼女はやがて保護立法を求める方向にWTULの運動を向けていくのである(71)。

〔注〕

（1）H. Pelling, *A History of British Trade Unionism* (London : Macmillan, 1966), pp.99-101.

（2）Ibid., p.98.

（3）メイ・E・エイブラハムは一八八七年にダブリンから来英。労働問題は未経験であったが、熱心な生得の組織者だったと言われている。のちにH・J・テナントと結婚。Violet Markham, *May Tennant*, pp.12 - 35.

（4）*The Women's Trades Union Review*(以下 *WTUR* と略記)、no.7, Oct. 1892. 月刊の *WUJ* は vol. XV, no.179. Dec.1890 で終刊。一八九一年四月から *WTUR* が季刊で発行された。

（5）Drake, op.cit., p.30 は一人当り半ペニィと述べているが、これは誤りである。

（6）The Women's Trades Union Provident League. *The Fifteenth Annual Report*. July 1890.

（7）S. Boston, op.cit., pp.51 - 53.

（8）Pelling, op.cit., p.105. なお、第三章2節①の注（9）参照。

（9）*WTUR*, no.16, Jan. 1895.

（10）Ibid., no.22, July 1896.

（11）Pelling, op.cit., pp.97 - 98.

（12）*WTUR*., no.21, Apr. 1896; S. Boston, op.cit., p.54.

（13）H. A. Clegg, *General Union in a Changing Society. A Short History of the National Union of General and Municipal Workers, 1889 - 1964* (Oxford : Blackwell), 1964, pp.31 - 32.

（14）Drake, op.cit., p.29. Eleanor Gordon, *Women and the Labour Movement in Scotland 1850 - 1914* (Oxford : Clarendon Press, 1991), pp.182 - 8.

（15）Women's Trades Union Provident League, *The Sixteenth Annual Report*, July 1890. 加盟条件、加盟の利益についても詳しく書かれている。

（16）*WTUR*, no.11, Oct. 1893.

（17）Ibid., no.3, Oct. 1891.

（18）Ibid., no.5, Apr. 1892.

（19）拙稿「ディルク夫人とイギリス女性労働運動その1——ジョージ・エリオット作『ミドルマーチ』と関連して——」、前掲論文参照。

（20）*WTUR*., no.7, Oct.1892.

（21）Ibid., no.8, Jan.1893.

（22）一九〇〇年を一〇〇としてみたこの頃の繊維産業における賃金率の変化は次の通りである（綿紡績・織布工およびリンネル・ジュート工を含む）。

（年末）	（1900＝100）
1880	89.8
1881	94.2
1882	94.2
1883	93.3
1884	93.6
1885	90.2
1886	89.3
1887	90.2
1888	93.8
1889	94.7
1890	95.1
1891	96.9
1892	96.0
1893	95.0
1894	95.0
1895	95.0
1896	95.0
1897	95.0
1898	95.0
1899	98.2
1900	100.0

出所）Board of Trade, Department of Labour Statistics, *Seventeenth Abstract of Lobour Statistics of the United Kingdom*, 1915（Cd, 7733).

（23）　Andrew Bullen and Alan Fowler, *The Cardroom Workers Union : A Centenary History of The Amalgamated Association of Card and Blowing Room Operatives*（Manchester : Amalgamated Textile Workers Union, 1986), pp.10, 36-44. このことからクレッグは一八八九年以後の新組合の特徴、すなわち社会主義との結びつきなどをも否定するが、梳綿・打綿室工組合は政治的にも、地域的にも、職種の面でも限られていたから、前者とは区別すべきであり、松村氏の指摘が正しいと思われる。なお、第三章2節①の注(9)参照。

（24）　H. A. Clegg, Alan Fox and A. F. Thompson, op.cit., vol. I pp.115 - 116.

（25）　A. Bullen & A. Fowler, op.cit., p.59.

（26）　*WTUR*, no.9. Apr. 1893.こうした調停期間の設立の傾向は他の産業にもおよび、同じく一八九三年には石炭業に、九五年には製靴業に、そして、一八九七～八年には機械工業に設置された。さらに、王立労働問題委員会は、労使双方の要請に応えられる適当な調停者あるいは仲裁者を公式機関が任命する必要があるとして、九六年に労使調停法（Conciliation Act）の制定に導き、具体的な権限を商務省に賦与したのである。Pelling, op.cit., pp.119-120.

（27）　Alan and Lesley Fowler, *The History of the Nelson Weavers Association*（Burnley, Nelson, Rossendale & District Textile Workers Union,〔1985〕), p.4.

（28）　H. A. Clegg, Alan Fox and A. F. Thompson, op.cit., vol. I. p.29.

（29）　ＷＴＵＬの評議員会委員の氏名と出身母体は左記の通りである。

WTUL 評議員会委員（1891年）

Miss Addis.	婦人服・婦人帽・マント製造工組合（書記）
T. Ashton	（治安判事），合同綿紡績工組合（アウルダム地区書記）
S. Bowers,	靴下編工組合連合（ノッティンガム書記）
A. Buckley.	北部諸州合同織布工組合（アウルダム地区書記）
W. H. Carr.	合同梳綿・打綿室工組合（ランカシァ東南地区書記）
Mrs. Cooper.	仕立工女組合（ウェストミンスター・ピムリコ支部書記）
B. Cooper	（ロンドン都議）タバコ製造工共済組合（書記長）
J. Eddy.	グラスゴウ植字工組合（書記）
J. Eddy.	合同梳綿・打綿室工組合（ボウルトン地区書記）
A. Eidsforth.	同上（ランカシァ東北地区書記）
M. B. Farr.	同上（モズリィ地区書記）
A. Gee.	ヨークシァ・ウェスト・ライディング動力織布工組合（書記長）
D. Holmes	（市会議員），北部諸州合同織布工組合（委員長）
J. Holmes,	靴下編工組合連合（書記）
Mrs. Houlton.	シャツ・カラー製造工組合（書記）
Ald. Inskip	（市会議員），全国製靴工組合（書記長）
W. Johnson.	商店員組合（書記長）
J. Mawdsley	（治安判事），合同綿紡績工組合（書記長）
Miss Mears.	室内装飾工女組合（書記）
J. Mills.	北部諸州合同織布工組合（ビュアリィ地区書記）
W. Mullin.	合同梳綿・打綿室工組合（書記長）
Rose,	スコットランド工場・漂白工組合（書記）
G. Shipton.	ロンドン労働評議会（書記）
W. C. Steadman.	同上
Miss Tomanzie.	婦人服科学的裁断師組合（書記）
Miss White.	製本工女組合（書記）
W. H. Wilkinson.	北部諸州合同織布工組合（書記長）

(30) *WTUR*, nos. 11&12, 1893, 94.
(31) Drake, op.cit., p.23.
(32) Ibid.
(33) Alan Fowler and Terry Wyke, op.cit., p.82.
(34) *WTUR*, no.15, Oct. 1894.
(35) *Women's Suffrage Journal*, Feb. 1887.
(36) 建物の一階には事務室があり、二階には三五〇人を擁する講演会場、三階には一〇〇〇人が入れる集会場があった。計画の開始以来二六年間財政面も含め困難な時もあったが、それらをのり越えての完成であった。筆者が一昨年（一九九〇年）訪れた時には、すでにとり壊されており、一九七七年に撮影された写真がバーンリィ公共図書館に保存されていた。なお、同図書館では*Burnley Gazette*（Liberal）と*Burnley Express*（Conservative）その他を閲覧した。現在、このような地方新聞のオリジナルはプレストン公共図書館に集約的に保管されている。筆者が閲覧したのはマイクロフィルムである。筆者の調査作業にたいし、極東の日本からの来訪者だからといって親切に協力してくれたバーンリィ図書館員に心からお礼申したい。織布の町としてあれ程栄たバーンリィも今ではすっかりさびれ、英国鉄道の駅も無人化し、電車も二時間に一本走るのみだった。
(37) *Burnley Gazette*, 30th Sept. 1896 および *Burnley Express*, 30th Sept. 1896.
(38) *The Cotton Factory Times*, 2nd Oct. 1896.
(39) *The Cotton Factory Times*, 3rd Feb. 1893.
(40) *WUJ*, XXVII, Apr. 1888.一八九〇年八月までにロンドンで創設された女性労働組合のうち、ロンドン仕立工女組合、同ウェストミンスター・ピムリコ支部、イースト・エンド仕立工女組合など七組合が製衣業関係である。しかし、何人くらいの労働者を組織化したかは不明である。*WUJ*, vol XV. no.175, 15 Aug. 1890. 本章1節注(18)のロンドン女性組合リスト、一五六ページ参照。

（41）エルヴェリィはマッカーサーへの手紙の中で三六人（！）の針子を組合加盟させたことを誇らしく語っている。「私はただ昨日の組織化の中で私がどんなに成功したかをお知らせしたいだけです。三六人が自分たちの名前を教えてくれました。私の喜びの感情を表現する言葉もわかりません。想像して下さい、三六人なんです、ほとんど質問もありませんでした。私は一三の商店を訪問し、さらに続けようとしましたが閉店時刻になりました」。*WTUR*, no.33, Apr. 1904.

（42）*Leeds Mercury*, 10 Jan. 1889 and *Bradford Observer*, 12 June 1888, quoted in June Hannam, op.cit., p.37.

（43）Ibid., pp.38-41.

（44）マニンガム争議の敗北を契機に独立労働党が結成された。H. Pelling, *The Origins of the Labour Party 1880 - 1900* (Oxford : OUP, 1965, 1st ed. 1954), pp.94-98, 115.

（45）*WTUR*, nos. 11;12, 1893.

（46）*WTUR*, no.16, Jan. 1895.

（47）Pelling, op.cit., p.101.

（48）Drake, op.cit., p.32.

（49）*WTUR*, no.15, Oct. 1894.

（50）Ibid., no.29, Apr. 1898.

（51）一八八六年「ロンドン植字工組合（London Society of Compositors）」は、女性が男性と全く同じ賃率で支払われるならば、組合員として認めることを決めた。しかし、実際には誰も入れなかった。J. R. MacDonald, *Women in the Printing Trades*, pp.27-29.

（52）*WTUR*, no.8, Jan. 1893.

（53）Drake, op.cit., pp.36-38. なお、リヴァプールでもレスターやノッティンガムの女性タバコ製造工組合が賃金引下げを阻止したことに刺戟されて、タバコ工女組合が結成された（*WUJ*, XIII. 1888）。その他「リヴァプール書籍紙折り工共済組合」が女性に門戸を開き（'Rules of the Liverpool Bookfolders' Benefit Society' 参照）、室内装飾工女組合

（'Rules of the Liverpool Upholstresses' Union'）が一八九〇年に創設された。室内装飾工女組合は、一八九七年にはWTULのオルグのミス・ベリィとともにリヴァプール周辺地域の商店員の組織化にあたっている（*WTUR*, no.25, Apr. 1897）。九〇年にTUC総会がリヴァプールで開催された時の様子はすでに述べたが、ディルク夫人は当地の洗濯婦に会って組織化を助けている。翌日のTUC総会後、出席者たちはデモ行進に移ったが、隊列の先頭にはロンドンの洗濯婦からおくられた旗がなびき、リヴァプールでも洗濯婦組合の誕生が近いことを知らせていた、と現地の新聞は伝えている（*Liverpool Review*, Oct. 1890）。以上のようなリヴァプールでの女性労働者の組織化にあたったのはWTULの支部となった「リヴァプール勤労女性協会（Liverpool Workwomen's Society）」である。また、女性労働者の組織化の高揚の中でリヴァプール労働評議会も女性労働者の代表を加えることに同意した。

（54）B. Drake, op.cit., p.30.

（55）H. A. Clegg; Allan Fox, op.cit., pp.469 -470.

この書物では、女性組合員数について、一八九六年以前は信頼すべき数字はないとしている。九六年は教師を除いて、一四万二〇〇〇人。うち六〇%の八万六〇〇〇人が綿業労働者である。また、女性組合員数の著しい増加（綿業を除く）は、もっと後の、一九〇一年から一〇年の間とみている。すなわち、この間に、リンネルとジュートで一万七〇〇〇人、絹で六〇〇〇人、商店員で六〇〇〇人、国家および地方公務員で一万八〇〇〇人、一般労働者で七〇〇〇人で、増加率は公務員の場合は疑問だが、その他の四部門では二〇〇%である。同じ時期の「全国女性労働者連合」のメンバーは約六〇〇〇人である。

（56）*WTUR*, no.1, Apr. 1891.

（57）Ibid., no.24, Jan. 1897.

（58）Emilia F. S. Dilke, 'Trade Unionism Among Women', op.cit.

（59）Do., 'The Industrial Position of Women', *Fortnighly Review*, vol. 60. 1893.

（60）Ibid.

(61) Ibid.
(62) Do., 'Trades-Unions for Women', *North American Review*, vol. 153, no.2, Aug. 1891.
(63) *WTUR*, no.15, Oct. 1894.
(64) *WTUR*, no.3, Oct. 1891; no.11, Oct. 1893.
(65) Ibid. no.15, Oct. 1894.
(66) Ibid., no.23, Oct. 1896.
(67) *WTUR*, no.36, Jan. 1900.
(68) Mrs. Humphrey Ward, 'Solemn Protest against Women's Suffrage', *The Nineteenth Century*, June 1889.
(69) Emilia F.S. Dilke, 'Woman Suffrage in England', *North American Review*, vol. 164, no.2, Feb. 1897.
(70) Do., 'Trades Unionism for Women', *New Review*, 2, 1890.
(71) Do., 'Trades Unionism for Women', *WTUR*, no.19, Oct. 1895.

4 保護立法を求めて

一八九一年にＴＵＣ総会は「法定八時間労働制」を国家に求めることをその公式の政策とした。労働時間はこれまで労使の自由な交渉によって決まるものとされていたから、それが国家による決定を望むというのは、まさに方針の大きな変更であった。この変更は前述のようにＷＴＵＬの指導の中にも現れ、ディルク夫人は同年の女性会議で法定八時間制に言及しながら、労働時間に国家が関与するのを認めている。それのみならず、彼女は当当時一四～一六時間という長時間労働に悩む洗濯婦や商店員の問題も立法によって解決しようとした。悪名高い仕立業など苦汗産業における低賃金問題も国家の保護を求めている。鉛害や燐害に苦しむ製陶業やマッチ製造業も同様である。しかも、これらの職業《トレード》では女性労働者が圧倒的に多い。彼女たちの状況を正確に把握し、それを適切に改善の方向へ導くには、工場法の改正とともに、女性の工場監督官がぜひとも必要であると考えられた。以下では、これらの諸問題にディルク夫人とＷＴＵＬがいかにとり組んだかを検討したい。

①　工場法の改正

長時間労働

洗濯婦たちの長時間労働は、工場法の改定によって短縮されることが望まれていた。しかし、一八九一年の工場法改定案は当初洗濯業を適用の対象としていなかったために、早速、合同洗濯婦組合が結成され、改正法の中に洗濯業を入れるべく運動が展開された。同労組は短時日のうちに著しく成長し、ロンドンとブライトンで八支部、三〇〇〇人を擁するまでになった。代表が内務大臣に要請したり、「ロンドン地区労働評議会」とＷＴＵＬがロンドンとブライトンで大集会を催したりして改正の必要を訴えた。ＴＵＣも満場一致で法案の改正に賛成し、政府も実質的に女性の要求をすべて満たした法案を提出した。しかし、最後の段階になって、アイルランド党がカトリック修道院の洗濯場に同法が適用されるのを恐れて、支持をとり下げたために、改正運動は失敗に終った(1)。

反対はＷＴＵＬ自身の中にもあった。女性の雇用機会が減るのを恐れたビッグズ（Ada Heather Biggs）は、他の自由放任論者とともに「女性雇用防衛連盟」をつくって反対の論陣を張ったのである(2)。九一年の工場法は洗濯婦を除外したという点では失敗だったが、出産後四週間以内の女性の雇用を禁止するという点では画期的であった。しかし、この点でもフォーセット夫人をはじめとするフェミニストの反対があったことを思うと(3)、女性の保護立法導入の難しさがわかる。それでも、WTUL内では、九三年までに反対者はほとんどいなくなった。『レヴュー』はひき続き、洗濯婦保護の論文を掲げた。九四年には、B・ウェッブも目下準備されている法案では一八歳以下の若年者のみが超過勤務を禁止されているが、洗濯業で働く一九歳の少女はどうなるのかと問うている。洗濯業については、たとえ成人女性の労働時間が制限されても男性との競争に不利になることはない。「イギリスの洗濯場で男性が女性にとってかわる危険はない」(4)として、ウェッブはフェミニストのいだく危惧を払拭しながら、洗濯婦の保護の必要を説いたのである。

WTULはラウトリッジ、ガートルード・タックウェル、アドルフ・スミス、ジェームズ・マクドナルド（ロンドン・ウェスト・エンド仕立工組合書記）から成る特別委員会を設置して、工場法の改正が、働く女性に有利になるように活動した。彼らはまず、WTULの加盟組合や、女性を含むその他の労働団体に政府にたいする彼らの要望事項を確認したが、それらは超過勤務の廃止、外注条項（後述）の強化、危険業務に対する内務大臣の権限の強化、洗濯業を法の保護下におくことなどが主であった。特別委員会はこれら女性の意見を各地区の労働評議会その他の労働団体に提示して労働界の代表者がこの要望の実現に向けて努力するよう求めるとともに、他方では国教会の指導者や上下両院議員へのロビー活動を積極的に展開したのである。「女性のための保護立法」についての講演も各地で開催された。ウェッブ夫妻の協力も大きく、彼らの努力のおかげで、「女性全国自由連合」は、他のミドル・クラスの団体とは違って、工場法に反対しなかった(5)。

九五年の工場法はついに洗濯業を工場法の下におき、衛生・安全対策など工場監督官の検査の対象に入ることになった。女性の超過勤務については、年間三〇日（これまでの週五日に対し三日）以内とされた（ただし、燻製魚、乾燥あるいはびん詰などの保存用果実、コンデンス・ミルク製造業などでは六〇日)。これで、超過労働は三分の一軽減されたことになるが、洗濯業では超過勤務を含めて、女性は一日一四時間(!)以内、若年者は一二時間以内と規定されたのである(6)。

社外発注

今や工場主は従業員が自分の工場で働く時は、彼らの人間としての最低必要条件を確保することを義務づけられた。しかし、それ以外の場所、たとえば住宅に隣接する小さな場所での作業については規制をうけない。悪質な工場主はそこに目をつけ、作業を工場外(out-work)で行なうようにした。発注者は作業者の環境が衛生的であるか否か、労働時間がどれだけかなど配慮する必要はない。ここに、いわゆる「苦汗労働(sweating)」が生まれるすきがあった。アスキスはこれを是正するために、九五年の工場法で、発注者に対し下請作業者の住所・氏名簿を整備する(九一年法ではこれのみでよかった)だけでなく、これらの名簿を工場監督官に送付することを義務づけた。これによって発注者は自分の仕事の下請人の仕事場の諸条件に責任を負うことになった(7)。しかし、発注者がしばしば責任を回避したために、ＷＴＵＬの機関誌『レヴュー』は、これらの違反者名を列挙して、悪質な発注者の撲滅をはからねばならなかった。

賃　金

一八九五年におけるさらに著しい発展は賃金面で見られた。当時まだ、法律によって賃金を規定するという考え方はなかったが、九一年法は労働者に対する賃金の算定基準の明示を雇主に義務づけた。これは「賃金明細条項(Particulars Clause)」と呼ばれて、これによって賃金率や労働時間についての雇用者のごまかしを防いだのである。同条項は当時一部の繊維業に適用されただけだった。しかし、九五年には繊維産業全体に拡大され、さらに内務大臣の命令によって繊維業以外にも適用できるようになった。『レヴュー』では、賃金がごまかされるのは繊維業のみではないとして、仕立業にも「条項」が適用されることを主張したが、その後、しだいに仕立業の一部、鎖、鍵製造部門へと拡大された(8)。

このように、「賃金明細条項」は賃金を直接規定したわけではないが、間接的には明らかに「苦汗労働」を抑制する効果はあった。だが、これをさらに進めて法律による国民的最低賃金（national minimum）を主張したのはウェッブ夫妻である。彼らは、衛生面や安全面の最低基準が工場法によって保障されたように、最低の賃金も法律で守られるべきであると主張した(9)。その際問題なのは男女の最低賃金をいかにして決めるかである。WTULはまだ、この段階（一八九八年）では必ずしも法定最低賃金制度を支持していないが、もし、これが望ましいとするなら、もちろん、男女の最低賃金は同じでなければならないとした。さもなければウェッブ夫妻の同一労働同一賃金論も脅やかされることになる。なぜなら、綿工業ですでに見られるように、性による職種の区別がすすみ、それがひいては賃金差をもたらすからだと言うのである。『レヴュー』編集子は、同じ企業内での男女の競争を、ウェッブ夫妻は過小評価しているように思われるとして、この競争で女性が不利にならないためには、まず法定最低賃金を男女同一にすべきだと主張したのである(10)。この解決は二〇世紀まで待たねばならなかった。すなわち、一九〇〇年にチャールズ・ディルクらは「賃金局法案（Wages Board Bill）」を上程し、同法によって、特定業種の最低賃金を決める権限を賃金局に賦与しようとした。同法案はとくに、下請業者が多数従事する「苦汗産業」を対象としてつくられていた(11)。しかし、この実現はさらにおくれ、一九〇九年の「賃金委員会法（Trade Boards Act）」で結実するのである。

危険業務

工場法の改正に関して、WTULがとり組んだもう一つの重要な活動は、危険業種に対して国家が適切な対策をとるように求めたことである。『レヴュー』は九一年にすでに製陶業における鉛害を指摘し、製陶業地域に組合を結成して、同年の工場法の中に「健康に関する陶工章典」として知られる条項を挿入させるべく努めた。これは内務大臣にはじめて、危険業種の調査と、そこで働く労働者の保護のための特別規則をつくる権限を与えたが、それを効果的ならしめるためには、いっそうのキャンペーンが必要である。『デイリィ・クロニクル』誌は積極的に鉛害の記事を掲載し(12)、協同組合の売店は無害な上薬を使った陶器のみを販売することを決めた。『レヴュー』も鉛害や燐害に苦しむ人びとのために救済募金を呼びかけたり(13)、鉛害による死亡、全盲、手足の麻痺、てんかん、肺結核などについて詳しく報じた(14)。

例えば、九一年のTUC総会は北部地方のニューカースルで開催されたが、この時WTULの代表は当地の鉛工場を視察して、鉛害の実態を『レヴュー』に紹介した。鉛は炉の中で一～二週間焼かれるとこまかい白い粉となり、皮膚の毛穴や肺に吸い込まれ、麻痺や眼疾その他の疾病の原因となる。工女たちはハンカチやガスマスクを使用したり、工場附設の浴場で洗い落したりしたが、作業員自身の自覚は低かった。ただ、中部地方の製陶工場では積極的にこの問題がとり上げられ、製陶工組合の女性書記グッドウィンは九四年にWTULのG・タックウェルに宛てた手紙の中で、より詳細な規則をつくり、工場監督官を増員させる努力をしてほしい旨伝えている。また、九七年に、WTULはその機関誌のコラムを通して、この作業で盲目になった二人の少女と一人の少年のための募金を呼びかけている(15)。チャールズ・ディルクは女性が圧倒的に多い製陶地域に女性監督官が派遣されるよう努力し、また若年者が被害をうけやすいことに着目して、彼らの製陶業への就職を禁止するよう主張した。さらに議会でもこの問題をしばしばとり上げ政府の対応を促がした(16)。「危険業種調査委員会（Dangerous

「Trades Committee)」委員長テナント（H. J. Tennant, 最初の女性工場監督官の夫、後述）は就労年齢の引上げ、定期検診、規則の改定を主張し、労働評議会議長エマリィは九七年に制定された「労働者災害補償法」の適用を鉛害にまで拡大することを要請した。その結果、就労年齢は一五歳に引上げられたが、労働時間中の労働力の保全は依然として労働者のみの責任とされた。

燐の危険防止についても、ＷＴＵＬは積極的にとり組んでいた。八八年のマッチ工女のストライキの成功はその後の労働運動に大きな影響を与えたが、健康な労働条件をつくり出すまでにはいたらなかった。『レヴュー』は九八年に顎《あご》全体が燐によってしだいに浸食される、おそろしい燐毒骨疽という病いで苦しむ男女の実情をリストにして発表したが、これは一九〇一年の「工場および作業場法」の中に、危険業種に関する条項を挿入することによって実質的な改善がみられ、一九〇八年法では白燐の使用が禁止されるに到った(17)。

② 女性工場監督官の就任

以上のように、一八九一年と九五年の工場法の改定を契機に、ＷＴＵＬは女性労働者の長時間労働および低賃金問題をある程度解決することに成功したと言えよう。しかし、この法律の女性に関する部分が正しく施行されるためには、女性の工場監督官が望ましい。ＷＴＵＬはこの実現のためにも明確な足跡を残した。パタスン夫人が七八年以後しつように女性監督官の任命を要請したことは前に述べた通りであり、九一年のＴＵＣ総会でも女性が監督官に採用されるよう再度決議された。

他方、同年労使関係の改善を目的として労働に関する王立委員会が設立されたが、これに関し、ディルク夫人は女性が従事する産業の実態を調査しなければ、男性労働者の真の状況は理解できないとして、女性の補助委員の必要を訴えた(18)。翌年、四人の女性補助委員が任命され、WTULからは会計係のミス・エイブラハムが選ばれて、王立委員会のために証拠の収集にあたった。女性監督官の採用については、九三年一月WTULの代表がアスキスに会って要請した。代表はWTUL議長ラウトリッジ、書記ホリオークをはじめとして、WTULに加盟している製本、仕立、梳綿、タバコ製造工女組合などの代表一八人であった(19)。アスキスは問題の重要性にかんがみ、同年三月ミス・エイブラハムとミス・パタスン（Muirhead Paterson）を最初の女性工場監督官として任命した。エマ・パタスンが主張し始めてから、何と一〇数年たってからのことである。翌九四年のWTULの評議委員会では、さらに、ミドル・クラスからではなく、勤労婦人自身の中から工場監督官が選ばれるように、国家へ働きかけていくことが話し合われた。

『レヴュー』はその後、監督官長や女性監督官の報告書を転載したり、労働時間や工場内の衛生（換気・室温など）・安全（機械にまき込まれないための防御柵など）設備違反の実態を紹介して、労働条件や労働環境の改善を訴え続けた。

③　商店員の労働時間

立法措置によって女性労働者を保護しようとするWTULのもう一つの活動は、商店員の労働時間の短縮であった。卸・小売業は製造業とは違って工場法の対象とならなかったが、そこでの驚異的な長時間労働および立ち続けの労働は女性の健康にとって、深刻な問題となっていた。商店員の生活は一見華やかで快適で明かるいものに見える。しかし、ロンドンに数千人はいると思われる少女の商店員は狭い部屋に閉じ込められ、食事もカウンターの後でとり、めったにその場を離れられないのが実情であった。労働時間は八六年の商店時間法によって、一八歳以下の若年者は週七四時間（一日一二時間余）に限られていたが、それより年長者には何の制限もなかった。週労働時間が八五時間あるいは九六時間に及ぶこともあった。住込みの場合はさらにひどかった。賃金も安く、最初の数年間は無給の場合もあった。男女の賃金格差も大きく、例えば、服地商では一五歳から一九歳の平均男性賃金が週五シリングから一ポンドに対して、同年齢の女性のそれは週四～一一シリングだった(20)。

こうした状況の中で「新組合主義《ニュー・ユニオニズム》」の波は卸・小売業にも波及し、一八八九年には、連合商店員組合（United Shop Assistants Union）」が、九一年には「全国商店員組合（National Union of Shop Assistants）が結成された。ディルク夫人もこの組織化に加わり、これより先、一八九〇年一一月にリヴァプールの商店員組合の集会で司会をしたり、また翌九一年にはマンチェスターの集会で週一回半日休暇を与えるための動議に支持を与えている。この集会は「水曜日午後、全商店を休業にできるように、一般市民の共感と支持を得るため」に開かれ、マンチェスター主教が司会をした。ディルク夫人はこの中でとくに女性商店員に訴えかけ、一般の人びとの協力を求める前にまず女性店員たち自身が自らを助けるために組合に加わることの必要を説いた。組合は半日休暇を実現するだけでなく、さらに大きな仕事を達成し得ると彼女は述べた(21)。また、翌九二年三月には、カーディフの商店員組合集会で、「閉店時間繰り上げ運動」を支持するスピーチをしている。

こうして、ウェッブ夫妻が一八九〇年から三〇年間の最も著しい特徴は、女性労働者や未熟練労働者とともに、「黒い背広を着たプロレタリアート（black-coated proletariat）」(22)（商店員、事務員、郵便局員その他の政府従業員）の組合の成長を認めるような状況が生まれた。だが、全国で約七〇万人が、卸・小売業に雇用されていることを思うと、その組織率はまだかなり低い。九八年には全国商店員組合は各地に支部が四五もありながら、組合員総数はわずかに二三〇〇人だった。連合商店員組合もロンドンに五支部あったが、組合員数は不明だった(23)。タルボットはこの組織率の低さは、おそらくこの仕事が世間体がよく洗練されているために求職者が多くて競争が激しいことからきている、また、工場労働者のつくっている労働組合という形式に抵抗感があるためだと言う(24)。しかし、何らかの対策がたてられねばならなかった。一八九二年に政界に復帰したチャールズ・ディルクがその任に当ることになる。

ディルクは、サー・ジョン・ラボックの「閉店時間繰り上げ（Early Closing）」法案（閉店後の労働については規制していない）に対して、国家に規制力を与える法案を九六年に上程した。それには、全商店は毎日一定時間に閉店し、日曜日は全日休日とすること、商店が客に対して開業する最大時間は、食事時間を含んで週六〇時間とする。法定閉店時間後三〇分以後に店員を働かせることを違法とする。商店に雇用された女性および少女に対して休憩室を用意することなどが盛られていた(25)。同法案は九八年のＴＵＣブリストル大会でも支持されたが、いくつかの修正を加えながら法律として議会を通過したのは、ディルクの没年の一九一一年であった(26)。

④　労使調停法、一八九六年

労使調停法は前述のように、一八九〇年代に激しくなった労使間の紛争をストライキやロックアウトに訴えることなく解決しようとして生れた。そして、商務省に争議の調査や、その予防・解決をはかる権限を与えたのである。この法律が女性労働者にもつ意味は、争議の調停ばかりでなく、同法が調停を申請する場合は個人ではなく、団体でなければならないことを規定している点である。すなわち女性労働者が雇主の契約違反に対して、提訴したい時は組合を介さねばならないので、組合結成の刺激となったことである。弱く貧しい女性労組も、強く豊かな男性労組も同じ立場で提訴できることも女性には励ましであった。

以上、九一年にＴＵＣで法定八時間制が決議されて以来、労働界全体が国家の介入を求めていく過程で、女性労働者も男性以上に保護立法を要求していく経過をみてきた。それは工場法の改定による労働時間の短縮であり、衛生・安全設備の充実であり、また、賃金の正当な支払いであった。洗濯婦を工場法の保護下においたことも、また、商店法制定の基礎を築いたことも強い世論とともにＷＴＵＬの成果と言えよう。労働立法はさらに、九六年の物品賃金制度廃止法（Truck Act. 同法は商店員にも適用され、被雇用者の同意がない限り、罰金を課すことはできなくなった）、九八年の労働者補償法（Workmen's Compensation Act）、一九〇四年の家内労働規制法(Regulation of Conditions of Home Work Act) などに発展していったのである。

〔注〕

（1）Drake, op.cit., pp.27-28.ロンドンの洗濯婦の実態については、次を参照。松浦京子「ロンドンにおける既婚女性の賃金労働——一九世紀後半から二〇世紀初頭まで——」『西洋史学』一五二、一九八八年。

（2）Soldon, op.cit., pp.35-36.

（3）Margaret Hewitt, *Wives and Mothers in Victorian Industry*,(Westport〔Connecticut〕: Greenwood Press, 1958), pp.177-178.

フォーセット夫人は、予測される失業期間は未亡人や捨てられた妻、あるいは未婚の母たちには厳しいものとなるだろう、おそらく彼女たちは救貧法にその救済を求めるか、未婚の母の場合は、いっそうの惰落をもたらすことになろうと予言した。彼女の危惧は後に保険制度で解消されることになる。

（4）*WTUR*, no.13, May 1894.

（5）Ibid, no.18, July 1895.

（6）Ibid, no.20, Jan. 1896.

（7） *WTUR*, no.17, Apr. 1895.
（8） B. L. Hutchins & A. Harrison, *A History of Factory Legislation* (Westminster, 1907), pp.219-220.
（9） S. & B. Webb, *Industrial Democracy* (1897), pp.766-784.
（10） *WTUR*, no.29, Apr. 1898.
（11） Hutchins & Harrison, op.cit, p.220.
（12） *WTUR*, no.10, July 1892.
（13） Ibid., 1897,1898.
（14） Ibid, no.30, July 1898.
（15） Drake, op.cit., pp.19-20.
（16） *WTUR*, nos.33 ; 35, Apr. ; Oct. 1899.
（17） Lewenhak op.cit., p.80.
（18） *Fortnightly Review*, Oct. 1891; *WTUR*, no.3, Oct.1891.
（19） *WTUR*, no.1, Apr. 1893.
（20） Mary S. Talbot, 'Legislation for Shop Assistants', *WTUR*, no.29, Apr.1898.
（21） *WTUR*, no.2, July.1891.
（22） ウェッブ、前掲書、五八九-五九〇ページ、商店員組合の真の発展は、著者らも指摘するように、国民保険法制定（一九一一年）後である。同法は一六〇ポンド以下の所得の被雇用者すべてが、認可された何らかの組織に加入することを強制した。こうして全国商店員組合は一八九一年の創立後二〇年間に六万五〇〇〇人弱の組合員を擁することになり、一九二〇年代には一〇万人を超えるにいたった。
（23） Talbot, op.cit., p.7.
（24） Ibid.

(25) Margaret G. Bondfield, 'Proposed Legislation for Shops and Shop Workers', *WTUR*, no.33, Apr. 1899. ボンドフィールドは全国商店員組合創立以来、熱心な組合員であり、その後、労働党内閣の最初の女性閣僚となった。ディルク夫人の後を継いで、WTULの指導者になるメアリ・マッカーサーをディルク夫人に紹介したのも彼女である。

(26) Lee Holcombe, *Victorian Ladies at Work : Middle Class Working Women in England and Wales, 1850-1914*(Newton Abbot : David & Charles, 1973), pp.128-132. 全国合同商店員組合(National Amalgamated Union of Shop Assistants)はチャールズ・ディルクの永年にわたる功績をたたえて、ロンドンにあるその本部を「ディルク館」と名づけた。

5 「女性労働組合連盟(WTUL)」の国内・国際交流

労働組合会議(TUC)

WTULが最も深い関係を維持してきたのはTUCとの間においてであった。一八七六年に初代の指導者パタスン夫人がTUC総会に出席してから、WTULは毎年代表を派遣して女性労働問題を提起し続けてきた。しかし、八八年にまずC・ブラックが「ロンドン地区女性労働評議会」の代表としての参加を拒否され、翌八九年にイーディス・シムコックスがシャツ製造工女代表としての出席を認められなかった。ブラックは八七年以後WTULの書記であり、シムコックスは創立以来WTULの指導者の一人だったから、間接的には両者ともWTULの代表でもある。しかし、TUCは、ミドル・クラスの出身者がTUC総会に出席するのを好まなかった。後者の場合は、さらにシムコックスが第二インターナショナルに熱心であったことが反発を招いたようである(1)。WTULと直接的な関係はなかったが、マルクスの末娘のエイヴリング夫人が一八九〇年に出席を拒否されたのも同じ理由からだったと思われる。

こうして、ＴＵＣの正式な席から追放されたミドル・クラス出身の女性指導者たちは、その後は来賓または傍聴者として総会に出席した。彼女たちの関心の中心はＴＵＣ総会中に同時に開催される「女性会議」に注がれるようになった。「女性会議」は総会開催地で行なわれたから総会に出席する勤労女性はもちろん、女性労働問題に同情的な男性の代表者たちをも招待することができた。総会という大きな集会では討論できないような女性に特有の問題を、ここではとりあげて討議し、男性の理解を得ることができた。女性側からすれば、男性の見解を知り、助言を得る機会ともなった。また、開催地およびその周辺で働く女性も参加できたから、同地の女性の組織化に役立ったことも前述の通りである。

「新組合主義《ニュー・ユニオニズム》」の台頭以来、ＴＵＣは大きく左傾化した。法定八時間制が支持されたり、九三年には「生産・分配・交換手段の集団所有と集団管理」を求める候補者のみを国政選挙の際支持する決議が採択された。これは明らかにＴＵＣにおける社会主義の勝利であり、これをもたらしたのは社会主義者が支配する各地の労働評議会からの代表者たちだった。議会委員会を支配する大組合の指導者たちがこれを認められないのは当然である。彼らはまき返しをはかって、ＴＵＣの組織を変更し、一八九五年に各地区の労働評議会代表を追放することに成功した(2)。労働組合の調整機関という労働評議会と同様の性質をもつＷＴＵＬの運命も同じであった。したがってＷＴＵＬの方針はその後は加盟労組からの代表を通して、ＴＵＣ総会に出されることになった。

「女性会議」の前日に行なわれるＷＴＵＬの評議委員会（Committee of Councils）が重要な意味をもつのも上記のような経緯においてである。同委員会には議会委員会議長で繊維労組のＤ・ハウムズやＡ・ジーがいたから、ＴＵＣへのパイプはつながっていたし、各地に女性の組織を広げていくにも大きな力となったのである。この点についてのディルク夫人の活動、その他については、前述の通りである。

女性協同組合ギルド（Women's Cooperative Guild, 以下ＷＣＧと略）

ＷＴＵＬとＷＣＧとの関係も密接に保たれていた。この関係は一九〇六年に労働党が誕生し、その婦人部ができると、それをも糾合して発展した。ＷＴＵＬ、ＷＣＧ、それに労働党婦人部はこれ以後連携して女性問題の解決にあたるが、これら三者の活動については次章にゆずりたい。

女性協同組合（ＷＣＧ）は一八八四年オクスフォード大学の教師エクランドの妻アリス（Alice Acland, 1849-1935）によって始められた。男性中心の協同組合が、一九世紀なかばにロッチデールで成功して以来、各地に広がっていたが、この運動を女性の中にもとり入れようとするものであった。ＷＣＧの初期の態度はエクランド夫人のそれを反映して道徳的なものだった。女性の領域は家庭であり、良き主婦・良き協力者であることが求められ、ＷＣＧの支部でも洋裁や家庭医療クラスなどが開催された。したがって、当時盛んだった女権運動とは一線を画していた。しかし、一八八九年にＭ・Ｌ・デイヴィス*（Margaret Llewelyn Davies, 1861-1944）が書記長に就任すると、ＷＣＧの運動は家庭と協同組合の内部にのみとどまっていなかった(3)。

ケンブリッジ大学のガートン・カレッジを創立したエミリィ・デイヴィスを父方の叔母にもち、二人の兄がバートランド・ラッセルと親交のあるような家庭に育ったマーガレットは社会問題に深い関心をもっていた。ケンブリッジを卒業すると、父に影響されて協同組合運動に参加した。彼女は労働者は金持によっては助けられないから、自らを助けねばならないと信じていた。しかし、同時にＷＣＧがミドル・クラスの指導下にある現実もわきまえて、その中で敢えて労働者の代弁をしたのである。彼女は一八九一年のＷＴＵＬの年次大会で、協同組合運動と労働組合運動との深い関係について述べた。後者が働く人びとの労働条件の改善のためにあるなら、前者は消費者の立場の改善に向けられている。あなた方がもし、改めたいと思っているような条件下で生産された商品を買い求めるとしたら、それはあなた方の大義に反することにならないかと論じた。賃金をはじめ公正な労働条件下で生産された商品を売る協同組合と、労働組合との連携の必要性はこの点にあると指摘して、デイヴィスは両者の協力はもちろん、さらに発展して、異なるさまざまな労働運動のすべての連合を訴えた(4)。その影響でWCGは内務大臣に工場法の改正にあたって、洗濯婦を工場法の対象とすること、外注者の責任を明示することなどの請願も行なった(5)。他方、WTULもWCGの年次大会には代表を送って、連帯を深めたのである。

国際機関

一八八〇年代のおわりには、ヨーロッパ大陸で再び社会主義が高揚し、八九年にはついに国際的な労働者の組織である第二インターナショナル（新国際社会主義労働者会議）が創立された。しかし、同会議は産業組織というより政治組織で、TUCの指導者の多くはこれとは無関係だった(6)。WTULと第二インターナショナルの関係も同様で、一人か二人の代表者を派遣しても、それがWTUL全体の政策に大きく影響するということはなかった。

同会議第一回大会はパリで八九年七月一四日から二〇日まで開催されたが、ここに到るまでには多くの困難があり、最終的には二つの種類の社会主義者の分裂大会になってしまった。すなわち、フランスの改良主義者とマルクス主義者が主導権をめぐって激しく対立し、一時は統一の可能性もみえたが、ベサント夫人の強い反対にあって挫折したのである。イギリス側でフランスの改良主義者に協力したのはアドルフ・スミス・ヘディングリーだった(7)。WTULからの代表はアドルフ・スミスだったから、おそらく同一人物と思われる。後者は一八八六年にWTULがその後の活動方針について討議した際、WTULがもっと明確な政治行動をすべきことを主張した人物だった。

もう一人はWTULの古くからのメンバーであるE・シムコックスで、彼女はロンドン地区女性労働評議会を代表して出席した。彼女は「すべての国の労働者党が両性の労働者の間に労働組合をつくるよう支援する」との決議を上程して、万場一致で採択された(8)。他方、マルクス主義社会主義者大会では、クララ・ツェトキンが七月一九日、「婦人労働の問題を原則的立場から仔細に吟味」(9)する演説を行なった。彼女は、女性労働問題をとり上げる理由を、「国際労働者大会が原則問題を論ずることによって、この問題に関してきわめて明瞭に見解を示すことがぜひとも必要であるにもかかわらず、これについてはまったく明らかになっていないからだ」(10)と述べ、「反動分子が婦人問題について反動的見解をもつことは驚くにあたらない。ところが全く心外なことは、社会主義の陣営内においても、婦人労働の廃止を要求するあやまった見解にでくわすことである」(11)と語って、社会主義陣営内での女性労働についての正しい認識を要請したのである。創立大会はこの要請をうけて、労働者保護法にかんする一二項目の決議の中に、「……(d)その経営様式が、婦人の身体に特別悪い作用を及ぼす産業部門における婦人労働の禁止、(e)婦人と一八歳以下の青年労働者の夜業の禁止……」(12)を入れ、「大会はさらに、婦人労働者を、労働者の戦列の中へ、同じ権利をもつものとして参加させることが労働者の義務であることを宣言する。また、原則として、両性の労働に対する同一労働同一賃金……を要求する」(13)と決議したのである。

第二インターナショナル第二回大会はブリュッセルで九一年八月一六日から二二日まで開かれた。第一回の分裂大会とは異なり、各派完全な平等というマルクス主義者の提案した条件で、統一集会が開催された。WTULからは再びA・スミスが代表として派遣された。大会で、女性代議員たちは、万国の社会主義政党が両性の完全な同権の実現をその綱領の中に明記すること、また、当面「民法ならびに政治的領域において、女性に男性と同じ権利をみとめること」という決議を出して、採択された。

第三回大会も分裂を回避して、九三年八月チューリヒで開かれた。TUCも代表を送り、八時間労働制を国際的に確立するための討議に積極的に参加している(14)。しかし、WTULの代表はこの大会にも次の第四回ロンドン大会にも、出席していないようである。

ロンドン大会は九六年七月二六日から八月一日まで開かれたが、女性労働問題は大会ではとり上げられず、七月三一日に女性代表のみで開かれた私的な特別会議で討議された。会議には、イングランド、スコットランド、ドイツ、ベルギー、オランダ、ロシア、アメリカ、ポーランドから約三〇人の代表が出席した(15)。ヒックスが女性の労働組合運動への参加について基調報告を行なったが、彼女はＷＴＵＬのライヴァルである「女性労働組合協会」のメンバーで、イギリス製綱労働組合書記をしていた人物である。会議の参加者たちは、その後「女性に男性とともに単一の労働組合に加盟するようによびかけ、また、社会主義政党が女性労働者の中での活動を強化して、女性労働者を階級闘争に参加させる必要を訴えた」(16)。しかし、この後第二インターナショナルの女性会議は一九〇七年のシュツットガルト大会まで立ち消えとなる。

この間、九七年にＡ・スミスらはスイス労働者連盟（Swiss Workers' League）の主催になるチューリヒ労働者会議に出席した。この会議は政治的・宗教的信条の如何にかかわらず、労働時間の法的制限、日曜労働の禁止、女性や青年および子どもたちのための特別保護法の制定など国家介入による労働者階級の保護を求めるすべての労働者組織とクラブに開放された。ヨーロッパの大抵の国からおよそ五〇〇人の代表が集まり、イギリスからはＳＤＦのＨ・クウェルチ（H. Quelch）、Ｂ・バックス（Belfort Bax）、Ａ・スミスが、ロンドン地区労働評議会からはジェームズ・マクドナルド、ガス工組合からはピカードが、ＷＴＵＬの代表としては、マッチ製造工組合のＨ・バロウズ（Herbert Burrows）らが出席した。イギリスの代表が少ないのは、おそらくＴＵＣバーミンガム大会が近いためと推測された(17)。

議題は、(1)日曜労働　(2)青年と子どもの労働　(3)女性労働　(4)青年男性労働　(5)夜業と不健康産業における労働　(6)保護労働立法を獲得するための方法だった。女性労働問題については、カトリック代表が工場からの女性労働の撤退を強く主張したのに対し、イギリス代表は家内労働の全面的廃止を訴えた。後者はドイツのリリィ・ブラウン（ドイツ社会主義女性運動の日和見主義的代表者と言われる）の協力で原則的には受け入れられたが、ドイツ社会民主党のフォルマーは海外の多くの地域が家内労働に依存していることを理由に反対した。結局、決議では、「大会は、家内労働の中に、社会的・衛生的見地から見て悪い影響を及ぼす生産方法を見出す、それは同時に女性労働者の団結や保護立法のための大きな障害になっている」という表現になった。その他、女性のための最高労働時間八時間、週四四時間、出産前後計八週間の就業禁止、この間少くとも賃金と同額の保証を国家または自治体から得る、同一労働同一賃金、両性の夜間労働の廃止、女性、青年、子どもの超過労働および不健康業務への就労禁止、規則にきびしい工場監督官の任命（イギリス代表は、両性の、そして、できる限り労働者自身によって選ばれた監督官とするという条項を挿入させた）、労働者の団結権と労働組合に対する公式の承認を求める、などが決議として採択された。

大会に出席したバロウズは、基本的な労働問題はどこでも同じであり、保護立法はどこでも緊急なものであることを痛感した(18)。事実同大会での決議は九三年の第二インターナショナル、チューリヒ大会のそれと大筋においては同じであった。

ＷＴＵＬはこうして第三回大会以後、第二インターナショナルからは脱落するが、同会議の唯一の具体的成果と言われるメーデーの示威集会には参加した。九三年のハイド・パークの集会ではＷＴＵＬの代表が演説したし、九五年のメーデーでは、八時間労働制要求デモで独自の演壇を許され、ミス・マーランドが司会をして、製陶業中心地へンリィのＷＴＵＬメンバーであるミス・ベッドノルやミス・ブラウンらが演説をした(19)。

九六年に第二インタナショナル第四回大会がロンドンで開かれた時、イギリスの労働組合指導者たちは、その会議の無秩序ぶりにあきれた。と同時に、自分たちの産業問題に対する態度が「実際的で、理論的なものではない」(20)ことにむしろ誇りをもったといわれる。WTULの見解もほぼ同様であった。第二インターナショナルから離れていったのもおそらくこれが原因であったと思われる。

以上、WTULの国際機関との関係を述べたが、国内の他の組織との連携については、女性協同組合ギルド（WCG）のほかに、女性自由協会（Women's Liberal Association）、フェビアン協会、キリスト教社会連合（Christian Social Union, 社会問題に関心をもった国教会内のグループ）、ロンドンやマンチェスターの女性労働評議会などをあげることができる。これらは労働問題に深い関心をもったミドル・クラスの組織と、労働者階級自身のものである。ディルク夫人やミス・タックウエル、ミス・ラウトリッジらは、これらの組織やその他の場所で講演し、女性労働問題について人びとの理解を求めるとともに、工場法の改正やその他の保護立法の制定にむけて啓蒙活動を行なったのである。

まとめ

WTULは組織の拡大を通して女性労働者の賃金や労働条件の改善に努めるとともに、他方では、保護立法を求めて積極的に議会でのロビー活動を展開するという二つの作戦をとってきた。その過程で男性の労働運動指導者との協力関係も生まれた。WTUL第一期の指導者パタスン夫人がTUC内に女性の労働問題の存在を認識させたとすれば、ディルク夫人はそれをさらに一歩進めて、TUCの指導者とともに女性の組織化を促進した。その場を提供したのが、TUC総会中に同じ都市で開かれた女性会議であり、その前後に開催された私的な集まりであった。これは、女性問題が当時TUC総会で、真正面からとり上げられなかったことの反映である。しかし、女性の組織化という地味で具体的な問題の解決にはそのほうがむしろ適していた。現在でも女性会議が——形態は少し変ったが——続いているから、やはりこの面でのディルク夫人の功績は大きいと言わねばならない。

保護立法については、パタスン夫人は反対だったし、その後もまだミドル・クラスの「平等派」フェミニストたちの中に強い反対があったことを思うとディルク夫人とWTULの活動は先駆的だった。その背景としては二つの理由が考えられる。一つは組織化が困難なために、労使間の交渉で問題を解決できない職業では、国の力に頼らざるを得ないということであり、もう一つは当時一般的に「レッセ・フェール」が放棄され、国による集産《コレクテ》主義《イヴィズム》的政策を求める風潮が高まってきたことである。イギリス流「社会主義」の建設をかかげるグループもあった。女性問題の解決にも国家介入を求めたり、あるいは社会そのものの改革の中で女性の生活と地位を向上させようとする「社会派」フェミニズムが再び台頭した。一九世紀初頭に理論として生れた「社会派」フェミニズムは半世紀後に、現実問題の解決の理論として、より多面的な様相を呈するようになった。もっとも運動の担い手たちは必ずしもそれを意識したわけではなかった。そのため、「社会派」フェミニストの中には自由主義急進派から「社会主義」者まで広範な人びとを含み、ディルク夫妻は前者に属していた。後者に属したフェビアン協会のウェッブ夫妻らはディルク夫妻らとともに種々の保護立法や社会立法の実現に大きな貢献をした。ただ前者が調査・研究を通して社会政策を提案したのに対し、ディルク夫人のWTULは女性労働者の組織化という女性労働者との不断の接触の中から、国への要望を提出していったのである。

〔注〕

（1） *Manchester Guardian*, 5. Sept.1889. K. A., Mckenzie, *Edith Simcox and George Eliot* (Oxford 1953), p.56. に引用。

（2） Pelling, op.cit., p.105.

改正された主な点は、⑴代表者は組合員一〇〇〇人に対して一票の投票権をもつ。⑵労働評議会の代表は、組合の代表と重複するので認めない。⑶その職場で働いていない代表およびその職場の恒久的な有給組合役員以外はその職場を代表できない、である。

（3）Jean Gaffin, 'Women and Cooperation', in *Women in the Labour Movement : The British Experience*, ed. by Lucy Middleton（London : Croom Helm, 1977）pp.118-119 ; J. M. Bellamy & J. Saville, *Dictionary of Labour Biography*, (London: Macmillan, 1972), vol.1, pp.96-99, なおWCGに関しては次を参照。J. Gaffin & David Thoms, *Caring & Sharing : The Centenary History of the Co-operative Women's Guild* (Manchester: Co-operative Union, Ltd.,1983).なお、WCGに関する基本的文献としては、M. L. Davies, *The Women's Co-operative Guild, 1883-1904*, 1904 ; Do, ed. *Maternity : Letters from Working Women*（1978, First published 1915); Catherine Webb, *The Woman with the Basket : The History of the Women's Co-operative Guild 1883-1927*, 1927. 日本語文献としては、大森真紀「イギリス女性協同組合運動——Women's Co-operative Guild, 1883-1921——」『佐賀大学経済論集』第一四巻三号（一九八二、三）。水田珠枝「協同組合女性ギルド書誌」『社会科学論集』（名古屋経済大学・市邨学園短期大学）第四六—四七号、（一九八八、一一、一九八九、三）が有益である。

（4）*WTUR*, no.4, Jan. 1892 および M. Llewelyn Davies, *The Women's Co-operative Guild, 1883-1904*（Kinkly Lonsdale, Westmorland, 1904）参照。

（5）*WTUR*, no.18, July 1895.

（6）Pelling, op.cit., p.116.

（7）都築忠七『エリノア・マルクス　一八五五—一八九八　ある社会主義者の悲劇』（みすず書房、一九八四年）二二四ページ。

（8）*The Women's Trades Union Provident League, The Sixteenth Annual Report*, July 1890.

（9）川口和子、小山伊基子、伊藤セツ『国際婦人デーの歴史』（校倉書房　一九八〇年）、一三ページに引用。

（10）同右。

（11）同右。

(12) 同右書。一四ページに引用。
(13) 同右。
(14) 都築、前掲書、二五四ページ。
(15) 川口他、前掲書、一六ページ。
(16) 同右。
(17) Herbert Burrows, 'The Zurich Labour Congress', *WTUR*, no.27, Oct. 1897.
(18) Ibid.
(19) *WTUR*, no.18, July.1895.
(20) Pelling, op.cit., p.117.

第Ⅲ部　女性運動の苦闘とフェミニズムの高揚

第五章　イギリスにおける二〇世紀初頭の女性労働運動の進展

1　女性一般組合の創設――「全国女性労働者連合（ＮＦＷＷ）」一九〇六年

メアリ・マッカーサーとＷＴＵＬ

イギリスで労働組合がいつ社会的に公認されるようになったかについてはさまざまな見解がある。その第一は、労働組合が法律上認められるようになった一八七〇年代前半とするものであり、第二は、未熟練労働者にまで運動が拡大した八九年代とみなし、第三は第一次世界大戦期、第四は第二次世界大戦期とするものである(1)。いずれの時期も労働運動が高揚した時期だが、女性労働組合の成長もまさにこれらの時期に見出せる。前章で見たように、エマ・パタスンがＷＰＰＬを結成して、シャツ・カラー、帽子製造工女などの小さな組織をつくったのは一八七四年である。しかし、このＷＰＰＬは当時女性の労働運動について「さびれた中心地《デッド・センター》」(2)といわれたロンドンを活動の舞台にしていたために、大きな前進をとげることはできなかった。八九年に「新組合主義《ニュー・ユニオニズム》」が台頭すると、未熟練労働者である女性も多数、「新組合《ニュー・ユニオン》」に吸収されていく。この過程が第二の見解に相当するものだが、WPPLもWTULと改名して、活動領域もロンドンから地方へ、また女性のみの組織から男女混成の組織づくりへと広がっていった。ディルク夫人をリーダーとして女性労働者の多い繊維工業地域での活躍が目立った。さらに、第三の見解を支持する事象としては、WTUL第三期（一九〇四～二一年）の発展をあげることができる。これはメアリ・マッカーサーがリーダーとして活躍した時期であり、本章の対象とする時代である。マッカーサーはまた、一九〇六年に女性の一般組合である「全国女性労働者連合（National Federation of Women Workers, 以下NFWWと略）」を創設して、その書記長をも務めた。産業構造の変化によって、繊維工業の地位が相対的に低下し、機械工業や食品加工業の地位が上り、公務員、事務員、商店員などのホワイト・カラー（むしろ、ホワイト・ブラウス）が増加すると、活動領域もイギリス北部からバーミンガムを中心とするブラック・カントリィやロンドンへと移っていく。「さびれた中心地」のロンドンがやがて活性化されていく時期である。

このWTUL第三期に活躍したメアリ・マッカーサー(3)は一八八〇年に、支店を数カ所にもつグラスゴウの富裕な服地商の家に生れた。地元の女学校に通った後、家族がエア（Ayr スコットランド）に移住すると、翌九六年には、さらに教育をうけるためにドイツに渡った。一年後に帰国してから一時父の簿記を手伝ったが、この経験は後にWTULの財政建て直しに大いに役立った。父は保守党員で、プリムローズ・リーグの指導的な人物であった。一九〇一年二月、エアで、組合をつくるための店員たちの集会が開かれると、彼女はここに地方の保守的な新聞から頼まれて出席した。もともとこの集会を風刺する記事の執筆を求められたのだが、店員たちの苦しい実情を知るに及んで、彼女は保守主義から労働組合主義《トレード・ユニオニズム》に転向したのである。当日の弁士のジョン・ターナーは、会場となった陰気な雰囲気のただよう学校の教室に、若い華やいだ女性たちが集まっていたことをおぼえている。その真中に明るく陽気に笑っている金髪の少女がメアリだったわけである。集会後彼はただちにこの女性たちに組合に入るようにすすめた。メアリは父が雇主であることから自分には入会資格がないと思っていたらしい。しかし、店員たちの苦悩を訴え、労働組合の必要を感動的に語ったターナーからすすめられると、彼女は若い女性はみな入るべきだとして加入した。娘の組合加入を父親が好まなかったのはもちろんだが、あえて反対はしなかった。彼女はやがて店員組合のエア支部長になり、「安定した気楽なミドル・クラスの家庭を捨て、労働組合の組織者としての忙しく多難な生活」(4)にとび込んでいくのである。

翌一九〇二年彼女は店員組合スコットランド地区評議会議長に選ばれ、同年マンチェスターで行なわれた年次大会でマーガレット・ボンドフィールドに会った。そして、彼女によってディルク夫人に紹介され(5)、翌三年、国民健康委員会の女性委員となって辞任したM・ウィルスン（Mona Wilson）の後を継いでWTULの書記に就任したのである。

ルーウェンハック女史はメアリのことを次のように語っている。

彼女はエマ・パタスンのように温和でもなく、また、マーガレット・アーウィン（Margaret Irwin　スコットランドTUCで活躍）のように、独力で事実を積み上げていく持続性もきらめくような知性ももち合わせていなかった。だが、彼女は決断力と勇気の両方を兼ね備えていた。情にもろくて、興奮しやすく、また、激情的で気力にあふれ、仲間や労働者をその熱意でひきつけた。その上心が温かく、素朴だったが、そんな彼女の資質は著述を主とするフェビアン協会の人びとにとっては鼻先であしらってよいようなものであった。けれども、こういった資質こそが、彼女の組織をつくるすぐれた才能の原因であり、彼女があれ程に多くの支持者を、働く男女の間にもっていることの理由である。彼らは彼女を「われらのメアリ」と呼んだ。彼女は決して彼らを行き倒れるままにはしておかなかった。どんなに天候が悪かろうと、工場の入口での集会に招かれると、たとえ、止まって耳を傾ける人がいなかろうと彼女はそこに出かけて話をした(6)。

この金髪の、バラ色の頬をした女性が「WTULを、事実調査と統計表製作者という貴婦人的な、なかば博愛主義的なグループから、会員を二年間に五万人から七万人にダイナミックに増大する組織に変えたのである」(7)。事務所も彼女が書記に就任した時は、電話もタイプライターもない貧弱なものであったが、やがて整備され、財政も彼女の簿記の経験を生かして建て直された。四年には、ガートルード・タックウェル(G.Tuckwell)も叔母のディルク夫人の死後、委員長のポストを継いだ。WTULは依然としてミドル・クラスの女性たちの指導下にあり、国会へのパイプ役はディルク夫人の夫のサー・チャールズ・ディルク(自由党急進派)が演じていた。だが、C・ディルクはタフ・ヴェール判決を労働組合の危機としてとらえており、キア・ハーディらとともに同判決を無効にするための法案づくりに奔走していた(8)。したがって、彼自身はすでに労働側寄りの姿勢をはっきり示していたのである。マッカーサーと独立労働党との関係もWTULをいっそう労働者階級のものとしたと言えよう。

マッカーサーは書記長就任後、連続してTUC総会に出席した。だが、一八九五年のTUC規約の変更によって、労組の上部機関は代表権を失なったために、WTULの役員は来賓かオブザーヴァーにすぎなかった。しかし、彼女は、WTULの傘下にあるロンドンの製本工、事務員、仕立工とアウルダムの織布工代表のわずか五人が女性代表だったことや、タフ・ヴェール事件をめぐる論争などを機関誌に報告している(9)。また、ロンドン地区労働評議会執行委員としても活躍した。

彼女の集会への参加日記も、WTULの機関誌の中で多くのスペースをさいている。全国各地での一週間に及ぶオルグ活動を中心に、彼女の訪れた所はダンディからブリッドポートまで全国にまたがった(見返しの地図参照)。集会参加は三カ月間で五〇数回にのぼることもあった(10)。活動対象は郵便・電信事務員、電話交換手、事務員、協同組合従業員、商店員、織布工、紡績準備工、靴下編工、製靴工、印刷工、製陶工らである。そのうち、リトルバラー（Littleborough）では、一五〜五〇％の賃金引下げに脅やかされていた二〇〇人の靴下編工女の組織化に成功した。中部地域では靴下編みおよび靴職人の間に、ダンディーではジュート労働者の間に、また、ロンドンでは仕立工女と電話交換手の間に組織がつくられた。

ＮＦＷＷの創立

しかし、マッカーサーの本格的な活動が始まったのは一九〇六年のＮＦＷＷの創立以後だった。折しも労働党の議会への進出やタフ・ヴェール判決を無効にする労働争議法（Trade Disputes Act）[11]の制定がみられ、労働界は新しい時代を迎えていた。一〇年には労働組合員は二六〇万人に増え、組織率は六人に一人（男性の肉体労働者の場合は四人に一人、女性の場合は一八人に一人）となった。こうした労働者階級の台頭に対し、自由党は彼らの関心をひくために、時には彼らからの圧力によって、いくつかの決議や政策をうち出した。それらは不十分なものではあったが、多数の女性を含む低賃金労働者にとって一定の前進とみることができよう。まず、一九〇九年に下院では「公正」賃金決議が通り、政府事業の契約者たちは「公正」賃金を従業員に支払うことを要請された。また同年「最低賃金法」と「労働災害補償法」が、そして、一一年には「国民保険法」が議会を通過して、いわゆる「リベラル・リフォーム」が実施された。一方、一九一一〜一四年に未曽有の社会不安――アイルランドの独立抗争、女性参政権運動、および各地の労働争議――をみたことは女性労働者の組織化に大きな刺激を与えた。また、第一次世界大戦も女性労働運動にとって、その発展の重要な一つの契機となったのである。

マッカーサーがＮＦＷＷを結成したきっかけは、ダンディー（スコットランド）のジュート労働者の争議だった。「繊維労働者が多数雇われている地域で、これ程おくれた所を知らない」[12]とマッカーサーが驚いたほどダンディーは貧しかった。ジュート労働者たちは五％の賃上げを要求してストに入り、会社はこれに対してロック・

アウトを宣した。彼女たちには、もちろん闘争資金も組合もなかった。援助要請を受けたマッカーサーは雪の降る三月ロンドンを発ってダンディーに向かった。一週間の滞在中彼女は精力的に同地にある各工場の労働者代表や地区労働評議会委員あるいはその他の労働団体の人びとと協議した。そして、長びくジュート労働者たちのストライキを援助するため一〇〇ポンド送ってほしい旨の電報を打つが、タックウェル嬢はそれだけの資金をまかなうことができなかった。争議は失敗に終わった。しかし、二〇〇〇人以上に及ぶ労働者の集会に出席して、彼女はWTUL傘下の「ダンディーおよび周辺地域ジュート・亜麻労働者組合（Dundee and District Jute and Flax Workers Union）」の結成に成功したのである(13)。財政援助を求めるアピールを出し、また、争議費用を融通し合うための一種の保険機関である「一般労働組合連合（General Federation of Unions）」に加盟させることによって、財政的な裏づけをはかった。組合員数は約三〇〇〇人だった。当地では、すでに一八八〇年代にTUC総会が開かれた時、ディルク夫人が女性労働者を激励したことがあったが、この組合は後に組合執行部に女性を進出させるまでに成長するのである。

マッカーサーがこの経験から学んだことは、労働運動には当然のことながら財政基盤の安定が必要だということである。だが、WTULの加盟組合は綿工業を除いて、規模も小さく、存立も不安定であった。地方で闘う小さな組合は「労働条件を改善するのに何か実際的なことができる立場にはない。地方支部をもった全国的な組織こそが雇用者と有利に交渉できる」(14)。資金もいっそう潤沢になる。こうして労働組合がないか、あるいは、あっても女性の加入を認めない職場で働く女性なら誰でも入れる一般組合のNFWWを結成したのである。もちろんNFWWはWTULの有力加盟メンバーになり、ダンディーの組合と同様に前記「一般労働組合連合」にも加入した。マッカーサーが委員長に就任したが、一九〇八年には書記長になり、WTUL委員長のタックウェルがNFWWの委員長を兼任することになった。WTULの三人のメンバーがNFWWの執行委員会の諮問委員として加わり、また、労働組合に同情的な人びとが、投票権はないが、名誉会員として加わることによって二つの組織の連携がはかられた。「これはできるだけ多くの組合と友好関係を促進しようとして意図されたものである。けれども、時に、ミドル・クラスの人びとの指導について、軽蔑的な批評が聞かれた。とくに、同じような貧しい低賃金労働者をメンバーとしようとして争っている他の一般組合はＮＦＷＷに対して批判的だった」(15)。

ＮＦＷＷ設立後、早速エディンバラの紙袋製造工たちによる賃金引下げに反対する争議が起きた。少女たちは八週間のストライキをして、勝利をおさめ、ＮＦＷＷの最初の支部となった。ひきつづきアバディーン、ハル、ロンドンなどに支部を設け、一年後にはイングランドとスコットランドで一七支部、二〇〇〇人の組合員を擁するまでに成長した(16)。

翌七年には月刊（のちに週刊）の一ペニィ機関誌『女性労働者（*Woman Worker*）』が刊行された。女性指導者らのポートレート記事をのせたり、ラムジィ・マクドナルド夫人の「女性労働連盟（ＷＬＬ）」の活動記事をシリーズで掲載したりして、九年には二万八〇〇〇部の発行部数を数えた(17)。だが、同年マッカーサーの多忙から編集が独立労働党系の新聞『クラリオン』の編集者であるブラッチフォードに移ってからは、ジュリア・ドーソン、ウィニフリッド・ブラッチフォードと編者が代り、その都度編集方針も変わった。なかには、匿名で『女性労働者』の編集は「子やぎの革手袋をはめ、えりを立ててやっているようだ。私は同じような緊張といらだちを貴婦人たちの居間で感じたことがある。自分にはバラックの部屋こそ向いている。『クラリオン』の編集の方がよい」(18)と言ってやめていくものもあった。ＷＴＵＬと同様にミドル・クラス女性によるＮＦＷＷの指導に抵抗を感じたのであろう。『女性労働者』は、このように、決して首尾一貫した整然とした機関紙ではなかったが、一六年にマッカーサーが再度編集を担当するようになると、ようやく体裁を建て直すことになる。

〔注〕

（1） H.A.Clegg;Alan Fox;A.F.Thompson, *A History of British Trade Unions since 1889*, vol. I. 1889 - 1910(Oxford : Clarendon Press, 1964), p.483.

（2） Teresa Olcott, 'Dead Centre : The Women's Trade Union Movement in London, 1874 - 1914', *London Journal*, (May 1976).

（3） メアリ・マッカーサーについては、Mary A.Hamilton, *Mary Macarthur : A Biographical Sketch* (Westport〔Connecticut〕: Hyperion Press, Inc.,1976, First published 1926). 大森真紀「イギリス女性労働組合主義の確立――メアリ・マッカーサーの生涯と思想――」『日本労働協会雑誌』一九七九年八月号参照。J.M. Bellamy ; J.Saville, eds., *Dictionary of Labour Biography*, vol.II,(Macmillan, 1974).

（4） B.C.Robert, *The Trade Union Congress, 1868 - 1921*(London : George Allen & Unwin, Ltd.,1958), pp.216-217fn.

（5） Margaret Bondfield, *A Life's Work* (London : Hutchinson & Co.,1950), p.53.

（6） Shiela Lawenhak, *Women and Trade Unions : An Outline History in the British Trade Union Movement* (London : Ernest Benn, Ltd., 1977), p.114. なお、M・アーウィンのスコットランドにおける活動については次を参照。E. Gordon,op.cit., pp.31-2, 154-5.

（7） Soldon, op.cit., p.55.

（8） *The Women's Trade Union Review*（以下*WTUR*と略）nos. 45 & 58, Apr. 1902 & July 1905. 一九〇〇年のタフ・ヴェール事件とは、南ウェールズのTaff Vale鉄道会社従業員の争議行為に対する会社側の損害賠償請求が認められた事件をさす。本件については松村氏が一次資料に基づく詳細な研究を発表している。
松村高夫「タフ・ヴェイル判決とイギリス鉄道労働運動」(I)―(IV)『三田学会雑誌』七九巻五号―八三巻二号、一九八六年一二月―一九九〇年七月。

（9） *WTUR*, no.51, Oct. 1903, 一九〇四年の総会には、マッカーサーは事務員組合の代表として出席した。*WTUR*, no.55,

Oct. 1904.

（10）*WTUR*, no.56, Jan.1905.

（11）タフ・ヴェール判決を無効にするもので、これによって組合活動のための法律的枠組ができた。労組の望むものをすべて与えたといえる。Clegg, op.cit., vol. II, p.12.

（12）M.A.Hamilton, op.cit., p.52.

（13）*WTUR*, no.61, Apr.1906.

（14）Barbara Drake, *Women in Trade Unions* (London: Virago, 1984, first published 1920), p.45. これに対して、ホブズボームは一八九二年以後「一般組合」が保守的となり、女性の組織化に失敗したために、ＮＦＷＷが結成されたとしている。E. J. Hobsbawm, *Labouring Men : Studies in the History of Labour* (London : G. Weidenfeld and Nicolson, 1964). 鈴木幹久・永井義雄訳『イギリス労働史研究』（ミネルヴァ書房、一九六八年）、一七六〜一七七ページ。

（15）Lewenhak, op.cit., p.116. 類似の一般組合としては、①National Union of General Workers（一八八九年設立）、女性組合員四〇〇〇人（一九一四）、同六万人（一九一八）、男女計三五万人（一九一八）、②Worker's Union（一八九八年設立）、女性組合員七五〇〇人（一九一四）、同八万人（一九一八）、男女計四〇万人（一九一八）がある。Barbara Drake, op.cit., 1920, 巻末附表参照。生粋の労働者で、組合指導者にまでなる最初の女性、ジュリア・ヴァーリィは最初はＮＦＷＷのスタッフの一員として組織化に努めるが、後にトム・マンによって創設されたWorkers' Union に加わった。

（16）Drake, op.cit., p.46.

（17）*Woman Worker*, vol.III, no.6, Feb.10, 1909.

（18）Ibid., vol.IV, no.2, July 14, 1909.

2　女性苦汗労働と最低賃金法の制定

賃金委員会法の制定

ＮＦＷＷの創設とならぶ一九〇六年以後のマッカーサーのもう一つの大きな仕事は、「苦汗産業展示会」の開催と、それに続く「苦汗労働反対連盟（Anti-Sweating League）」との活動である。これによって、彼女は「賃金委員会法（Trade Boards Act『最低賃金法』とも訳される）」の制定を導くことができた。

同法の制定と実施までには三つの段階があった。まず第一に苦汗労働の存在と害悪について人びとを啓蒙することであり、第二にその解決策を求め、第三にその実施を確実にすることであった。マッカーサーはこれらのいずれの段階でも重要な役割を果たした。それは長年の女性労働者の組織化の経験から、彼女は女性の低賃金が組織化を困難にし、また組織率の低さが女性の低賃金をもたらしていることを知っていたからである。

とくに世紀の変わり目頃から実質賃金が低下し、一九〇二～四年には失業者も増加したから(1)、低所得階級の家庭の主婦はいっそう苦汗労働へと追いやられた。実質賃金の低下の幅は熟練労働者の方に大きかった。しかし、もともと熟練労働者（労働貴族）と不熟練労働者との賃金格差が大きかったから(2)、実質賃金の減少は後者にとくに大きな影響を与えたと思われる。こうした状況の中で家計補助のために主婦たちはいっそう賃金労働の職を求めたのである。

では、前世紀末から問題になっていた苦汗労働はいかにしたら改善することができるだろうか？　前章でもみたように、地方自治体は家内労働者の仕事場の住所の届け出を発注者の義務にすることによって、仕事場の衛生管理を発注者の責任にした。また、家内労働者に「公正」な賃金をはらっている会社の製品に白ラベルを貼って、

「公正」の賃金をひろめようとする努力がはらわれた。だが、前者の場合には登録した自治体の統治地域と家内労働者の住所が異なる場合、容易に仕事場のチェックができなかった。また、複雑なプロセスで生産される商品についても、すべての工程で「公正」賃金が支払われたことの立証は難しい(3)。また、労働組合をつくって、自らを守るという方法も成功しなかったことはすでに述べた。こうして、しだいに国家の政策的介入による改善への要望が高まってきたのである。

長年の保守党支配の後に、一九〇五年末の選挙で自由党が圧勝し、さらに労働党が誕生すると一挙に苦汗労働の解消のための世論が広がった。六年五月デイリィ・ニューズ社は、一九〇四年のベルリンの例にならい早速ロンドンでも「苦汗産業展示会」を開催した。それは六週間続き、労働者自身による商品生産の実演もあった。それぞれの商品のわきには家内労働者の工賃、労働時間、週給、家賃が示され、彼女たちの賃金と、それらが製品として売られる時の価格などを提示して観客の強い関心をひくことができた。例えば六シリング一一ペンスで売られているブラウスに対して、工賃は一ダースにつき五シリング三ペンスであり、週給は、一日一二時間労働で約一二シリングだった。母親の手伝いがあるためにこれだけの稼ぎがあったが、大抵は一二～一六時間労働で五～七シリングだった(4)。仕事の内容は造花、毛皮縫い、テニスのラケットとボール・箱・鎖・タバコ製造、婦人靴ビーズ飾り、ネクタイ・家具・ブラシ製造と広範囲の生活必需品に及んでいた。三万人以上の人びとがこの展示を見学し、また、王室関係者も来場して、はじめて苦汗産業で働く女性を救済するプロジェクトに好意的な配慮を示したのである。

その後、苦汗労働反対連盟がマロン（J. J. Mallon）を書記とし、S・ウェッブほか著名なフェビアン協会員、マッカーサーらを委員として結成された。地方にも支部ができ、「苦汗産業展示会」は地方、例えばオクスフォードでも開催されて、さらに世論を喚起することができた。

マッカーサーは一九〇七年に渡米し、シカゴでの同様の展示会の開所式に出席した。アメリカの展示会はロンドンのものより規模において大きく、内容も多様であったが、ロンドンでの経験から多くのヒントを得ていた。シカゴでは、アメリカの著名な社会運動家ジェイン・アダムス*（Jane Addams）や消費者連盟のフローレンス・ケリィ*（Florence Kelly）らと会い、新しいインスピレーションを得て帰国した(5)。下院でも一九〇七～八年に家内労働調査特別委員会ができ、彼女は同委員会で証人の一人として苦汗労働の実態について証言した。法律による最低賃金決定のメリットは労使双方にあることを彼女は示したのである。

私の経験では、不熟練の女性職業には賃金の算定基礎となるいかなる基準もありません。また、家内労働であれ、工場労働であれ、統一的なものはほとんどありません。雇用者たちとの面談で私はしばしば次のようなことを知りました。すなわち、雇用者たちの知る限り、彼らは他の人びとより高い賃金を支払っているのであり、もし、彼らの賃率がほんとうに低いことを私が立証できるならば、喜んで彼らはそれを引上げるということでした。また、もし、私が他の雇用者たちにより高い賃率を支払わせることができるなら、彼らもそれにならうし、また、それより高い率を払ってもよいということでした(6)。

また、商務省も一九〇六年に労働時間および収入に関する調査を行ない、九年にその結果を発表した。これによれば、苦汗労働部門とそうでない部門の賃金格差をみることができる。しかも、シドニィ・ウェッブのこの調査書からの算定によれば、男性成人労働者の平均賃金が二五シリング九ペンスであるのに対して、女性労働者の平均は半分以下の一〇シリング一〇・五ペンスだった(7)。苦汗産業に女性が多数従事していることを考えると、この部門の賃金是正は女性労働者の労働条件の改善に大きく寄与することになる。サー・チャールズ・ディルクが、すでに一八九八年に賃金委員会法案を起草して、最低賃金を委員会で決め、苦汗労働から女性を解放しようとしたのは、まさにこのような考えに基づくものだった。彼はオーストラリア・ヴィクトリア州の例から示唆をうけ、一九〇〇年以後毎年議会に提案していたのである。

C・ディルクの試みは当時失敗に終わったが、苦汗労働者への関心が高まると、この賃金委員会構想を実現しようとする動きが再び出てきた。一九〇六年一〇月、C・ディルク、G・R・アースクウィズ（G. R. Askwith）、S・ウェッブが中心となって、「苦汗労働反対連盟」は三〇〇人の関係団体の代表からなる三日間の会議を開催した。社会民主連盟（Social Democratic Federation）の人びとは賃金委員会設立の提案は「革命的な社会変革の日を延ばす緩和策であり、ミドル・クラスによるごまかしである」(8)、と非難した。これに対し、メアリ・マッカーサーはロンドンのスラムの屋根裏部屋で、仕事に励む女や子どもたちの窮状を情熱的に語った。また、彼女はこの地域で蔓延する疾病から、富裕な人びとも無関係ではいられないことを、彼女自身ジフテリアに罹った経験から力説したのである。その結果TUC議長のD・J・シャクルトン（Shackleton）と、労働党のA・ヘンダースン（Henderson）は賃金委員会設置に同意した。

M・マクドナルドの反対

議会内では、C・ディルクや労働党のアーサー・ヘンダースンが立法化に努力したが、議会の各委員会段階の審議では、マッカーサーも苦汗労働反対連盟の書記であるJ・J・マロンもすべての会議に出席して必要な情報を提供した。WTULは機関誌でその過程を詳細に報告している。「女性労働連盟（Women's Labour League, 以下WLLと略）」(9)の会長マーガレット・マクドナルドが賃金委員会法案に反対だったことは、同じ目的のために闘ってきた女性指導者の間に波紋を投げかけた。彼女自身もC・ブラックに宛てて「同じ見地から出発しながら、全く反対の方向に進むのは愚かなこと」(10)と書いたが、マクドナルド夫妻は賃金委員会をつくるのは「幻想的で非現実的」だと考えた。彼らは、むしろ、工場監督官の許可がなければ、家内労働ができないような「免許制」があって、はじめて「最低賃金」が実施できると主張した。そして、究極的には成人男性の失業という基本的な問題が解決されれば、妻が内職に向かうことはなくなると考えたのである(11)。

一九〇七年に委員会設置をもり込んだ労働党案が上程されると、WLL内では「委員会」案か「免許制」案かで議論が沸騰した。NFWWの書記長であり、WLLの執行委員でもあるメアリ・マッカーサーは同年の年次大会でも、また一一月のWLL中央ロンドン支部会でも、まず「苦汗労働の改善は賃金を引上げること」だと強調して、前者を支持した。翌八年のWLL年次大会は、労働党の「苦汗産業法案」に沿った政府案の作成を求める動議を可決して、正式に賃金委員会設置に賛成したのである(12)。

しかし、WLLと同様にマーガレット・マクドナルドが重要なポストを占めていた「女性産業評議会(Women's Industrial Council, 以下WICと略)」(13)では、会員の意見不一致を理由に、公式の意思表示をすることはできなかった。WIC内では、苦汗産業展示会以前から苦汗労働に強い関心をもっていたクレマンティーナ・ブラックとマクドナルド夫人は衝突していたのである。ブラックは展示会の準備委員となり、女性労働者との長年の交流を通して得られた苦汗産業製品や模擬労働の展示にあたった。彼女は一九世紀末以来、イースト・エンドにおける女性の組織化の失敗の経験から、女性労働組合は、その存立が不安定なために必要な社会的改革をもたらすことはできないと悟った。また、「十分な調査なしには、立法化も賢明な組織化も不可能」(14)だとして、一八九四年にWICを設立した。そして、既婚女性の各種労働、乳児死亡率、子どもの福祉などについて広範な調査を行なった。そして、彼女が到達した結論はM・マッカーサーと同様に、「悪いのは既婚女性の賃金労働ではなくて、男女の低賃金だ」(15)ということだった。既婚女性が働くことについては、経済的自立を求める者もあるが、大多数は経済的必要からである。したがって、既婚女性の労働を禁止することは、さらに彼女たちを苦しめるのみである。今、求められるのは最低賃金を法的に制定することだとして、ブラックは熱心に「賃金委員会法」案を支持したのである。

一九〇九年一月のＷＩＣ大会では、彼女の意に反して、同法案について公式の立場を表明しない旨の決議が通過した。そのため彼女は自らＷＩＣの会長職を辞任することになる。

この間、Ａ・ヘンダースンも同法の実施面に対するマクドナルド夫人の懸念は「不自然な仮説」に基づいており、今や反対は少数になっているとして彼女を批判した(16)。ＴＵＣも微温的ながら同法を支持していた。しかし、Ｂ・Ｃ・ロバーツも指摘する通り、ＴＵＣ議会対策委員会の同法成立に対するとり組みはなまぬるく、「主な推進力は、サー・チャールズ・ディルク夫妻の支持下にあるメアリ・マッカーサー、スーザン・ロレンス、ガートルード・タックウェルとＷＴＵＬだった」のである(17)。

超党派でできた家内労働調査委員会も、苦汗産業に対する賃金決定委員会の設置を勧告した。

こうして、一九〇九年賃金委員会法案は議会を通過した。これは雇用者、被雇用者、第三者から成る委員会が最も厳しい労働条件下にある次の四つの職種――鎖製造、レース製造、紙箱製造、既製服および卸売注文服仕立て――において設置され、各職業における最低賃金を決めることを認めたものである。ＮＦＷＷの執行委員会顧問である前記のマロンはほとんどすべての賃金委員会で、労働側に立って賃金の改善に努力した。

ＮＦＷＷと賃金委員会法

しかし、最低賃金が決められても、それがすぐ実行されるわけではない。すべての雇用者をして、この決定を守らせることは別のことであった。当時バーミンガムやその周辺地域のブラック・カントリィでは、女性労働力がチョコレートや砂糖菓子、あるいは軍需品製造のために工場へ導入されるようになったが、彼女たちの伝統的な仕事はやはり小さな金属工業、例えば、バーミンガムでは装身具製造、周辺地域では鎖や釘の製造であった。

しかも、彼女たちの賃金、労働時間、労働条件はロンドンのイースト・エンドの製衣労働者たちのそれと劣らぬ劣悪なものであった(18)。一九一〇年二月発足した製鎖業委員会には、マッカーサーが労働側の代表の一人に選ばれたが、ここでは時間給二・五ペンス、週(五四時間)一一シリング三ペンスが最低賃金として決定された。七〇%以上の賃金改善である。しかし、鎖製造業の中心地であるクレイドリィ・ヒース(バーミンガムの西)の工場主たちで、製鎖業雇用者協会(Employers Manufacturing Association)に加盟していない三〇人の雇用者たちは、六カ月の猶予期間を有効に使い、旧給与で労働者と契約して、できるだけ多量の鎖の在庫をつくっておこうとした。NFWWは早速、雇用者協会に入っていない雇用者をもつ労働者たちに、旧給与で契約しないように呼びかけた。ある者はこれに従って雇用者に契約の著名を拒否した。そのために、八月一七日から一〇月はじめまで雇用者側のロック・アウトにあった。このような動きにかかわったのは、従業員の約半数の五〇〇人ほどである。組合は雇用者たちのこの抵抗を打ち破らなければ、賃金委員会法は無意味になると考えるにいたったのである。

そして、その間に雇用者協会と労働者代表との話し合いをもち、おそらく労働組合主義の歴史の中でユニークな協定が結ばれることになる。雇用者側は雇用者協会員に法定賃金を守るよう説得するが、労働側にも協会員を非協会員から守ることを要求した。すなわち、雇用者協会に加入していない雇用者の下で働く労働者たちが、法定賃金以下で働くことのないよう規制してほしいというものである。労働側がこの提案を受け入れるにはかなりの考慮を必要とした。しかし、マスコミの支持や四〇〇〇ポンドという多額の募金のおかげで、契約を拒否する女性たちを支えることができた。一三週間の争議の後にクレイドリィ・ヒースの全雇用者が法定賃金を支払うことに署名し、彼女たちは完全な勝利を得て職場に復帰することになった(19)。

こうした成果を得るために必要なことは、まず女性労働者たちが法定最低賃金の意義を理解することであり、必要な共同行動をとることであった。また、統一的賃率の導入と最低賃率の決定は、これまでばらばらだった女性労働者の組織化を容易にした。一九〇五年以後WTULのオーガナイザーであるジュリア・ヴァーリィ（Julia Varley）の活躍はとくに目ざましく、一七〇〇人を擁するNFWWクレイドリィ・ヒース支部が創設された。同地域の活動は製鎖業のみにとどまらず容器製造業にも及び、組合員約九〇〇人から成る支部ができて、クレイドリィ・ヒースには事務所と常任書記（チャールズ・シッチ）が誕生した(20)。

紙箱製造、レース仕上げ、仕立ての各賃金委員会においても時間給が二・七五ペンスから三・二五ペンスに制定され、多数の労働者に賃金の面で改善をもたらした(21)。紙箱製造業においては、NFWWは苦汗労働反対連盟と協力して、同職業における有能な労働者をオーガナイザーとして雇って組織化にあたった。組織された労働者たちは、その後、「印刷工・倉庫係・裁断者組合（Printers, Warehousemen and Cutters）」のロンドン、マンチェスター、その他の支部に移籍されたが、ボーンヴィル（Bournville）やグラスゴウの女性たちの組織はNFWWの支部として結成された。ノッティンガムのレース仕上工の場合も苦汗労働反対連盟との共同で大野外集会や示威行動を起こして、クレイドリィ・ヒースの製鎖業に続く広範な社外労働者（out-workers）の組織に発展していくことになる。マッカーサーとマロンの両人が委員である仕立業賃金委員会は、労働者たちの就業形態の複雑さから、最低賃金の設定に手間どったが、最終的に週五〇時間労働で一三シリング六・五ペンスときまった。全国衣服製造工組合（National Union of Clothiers' Operatives）は門戸を開放して、女性メンバーをも積極的に組み入れることになり、男女の組合員数は二〇〇〇人（一九一一年）から八〇〇〇人（一九一三年）に増加した(22)。

以上のように、法律による最低賃金の制定は、関連職業における女性労働者の組織化をもたらした。それは女性たちの意識の高まりもさることながら、「合同男女仕立工組合」報告書が指摘するように、女性にとってははじめて賃金引上げによって組合費を払えるようになった事実は見逃せない(23)。また、女性労働者の争議を契機として起きた組織化がその後、賃金委員会法の対象職業をさらに広げることにもなった。すなわち、一三年に、あらたに四職業が追加されることになった。

社会不安（一九一一～一四年）の下での女性労働運動の展開

一九一一～一四年の労働不安は、賃金委員会法が与えたと同じような刺激を女性労働者に与えて、彼女たちの結束を促した。こうした不穏はさまざまな原因によると思われるが、アイルランドの独立運動や女性参政権運動の高揚も大きくかかわっている。後者については、一九〇六年以後パンクハースト母娘が運動の拠点をマンチェスターからロンドンに移し、方法もしだいにエスカレートしていた。女性参政権に敵対的な国会議員の演説に対する妨害、公共建築物の破壊、ハンガー・ストライキなどと世間の耳目を集めるような行動に集中していた。

労働争議は一九〇一年以後六〇〇件を超えなかったが、一一年には八七二件、一三年には一四五九件となり、労働喪失日も四〇〇万日以下が、一一～一四年には年平均一八〇〇万日、一三年には四〇〇〇万日と激増した(24)。雇用者とくに炭坑や鉄道の経営者たちの抵抗や一九〇〇年以後の実質賃金の低下、あるいは国内・国外におけるサンディカリストの影響などがその主な原因と考えられる。女性労働者たちもこうした一般的な不穏の中で、いくつかの事件を経験しながら成長していった。以下では、この時期に起きた一四大争議のうち、WTULとNFWWが直接あるいは間接にかかわった争議の経過を概観し、この過程で両組織がいかにして女性の労働問題を解決していったかを跡づけたい。主なものとしては、ロンドンではバーマンジィ（一一年）とミルウォール（一四年）、中部金属工業地帯では再びクレイドリィ・ヒース（一二年）、スコットランドではダンディー（ジュート工女、一二年）やキルバーニ（製網工女、一三年）の争議である。

ロンドンでの展開

ロンドン東南部のバーマンジィ（Bermondsey）はかつてチャールズ・ブースが「ロンドンの黒い継ぎ《ブラック・パッチ》」と呼んだ所だが、当時もまだそれは正しい呼び名だった。そこには無数のジャム、ピクルス、菓子、ビスケット、缶製造工場があり、いずれの工場でも労働者の賃金は極度に低かった。そのため工女たちの不満も強く、彼女たちのうち著名な食品会社を含む二五〜三〇社で働く女性約一万五〇〇〇人が、一九一一年の夏に、当時の労働不安に触発されて、ついにストに入った。彼女たちは具体的に何を工場に要求したらよいかもわからなかったし、ストは直ちに飢えを意味するほど貧しかった。しかし、パンの寄付を求める『デイリィ・ニューズ』のアピールには即刻反応があり、働く女性の子どもたちのためにパンのみならず粉ミルクも寄せられた。ＷＴＵＬとＮＦＷＷの役員は約二週間問題解決のために奔走したが、ＷＴＵＬが実際にかかわった二一の争議のうち一八は好ましい結果を得ることができた。一例をあげると次の通りである。

ジャム製造工	週給二シリングの増加
ビスケット製造工	時間給労働者全員に一シリングの増加
ビン洗浄者	週最低賃金一二シリング（週給二一〜二・五シリングの増加）
缶製造工	週給最低一〇シリング、一シリングの増加
ココア製造工	週給一二シリング四ペンス

これらは低く見積っても年間総額約七〇〇〇ポンドの増加を意味した(25)。

マッカーサーは次のように述べている、「未組織労働者のストライキは、彼らの間に組織をつくるのに利用すべきです。そのような場合、もし組織があったならば、おそらくストライキは起こらなかったでしょう。なぜなら、雇用者は労組加盟の労働者たちの諸権利をあえて攻撃することはないと、私たちはしばしば指摘できるからです。したがって、労働組合がストライキを起こすというのは誤った考えです」(26)。彼女によれば、労働組合は労働者を守るだけでなく、労使の関係を円滑にするものである。バーマンジィでもスト参加者たちはＮＦＷＷに加入した。だが、彼女たちの多くは既婚者であり、貧しく、雇用も不規則であったために、恒常的な組織にすることは困難だった。雇用者たちはその弱味につけこみ、ある場合には高賃金を得ている古くからの労働者を解雇して、若い労働者を旧賃率で雇うことがあった(27)。このようなことを防ぐためには、食品工業も賃金委員会法の下に置くしかない。こうして、先にも触れたように、一九一三年に、バーマンジィに多い砂糖菓子製造および保存食品工業と、さらに、シャツ製造業、缶・容器製造業、リンネルおよび綿しゅう工業が同法の対象となったのである。

翌一四年の三月、同じくロンドンの東部ミルウォール（Millwall）で起こった争議は退潮気味の女性労働運動に再び活気を呼び戻すものだった。保存食品会社として有名なモートン社（C. and E. Morton's）が、成人女性の機械仕事に若い少女を低賃金で導入しようとしたのである。約五〇〇人の女性たちは怒って仕事を放棄。それに共鳴した男女労働者あるいは青年も加わって総勢約一二〇〇人がストライキに突入した。ＮＦＷＷや港湾労働者一般組合が救助にかけつけたために、そのうち八〇〇人以上の女性がＮＦＷＷに、男性が港湾労働者一般組合に加わって熱のこもった闘いとなった。ポプラー（Poplar）公民館での三回の集会には数人のロンドン都議会議員が、ミルウォール映画館では国会議員がスピーチをした。また、土曜日にはブラスバンドや鼓笛隊を加えた行進がトラファルガー・スクウェアまで実施され、スクウェアでは、マッカーサーや同じくＷＴＵＬのスーザン・ロレンス*（Susan Lawrence）らが演説して最も成功した集会となったのである。

ＷＴＵＬの呼びかけに対して四〇〇ポンド以上の寄付が集まり、ポプラー市長の協力が効を奏して、争議は女性労働者の勝利で終った。少女の雇用は見送られ、賃金も時間給で週一～二シリング、出来高給で一〇～二五％

の増加となった。ＮＦＷＷのメンバーも九五〇人となった。ミルウォール支部書記はその年の暮に、「われわれはただ不満を言うだけで、事は是正されるようになった」(28)と語るほど事態は改善された。

　このようなロンドンでの勝利は、バーマンジィやミルウォールのみならず、ロンドン都庁の雑役婦にも及んだ。雑役婦の争議は、ＮＦＷＷの役員であり、ロンドン都庁の女性議員であるスーザン・ロレンスの指導によって解決した。彼女は早速ＮＦＷＷの支部をつくり、これを背景に、最低賃金週一四シリング、休日全額支給などを含むほとんどすべての要求を実現したのである。その他、デトファード（Deptford）缶製造、ケンバウェル（Camberwell）の襟およびカフス製造、イースト・エンドのウィスキー醸造業などにも改善をもたらした。争議の原因は多様だが、賃金引下げはもとより、配置転換、新しい機械の導入によるスピード・アップ、職工長による労働強化の強制などが主である。争議は労働運動全体の上げ潮によって、その多くが労働側の成功に終り、今やロンドンは「さびれた中心地《デッド・センター》」から「生きた中心地《アクティヴ・センター》」へと変っていった。食品加工業など新しい産業が台頭したことと、公務員、教員、電話交換手、郵便・電信局員などホワイト・カラー（ブラウス）の台頭があったからである。

中部地域金属工業の女性

　労働不安は地方にも広がり、バーミンガムを中心とするブラック・カントリィは大争議の一つの拠点だった。自転車や自動車の生産が発展したために、同地はボルト、ナット、ねじなどの部品の生産地として、人びとの注目をあびるようになっていた。このブラック・カントリィ西部のクレイドリィ・ヒースで製鎖工女の法定最低賃金が決まり、それを契機にＮＦＷＷの支部ができたことについてはすでに述べた。一九一三年には、さらに容器製造業が賃金委員会法の対象として追加されたが、これを実現に導いたのが、一二年一〇月末に始まり、いくつかの会社では同年末まで続いたクレイドリィ・ヒースの容器製造業の争議だったのである。

事の起りは、一九一二年夏ＮＦＷＷと主要雇用者二〇人の間で、週五四時間最低賃金一〇シリングが合意されたが、数社がこれを拒否したためである。一〇月には、さらに八四〇人の男性による一〇％の賃上げ要求に対し、会社側が女性で代替しようとしたために、いっそう事態は複雑となった。ＮＦＷＷは女性労働者に最低賃金一〇シリングを要求し、男性の闘いを支持するめにストに入るよう指示した。他方、ＷＴＵＬや新聞『デイリィ・シティズン』が労働者のためにカンパを訴えた。大衆からは大きな反応があり、争議は労働者にとって完全な勝利となった。この時にＮＦＷＷの会員は一〇〇〇人以上に達したのである(29)。

クレイドリィ・ヒースでは、さらに、れんが製造工の間でも組織化の動きがみられた。一九一二年一二月にＮＦＷＷは、ガス工・れんが工・一般労働者組合書記長から、スタウァブリッジ（Stourbridge）れんが製造所で男性の労組ができたので、同じ場所で働く女性の組織をつくってほしい旨の手紙を受けとった。ローウィン夫人が即刻その仕事にとりかかり、数百人を組織した後、男女ともにそれぞれ一〇％の賃金引上げを共同で要求した。二〇社のうち七大会社は同意したが、一三社は拒否したために、そこで働く約四〇〇人の女性は闘いを継続し、間もなく五社が譲歩、残り八社は賃上げは認めたものの組合を認めようとはしなかった。しかし、商務省労働局のアースクウィズ（Sir George Askwith）が調停に入り、労働者の要求が聞き入れられることになった(30)。こうして、ＮＦＷＷはクレイドリィ・ヒースに、鎖製造・容器製造・れんが製造工女の間に三つの支部をもつことになり、ＮＦＷＷの活動の舞台になったのである。その際、いずれの製造業もともに賃金委員会法の対象となった。しかし、獲得した賃上げ額――一〇シリングの何と低いことか！

ＷＴＵＬやＮＦＷＷ以外の組織も同じ頃、バーミンガムその他の地域で未熟練労働者の組織化を続けていた。とくに、一八九八年トム・マンの創設になる「新組合」の「労働者組合（Workers' Union, 以下ＷＵと略）」は一九〇四年以後Ｊ・ビアド（J. Beard）によってバーミンガムでの組織化を始め、一一〜一二年には、ブラック・カントリィにも足がかりを得ていた。ＷＴＵＬのオーガナイザーとして、クレイドリィ・ヒースで活躍したＪ・ヴァーリィも今では男女混成のＷＵに移り、唯一の女性オーガナイザーとして組織化に努めていた。

この中部（ミドランド）金属工業地域での紛争は五万人の労働者をまき込み、労働喪失日も一四〇万日(31)に及んだ。それは一九一一年初頭にビルストンで始まり、しだいに各地に飛び火し、一三年四月にはウェスト・ブロムウィッチで三つ目に大きな紛争が起こった。事件は夜勤問題から始まり、一五〇〇人の労働者が関係したが、ビアドとヴァーリィは男女それぞれに複雑な事情があることを知った。とくに女性の賃金が低く、週一〇シリング以下であることが判明した。すでに、前年、バーミンガム地区労働評議会では、男性の一般的最低賃金を週（四八時間）二三シリング、女性のそれを一五シリング(32)と設定して、それらの実現を運動の目標としていた。しかし、ビアドとヴァーリィのＷＵは女性の賃金要求を当初一〇シリング、のちにすぐ一二シリングと変更して要求を出した。これらの要求は争議開始二週間後の四月にほとんどすべて受け入れられた(33)。

その後、ウォルヴァハムトンの機械工場、スメスウィックの貨車工場、オールドベリ、ウェンズベリなどで同様の要求がかかげられていく。ばらばらだった雇用者たちもついにミドランド雇用者連合（Midland Employers' Federation）を結成し、しぶしぶ話し合いに臨んだ。世論はすでに労働者に譲歩した個々の雇用者に対して好意的だった。しかし、連合はバーミンガムについては二三シリングを認めたが、ブラック・カントリィについては二一シリングを逆提案した。ここでもアースクウィズが調停に入って、七月七日やっと労働側の要求が受け入れられた(34)。

このように、これまで賃金が不統一だった同地域に共通の最低賃金が設定されたということは、それ以下の賃金で他所から労働者を雇い入れられないことを意味する。それ故に、アースクウィズはこの調整は「ミドランドに新しい精神を生み出した」(35)と指摘している。彼はまた、ロンドンのマッチ工女が一八八九年の港湾労働者の組織化を促したと同時に、「ダッドリィの少女がミドランド全体に広がった運動の火をつけた」(36)とも語っている。しかし、バーミンガム地区労働評議会では女性の最低賃金の目標を一五シリングときめていたのが、実際に交渉にあたったWUが、製鎖業における法定最低賃金より週六ペンス低い一二シリングを目標にしたことは、その後の女性労働者と男性の労組指導者の間に一定の溝をつくった(37)。しかも、その溝は第一次世界大戦中において再び現れるのである。

以上のように、ブラック・カントリィの争議は多数の労働者をまき込み、WUはその解決に深くかかわった。その過程でWUの組合員は五〇〇〇人(一九一〇年)から九万一〇〇〇人(一三年一二月)へと急増した。ブラック・カントリィだけでもおそらくその四分の一を占めるだろう。活動領域もブラック・カントリィのほぼ全域に及んでいる。他方、同地区の西端に位置するクレイドリィ・ヒースを活動の拠点としたNFWWのメンバーは三支部で大目に見積もっても三〇〇〇名である。労使が合意した賃金も、容器およびれんが製造業では、WUの一二シリングよりさらに低い一〇シリングであった。

このような実態を比較してみる時、われわれは一般組合の中における男女混成組合のWUと、女性のみのNFWWの大きな相違に気がつく。それは規模においてのみでなく、扱った職業の特色においてでもある。すなわち、NFWWのかかわった職業の多くは、その後賃金委員会法の対象となるほど、そこでの賃金は極度に低いものであった。WUの急速な拡張は、その後第一次世界大戦中にも続いた。しかし、他の一般組合あるいは職能別組合による組合員獲得とぶつかり問題となったが、この点についてはあとで触れたい。

スコットランド、その他での展開

マッカーサーが当初組織化の労をとり、その後混成組織になって、労働不穏の時期にいっそう成長したものとしては、既述の「ダンディーおよび周辺地域ジュート・亜麻労働者組合」をあげることができる。一九〇九年、以前職工長だったJ・サイム（John Sime）が書記に就任。一二年一月、他の三組合と共同で賃金の引上げを要求して、「労働不安」の時期の一つの大きな争議にまで発展した(38)。四月に協約締結。賃上げは小額に終ったが、「工場間の平均賃金率を設定すべく努力する」(39)との約束を雇主たちから得た。また、サイムは八〇〇〇人を超す組合員をもつ自らの組織を雇主に認めさせることに成功したのである。

こうして、同組合はWTULのメンバーでありながら、完全に独立し、一二年の大争議にはWTULもNFWWもかかわっていない。綿業組合にならって女性代表を女性労働者数に比例して執行委員会に入れるという民主的な規約も当初あったが、後に女性の立候補者が出なかったことから、修正されざるを得なかった(40)。

その他、この時期にWTULがスコットランドで組織したものに、キルバーニィ製網組合がある。少女たちの賃上げ要求を契機に、一三年四月ストに突入。独立労働党（ILP）のメンバーや一般からの一三〇〇ポンドにのぼる寄付に助けられて解決した。WTULがかかわったものの中で最も長期（一二週間）にわたる紛争の一つだった。組合員は約七〇〇人である(41)。

NFWWはWTULの政策にならい、男女混成組合の創設に協力したが、一九一三年秋にはNFWWのメンバーであった数百人の女性をスコットランドの「合同漂白・染色・仕上工組合（Amalgamated Society of Bleachers, Dyers and Finishers）」に移籍した(42)。

なお、この年の出来事で興味深いのは、NFWWのヨーク支部結成である。四カ所の洗濯婦の組織化から始まったが、同地最大の砂糖菓子製造工場であるラウントリィの工女も数名加わっていた。NFWWの代表は一三年一二月同社内で集会を開く許可を得て、一挙に組合員を増すことができた。その後、工場主のR・ラウントリィとマッカーサー、同地のNFWWの代表との間で丁重な会談がもたれ、そこで貴重な譲歩を工場主から引き出すことができた。これは開明的な工場主と女性労働者との友好的な関係を示す好例と言えよう。支部組合員数は七二八人であった(43)。

WTULによって、すでに組織されたもののその後の活動については、WTULの『レヴュー』や年報に詳しい。他方、独立の組織として弱小すぎる場合には、NFWWの支部として活躍したが、そのような場合にはNFWWが雇主との交渉に直接あたった。そうして得られた協約書はNFWWの年報に転載されているが、主なものとしてはガヴァン(Govan グラスゴウの西)やエディンバラの製綱業、キィルウィニングの紡績業、コヴェントリのブラウス製造業、ハイ・ウィカムの椅子製造業、ヨークの洗濯業など地域も業種も実に多岐にわたっている。また、協定の内容も週労働時間、最低賃金、年齢による増額、争議参加者を区別しないことなど、多方面に及んでいるのである(44)。

NFWWと国民保険法

ウェッブ夫妻は、国民保険法で決められた「『認可組合』に賃金労働者が加入することによって、労働組合のドラマティックな拡大があった」(45)と指摘した。これに対して、クレッグは国民保険法の組合に対する影響はそれほど大きくないと言う。確かに鉄道員や商店員の場合は著しく増加したが、その他の場合には証拠がないとして、彼はウェッブ夫妻の見解に批判的である(46)。だが、少なくとも、NFWWの組織拡大に対する同法の影響には無視し得ないものがあった。また、この法律をめぐる、マッカーサーの努力によって、女性労働者全体にかかわる改善がいくつか行なわれた。国民保険法は賃金委員会法と同様に、女性労働者の組織と生活の向上に貢献したことが、次の事実から明らかになるのである。

一九一一年はじめ、国民保険法案が導入された時、拠出金は被雇用者が四ペンス、雇主が三ペンス、国が二ペンスとされていた(47)。これに対し、マッカーサーは収入が一五シリング以下の者には、拠出を免除するよう主張した。しかし、労働党は一五シリングが生活賃金として誤解されやすいことと、実現の予測が立たないことから反対した(48)。彼女は戦術を転換して、女性労働団体の代表とともに、法案の実現に努力していたロイド・ジョージに面会し、細部の修正を要請した。女性労働者の立場に立った彼女の率直な要求にはロイド・ジョージと対立するものがあったらしい。両者の間に気まずい関係がのちのちまで続いたようである。しかし、彼女やC・スミス、M・フィリップスらの努力で、(1)収入が九シリング以下の者は拠出金免除、(2)一二シリング以下の者は一ペニィ、(3)二一歳以下の少女の病気給付を週五シリングまで引上げることが認められて(49)、法案は一一年一一月議会を通過した(発効は一二年七月)。

不満な点が多かったとはいえ、いったん法が通れば、あとはそれをいかに有効に利用するかであろう。保険業務は、労働組合の中の共済機関、友愛組合および私企業が、国家の制度を実施する代行機関または「認可組合」として行なうことになった。国民健康保険法は年収一六〇ポンド以下の全労働者に、保険給付を受けるためには「認可組合」に入ることを求めている。

しかし、法律に該当する四〇〇万人以上の女性労働者の健康や福祉問題が私企業によって扱われるのは好ましくない。むしろ、これを契機に女性を労働組合に叫合することによって、彼女たちの連帯をはかることこそ望ましい。ＮＦＷＷは少しおくれて、一九一四年七月、一二年にさかのぼって「認可組合」になり、女性労働者の加盟を呼びかけたのである。だが、このキャンペーンで判明したことは、低賃金の女性にとって、労働組合費と保険料の両方を払うことは不可能なことであった。ＮＦＷＷは共済部を独立させ、保険料支払のみで組合員になる道を開いた。こうして加入した女性は二万二〇〇〇名を数えた。労働組合費をも支払った者は数百人というから(50)、労働組合そのものの拡大に対する同法の影響は、クレッグの指摘のように、必ずしも大きくなかったかもしれない。しかし、NFWWが保険事業にのり出すことによって、同労組の専任のスタッフは三〇人にまで増え、スーザン・ロレンスがM・フィリップスの後を継いで、マッカーサーの右腕となって活躍した。

また、同法の施行の過程で、女性労働者のかかえるさまざまな問題が露呈した。その中で最大のものは、女性の病気給付の要求が多すぎるという指摘だった。仮病だとする非難が多かった中で、政府は調査委員会を開設した。マッカーサー自身も委員の一人に任命されて、徹底した調査が行なわれた。彼女は一委員として、その報告書に署名したが、「詳しい調査によって判明した諸欠点は委員会の提案する行政的・財政的改革で是正し得る」(51)という委員会の見解、すなわち、仮病は医療審査員制の設立によって防ぎ得るとする考え方に彼女は同意することができなかった。マッカーサーは長文のメモランダムを委員会報告書に添付し、問題の本質を別の所に求めた。長年、女性労働者の生活向上のために深くかかわってきた彼女の主張の中心は、女性労働者の病気は仮病ではないこと、また、極度の貧困から彼女たちの多くは健康と病気の境界をさまよっている、ということであった。彼女は委員会の席で次のように述べている。

低賃金および低賃金のもたらすすべてのこと、すなわち、乏しい食料、貧弱な住宅、暖房の欠如、休息や新鮮な空気の欠如が彼女たちを病気にかかりやすくしています。そのような人びとが保険に入る時はまったく正常な健康状態であっても、その正常な状態とは病気に抵抗する健康と力を伴った状態ではないのです(52)。

マッカーサーは、また、メモランダムの中で次のようにも述べている。

育児と賃労働と家事という三重の緊張の下で、女性が倒れるのは驚くべきことではありません。妊娠中、とくに妊娠後期における不適当な就業および出産後の早期の職場復帰が出産時ばかりでなく、その後も女性の病気の大きな原因であることの証拠があまりにもたくさんあります(53)。マッカーサーのこのような発言が原動力の一つとなって、一九一三年の同法の改正では、母性手当が認められ（六章参照）、それには庶子の場合も含まれることになったのである。

〔注〕

（1）一九〇〇年の賃金を一〇〇とした産業別賃金変動は次ページの通りである。

（2）藤本武氏はクチンスキーの研究に依拠しながら、「一八九五〜一九〇三年を一〇〇とした実質賃金は労働貴族九三、労働大衆九七、一九〇九〜一四年ではそれぞれ九二と九六で、実質賃金のおちこみは、労働貴族つまり、熟練労働者の方が大きかった」とし、両者の格差は「半分から三分の一にちぢまった」としている。『資本主義と労働者階級——イギリスにおける貧乏小史——』（法律文化社、一九八五年）、一〇一ページ。

これに対し、ホブスボームはより長期的に検討し、一八八六年と一九一三年との間に、建築、石炭、綿工業、機械および鉄道の不熟練労働者の賃金率の平均百分比は熟練労働者の六〇・二から五八・六におちたとして、むしろ両者の格差の拡大を示している。半熟練労働者の場合は約七七％で変化はなかったとしている。E. J. Hobsbawm, *Labouring Men : Studies in the History of Labour*, 1964. 鈴木幹久・永井義雄訳『イギリス労働史研究』（ミネルヴァ書房、一九六八年）、二七一〜二七二ページ。

このような見解の相違は「生活水準論争」のいっそうの高まりによって克服されていくことと思われる。

（3）B. L. Hutchins, *Home Work and Sweating. The Causes and the Remedies*, Fabian Tract no.130, 1907, pp.7－9.

（4）*Sweated Industries : Being A Handbook of The "Daily News" Sweated Industries' Exhibition*, Compiled by Richard Mudie Smith, May 1906, p.104. 実演台一一、労働者番号二二に付された説明から。なお、会場では毎日午後三時半から著名人による「苦汗労働」に関する講演が行なわれた。その中にはＷＴＵＬ会長のＧ・タックウェル、Ｃ・ブラック、マク

ドナルド夫人、M・マッカーサー、バーナード・ショウらが含まれていた。なお、次を参照。小林巧「イギリスにおける家内労働問題——苦汗産業展示会とB・L・ハチンズ——」『社会政策の思想と歴史』大陽寺順一教授還暦記念論文集（千倉書房、一九八五年）。

（5） *WTUR*, no.66, July 1907.

（6） P.P.1907 (290), vol.VI, Q.2701, quoted in Bythell,op.cit., p.179.

（7） Drake, op.cit., p.44. 商務省の調査によれば、女性就業者の多い繊維産業と衣料産業における女性フルタイマーの賃金は前者で一五シリング五ペンス（綿業だけでは一八シリング八ペンス）、後者で一三シリング六ペンスであった。Board of Trade, op.cit., I - Textile Trades, II - Clothing Trades.

（8） Lewenhak, op.cit., p.121.

（9） WLLは一九〇六年にマーガレット・マクドナルド（Ramsay MacDonaldの妻）を会長として結成され、九年に労働党婦人部となった。一九〇〇年のタフ・ヴェール事件で夫の立場の弱さを知った鉄道労働者の妻たちが中心となってつくられ

産業別賃金変動

	建築	石炭	機械	繊維	農業	左記産業の中間値	
						農業を含む	農業を除く
1900	100.0	100.0	100.0	100.0	100.0	100.0	100.0
1	100.0	94.0	100.3	100.0	100.7	99.0	98.6
2	100.0	87.5	100.3	100.0	101.3	97.8	97.0
3	100.0	84.9	99.9	100.0	101.8	97.3	96.2
4	100.0	82.3	99.9	100.0	102.0	96.8	95.6
5	100.0	81.0	100.0	102.7	102.6	97.3	95.9
6	100.0	83.4	100.8	106.2	102.9	98.7	97.6
7	100.0	96.3	102.0	108.9	103.2	102.1	101.8
8	100.0	93.3	101.7	108.9	103.6	101.5	101.0
9	100.0	89.2	101.3	107.1	104.0	100.3	99.4
10	100.0	89.6	102.0	107.1	104.7	100.7	99.7
11	100.0	88.8	103.3	107.1	105.5	100.9	99.8
12	101.1	93.8	104.2	110.7	107.4	103.4	102.5
13	104.4	100.1	105.0	111.6	111.2	106.5	105.3

資料）Board of Trade, *Seventeenth Abstract of Labour Statistics of the United Kingdom*, 1915(Cd. 7733) Changes of Rates of Wagesより作成．なお，Pat Thane, *Foundations of the Welfare State*(London: Longman, 1982), p. 70, 参照．

た。彼女たちは労働党の政策を労働者階級の女性に浸透させるだけでなく、働く女性や労働者の妻たちの要求を労働党に積極的に提起した。詳細は第六章2節参照。および Lucy Middleton, "Women in Labour Politics" in Lucy Middleton, ed., *Women in the Labour Movement : The British Experience* (London : Croom Helm, 1977), pp.24-26. Christine Collette, *For Labour and For Women : The Women's Labour League*, (Manchester University Press, 1989). Pat Thane, 'The Womenof the British Labour Party and Faminism, 1906-1945' in *British Feminism in the Twentieth Century*, ed. by Harold L.Smith(Aldershot : Edward Elgar, 1990) 参照。

（10） MacDonald Collection, Collection J, Vol.1, n.24, 27 November 1908, British Library of Political and Economic Science (BLPES), quoted in Ellen F. Mappen, 'Strategists for Change : Social Feminist Approaches to the Problems of Women's Work' in Angela V. John, ed., op.cit., p.248.

（11） Parliamentary Papers. Select Committee on Home Work, 1907, Cd.290. vol.VI. Q.4436. quoted in Bythell, op.cit., p.255.

（12） E. F. Mappen, 'Strategists' op.cit., p.249.

（13） 第四章2注(38)参照。Ellen Mappen, *Helping Women at Work : The Women's Industrial Council, 1889 - 1914* (London : Hutchinson, 1985)はＷＩＣについての解説と、ＷＩＣの前身のＷＴＵＡおよびＷＩＣの刊行物を収録したものである。日本語文献では次のものが、ＷＩＣの設立の経緯、活動の内容その評価、詳細な文献リストなどを収め有益である。大森真紀「女性労働協議会一八九四～一九一九」『立教経済学研究』第四三巻第三号、一九九〇年一月。

（14） Ellen F. Mappen, New Introduction to *Married Women's Work : Being the Report of an Inquiry undertaken by the Women's Industrial Council*, ed. by Clementina Black (London, 1915, repr. Virago, 1983). p.v.

（15） Ibid., p.x. C・ブラックは「苦汗産業展示会」で講演しているのみならず、*Sweated Industry and the Minimum Wage* (London : Duckworth & Co., 1907) を著して、最低賃金を法によって決めることの必要を強調した。

（16） Arthur Henderson, "Wages Boards. The Present Position. Homeworkers and Licensing." *WTUR*, no.67, Oct. 1907.

（17） B. C. Roberts, *The Trades Union Congress 1869 - 1921*, 1958, p.217. 藤本武「婦人労働者と最低賃金制度」社会政策学会編『婦人労働』（有斐閣、昭和三六年）。同『最低賃金制度の研究』（日本評論新社、一九六一年）第一章参照。

（18） 製鎖業における既婚女性の週給は八シリング二ペンス、若い女性は九シリング四ペンスだった。P. P. *The Sweating System* (Industrial Relations 17), p.253.

（19） WTUL, *Annual Report*,（以下、*Ann. R.* と略), no. 36, 1911.

（20） NFWW, *Fourth*（以下算用数字使用）*Ann. R. and Balance Sheet*（Covering a Period of Eighteen Months),Jan.-Dec. 1910, Jan.-June 1911.

（21）「苦汗労働反対連盟」の書記であり、NFWW執行委員会の諮問委員であるJ・J・マロンは、大抵の賃金委員会で労働者側の書記として活躍した。賃上げの事実上の成功は彼に負うところが多大である。彼の推計によれば、その後三年間に、平均週給において、次のような改善がみられた。

鎖製造	五シリング	→一一シリング三・五ペンス
レース製造	七～八シリング	→一一シリング一一ペンス
紙箱製造	八シリング五ペンス	→一三シリング
仕立業	八シリング	→一四シリング二ペンス

Drake, op.cit., p.58.

（22） NFWW, 4*th Ann. R.* op.cit., R. H. Tawney, *The Establishment of Minimum Rates in the Tailoring Industry under the Trade Boards Act of 1909*（Studies in the Minimum Wage, no.2)(London: G. Bell & Sons Ltd.), pp.76, 93.

（23） Tawney, ibid., pp.92 - 93.

（24） Clegg., op.cit., vol. II. p.24.

（25） WTUL, 37*th*, *Ann. R.* Apr. 1912. NFWW, 5*th Ann. R. and Balance Sheet* (1911.7 - 1912.7).

（26） Drake, op.cit., p.46 に引用。

(27) WTUL, 37*th Ann. R.* L. Hutchins, *Women in Modern Industry* (New York : Garland Publishing, Inc., 1980, First published 1915), pp.131 & 141.

(28) NFWW, 7*th Ann. R. and Balance Sheet* (1913.8 - 1914.7).

(29) NFWW, 6*th Ann. R. and Balance Sheet* (1912.7 - 1913.7).

(30) NFWW, 7*th Ann. R.*

(31) Clegg, op.cit., vol. II, p.26. Table I : Major strikes, 1911 - 14.

(32) Sheila Lewenhak, *Women and Trade Unions : An Outline History of Women in the British Trade Union Movement* (London: Ernest Benn Ltd., 1977), p.141.

(33) Richard Hyman, *The Workers' Union* (Oxford, 1971), pp.51 - 52.

(34) Ibid, pp.53 - 58.

(35) Clegg, op.cit., vol.II, p.59.

(36) Ibid.

(37) Lewenhak, op.cit., vol.II, p.141.

(38) Clegg, op.cit., vol.II, p.26.

(39) Ibid., p.53.

(40) Drake, op.cit., p.63.

(41) NFWW, 7*th Ann. R.* & WTUL, 38*th Ann. R.* 1913.

(42) NFWW, 7*th Ann. R.*

(43) Ibid.

(44) NFWW, 6*th Ann. R.* & 7*th Ann. R.*

(45) シドニィ・ウェッブ、ビアトリス・ウェッブ『労働組合運動の歴史』下巻、五八四ページ。

(46) Clegg, op.cit., vol.II, pp.104 - 105.

(47) Maurice Bruce, *The Coming of the Welfare State* (1961). 秋田成就訳『福祉国家への歩み―イギリスの辿った途』(法政大学出版局、一九八四年)、三三八～三四三ページ。

(48) Hamilton, op.cit., pp.109 - 110.

(49) NFWW, *5th Ann. R.*

(50) Hamilton, op.cit., p.114.

(51) Idid., p.117.

(52) B. L. Hutchins, *Women in Modern History*, op.cit. p.xv. に引用。

(53) National Health Insurance. Report of Departmental Committee on Sickness Benefit Claims under the National Insurance Act. Memorandum A. by Miss Mary R. Macarthur〔cd.7687〕1914, p.78. なお、本報告書の参照にあたっては、千葉商科大学助教授武田文祥氏のお世話になった。

まとめ(一九〇三～一九一四年)

以上、筆者は女性労働者にとって、立法による国家介入がいかに重要な役割を果したかを見てきた。もちろん、女性を労働市場から追放しかねないような、女性のみに適用される保護立法に対しては、WTULもNFWWもこれまで非常に慎重だったことはすでに述べたとおりである。

しかし、賃金委員会法は性別を超えて低賃金労働者を救おうとするものであった。また、国民保険法も性の別なく一定の賃金以下の労働者を拠出金支払いの義務から解放しながら、失業や疾病時に、また、女性には、出産時に、保険で彼（女）らの生活を守ろうとするものであった。女性は低賃金取得者が多いから、これらの法律による恩恵が女性にとって大きいことは否めない。男性労働者のように、強大な組織力をもって、独自に雇用者と交渉できる場合と違って、組織力の弱い女性は法律による改善に依存する部分が大きいのである。WTULは法律部を設けて、「労働者災害補償法」などともとに、女性労働者たちの相談に応じた。WTULの圧力のもとに生れた女性工場監督官は「工場および作業場法」に対する悪質な違反者を機関誌に発表して、間接的ながら、女性の労働条件あるいは労働環境の改善に努めた。

また、当時急速に増え始めていた商店員の問題については、自分自身店員から職業生活を始めたボンドフィールドが中心になり、C・ディルクを議会とのパイプとして、「物品賃金制度廃止法（Truck Act）」の改正を要求した(1)。これは遅刻などに対する罰金を賃金からさし引くことを禁止したり、住込み制の廃止を求めるものである。店員組合はこの法律自身の改正には失敗したが、一九一一年の「商店法（Shops Act）」では週一回半日の休暇と適切な食事時間が認められるようになった(2)。

このような法律による改革には、慈善家、宗教家、その他知識人の努力に負うところが多い。しかし、女性労働者自身の発言なり、それを求める行動が不可欠なことは言うまでもない。ここに組織化の必要性が生れた。法律ができると、それを有効に実施するために、さらに、いっそうの組織化が必要となる。女性の労働条件の改善のためには、まさに、法律と組織が車の両輪の如き役割を演じている。R・H・トーニィも仕立業と製鎖業における賃金委員会法の影響を詳細に調べ、前者の場合について次のように述べている。「女性の約三分の一、男性の四分の一から五分の一が賃金の増加を得た。……（中略）同法は男女労働者に労働組合主義に対する刺激を与えた。仕立業関係組合員数はふえ、いくつかの地域では労働組合が、賃金委員会法で決められたものより、かなり高い標準賃金を雇主との間で決めている」(3)。また、後者についても、各種（形態と質における）の鎖について、出来高払いで平均四二・五％の増加があった。これは当然男女双方の週給の増加に影響し、ブラック・カントリィの一般的生活水準の向上をもたらした。また、ここでも「労働組合主義に刺激を与えた」と指摘しているのである(4)。

賃金に関しては、賃金委員会法の直接の対象にならなかったが、間接的に法律の影響を受けた部門も多かった。職業における均一賃金率（uniform list）は一九世紀後半に、綿織物業と靴下編業にのみあったが、二〇世紀初頭には、製靴、印刷、タバコ製造業でも設定されるようになった。だが、女性の賃率は男性の半分から三分の二であったし、地域的（例えば、印刷業ではロンドンとエディンバラ）に限定されていたから、もちろん充分な改善ではなかった。店員組合では、女性の最低賃金を男性の四分の三（女—一八シリング、男—二四シリング）になるように設定したが、具体化することはできなかった。他方、協同組合従業員の間では、第一次世界大戦までに一四～二〇歳の女性に五～一七シリング、一四～二一歳の男性にも六～二四シリングの最低賃金制を実現した。卸売協同組合の代表は、これは「卸売協同組合の全女性労働者に生活賃金を与えたとして歴史に残り、協同組合以外の所への希望のメッセージとなるだろう」と誇らしげに語った。同じ時期に事務員たちは、すでに「男女同一賃金」（週給三五シリング）を要求し始めていた(5)。

組織の面では、一九一一～一四年の全国的な労働争議が未組織労働者にも組織化をもたらした。紛争の原因は、中央での集団交渉に対する現場労働者の不満やサンディカリストの運動、あるいは賃金の引上げや組合の承認を求める点などにあった。これらの紛争は女性をもまき込んで、女性労働者にも連帯のための刺激を与えた。言い換えるならば、一部労働党議員をも含む自由党内閣によるさまざまな労働および社会立法と、活発なこの時期における労働運動が女性の組織化をいちだんと進めたと言えるだろう。ＷＴＵＬとＮＦＷＷの組織も拡大した。一九一四年における前者の加盟組合数は一五六、組合員数は約二〇万人に達し(6)、後者の支部数は七五、組合員数は約一万人となった(7)。

その他主な男女混成組合における女性組合員数の成長としては、綿業組合における女性の一八万六〇〇〇人、製靴業の一万四〇〇〇人、印刷および製本業の六八〇〇〇人、商店員組合の五〇〇〇人をあげることができる。NFWWとならぶ一般組合では、「労働者組合」が七五〇〇人、「全国一般労働者組合（National Union of General Workes)」が四〇〇〇人の女性メンバーを擁していた（表5-1参照。なお、一九一三年までの推移については表5-2参照)。ただ、女性の一定の労働条件の改善を国家に期待するためには、その政府が女性の利益を代表するものでなければならないことは言うまでもない。メアリ・マッカーサーも次のように述べている。

この〔私たちの目的〕の達成のためには、二つの方法があります。すなわち、(a)有効な労働組合組織によってであり、もう一つは、(b)国家的行為《ステイト・アクション》によるものです。私の考えでは、これら二つの方法がともに用いられなければなりません。しかし、提案されている国家的行為が労働組合組織を促進するものか、あるいは後退させるものか、よく検討されなければなりません(8)。

アナ・デイヴィンもまた別の観点から、国家介入による積極面を評価しながらも、国家が女性労働者の母性面のみを重視することの危険をついている。それは、帝国主義戦争の貫徹に必要な人間養成のために利用された経緯があるからである(9)。

したがって、国家の性格についての注意深い検討を加えながら、勤労女性だけではない、広範囲な女性の協力をもとに、有効な立法措置を国に講じさせていくことが、女性労働者の生活と地位の向上に不可欠だといえるのである。その意味で、本章前半の対象とした一九〇三～一四年間の時期に、WTULやNFWWだけでなく、さまざまなグループ（WLL、WIC、FWG、CWG）(10)の「社会派」フェミニストたちが、多様な角度から、多様な方法で運動を展開していったことが、立法と組織の両面で一定の成果を収め得た原因と言えるだろう。こ

表5-1　主要組合における女性組合員数(1914年)

組　合　名	設立年	女性入会年	女性組合員数(1914.12)	女性組合員数(1918.12)	組合員総数(1918.12)
繊維 —— 綿					
綿織布(41地方支部含む)	1884	1884	130,000	175,000†	225,000†
打綿・梳綿室(14支部含む)	1886	1886	56,000	60,000	79,000
繊維 —— ウール・ウールステッド	1881	1881	4,400	43,844	59,800
繊維 —— 靴下編み	1885	1885	3,500	9,000	12,000
繊維 —— 麻・ジュート					
Dundee Jute & Flax	1906	1906	3,800	15,000	20,000
Dundee Mill & Factory Operatives	1885	1885	7,500	3,240	4,025
その他繊維					
合同繊維(Leek)	1919	1919 (1895)	4,380	7,400 (1919)	10,500 (1919)
衣料					
合同男女仕立	1866	1900	1,000	10,000	20,000
製靴	1874	1885	14,000	20,00	69,000
フェルト帽	1886	1886	3,477	2,776	2,776
印刷					
印刷	1840	1904	6,850	27,000	73,000
製本	1836	1917		2,800 (1919.12 11,000)	21,700
製陶	1906	1906	2,140	20,000	32,000
タバコ	1835	1895	2,000 (うち1,000は ノッティンガム)	2,750	3,500
商店員	1891	1891	5,000	22,200	51,690
事務員					
全国事務員	1890	1890	1,000	9,670	36,302
鉄道事務員	1897	1897	100	13,000†	85,000
郵便事務員	1920	1920	6,500‡	20,100‡	115,000 (1920)
一般組合					
全国女性労働者連合	1906	1906	10,000	80,000†	80,000
労働者組合	1898	1898	7,500	80,000†	400,000

注）† おおよその人数.
　　‡ 合併前の組合員総数．その後解雇された女性郵便集配人約1万人を含む.

資料）B. Drake, *Women in Trabe Unions*. op. cit. 付表から作成.

表5-2　女性労働組合員数（1899～1913年）

職　業	1899	1900	1901	1902	1903	1904	1905	1906	1907	1908	1909	1910	1911	1912	1913
繊維															
綿(準備)	20,516	20,703	21,564	21,482	21,441	22,343	26,953	29,954	38,834	42,149	43,859	43,421	45,720	48,716	53,317
〃(紡績)	1,669	1,685	1,685	1,669	1,663	1,684	1,688	1,698	1,744	1,815	1,838	1,862	1,620	1,474	1,857
〃(織布)	77,391	76,025	74,555	75,900	73,640	76,669	82,597	95,712	110,670	109,862	106,799	105,745	132,919	149,069	155,910
ウール・ウーステッド	1,604	973	1,053	1,439	1,499	1,034	1,205	2,393	2,436	2,370	2,168	4,677	3,767	5,268	7,738
リネン・ジュート	8,102	9,649	9,835	10,791	9,968	9,704	9,124	12,651	14,467	13,100	14,383	17,319	18,917	21,808	20,689
絹	177	233	47	42	44	287	231	1,010	2,988	3,654	4,973	5,908	5,334	5,444	4,247
靴下編み等	2,086	1,946	1,994	1,996	1,611	1,689	1,481	1,687	2,026	1,662	1,978	1,804	3,047	2,936	4,070
プリント・染色等	325	261	335	368	284	305	488	701	1,546	2,122	1,910	2,699	3,937	4,859	9,453
繊 維 計	111,870	111,475	111,068	113,687	110,150	113,715	123,767	145,806	174,711	176,734	177,908	183,435	215,261	239,574	257,281
非繊維															
長靴・短靴	618	692	777	700	623	1,037	987	893	997	1,375	1,512	1,401	4,868	8,725	9,282
帽子	2,529	2,533	2,494	2,506	2,388	2,290	2,253	2,265	3,302	3,313	3,305	3,333	3,534	3,820	3,750
仕立て	1,176	1,182	631	513	782	876	1,059	1,381	1,746	2,077	1,797	3,164	4,671	6,145	9,798
印刷	763	807	793	714	722	895	819	977	1,749	3,376	2,162	2,725	3,257	3,075	5,893
陶器等	564	1,393	1,133	1,023	582	451	447	530	1,290	1,118	1,119	414	1,856	1,867	2,600
タバコ等	2,403	2,292	2,235	2,112	2,151	2,423	2,380	2,447	2,447	2,295	2,094	2,098	1,917	1,970	2,060
商店員	760	1,230	1,609	2,354	3,042	3,747	4,311	4,920	5,076	5,120	5,727	6,021	7,047	20,758	24,255
その他	2,334	3,106	2,041	1,230	1,536	796	809	1,799	3,208	3,080	2,770	3,460	5,792	7,972	8,742‡
一般*	648	899	295	277	499	1,369	653	2,674	4,056	3,687	4,212	7,220	16,225	15,231	23,677
公務	100	129	119	307	285	1,485	2,145	2,966	5,836†	5,215	6,871	8,644	10,617	9,510	9,625
非繊維計	11,895	14,263	12,127	11,736	12,610	15,369	15,863	20,852	29,707	30,656	31,569	38,480	59,784	79,073	99,682
総　計	123,765	125,738	123,195	125,423	122,760	129,084	139,630	166,658	204,418	207,390	209,477	221,915	275,045	318,647	356,963

注）労働統計部（Department of Labour Statisties）および共済組合登録局長（Chief Registrar of Friendly Societies）に対して労働組合から提出された人数に基づいて編集した．

1913年末に女性労組員をもつ労働組合の数は217であった（1899年末は153，1903年末は143）．このうち122が繊維業である（うち綿＝81，ウールおよびウーステッド＝7，リネンおよびジュート＝15，絹＝3，靴下編み，その他繊維＝8，プリント・染色・梱包他＝8）．多り95組合のうち，縫製＝20，印刷および関連職業＝7，陶器他＝7，タバコ＝4，その他40（4商店員組合を含む），一般組合＝6，公務＝11．男女双方の加入を認めている組合では，しばしば正確な性別人数は不明だが，本表の数はほぼ正確である．

* 繊維および非繊維労働者の双方の加入を認めている組合を含む．

† 1907年のこのグループの著増は「郵便・電信事務員組合（Postal Telegraph Clerks' Association)」（1907年女性組合員2,916人）の追加による．これ以前のこの組合の女性数は不明で，1903年までは非常に少なかったと報告されている．

‡ その他の職業には，事務員＝1,784，ホテル従業員他＝170，家内労働者＝163，劇場関係＝1,037，金属＝1,159，保護施設従業員＝1,703，農業労働者＝600，助産婦＝300，家具＝573，その他＝1,253人が含まれる．

出所）Board of Trade, Department of Labour Statistics. *Seventeenth Abstract of Labour Statistics of the United Kingdom.* 1915（cd. 7733）pp. 202-203.

れらの組織間の協力については、次章で再度論じたい。

〔注〕

（1）Margaret Bondfield, *Autobiography of Margaret Bondfield*, pp.62 - 74.

（2）Lee Holcombe, *Victorian Ladies at Work : Middle Class Working Women in England and Wales, 1850 - 1914* (Hamden 〔Connecticut〕: Archon Books, 1973), pp.130 - 132.

（3）R. H. Tawney, *The Establishment of Minimum Rates in the Tailoring Industry*, op.cit., pp.95 - 96.

（4）Do. *The Establishment of Minimum Rates in the Chain-Making Industry under the Trade Boards Act of 1909*, (Studies in the Minimum Wage, no.1)(London : G. Bell & Sons Ltd., 1914), p.131.

（5）Drake op.cit., pp.51 - 56. 一九〇六年における女性の各職業における平均賃金については表3-5参照。

（6）WTUL加盟の一五六組合の内訳は次の通りである。

	NFWWの支部	七五*
WTUL	合同梳綿・打綿室組合支部	三
	合同織布工組合支部	三八
	全国製靴工組合支部	六
	スコットランド工場労働者組合支部	二
	全国合同商店員・倉庫係・事務員組合支部	三
	独立の組合	二九
	計	一五六

（出所）WTUL, *39th Ann.R.* (1914). ＊本書では七一支部になっているが、NFWW, *7th Ann.R.*では七五支部になっており、修正した。

（7）ＮＦＷＷの七五支部の内訳は、ロンドン二三支部、地方四二支部、スコットランド一〇支部である。NFWW *7th Ann.R.*(1914).

（8）Mary R. Macarthur, 'The Women Trade-Unionists' Point of View', in Marion Phillips, ed., *Women in Labour Party* (New York : B. W. Huebsch, 1918).

（9）Anna Davin, 'Imperialism and Motherhood', *History Workshop Journal*, no.5, 1979.

（10）「フェビアン協会女性グループ（Fabian Women's Group, 以下ＦＷＧと略）はＭ・Ｐ・リーヴス（Maud Pember Reeves）の家で一九〇八年に創立された。バーナード・ショー夫人、ビアトリス・ウェッブ、マリオン・フィリップスなど著名人を擁するこのグループの目的は「女性の経済的地位を研究することと、社会主義によって得られる個人的な経済的独立（personal economic independence）において、男性との平等を要求することであった。同グループについては、次のものが要領よくまとめられている。

Miranda Chaytor and Jane Lewis's Introduction to *Working Life of Women in the Seventeenth Century*, by Alice Clark (London : Routledge & Kegan Paul, 1982, first published 1919).

「女性協同組合ギルド（Women's Co-operative Guild）」については、第四章まとめ注（3）参照。

3　第一次世界大戦と平等賃金の始まり

近代の戦争は政治、経済、社会のみならず、家族のあり方あるいは男女の関係にも大きな影響を与えずにはおかない。第一次世界大戦における女性の社会的地位の変化もその一例である。イギリスの女性史家レイ・ストレイチィはこの戦争遂行への協力の過程で、女性の能力が発揮され、それが評価されて、女性参政権が賦与される原因となったと述べている(1)。すなわち、彼女は戦争がもたらした積極的な側面として女性の社会への進出を指摘するのである。

しかし、一九六〇年代以後に現れたフェミニストの歴史家たちは、立法面での平等など表面的な平等は実現したものの、政治・経済・社会の実権は依然として男性の手中にあるという現実から、歴史の再検討を始めた。そして、第一次世界大戦の影響についての見直し作業の中で、女性の社会や労働市場への進出はうわべだけであったと主張するのである。

本節では、こうした戦争と女性の関係についての相反する見解を検討し、それらを念頭におきつつ、実際第一次大戦中の女性労働者の状態はいかなるものであったか、また、男女の平等賃金はいかにして始められたかを見ていきたい。日本では、第二次大戦中においてさえ、封建的な滅私奉公のスローガンのもとに国家への個人の犠牲が求められたのにひきかえ(2)、民主国家としてのイギリスでは国家に奉仕しつつも、この戦争という非常時を女性の地位向上のための好機として活用するさまざまな試みが意図的になされ得たのである。

「第一次大戦中の女性労働」についての研究動向

一九一四年七月第一次大戦が始まると、折から最高頂に達していた女性参政権運動の指導者たちは、その運動を一時停止し、女性が戦時労働に積極的に参加することを呼びかけた。彼女たちはこの非常時に女性の社会参加の必要性を男性に理解させることによって、女性参政権を実現せるための足がかりを得ようとしたのである。これに呼応して、市電やバスの車掌、地下鉄駅舎の事務員、鉄道の改札係や信号係、エレベーターの操作手、救急車の運転手、警官、農場、銀行・保険業などその他公衆の目にふれるさまざまな分野や軍需産業等に女性が進出した（表5-3）(3)。もっとも、本格的な進出は「フェミニストの宣言のためというより、経済的必要と戦時軍需産業法のダイリューション（未熟練労働による熟練労働の代替——

表5-3　グレート・ブリテンおよびアイルランドにおける職業別女性就業者数

	1914	1918
運　輸	18,200	117,200
市　電	1,200	18,800
私　電	200	5,800
バ　ス	300	4,300
鉄　道	12,000	65,000
商　業	505,200	934,500
銀　行	1,500	37,600
保　険	7,000	32,300
農　業	190,000	228,000
国家・地方公務員（教育を含む）	262,200	460,200
ホテル，パブ，劇場，その他	181,000	220,000
工　業	2,178,600	2,970,600
繊　維	863,000	818,000
衣　料	612,000	556,000
軍　需	212,000	947,000
家事サービス	1,658,000	1,250,000
自　営	430,000	470,000
専門職，家内労働者，その他（看護婦，秘書，タイピストを含む）	542,000	652,500
就業者総数	5,966,000	7,311,000
10歳以上非就業者数	12,946,000	12,496,000
10歳以下	4,809,000	4,731,000
女性総数	23,721,000	24,538,000

資料）A. Marwick. *Women at War. 1914–18* p. 166より作成.

後述〕条項」(4)によるものだった。新たに一〇〇万人以上の女性が労働市場に参入したから、戦争が女性に与えた影響には無視し得ないものがあった。マーウィックは女性全体に与えた影響を総括することはむずかしいとしながらも、ビジネス、医業、軍務にかかわった中層・上層階級の女性たちは「母親や付添人のエプロンのひもからも、父親や夫の財布のひもからも解放された、……中略……今や自分で稼いでいるから経済的独立を獲得し、家から離れて働いているために、……社会的独立を達成した」と述べている(5)。しかも、彼女たちはこれまで男性にのみ開放されていた重要な任務を自分たちが果し得るという意識面での大きな前進をした。労働者階級の女性に対する戦争の影響についても、マーウィックは積極的な評価を与えている。これまで下層階級の女の仕事としては、個人的な自由がほとんどない家事奉公人や、針子、工場での下層労働など苦労が多く、賃金も低いものばかりだった。しかし、戦争のおかげで彼女たちは男性が従事していた、しかも技術を要する熟練労働につき、高い賃金を獲得できるようになったのである。

戦時下の女性の意識面での変化については、戦時中の一九一八年にすでに指摘が見られる。アメリカ労働立法協会副書記のI・O・アンドリューズは『ニュー・ステイツマン』誌の論文を引用しながら、平均的な女性工場労働者、とくに軍需産業で働く女性労働者たちが独立をかち得て、戦前には考えもしなかった社会的問題に関心をもち始めたことを指摘した。彼女たちはより広い経験や娯楽を求めると同時に社会的不正に対しては抵抗を示すようにさえなったというのである(6)。

以上のような女性労働者数の増加、賃金の向上、意識面での前進などに示される戦争の影響の積極的な評価に対して、G・ブレイボンやJ・ルイスは批判的でむしろ消極的な評価を下すのである。

そのうち、ブレイボンの主張は次の八点にまとめることができよう(7)。(1)職業間の移動は多かったが、予期したほど女性の進出はなかった。(2)ダイリューションの賃金と労働条件に関する協定は公営の軍需産業にのみ適用された。(3)その場合も直接的代替より、仕事の単純化や作業工程の再分割などによる間接的代替が多かった。(4)同一賃金は、女性が男性と同じ仕事についた場合にのみ可能であり、伝統的な女性の仕事（食品加工業、衣料製造業）では、その地域の賃金に合わされた（独身女性一八シリング）。(5)戦争中はまた母性の重要性が強調されたが、男性の仕事についた女性の健康については論じられても、女性の仕事に従事する女性の健康については論じられなかった。(6)労働党や女性労組の指導者（M・フィリップスやM・マッカーサー）も母性保護を主張した。(7)戦後、女性が「戦前の職や家庭に復帰（demobilization）」する問題についても、女性の労働権を主張している労働党や労働運動の指導者たちでさえも男性より先に女性の労働権擁護を主張しなかった。(8)したがって、失業した女性には新しい仕事の確保とそれが見つかるまでの失業給付金の支払の実現に努力するが、戦時中にかち得た男性の仕事に女性が残ることは認めなかった。

以上のことから、ブレイボンは、ジャーナリストや愛国主義者が指摘するほど、第一次大戦中の女性の華々しい進出はなかったし、たとえ新しく高賃金の職を獲得しても戦後それを維持できなかったのは、依然として「家計維持者としての夫と、家庭保持者としての妻」のイメージが生き続けていたからだと主張する。そして、このような職場や家庭における「性によるきびしい分業」の存続を認めることは、結果的には、男には高賃金と危険な仕事を、女には低賃金の仕事を与えることになり、男女双方に共通の労働時間の短縮や、労働条件の改善にはつながらなかったと主張している。こうした彼女の主張には今日につながる現代的な問題を含んでいるのである。

J・ルイスはこのような議論をさらに発展させ、労働組合内においても男性が依然として熟練労働部門を支配していた点を指摘する。彼女によれば、合同機械工組合（Amalgamated Society of Engineers, 以下ASEと略）が第一次大戦中にNFWWと提携したのも、ダイリューションによって熟練労働者の賃金が代替した女性労働者の賃金にまで下るのをおそれたからであるという。また、戦後は復員兵のために女性が職をあけわたすことをあらかじめとり決めていたし、戦後女性労働組合は男性組合に合併することによって、労働運動の中での女性の代表権を弱めたという。

ダイリューションも、すでにブレイボンが言及したように、労働過程の再編成により、仕事を単純化した上で女性が就労するという間接的代替が多かったために、賃金も男と同じというわけにはいかなかった。むしろ、この雇主にとっての新しい経験が戦後、単純・反復作業の導入にいっそう拍車をかけさせ、男性は熟練労働を保持するが、女性がますます単純・低賃金労働に追い込まれることになったとルイスは主張するのである。もっともこうした傾向のために一九二〇〜三〇年代の不況期に、女性の失業率を男性の約三分の二に抑えることができたことも事実である(8)。

以上のようにルイスは、研究の対象時期を第二次大戦後にまで延ばすことによって、女性労働者の趨勢をより的確に把握しているが、両者とも第一次大戦中の女性の新しい経験は戦争という非常時の一時的なものであり、戦争によって女性の地位が上ったという考え方には疑問を呈している(9)。

それでは、実際女性たちはどのように戦時労働に参加したか、また、この参加によって女性自身あるいは社会の女性に対する見方、あるいは社会における女性の地位がどのように変ったのか、また変らなかったのかを検討してみよう。その際これまでと同様にＮＦＷＷやＷＴＵＬおよびその指導者であるＭ・マッカーサーの活動を通して具体的に見ていくことにする。その際の時期区分としては次の三つの時期が考えられる。

第一の時期は、軍需産業とくに機械工業と造船業に女性が進出した時期である。そして、熟練男性労働者の仕事を、未熟練の男性あるいは女性労働者が行なう、いわゆる「ダイリューション」問題が起こり、これを認めるべきか否か、もし認めるとすれば、いかなる条件で認めるか、などが検討された時期である。これは一九一五年七月に「戦時軍需産業法（Munitions of War Act）」として解決された。第二期はこの法律が、さまざまな問題を生みながらも実施されていく過程であり、次の一七年代には軍需産業以外の産業においても、同法の条項に近い労働条件が求められ、不十分ながらそれらが実現されていった。第三期は、戦争最後の年の一八年で、女性の伝統的な職場である仕立業、洗濯業、商店などの労働者の間にもようやく組織化と賃金の増加が見られるようになった。

このような成果を得るためには、男性労働者との連帯はもちろん女性労働者間の連携が重要な課題となる。戦争はこうした連携にも複雑な影響を与えたのである。

軍需産業における女性の「代替《ダイリューション》」の実態とその対策

第一次世界大戦が勃発しても、イギリスの労働者と独立労働党（ＩＬＰ）の人びとあるいは社会主義者の間には、なおも戦争反対の気分が強かった。スコットランドで生まれたメアリ・マッカーサーも同地で誕生したＩＬＰの影響をかなり早くからうけていた。

ＮＦＷＷ設立後、彼女はイースト・ロンドンの低賃金に苦しむ女性労働者の組織化に着手するが、ＩＬＰ党首のキア・ハーディは現地へ来て、いつも彼女たちに同情と激励の言葉をかけた(10)。彼女は、一九一〇年同党全国執行委員会委員に選ばれ、翌一一年には同執行委員会議長のＷ・Ｃ・アンダースンと結婚したから、ＩＬＰとくにハーディからの影響は大きかった。こうしてマッカーサーは熱心な平和主義者となった。一九一四年八月のトラファルガー広場での反戦集会ではＧ・ランズバリィやＡ・ヘンダーソンと並んで彼女も弁士の一人となっている(11)。ＮＦＷＷ自身も、一五年三月スイスのベルンで開かれた国際社会主義労働婦人会議に出席した代表者たちの集会（五月）に参加し、平和宣言の採択に加わっている(12)。ＮＦＷＷやマッカーサーのこのような反戦的態度はのちに彼女に不利にはたらくことになる。

しかし、ドイツ軍がベルギーに侵攻すると、ＩＬＰの人びとや社会主義者を除いて、大多数の労働者は戦争支持にまわった。女性参政権運動に献身していたパンクハースト夫人は最も熱烈な戦争支持者となり、穏健なフォーセット夫人も「私たちの主張〔女性参政権〕が認められようと、なかろうと、私たちの市民としての価値を示しましょう」(13)と唱えて、国家への奉仕へ運動の方向を転換した(14)。八月二四日には、労働組合会議（ＴＵＣ）も労働党も当分の間使用者側との産業休戦を宣言した。現在ある労使紛争を終らせ、将来はストライキに訴えず、平和的な解決によることを約束したのである(15)。

一方、戦争の勃発による産業の転換は、物価の高騰と多くの工場の閉鎖をもたらした。失業者はすでに多数出ていたため、労働者たちは戦争中の労働者階級の利益を擁護するために、「戦時緊急労働者全国委員会（War Emergency Workers' National Committee）」を結成した。マッカーサーもメンバーであったこの委員会(16)は、軍需産業の暴利取締り、価格統制、貧困救済の措置などを要求した。

女性の失業者は一時一九万人にものぼり、主として綿業、奢侈品産業にみられたが、一九一五年春には急速な回復がみられるようになった。男性労働者の不足や軍需産業の拡大がこれらの女性失業者を吸収したからである。それればかりか、これまであまり人気のなかった職業、例えば家内労働者や召使いの職から、政府企業やその他の男性の仕事に転職した者が多かった。こうして、一四年七月から一八年七月までの全産業における女性雇用者数は一二五万人(17)ふえた。このうち九九％が新しい仕事に、あるいは、男性の「代替」者として雇用されたのである。女性による直接の代替者数は一八年一月には七〇万四〇〇〇人にものぼった。これらの女性は労働者階級からばかりでなく、上・中層階級からも出たのであり、時に大学卒の女性とそうでない女性たちの間で反目もあった。彼女たちは軍需産業ばかりでなく、製材、製粉、製油、製菓業にも進出し、家具やタイヤのチューブ製造業、セメント、鋳造、なめし皮、ジュート、羊毛などの工場でも働いた。鉄工所では石灰石を打ちくだき、れんがを積んだし、造船場ではびょう留めの仕事もした。地上での採鉱や石切、鉄道の車輌の清掃、公園の管理などほとんどあらゆる分野で働く女性の姿が見られた。男だけの仕事としては地下採鉱、港湾の荷揚作業、鉄鉱の溶解などが残っただけであった。

その中でも女性の雇用が最も大きな注目をひき、ダイリューション(18)が重大な問題となったのは機械および関連金属工業においてである。女性労働者は民間企業では一四年七月に一七万人であったのが、一七年七月には四四万人に増加した。四年間に二七万人の増加だが、そのうち約九〇％が「慣習上男性が行なっていた」仕事につき、四〇％が直接男性に代替した。さらに約一五万人が同じ時期に国営工場に入ったから、総計五〇万人以上の女性が機械金属工業に就労したことになる(19)。それだけにまたそれへの対策は重要であった。数量的増加もさることながら、男性熟練労働者にとって何よりも脅威であったのは、雇用者が非常な低賃金で男性の仕事に女性を雇用し始めたことであった。

この最初の例が一九一四年一一月にクレイフォード（Crayford）の大軍需工場で起こった。すなわち、男性の半分の賃金で女性が砲弾製造に雇われたのである。この事件自体は、組合が、女性による熟練労働の代替は認めないが、オートマチックな機械作業や反復作業への女性の採用を認めることによって解決した。しかし、翌一五年二月には、さらに大きな紛争がスコットランドのクライド河岸の工場地帯で発生した。インフレのために、労働者たちは一九一四年の賃金で生活することが困難だと気づいた。産業休戦はストライキを禁止しているように思われたが、それでも何らかの手が打たれなければならない。こうして非公認ではあるが、八〇〇〇人から一万人といわれる機械工が二週間にわたるストライキに突入したのである。当時軍需品は不足しており、危機的状態だった。クライドは最も大きな武器製造地域であったので、これは重大な事件であった。政府が早速解決にのり出したため、雇用者側が承認すると申し出た額より幾分多い賃上げ要求が通り、ようやく終結したのである(20)。

当時大蔵大臣であったロイド・ジョージは、これら増加するストライキの収拾と砲弾不足の解決のため、同月雇用者連合と戦時産業に関係する三三の労働組合（合同機械工組合＝ＡＳＥは含まれていたがＮＦＷＷは招待されなかった）の指導者たちを招いて協議した。そして、できたのが一九一五年三月に締結された「大蔵省協定（Treasury Agreement）」[21]である。その内容は大きく二つに分れ、第一は、作業の停止は違法とし、ストライキやロックアウトに代って調停機関を設ける。第二は、軍需品生産を増大するために、これまでに確立された労働条件や労働慣行の変更を労働組合が認めることであった。これに対し、政府は雇用者に、半熟練労働者あるいは女性労働者を雇用した場合は、これまでその仕事に支払われてきたものと同じ率の賃金を支払うことを命じた。またＡＳＥは戦後、いかなる場合にも戦前の労働条件に戻すことを政府に約束させたのである。前者の同じ率の賃金とは何を意味するのであろうか。ロイド・ジョージはシルヴィア・パンクハースト（「東部ロンドン女性参政権連合」書記長）の質問に答えて、それは男性の仕事をうけもった女性は男性と同じ出来高賃率で支払われることを意味すると、述べた[22]。すなわち、出来高賃率は同じだが、時間賃率は異なるのである。男性の場合は、半熟練労働者でもあるいは不熟練労働者でも、熟練作業に従事した場合は、出来高賃率においても時間賃率においても熟練労働者が受けとっていたものと同じ率の賃金を支払われた。これは、当時軍需工場では女性の多くが時間単位で雇用され、また、生産工程の変化によって男性の出来高払制が消滅しつつあったことを思うと、女性労働者にとっては大きな問題である。利口な雇用者は出来高制と時間制のそれぞれの長所を巧みに利用した。すなわち、男性の仕事に従事した女性に対して、一定時間の労働に対しては男性の二分の一あるいは三分の一の時間賃率で支払い、規定時間内に規定量を生産した場合、余った時間に対してボーナス制度をとり入れる。そして、この間に生産されたものについては、出来高賃率で支払うのである。したがって女性は男性と同等かあるいはそれ以上生産しても、受けとる賃金は男性の三分二あるいは半分であることがしばしばであった。残業や夜業の法的規制緩和が女性労働者の生活を脅すこともあった(23)。

このような状況を反映して、同三月前述の「戦時緊急労働者全国委員会」はマッカーサーを司会者として、とくに女性労働者について討議し、次のことを決議した。(a)戦時労働に従事する女性は労働組合員であることを条件とする、(b)雇用された全女性に適切な生活賃金を保証する、(c)以前男性が行なっていた仕事に女性がついた場合は男性の賃率で支払うこと(24)。

ＡＳＥとの協力・平等賃金の始まり

前記のような決議を実行するためには、労働者側でのそれなりの対応が必要であり、そのためＮＦＷＷは六月に熟練工たちの中心的な組織である「合同機械工組合（ＡＳＥ）」と協力関係に入っていた。

女性は戦前すでに機械および関連金属工業に就労していたが、彼女たちの扱いは必ずしも一定ではなかった。例えば、バーミンガム、コヴェントリィ、ニューカースルでは、信管・弾薬筒製造が女性の仕事とされていたのに対し、シェフィールドやウリッジ造兵廠では異なっていた。また、別の所では雇用者が女性の導入をはかって、労組との間に摩擦を起こしたが、大勢としては組合も妥協し、女性の組織化をはかって、彼女らを一定の職域に制限する方策をとった。だが、これは、製鎖工業（一九〇六年女性を組織し、九年ＮＦＷＷに移行）その他少数の場合を除いて必ずしも成功しなかった。他方、一般組合である「労働者組合（ＷＵ）」や「全国一般労働者組合（ＮＵＧＷ）」も不熟練工の組織化を行なっており、女性にも門戸を開放していた。ジュリア・ヴァーリィがＷＵのために女性を多数組織したことは前に述べた通りである。しかし、女性は組合運営にかかわっていなかったから、機械・金属工業における女性の代弁者はＮＦＷＷとなろう。同労組は戦前すでにブラック・カントリィの製鎖業における支部に加え、ニューカースル、エドモントン、ウリッジ、エリス地域の軍需産業労働者の四支部をかかえており、機械・金属工業に組織された女性労働者約三〇〇〇人の大半を掌握していた(25)。時間給二・五ペンスや二・七五ペンスという苦汗賃金で働いている信管製造工や弾薬筒装填工のために闘った経験があったから彼女たちを組織することは容易であった。何千人という女性が労働組合に加盟し、いくつかの工場で「時間」仕事に関しては一時間半ペニィから一ペニィの、「出来高」仕事については週給五シリングにまで賃金の増加を獲得してきた。また労働時間も短縮したのである。したがって、NFWWは、大蔵省協定が結ばれた時交渉の席に政府から招かれず、協定の当時者ではなかったが、その存在はしだいに無視し得ないものになっていた。

他方、ダイリューションが進行する中で、ASEも不熟練労働者と何らかの接触をもたねばならなかった。だが、彼らはWUやNUGWとではなく、NFWWと提携した。女性の方が戦前の状態への復帰を保証してくれるし、男性の不熟練あるいは半熟練労働者は戦後ASEのメンバーの協力なライヴァルになると思われたからである。それならば、女性を正式の組合員にすべきだという動議も出たが、否決された。おそらく戦後、女性を解職しなければならなくなった時、正規の組合員では事の処理が困難だとみたのであろう(これはNFWWとASEの間に微妙な感情的しこりを残したが、このことについては、あとで触れることにする)。その代りに、一九一五年六月両組織の間に正式に協力協定が結ばれたのである。同協定に基づいて両組織は一方でそれぞれの組織の拡大と充実をはかり、他方で、政府や雇主に対する共同の行動をとった。

同じ六月に自由党内閣が退陣し、アーサー・ヘンダーソン他二名の労働党代表を含む連立内閣が生れた。政府は戦争遂行のため労働者階級のいっそうの協力を必要としたのである。翌七月には軍需省が設置されて、ロイド・ジョージが大臣に就任した。ASEとNFWWは早速代表を同省に派遣し、機械業と造船業に働く一八歳以上の女性の賃金を週一ポンドにするよう要請した。

他方、一九一五年の夏までに、先に締結された大蔵省協定は法的強制力をもたないために実効がないことがわかった。ロイド・ジョージは「戦時軍需産業法」を七月に成立させ、ストライキとロックアウトを法的に禁止し、それらに代って法的強制力をもつ調停機関を設けた。労働組合に関する不文律は当分の間停止されたが、同時に軍需産業の利潤も制限された。この法律は主として機械業や造船業に適用されたが、その他重要軍需物資を供給するすべての産業に、強制仲裁を適用するための権限が与えられることになった(26)。ロイド・ジョージはこの法律の条項を受け入れるようにと関係者を招集したが、その中にはＮＦＷＷも含まれており、はじめて女性の労働組合が政府によって公認されたのである。

調停機関の設立はむずかしい賃金問題を解決するのに充分役立った。しかし、同法のもう一つの条項――すなわち、軍需工場で働いている労働者がその職場をやめる時には会社側がその退職を承認する「離職証明書（leaving certificate）」を必要とする――には多くの不満が表明された。軍需省は一五年九月Ａ・ヘンダーソンを議長として新しく「労働供給委員会（Labour Supply Committee）」を任命した。Ｍ・マッカーサーも唯一の女性委員であったこの委員会は「ダイリューション」のための総合計画を立てた。「半熟練あるいは不熟練労働者ができる仕事には、熟練労働者を雇用しない」(27)などの「ノート」すなわち諸規則が雇用者を指導するためにとりきめられた。この中には「女性の肉体的能力の範囲内」の仕事の一覧表も含まれていた。機械工業の高度の熟練部門に女性を導入する時には、まず軍需省に申し出ること、一八歳以下の少女を六ポンド砲以上の砲弾製造に雇用してはならない、女性労働者を監視するために女性職工長を任命する、女性専用手洗所および更衣室を設けること、などが雇用者たちに対してさらに勧告された。

しかし、委員会草案の中で最も重要なものは、のちに回状L_2と呼ばれたものである。これによって、はじめて男性に「代替した」一八歳以上のすべての女性の標準賃金が週給一ポンド（二〇シリング）と決まったのである。

彼女たちはまた男性と同じ残業・日曜・休日および夜業手当も与えられることになった。回状はさらに「完全な熟練労働者によって慣習的に行なわれてきた仕事についた女性には男性と同じ時間賃率で支払われる」ことを決めた(28)。これは二〇万人というほとんど熟練労働者から成り立っているＡＳＥの力に対する明らかな譲歩であった。すなわち、たとえ女性が代替しても、熟練労働に対する賃下げはくい止められることになったのである。しかし、半熟練あるいは不熟練の男性労働者に代替した女性には、男性と同じ時間賃率は保証されなかった。この場合は出来高賃率のみが男性と同じであったが、男性の時間賃率を基準にボーナスや出来高率が決められたので、出来高払い制の最悪の事態だけは避けることができた。しかしながら、これらの条項は雇用者に対して任意であり、強制的ではなかったために軍需省管轄下以外の企業においては成果を上げることができなかった(29)。

ＷＵとＮＦＷＷ

事実、「代替」女性の賃金が一ポンドを下廻ることはしばしばあった。前述のＷＵは秋に「ミドランド機械工業雇用者連合（Midland Engineering Employers' Federation）」と協定を結び、二一歳以上の女性の賃金を週給（五三時間）一六シリングと決めた。ＮＦＷＷやＡＳＥはこれを激しく非難した。両組合組織はむしろ政府管轄下以外の企業でも最低週給一ポンドの賃金を実現するために政府にその法制化を求めていた。当時東北海岸やクライドでは不穏な動きが絶えなかったから、これらを反映して政府も一五年一一月「戦時軍需産業法」の修正案を上程して、女性労働者の賃金その他の条件を決める権限を軍需大臣に与えた。また同大臣は同じ法律によって特別調停委員を任命する権限を得たが、この委員には少なくとも一人の女性代表を入れなければならなかった。同法は翌一六年一月に発効し、二つの回状L_2およびL_3——熟練労働者に代替した男性の労働条件を決めたもの——も二月に「強制力をもつもの」となった。ＷＴＵＬのスーザン・ロレンスは早速女性のための特別調停委員会の委員となった。調停の迅速化についても、申請が出されてから三週間以内に審理すべきことが決められた(30)。

同法の効果は何千人という多数の女性が働く典型的な砲弾工場で著しかった。女性の基本賃金が直ちに週給一五シリングから二三シリングに上った。週給一ポンドという約束された最低賃金が今や現実的な事実となったのである。しかし、回状L2の条項が念入りにつくられたにもかかわらず、その他の点ではあまり成果を得られなかった。例えば、男性の仕事に同じように従事していても、若い少女にはL2の条項が適用されなかった。また、熟練と不熟練労働の区別も軍需大臣が決めるむずかしい重要な問題であった。これまで熟練労働者がしばしば雇用されていたのに、砲弾製造が半熟練作業と宣言されたり、また他の重要な軍需産業中心地では男性や少年が働いているのに、信管や弾薬筒製造が女性の作業と決められたりした。だが、何よりも大きな不満を買ったのは、熟練労働の一部代替には男性と同じ賃率が適用されなかったことである。度重なる労働側の圧力と交渉によって、ようやく妥協が成立し、「いかなる割合といえども熟練労働についた女性は週給一ポンドで出発し、……第一三週目の終りに男性と全く同じ賃率に到達する」ことが決められた。このように女性に有利な法律がつくられても、それを実効あるものにするにはまた別の努力が必要である。事実この年にクライドの機械工場に働く一万三〇〇〇人の女性のうち、女性の最低賃金週給一ポンドを得ていたものはごく少数であった。他方男性の標準は五〇シリングから五五シリングであった。ただタインでは雇用者の抵抗も少なく一六年末には五〇〇人から六〇〇人の「代替」女性が男性とほとんど同じ賃金を得ていた(31)。

G・D・H・コールは、「戦時軍需産業法」の修正案が通ってから「戦争中ストライキは比較的少なく、また小規模であった。一九一五年紛争の後、賃金引上げは物価騰貴に追いつくことはできなかったが、それでも賃金はほとんどの職種でも確実に上っていった。雇用は十分豊富であり、残業が大規模に行なわれた」(32)と述べているが、女性労働者にとっては一六年代はこの法律を確実に実行させていく年であり、また同法がカバーしない職種については、さらに労働条件の改善を求めて闘わなければならない年であった。後者の成功例としては七月に軍需省によって発行された訓令第四四七号がある。これは機械業において戦前男性の仕事として認められていなかった業務についた女性に対して、時間払い仕事については最低四・五ペンスを、出来高払い仕事については時間給四ペンスを払うことを決めたものである。しかし、この訓令も同じ機械業の中でも労働者の組織率の高い機械製造業にのみ適用されたのであって、組織率の低い電気機器業には適用されなかった。

一九一六年一月徴兵法が通過し、まず独身男性が、さらに五月には既婚男性も戦場におもむくようになると、国内の工場にはますます女性が多数進出するようになった。これらの女性の労働条件を改善するのに積極的に努めたのはもちろんNFWWやASEであったが、WTULのメンバーであるM・シモンズやS・ロレンスが委員である軍需産業調停裁判所の貢献も大きかった。一八カ月の間に一五〇の裁定を行ない、時間給や最低賃金あるいはボーナスの面で前進させた。NFWWについて、当時の軍需大臣アディソン博士は一〇月に女性の唯一の苦情は苦情のないことであり、彼女たちはこれ程多額の稼ぎを得たことはなかった、不平は彼女たちから出されるのではなくて、NFWWの指導者から出ているのだと言って、M・マッカーサーたちを中傷した。しかし、同年行なわれたNFWWの二年毎の大会における次のような決議を見れば組合員すべての要求であることが明らかである。(1)回状L2の対象外の職場で働く女性の保護、(2)出産前二カ月、出産後三カ月の間、母親に毎週国家から助成金を与える、(3)所得税の等級づけの再調整、(4)食料品価格の規制、(5)土地、鉄道、運河、鉱山の国有化、(6)失業手当の支給。事実M・マッカーサーもまさしく述べているように、「政府からの譲歩はNFWWの圧力の結果としてのみ得られたものであった」(33)。

しかし「戦前女性のものと認められなかった仕事につき」、しかも軍需品を製造していながらL2の対象とならなかったものもあった。その代表的なものとして航空機産業をあげることができる。同産業では女性は主として木工作業に従事したが、その比率は戦前の一五％以下から三〇％以上、実員は三万五〇〇〇人に増加し、うち二万三〇〇〇人が男性に代替していた。航空機に対する需要の増加に伴って、作業工程が再分割され、単純化されてくると熟練労働者たちは作業のスピード・アップと出来高払制度に反対した。彼らは「全国木工労働者航空機委員会」を通して全国の加盟労働組合に、男性と同じ賃金が女性に支払われないならば、「熟練労働者によって以前行なわれていたいかなる作業も女性や少女に教えてはならない」(34)旨の指示を与えた。NFWWも女性労働者の組織化に着手し、航空機製造そのものと木工作業に従事する労働者たちの間に設けられた「皮肉な差別」に反対した。一六年一〇月政府は訓令第六二一号によって、L2で決められた条件に近づけ、賃金を引上げるとの回答を出したが、雇用者側は受け入れなかった。さらに、翌一七年三月に少女が労働組合に入ったために解雇されると、WTULは雇用者に抗議した。両者の対立はいっそう激化し、組合は、一八年二月ついに政府が雇用者たちに協定を実行させない場合、九日以内にストライキを行なう旨言明した。当時軍需大臣であったウィンストン・チャーチルは違法な罷業に対しては「投獄」で対処すると労働者を脅かしたが、結局会社側に譲歩させた。しかし、終戦とそれに続く女性の解職によってこの問題の真の解決はうやむやに終ってしまったのである。

このように軍需産業であっても、それが私企業の場合は「ダイリューション」問題の解決はいっそう困難であった。また、政府管轄の企業でも、政府の約束を実現させていくためにはそれなりの労働者側の圧力が必要であった。一七年一月M・マッカーサーは『タイムズ』に投稿して、調停期間が長すぎること――ときにそれが九カ月にも及ぶ――、しかも裁定条件は遡及して適用されないことに対する不満を訴えた(35)。同年四月政府はこれに答えるように、監督企業における女性の九〇％を対象とする新しい訓令を発布して、時間給を一ペンス引上げ、週四八時間労働に対し、代替女性の賃金を二〇シリングから二四シリングに引上げること、さらに生活費高騰のためにボーナス一一シリング支払うことを言明した。「離職証明書」制度も廃止された。同じく一七年七月にチャーチルがアディソン博士に代って軍需大臣に就任すると、さらに多くの改善がなされた。

軍需産業以外の産業における女性労働者たち

機械、航空機（木工部門）、化学工業などの軍需産業以外の産業における女性による「代替」も同様の経過をたどったが、問題は軍需産業におけるほど深刻ではなかった。しかし、女性労働者の進出による男性の職の喪失や、賃金の引下げに対する危惧は依然として強かった。また、ブラッドフォードの男性梳毛工のように女性の進出によって、男性が主に夜業につかされることに対する不満が強い所もあった。だが、ウールやウーステッド工の間では女性自身も夜業についたし、繊維産業では染色や漂白にまで女性が使われていた。衣料製造業、とくに軍服製造業では何千人という規模で女性の「代替」が行なわれた。

このように「代替」の仕方や規模は産業や地域によってさまざまであったが、代替の脅威が男性によってもっとも強く感ぜられたのは、排他的伝統の強い紡績業においてであった。彼らはベルギーからの少年労働者の導入や、義務教育年限の引下げによる若年労働者の導入をむしろ望んだ(36)。幸いにして、この要請は拒否されたが、最終的には現場の労働組合と雇用者の間で協定が成立した場合のみ、女性の導入が認められた。しかし、それは一定の作業工程に限定されることが多く、女性は主として継糸工として雇われるのであって、機械の番人＝監督としてではなかったのである。

古い伝統をもつ印刷工組合の場合も、熟練部門に女性を導入することについては強い抵抗があった。だが、この場合も男性と同等の賃率を女性が得られる時には、彼らの女性排除の規則は緩和されたのである。

換言すれば、一般的に男性労働の不足が著しくなると、男性労働組合も女性の雇用制限をゆるめざるを得なくなった。そして男性の戦後の職場復帰が認められ、一定の賃金のもとでなら、女性が男性の仕事に従事することを認めたのである。これらの条件は、軍需産業と異なり、主として、個々の協定や調停によってとりきめられたが、大蔵省協定やその後に出された訓令の内容に従うものが多かった。その際、大抵の協定が女性の職種を制限したが、それは男性の職域を保護するためであると同時に、女性の肉体的限界内に女性を置こうとしたためでもあった。賃金については、男性の労働組合員は女性が出来高払いのみでなく、その時間払いについても男性と同率の賃金を得ることを主張したが、政府の援助のないこれらの産業では雇用者側の反対によって、その要求はほとんど実現しなかった。例外的に満足すべき協定としては、ウールやウーステッド工女の最低賃金を男性のそれの五分の四と決めた事例をあげることができる。「同一賃金」もわずかの部門ではあるが、例えば、男性の夜業に代替した機械梳毛工や、繊維産業のごく一部、ロンドンやスコットランド地区の女性植字工、およびロンドンのタバコ製造工女の間で実現していた。しかし、概して、これらの産業における「代替」女性の賃金は、男性の標準と、同じ産業の女性の賃金の中間くらいであった。

その他、非工場部門における女性の著しい進出については、一般事務（政府および地方自治体の事務を含む）、商店、協同組合売店および運輸業をあげることができる。協同組合売店の従業員たちは男女同一賃金を獲得したし、また運輸業ではロンドンのバスの車掌たちが賃金ばかりでなく、昇給の面でも男性と同額の五シリングを獲得できた。この実現のためには、ファウンテン夫人の功績が大きく、ＷＴＵＬは一九一八年のもっともすぐれた労働組合指導者として彼女にゴールドメダルを与えてその功績を称えたのである。

連帯と対立

平等賃金が非常に限定された職域においてではあれ、実施された背景には、ドレイクも指摘したように、熟練工の組織であるＡＳＥとの提携があったことはすでに述べた通りである。だが、この提携は労働者の組織内に微妙な対立関係を生んだ。

ＡＳＥは一八八六年以降、男性の不熟練労働者に門戸を開放していたが、一九一二年にはそれをやめた。当時、男女「混成」の一般組合も不熟練労働者の組織化を始め、ＡＳＥのこのような動きに反対したからである。そして、これを契機にＡＳＥは熟練労働者を組織し、一般組合がその他の不熟練労働者を組織するという役割分担が定着していた。しかしながら、戦争の進行とともに、この慣行が崩れ、ＮＦＷＷとＡＳＥの連携に発展した。他方でＡＳＥはＷＵが技術面からＡＳＥに加入できそうな労働者たちをリクルートし、「領域侵犯」をしているとしてＷＵに反発した。六月にＮＦＷＷとＡＳＥの間に協力関係が生れ、実際に地方での活動が始まると、こうした反目はいっそう顕著になった。ＡＳＥは地方支部に宛てて次のような手紙を送っている。

〔ＡＳＥ〕執行委員会は、「労働者組合〔ＷＵ〕」が一定地域における女性労働者の代表だと主張している事実に諸君の注意を喚起するとともに、ＡＳＥはこのＷＵの主張を受け入れていないことを通知する。われわれは、諸君が女性だけで構成する「女性労働者連合〔ＮＦＷＷ〕」に可能なすべての方法で助力することを期待する(37)。

やがてＮＦＷＷとＡＳＥの協力協定に基づいて地方に合同委員会が設置され、これが女性労働者の賃金率やその他の労働条件の改善に当った。ＷＴＵＬとＮＦＷＷは、すでに「大蔵省協定」発効後、マッカーサーとスーザン・ロレンスの指導のもとに、女性軍需労働者の組織化のための特別キャンペーンを始めていた。その内容が不十分なもとはいえ、「大蔵省協定」にもられた賃率と労働条件を実現させていくためであった。この運動がＡＳＥの協力を得ることによって、いっそう拡充し、ＷＴＵＬとＮＦＷＷの歴史にとってもっとも輝かしい時期となったのである(38)。

ＷＴＵＬはこの時期主として軍需産業労働者を組織して、ＮＦＷＷの支部としたが、その対象地域はスコットランドのフォールカークからウェールズのニューポート、バーミンガム、コヴェントリィ、グロースターなどで一九一五年六月から一年間に三〇数カ所に及んだ。ロンドン都内だけでもアクトン、バターシー、フラム、ウィンブルドンなど三〇数カ所の軍需労働者を対象に集会が開かれた。このような活動は、例えばニューカースルで女性組合員が六〇〇〇人に、レディッチ（Redditch）では二〇〇〇人、ブリストルで一〇〇〇人と増え、賃金や労働環境の改善をもたらした。また、二〇〇〇人の女性組合員をもつバロウ・イン・ファーニス（Barrow-in-Furness）のヴィッカーズ工場では砲弾製造工女の大半に少なくとも週一〇シリングの賃金増加が認められた[39]。ＮＦＷＷがさらに誇り得ることは、その活動がアイルランドのダブリン、コーク、ロンドンデリィにまで広がり、法定賃金命令の適用を同地域にまで拡大させたことである。一七年にはＮＦＷＷとダブリンの国営砲弾工場との間で協定が締結された。それまで当地では賃金は英本土よりはるかに低かったし、半分以下の場合もあったほどである[40]。

職場委員《ショップ・ステュアード》運動とＮＦＷＷ

第一次大戦中のＮＦＷＷとＡＳＥとの提携でさらに注目すべきことは、ＮＦＷＷの支部が職場委員運動に深くかかわったことである。

「職場委員」は本来特定の工場で組合費の徴集や「労働組合費記録の定期的な監査といったような、ある種のきまりきった仕事にたずさわったり、その工場の各種事情について労働組合の支部や管轄区に報告したりするために任命された、あまり重要でない労働組合の派遣員であった」[41]。しかし、戦前すでに彼らはフランスのサンディカリズムやアメリカの産業別組合主義から影響をうけていた。Ｇ・Ｄ・Ｈ・コールは当時の情況を次のように記している。

大戦前の二、三年は産業不安の一般的醱酵の時期であった。ストライキはその数、範囲を著しく増大したばかりでなく、その根本的性格を変えた。労働組合運動は、長い停止状態から抜け出し、階級意識をもち、戦闘的かつ攻撃的になった。非公式な自然発生的な運動が普通のことになり、古い指導者たちは、しだいにその掌握を失っていくように思われた。労働争議における調停と仲裁、政治上の改良主義は共に激しく批判された。労働組合運動を、単に賃金と労働条件を守るための手段としてだけでなく、資本主義社会との戦いにおける攻撃的武器として用いるという新しい考え方が発生し、それは多くの人びとに受け入れられた(42)。このような事情は職場委員においても同様であった。もともと彼らはどこにでも派遣されたわけではなく、主に機械業と造船業で多く活躍していた。しかし、戦争の勃発とともに、これまで述べてきたような「代替《ダイリューション》」の問題が起こると、その都度適切な助言をしたり解決をもたらした。そして雇用者と被雇用者間でしだいに重要な地位を確立していったのである。

職場委員の制度が一つの運動として現れたのは、前に述べた一九一五年二月のクライドにおける非公式のストライキにおいてであった。クライドは、サウス・ウェールズが諸炭田の紛争の中心地であったように、金属産業の中心地であり、アメリカの産業別組合主義の影響がとくに強い所であった。労働者たちは、あらゆる職階の工場組織に基づいて樹立され統一された「一大組合」という理念を、戦前にたっぷりとふきこまれていた。その観点からすると「機械工労働組合の職種別の組織は、排他的なものであって、現在の労働組合を通してではこの理念に近づくことさえ困難であった。しかし職場委員の出現は、産業別組合主義者に、まさに彼らが望んでいた組織の基盤を与えた」(43)のである。クライドの紛争の結末については、先に述べた通りであるが、ここにわれわれは職場委員運動と女性労働者の緊密な関係を見出すのである。

グラスゴウでは、戦争の初期にすでにサンディカリストの指導者であったD・カークウッド(David Kirkwood）が、パークヘッド鉄工所の女性の一〇〇％の組織化を完了していた。一六年に、女性の賃上げの要求が新設された調停裁判所で難航すると、彼とマッカーサーは罷業に訴えると脅して、要求をかちとった(44)。独立労働党（女性参政権運動支持）員でもあったカークウッドはＮＦＷＷの人気者であったために、一六年春他の職場委員とともに政府によって逮捕されると、ＮＦＷＷはその二年毎の大会で彼らの即時釈放を要求した。それは、彼の逮捕後「その地域のもっとも完全に組織され、かつ強力であった女性砲弾労働者の団体が急速に瓦壊した」(45)ためであった。この事実からＮＦＷＷのいくつかの支部は文字通り、ＡＳＥによってつくられたとする『女性労働者』紙の記述と、ＡＳＥの女性組織化の行為には、その背後に何ら必然的圧力もなく、したがってその成果も微々たるものであったとする『女性産業ニューズ』紙における正反対の、見解はともに正しかったことがわかる。それは、職場委員が女性の組織化のために最善を尽したのに対して、ＡＳＥの執行部はＮＦＷＷとの協定に口先だけのサービスをしたことを示していることになる(46)。

カークウッドたちの逮捕のきっかけとなった一九一六年の紛争は、前年二月のクライドにおける職場委員運動の延長であった。この争議を指導したストライキ委員会は、クライド全地域の各種の工場の代表から成り立っていたが、紛争収拾後もクライド労働者委員会という名称で存続し、依然、非公式の労働運動を指導していた。この組織は他の地域でも模倣され、かなりの広がりを見せたため、正式の労働組合執行部は自分のたちの権威が奪われたとして、これらの組織と衝突が絶えなかった。政府も緊急の場合を除いて、これら非公式の集団を相手とせず、むしろ彼らの行為は「戦時軍需産業法」に違反するとして一六年の有力な指導者をクライドから追放したり、拘引したりした。しかし、クライドの運動で特筆すべきことは、工場での直接行動が地域社会にまで波及したことである。労働者の妻たちは家賃の値上げに抗議して、あらゆる場所で集会を開き、未払いの借家人に対して審理が行なわれる裁判所前では示威行動を起した。そして、これらの行為が結局は「家賃制限法」をもたらしたのである[47]。ローボウタムはこの成果はクライドに強い革命的社会主義運動と、労働者階級の間にマルクス主義教育の伝統があったからだと考えている[48]。

シェフィールドでも職場委員運動が広がったが、ここではあらゆる種類の労働者——熟練、半熟練、不熟練、男性および女性の労働者、労働組合員と非組合員のすべてが参加した。NFWWのメンバーは戦前の三五〇人から一八年までには五〇〇〇人に増加し、NFWWのウィルキンスン夫人は一八年に、当地の労働評議会の執行委員に選出された。

このように女性労働者は職場委員運動と密接な関係をもったが、一七年に起きたクライドの事件に対してはその独自性を示した。クライド労働者委員会は解雇された四人の女性のために罷業を呼びかけたが、NFWWはそれに応じなかった。NFWWは長期的には、男性労働者が、機械業の女性に対していつまでも協力的であるとは信じていなかったようである。他方、一九一八年一〇月にNFWWは職場委員運動を一般労働者の真の、直接の代表者として認める正式の決議を通過させ、短期的にはその運動を支持した。しかし、マッカーサーは、同じ会議で政府の約束不履行に対してもっと強い立場をとるべきだとする職場委員の主張に対しては「この問題は執行委員の手にまかせるべきです……私はあなた方の執行委員を、あなた方の役員を信頼しています。私たちは他の組合とともに行動していることをおぼえていてもらいたいのです」[49]と答えている。すなわち、各工場におけるダイリューションその他の問題解決にあたっての職場委員とNFWW支部員との緊密な協力関係を評価しても、全国のNFWWを統括するマッカーサーとしては、各職場での行きすぎた行動は認めることができなかったのである。このような彼女の発言から、ソールドンは「NFWWの創設者であり、独裁者であるマッカーサー嬢が集団的な指導体制をもつサンディカリスト的機構に、NFWWを変えることは想像し難い」[50]と述べている。デボラ・トム（Deborah Thom）も同様の評価をマッカーサーに下しているが、この点についてはあとで論ずることにしたい。

クライド、シェフィールド、ロンドンその他の地域の機械工や運輸労働者、あるいは建築労働者の間に広がった職場委員運動に対する政府側の対応は、ウィトリィ委員会の創設にみられる。同委員会は戦後の労使関係改善の方策を求めてつくられたものであり、自由党議員のＪ・Ｈ・ウィトリィを議長とし、スーザン・ロレンスやＪ・Ｊ・マロンらが委員となって、一七年の夏に有名な報告書を発表した。これは、十分に組織化されている産業においては、労働者と雇用者の代表からなる常設の合同産業協議会――いわゆるウィトリィ協議会――を設置することを提案し、それ以外の産業においては「賃金委員会法」の大規模な拡張を提案したのである。前者では、労使代表からなる全国的な規模の協議会の下に、地区レベルあるいは工場レベルの協議会をつくって、経営、賃金、生産性、労働条件などについて話合う。後者では、給料が低く、組織化のおくれている産業に対して、団体交渉と法定最低賃金を与えることを求めたのである。

このような提案をしたウィトリィ委員会の真の目的は、コールによれば、「私有財産権や資本主義制度と抵触しない限り、『産業管理』に自分たちも一役買いたいという労働者側の要求に応じようとするものであった……『労働者による産業管理』は、当時、職場委員やギルド社会主義者たちの活動を通じて、大衆の目に大きく映し出されていたのであるが、委員会はこれは半ば革命的でしかも本質的には反資本主義的であるという見解をもち、それを資本家と労働者の間の協調という、本質的に非革命的な考え方に改めようと企てた」(51)のである。

しかし、ウィトリィ委員会の二つの計画のうち前者の計画については失敗した。石炭、木綿、機械、造船、鉄鋼業などの大きな産業ではこの計画を無視したし、工場レベルでこのような協議会をつくることについては、労働組合の執行部は自分たちの影響力が弱まることをおそれた。また、雇用者の側でも、経営の実権を奪われることをきらった。ＮＦＷＷも女性労働者の組織率の低い業種における、工場レベルの協議会の設置には反対であった。弱い立場にいる女性労働者は雇用者に対抗できる相手ではないからである。労働者に相談するという口実のもとに女性が雇用者たちにまるめこまれ、おどされて、のちに組合活動をひどく阻害することになる契約書に署名してしまうことは、当時よくあった事実とされている(52)。

しかし、政府雇用の分野——例えば、郵便局、公務員、国立造船所など——ではウィトリィ協議会が設置された(53)。

以上のように、ＷＴＵＬとＮＦＷＷはＡＳＥと提携して、中央では政府との交渉で軍需産業における女性の最低賃金一ポンドを実現し、地方ではＡＳＥの支部の協力でＮＦＷＷの支部を創設・拡大し、職場委員運動にもかかわっていった。同時に、ＷＴＵＬは軍需産業以外の女性労働者に対しても特別キャンペーンを組織した。地方とロンドン都内でそれぞれ一〇数カ所を対象として洗濯婦、陶器・缶・靴・菓子製造工女らに働きかけた。製靴業では男の職域に女が入って、賃金も一四シリングから二五シリングとなった(54)。また低賃金で有名な洗濯業でも、全国洗濯業協定が結ばれ、一八歳で週一八シリングと最低賃金が決められた。

ＷＴＵＬはこれまで女性を組織しても、同じ職場に男性組合があり、それが女性に開放されている場合、それらにメンバーを移籍したが、そうした方法は製箱（London Packing Case Makers）、エンジン・クレーン操作手（Amalgamated Union of Engine and Crane Drivers）、印刷・製紙（National Union of Printing and Paper Workers）、衣服工（Amalgamated Union of Clothiers' Operatives）などの部門で見られた。また、織布工らが軍需産業に転職した場合、一時的にＮＦＷＷのメンバーになるが、戦後は元の労組に戻ることも決められている(55)。またＷＴＵＬ加盟の長い歴史をもつ、衣料・靴下編工女等の間でも組合員数の数的増加と賃金面での改善が見られたが、さらに戦時中の特徴としては、郵便配達人、郵便・電信・公務事務員、商店員など非工業部門での労働組合の進展があげられる(56)（表5-1）。その他ＷＴＵＬは従来通り賃金委員会で、未組織労働者のために働いている。戦時中の物価騰貴が彼らに大きく災いしたからである。ＷＴＵＬはその年報で各種賃金委員会における最低賃金のアップ率を詳細に知らせている。

前述のように、ウィトリィ委員会は未組織の職域に対しては「賃金委員会法」の拡張を提案したが、一九一八年に通過した「賃金委員会法」は、協議会の場合と違って、女性の多い職種においてとくに有益であった。一九〇九年の法律では賃金委員会は「苦汗労働」が一般に行なわれている産業に限って設置されたが、一八年の同法では、労使が労働条件をめぐって調整する機関のない所では、どこでも設けられた。二〇年までに、二三の新しい賃金委員会ができたが、その職種に働く七〇％の労働者が女性であった。そして、それらに含まれる産業の名は、まさにＮＦＷＷの加盟労働組合名簿にある名前と同じであった――すなわち、ジュートと亜麻、洗濯、牛乳配達、タバコ製造、雑貨・食品・玩具製造、ボタン製造などである[57]。

〔注〕

（1）Ray Strachey, *The Cause : A Short History of the Women's Movement in Great Britain* (N.Y : Kennikat Press, Inc. 1928).

（2）村上信彦『日本の婦人問題』（岩波新書、一九七八年）、Ⅵ、戦時の婦人労働。

（3）各分野に進出した女性の人数については、次を参照。Arthur Marwick, *Women at War, 1914 - 1918* (London : Fontana, 1977), pp.73-82, & Tables 1-9 at pp.166-169. なお、「女性参政権協会全国連合（ＮＵＷＳＳ）」の中には、戦争反対派もいて、ＮＵＷＳＳは分裂するが、この点については第六章を参照。

（4）Arthur Marwick, *The Deluge : British Society and the First World War* (London : Macmillan, 1986. 1st published 1965), p.90.

（５） Ibid., pp.93-94.

（６） I.O.Andrews, *Economic Effects of the War upon Women and Children in Great Britain* (Carnegie Endowment for International Peace)(Oxford University Press, 1918), pp.172-173.

（７） Gail Braybon, *Women Workers in the First World War : The British Experience* (London : Croom Helm, 1981).

（８） Jane Lewis, *Women in England 1870 - 1950 : Sexual Divisions and Social Change* (1984), p.182.

（９） わが国では、こうした系譜をうけつぐ研究として次のものがある。吉田恵子「第一次世界大戦と英国婦人労働者」『明治大学短期大学紀要』三三号、一九八三年三月。第二次大戦期を扱ったものとしては、中村伸子「第二次世界大戦期イギリスの女性就業――ボルトンにおける産業動員と復帰過程を中心に――」『社会経済史学』五二巻三号、一九八六年一〇月。

（10） William Stewart, *J. Keir Hardie* (ILP edition, 1921), p.289.

（11） Emrys Hughes, *Keir Hardie*, p.227. 同じくＩＬＰのメンバーだったハナ・ミッチェルの一人息子も戦争に反対して、良心的戦闘拒否をした。Hannah Mitchell, *The Hard Way Up.* (London : Virago 1977, 1st published 1968), pp.183 - 188.

（12） NFWW, *Eighth Annual Report* (*Ann. R.* と略) *and Balance Sheet.* 〔1915〕p.8.

（13） Ray Strachey, op.cit, p.338.

（14） フェミニストの中でも、パンクハースト夫人の下の娘であるシルヴィアはこの戦争を「帝国主義戦争」として攻撃することをやめなかった。

Sheila Rowbotham, *Hidden from History : 300 Years Women's Oppression and the Fight against It* (London : Pluto Press, 1985. 1st published 1973), p.117.

（15） Norbert C. Soldon, *Women in British Trade Unions 1874 - 1976* (Dublin: Gill and Macmillan Ltd., 1978), p.78.

（16） 他に女性代表としてはＭ・ボンドフィールド（Women's Co-operative Guild）、Ｍ・フィリップス（Women's Labour League)、S・ロレンス（LCC）がいた。Ibid.

（17）Barbara Drake, 'Women in Trade Unions', in G. D. H. Cole. ed., *British Trade Unionism Today* : *A Survey* (London : Victor Gollancz,Ltd.,1939), pp.519 - 521. A・マーウィックは約一三五万人増加したとしている。

（18）ダイリューションについては次を参照。飯田鼎「第一次大戦中のイギリスにおける労働力政策と社会政策――いわゆる「稀薄化」政策について――」『三田学会雑誌（慶応義塾経済学会）』七〇巻三号、一九七七年六月。栗田健『イギリス労働組合史論』（増補）（未来社、一九七八年）第四章第一・二節。

（19）Barbara Drake, *Women in the Engineering Trades* : *A Problem, a Solution, and some Criticisms* ; *being a report based on an enquiry by a Joint Committee of the Labour Research Department and the Fabian Women's Group* (London : George Allen & Unwin, Ltd., 1918), p.41. 一九一四～一八年間の軍需産業における女性就業者数の増加は、A・マーウィックによれば約七三万人である。表5-3参照。

（20）G.D.H.Cole, *A Short History of the British Working Class Movement 1789 - 1947*. 1949. 林健太郎他訳『イギリス労働運動史Ⅲ』（岩波書店、一九六四年）、一四五ページ。

Henry Pelling, *A History of British Trade Unionism* (London, 1963), 大前朔郎・大前真訳『新版　イギリス労働組合運動史』（東洋経済新報社、一九八二年）、一七七―八ページ。

（21）「大蔵省協定」については次を参照。大森真紀「イギリスにおける第一次大戦下の労働問題――大蔵省協定とアトキン委員会（The War Committee on Women in Industry）報告書を中心に」『日本労働協会雑誌』一九七八年一〇月。

（22）Barbara Drake, *Women in Trade Unions* (London, 1920), p.71. G.D.H.Cole, *Trade Unionism and Munitions* (Oxford : Clarendon Press, 1923), pp.85 - 86.

（23）Ibid., pp.72 - 73.

（24）WTUL, *40th Ann. R. and Balance Sheet*, Sept. 1915.

（25）B.Drake, *Women in the Engineering Trade*, op.cit., p.13.

(26) Cole, *A Short History*, op.cit., p.146.

(27) Drake, *Women in Trade Unions*, op.cit., p.76.

(28) Idid., p.77.

(29) Ibid.

(30) WTUL, *41st Ann. R.* op.cit.

(31) Drake, *Women in Trade Unions*, op.cit., p.80.

(32) Cole, op.cit., p.147.

(33) *Woman Worker*, Sept. 1916.

(34) Drake, *Women in Trade Unions*, op.cit., pp.81 - 82.

(35) M.A.Hamilton, *Mary Macarthur : A Biographical Sketch* (Westport, Connecticut : Hyperion Press, Inc., 1976, 1st ed., 1926), pp.158 - 159.

(36) Drake, *Women in Trade Unions*, op.cit., pp.84 - 85.

(37) G.D.H.Cole, *Trade Unionism and Munitions*, op.cit., p.204. ただし、都築忠七氏は最近の研究でＷＵの創立者の一人であるトム・マンは既存の、いかなる、労組とも対立することなく、未組織の産業労働者のすべての組織化を目的としたと指摘している。Chushichi Tsuzuki *Tom Mann 1856 - 1941 : The Challenges of Labour* (Oxford : Clarendon Press, 1991), p.118.

(38) WTUL, *41st Ann. R.* September, 1916.

(39) Idid.

(40) WTUL, *43rd Ann. R.* September, 1918.

(41) G. D. H. Cole, *A Short History*, op.cit., p.153.

(42) Ibid., p.82.

(43) Idid., pp.156 - 157.
(44) *Daily News*, 10 Aug. 1916, quoted in Soldon, op.cit., p.94.
(45) *Woman Worker*, June 1916.
(46) Soldon, op.cit., p.94.
(47) 地域社会の組織化については、ロンドンにおけるＥＬＦＳのＳ・パンクハーストによる努力をあげることができる。彼女たちはおもちゃ工場を設立して、仕事を望む女性に職を与え、同一賃金と労働者による工場管理、保育所の設置を実現した。Rowbotham, op.cit., p.115.
(48) Ibid., pp.112 - 113.
(49) Soldon, op.cit., p.95.
(50) Ibid.
(51) G.D.H. Cole, *A Short History*, op.cit., p.171.
(52) Drake, *Women in Trade Unions*, op.cit., p.102.
(53) Pelling, op.cit., p.189.
(54) WTUL, *41st Ann. R.* op.cit.,
(55) 例えば、The Ashton-under-Lyne and District Power Loom Association; Oldham and District Weavers and Winder's Association, などとの間で。Do., *42nd Ann. R.* op.cit.
(56) Do., *43rd Ann. R.* op.cit.
(57) F.J.Baylis, *British Wages Councils* (Oxford, 1962), pp.16 - 22.

4　女性労働組織の連帯と戦後の社会福祉

産業女性団体常任合同委員会（ＳＪＣ）の創設

ＷＴＵＬとＮＦＷＷは平等賃金を求めてＡＳＥと協力した。また、一方では戦中・戦後の女性問題の解決のために、さまざまな女性労働団体を糾合して、一九一六年二月「産業女性団体常任合同委員会（Standing Joint Committee of Industrial Women's Organisations, 以下ＳＪＣと略）」を設置した。構成員はＷＴＵＬ、女性労働連盟（ＷＬＬ）、女性協同組合ギルド（ＷＣＧ）、ＮＦＷＷ、鉄道女性ギルド（Railway Women's Guild）であり、マッカーサーが議長に選ばれた。それらにはミドル・クラスの女性の指導になるものが多く、すでに個々に協力関係にあったが、ＳＪＣはそれらをさらに発展させるためであった。その目的は次の三つである。(ア)女性にかかわる中央および地方政府の各種委員会委員として適当な女性を登録する、(イ)上記委員会で産業女性のための合同政策をつくる、(ウ)重要な問題について、出版、集会、代表派遣などの方法で合同キャンペーンを行なう(1)。

同じ頃「戦後労働問題に関する合同委員会」(2)が発足し、作業を開始していたが、女性労働についてはＳＪＣが調査・提言を依頼された。これはＳＪＣが女性労働者の代表機関としてしだいに認められるようになったことを示している(3)。その後（一九一七年）、提出された報告書の中ではまず、(1)で産業における女性に対する戦争の影響を詳細に検討し、(2)で平和宣言時の状況を推定し、(3)で具体的に再建政策を提案している。ＳＪＣがのちに、女性問題に関する労働党の諮問機関になることを考慮すると、この報告書は当時の女性指導者たちの状況認識や考え方を知る上で有益である。次にその内容を概説しよう。

報告書はまず、(1)で女性雇用労働者数が、家内奉公人や自家営業者を除いて一九一四年七月の推定約三三二万人から約四〇〇万人に増えたことを指摘している。商務省（Board of Trade）の少な目の推定でも、産業、運輸、政府労働者だけでも四六万二〇〇〇人増加した（マーウィックの推計については表5-4、三二六ページ参照）。この増加人口の源は家事奉公人、小自営業者、内職者からの移行、既婚婦人、未亡人などの労働市場への復帰や中層階級女性の新たな流入などである。したがって、終戦時には、その多くが元の職場に戻ると考えられたが、戦争未亡人、傷痍軍人の妻、あるいはその他の理由から職場残留を希望する者もいたと思われる。その数は定かではないが、一四年七月当時の就業者数より多くなることを報告書は予言している。

女性によるダイリューションについては、次のように述べている。一九一六年七月で七六万六〇〇〇人が直接男性に代替した。代替の方法としては四種類(4)あるが、それぞれの職業における女性の賃金には、次の三つの要因——(a)政府命令、(b)労使協定、(c)需要・供給の法則——が影響した。機械工業では前述のL2が作用したが、週給最低の一ポンドよりはるかに高い二ポンドあるいは三ポンドが出来高払制によって支払われた。

その他の職業、例えば、綿、ウール、ウーステッド、陶器、土器、漂白、染色、木工、靴業では労使協定に基づいて代替が行なわれ、同一労働同一賃金の原則が認められた。ただし、漂白と染色業では、男の時間賃率の五分の四である。正確な数字は不明だが、これらの職業では女の賃金はかなり上った。

前述のWTULの年報でも明らかなように、政府の各賃金委員会でも最低賃金の改正をはかった。既製服仕立賃金委員会では、男に代って裁断の仕事についた女性には一時間六ペンス（戦前は三・五ペンス）払うことが決まった。ここでも実際の増加額は不明だが、女性に裁断という新しい職域が開かれた。

概括するならば、男に代ってその仕事についた女性の賃金は向上した。とくに、労使間に明確な協定のある所では、女の賃率は男の水準に近づいたと言える。

伝統的な女の職場では、二シリングあるいはそれ以下が戦時ボーナスとして支払われただけである。これでは、生活費の高騰を埋め合せられない場合が多かった。これに対して、革命的な変化が起きたのは信管・弾薬製造部門である。例えば、ホイットワース・アームストロング社では、戦前の賃率は二一歳で一時間三ペンス、コヴェントリィ兵器廠では二・五ペンスだったのが、労働組合の活動と調停によって、年齢は一八歳に引下げられ、それぞれ四・五ペンスと四ペンスに上った。

以上から、労働者組織が十分強い所では、女の仕事にせよ、男の代替にせよ、戦時状況は女性の賃金増加に著しい好影響を与えた。だが、その他の多くの劣悪な女性向き産業では物価騰貴に見合う上昇はなかった、と言える。

(2)の終戦時の状況について、報告書は前にも触れたように、就業希望者数の増加を予測している。この問題の解決として、政府は強制的失業保険の適用拡大を提起したが、報告書では、生活賃金以下の賃金取得者に対しては無拠出制を主張する。また、新しい仕事に備えるための訓練を女性に与えることを提案している(失業保険・訓練問題)。

(3)の「再建政策」については、この提言のうちのいくつかが戦後実現されたことから、その重要性がうかがえる。報告書は、まず第一に高賃金の新しい職業が女性に開放されたこと、第二に労組が女性労働に対する需要の増加を女性の賃金上昇に利用できたことから、次のように主張する。

女性労働者全体の地位は明らかに以前より上った。しかし、それでもなお、女性の賃金水準では正当な生活賃金を保証しない。それ故、われわれは男女双方(傍点筆者)の労働者を保護することを要望する。そうすればいかなる職業への女性の参入権も、社会の健康や福祉を犠牲にして利用されることはないし、また男性労働者の賃金水準低下のために利用されることはないだろう(5)。

報告書はさらに以下のことを求めている。

(ア)賃金委員会や雇用委員会(6)が、すべての男女が人間らしい健康な生活（decent and healthy life）をできるように最低賃金を三〇シリングに決めることを要請する（賃金問題）。

(イ)戦時労働は女性に夜業、長時間労働、休日労働など健康に有害な影響を与えているが、女性の健康と雇用を考えるため、今後、各省庁の枠を越えた委員会の設置を要望する。同じ頃、優秀な兵士や次代の健康な国民への要請から母性問題が論じられ、既婚婦人の家庭復帰の声が高まりつつあった。これに対し、報告書は既婚女性の就業は増えているのだから、彼女たちに仕事をやめよと言うのは無意味である。むしろ、既婚婦人たちの必要とする助言や援助を与えることこそ望まれるとし、そのためには、妊産婦や乳児の保護のための適切な措置、あるいは健康訪問員、マタニティ・センター、ベビー・クリニックなどの保健当局の事業の充実と拡大が必要であると指摘する。そして、ミルクの提供と配達は国および地方自治体が管理し、出産・妊娠疾病給付金は保険法に基づいて支払うこと(7)。産業地域に共同住宅を建設することなどを求めている（保健・住宅問題）。

(ウ)投票権は二一歳以上のすべての男女に賦与する（政治問題）。

(エ)戦争は児童労働の増加をもたらしたが、義務教育年限を一四歳に引上げることによって若年者を保護する。このことによって約一八万人の労働者を労働市場から引上げるが、これは戦後の復帰時期に好結果をもたらすと思われる（教育問題）。

(オ)労働組合については、女性の組織化はかなり進んだが、未組織のままの女性労働者も多い。すべての労組は女性に開放されるべきであり、彼女たちが組合運営に参加できるように特別な措置をとる必要がある。また、不熟練労働者組合および一般労働者組合が真に有効であるためには合併すべきであり、女性もこれに含まれるべきである。ただ、大組織の中でも女性の自治を維持するために婦人部をつくり、女性独自の問題を解決する。熟練労働者組合であれ、不熟練労働者組合であれ、合併した時の執行部には女性代表も参加できるように、何らかの措置をすることが望まれる（労働組合問題）。

結論として、報告書は産業生活において女性は、男性との経済的平等を達成できるように多方面で努力してきたと述べ、これまで女性は低賃金、職種の制限、訓練の不足、労組からの除外で差別されてきたが、戦争で様相は変ったとして、この機会をさらに女性の高い生活水準と産業面での男女の平等のために使うべきだと提言している(8)。

この網羅的で重要な報告に基づき、三〇万人の女性組織労働者を代表して、ＳＪＣは保健省（Ministry of Health）の設立を政府に要請した(9)。それは、戦争がひき起こした深刻な健康問題、とくに母子の保護のために、あるいは住宅問題の解決のために、また救貧法からの完全な移行のために必要だと主張している。

ＷＬＬは一九一八年一月労働党に合併したが、同党全国執行委員会は同じ年の一二月、ＳＪＣに対しても「女性問題に関する労働党の諮問委員会として行動する」ことを要請した。ＳＪＣの議長であるＭ・マッカーサーも、したがって、労働党の諮問委員としても活動することになる。

一九一八年六月ロシアが戦列から離脱して、軍需品の需要が減少すると、まず五万人の女性労働者の動員が解除された。Ｍ・マッカーサーは復興省に対して、戦時中に動員された三〇〇万人の民間労働者の戦後における解除計画を立てるよう主張した。同年一一月一九日にはウリッジ造兵廠やその他の工場から六〇〇〇人の女性が職場委員に率いられてウェストミンスター議事堂へ向かった。彼女たちは「平和は私たちを飢えさせるのか？」と問うている。マッカーサーはウェストミンスターでの示威行動は許されていないために、彼女たちをホワイトホールへ向かわせ、動員解除者に対して週一ポンドの率で遡及して失業手当を支払うこと、有給の一カ月休暇を与えることを要求した。これらは、同一一月二一日に通過した「賃金一時規制法」によってすべて認められた。戦争中の労働は女性にとってかなり厳しかったためにその多くはもとの場所に喜んで戻った。働き続けたい者にとっては、戦後の好況が幸いして、何らかの仕事につくことができた。むしろ、真の苦しみは短い好況期の終った一九二〇年以後のことであった。

戦時中大きな貢献をしたマッカーサーに対する、戦争末期あるいは戦後の世間の反応は必ずしも好意的なものではなかった。それには彼女やNFWWの戦争遂行に対する消極的態度が影響しているのかもしれない。一八年夏、彼女はすでにウースターシァのスタウァブリッジから労働党の女性候補者として立候補することになっていた。当地は以前マッカーサーが製鎖工女たちの運動を助けたところである。だが、結果は彼女の敗北であった。良心的参戦拒否者や職場委員とのそれまでの彼女の提携が、災いしたことも一つの理由であった(10)。また、ロイド・ジョージは女王の叙勲名簿から彼女を除いて、戦争により協力的であった「労働者組合」のJ・ヴァーリィに大英帝国四等勲士（OBE）の栄誉を与えた。さらに労働者階級出身のM・ボンドフィールドが一九一八年一〇月TUC議会委員に選出され、労働組合との接触が深まっていくと、ミドル・クラス出身のマッカーサーの影はうすれ始めるのである(11)。

マッカーサーの国際的活躍

しかし、一九一九年夫のウィル・アンダースンの死による悲しみから立ち直る間もなく、マッカーサーは国際舞台で活躍することになる。平和の到来とともに、国際連盟が創立され、その専門機関の国際労働機構（ILO）が設立された。マッカーサーはWTUL、NFWWの書記長、SJCの議長である上に、一九年には、S・ロレンスとともに労働党執行委員にも選ばれており、第一回国際女性労働者会議には、SJCを代表して出席した。これは、アメリカ女性労働組合連盟（AWTUL）が一九年一〇月ワシントンで開催される第一回ILO会議に先立って開いたものである。その目的はＩＬＯ会議での討議を成功させるために、あらかじめ女性労働問題について話し合っておくことであった。一四カ国の代表が参加し、マッカーサーもＭ・ボンドフィールドとともに出席して、女性労働、母性、児童福祉に関する一連の決議の採択に加わった。また、常設の勤労婦人国際局（Working Women's International Bureau）が設置されることになり、Ｍ・マッカーサーは五人の副局長の一人に任命された。局長はＡＷＴＵＬのＲ・ロビンズ夫人である。

ＩＬＯ会議では一連の条約（convention）が通過したが、出産前後の女性の雇用に関する条約については、マッカーサーの指導と努力で(12)、出産後六週間の就業禁止、出産前六週間の休暇の権利が条約の中で認められた。この間の母子の健康維持に必要な金銭給付は公的基金ないしは保険から行なうことになった(13)。

このような国際的とり決めに対応して、国内ではＳＪＣの政策提言に基づき、いくつかのことが実現した。保健省が設立され、また画期的といわれる住宅都市計画法が一九年に通過した。戦後の女性の失業については、当初、何らの措置もとられていなかったが、ＳＪＣの圧力などによって失業給付金が支払われるようになった。

戦後労働組織の合併（ＷＴＵＬおよびＮＦＷＷの終焉）

労働組合の合併は、すでに戦時中に始まっていた。それは戦争遂行のためにより広い産業基盤の上に労使が集団交渉をもつ過程においてである。主なものとしては、一九一六年に重要なすべての鉄鋼労組が合併に同意してできた、英国鉄鋼および関連職業組合（British Iron, Steel, and Kindred Trades Association）がある。こうした傾向は、合併の手続きを容易にした翌一七年の労働組合合併法の制定によっていっそう進んだが(14)、本格化したのは戦後である。ＮＦＷＷが一般組合の一つである既述の「全国一般労働者組合（ＮＵＧＷ）」に合併したのもこうした動きの中においてであった。同じ一般組合でも、ＷＵとは前にも触れたように、戦時中トラブルがあったからである。

また、戦時中NFWWとASEとの提携について一般組合から反感をもってみられたことはすでに述べたが、これに対して、マッカーサーは次の二点からASEを弁護した。一つはNFWWがASEとも一般組合とも合併せず、組合運営を女性自身でしなければならなかったのはよかったとする教育面からであり、もう一つは一般組合に対する不信感からである。彼女は次のように述べている。

全体として機械工たちの態度は他の男性労働組合員の態度より好ましいものです。〔後者の〕人たちは自分たちの組合に女性の入会を認め、彼女たちから組合費を徴集しておきながら、同時に、――組合員である彼女たちに相談もなく――女性が属している組織を利用して、戦後は自分たちの職場に決して女性を引き続き雇用してはならないと宣言しました。このような労働組合主義を紹介することに女性は困惑し、当惑して、そのため、労働組合組織の初歩的な原則すらも忘れることになったとしても不思議ではありません。そのような形の組合主義には恒常的な価値はありませんし、女性にとって教育的損失は賃金や労働条件におけるいかなる物質的改善によっても償うことはできないのです(15)。

このような一般組合に対する信頼の欠如とは対照的に、NFWWはASEとの密接な協力関係のもとに女性労働者を組織した。その成果には、既述のように、目ざましいものがあったが、人数的には一般組合に吸収された者の方が多かった。すなわちNFWWは一八年末までに組合員数を五万人に（主に軍需産業で）増やしたが、NUGWは六万人、WUもそれよりやや多い数の女性を組織していた(16)。だが、雇主との交渉力という点では、熟練工から成るASEが優れていた。

終戦は軍需産業で働く多数の女性を元の職場や家庭に戻した。そのため、戦時中に組織された軍需産業におけるNFWWの支部は大きな影響を受けた。とくにニューカースル、バロウ、ウリッジ支部は文字通り潰滅した。

ただ、女の職業、例えば洗濯業や、戦前からの支部であるクレイドリィ、ロンドンのミルウォール、バーマンジィ支部などでは着実に組合員を増加した(17)。したがって、全体としては増大したが（表5-1）、労働者側の努力を結実させるためには、NFWWにとっても合併の必要がいちだんと認識された。

一般組合か？　職能別組合か？

フェビアン協会調査局のバーバラ・ドレイクは、WUとミドランド機械工業雇用者連合と間の協定の例からして、女性労働者はより強力な組織に加わる方がよいと考えていた。彼女によれば、熟練労働者にとっても、たとえ彼らの地位が強力であっても、半熟練、不熟練あるいは女性労働者を無視することはできない、彼らは賃率を引下げることによって絶えず熟練工を脅しているからである。したがって、両者を含む産業別組合が望ましい、とドレイクは考えていた(18)。しかし、ASEは女性の機械工業への進出を戦時中の一時的なものとみたから、正規の組合員にしなかったことはすでに触れた通りである。ASEのこの決定には当時ASEに大きな影響力をもっていたG・D・H・コールの考え方が影響していた。ドレイクは、機械工が自分たちの仕事は女には不適だとする考え方に反対した。性によって、仕事の適・不適は決められない。彼女はそれは仕事を持とうとする女性自らが決めることで、競争相手の男性が決めることではないとして批判した(19)。これに対して、G・D・H・コールらは、自らの収入に依存しない女性、とくに既婚女性の就業は男にとって危険である、彼女たちの半日出勤制は必ず標準賃率の引下げをもたらすと主張したが、さらに次のように記している。

……われわれの助言の結果、女性は末端産業か、あるいは他の産業の末端労働の地位におしもどされることになる、という主張が出てくるかもしれない。われわれはある程度まで、その通りだと思う。しかし、社会的な観点からすれば、それは、男性の標準賃率と、規則や慣習の破壊、すなわち経済力の破壊による労働組合の壊滅にくらべてはるかに悲惨ではない。……中略……産業上のフェミニズム（industrial feminism）は、フェミニストたちが不満をいう産業的男性主義よりはるかに労働運動にとって脅威に満ちている[20]。

コールは「男性にとってと同様、妻として労働者としての女性にとっての希望は、労働組合主義の強化の中にある」[21]と信じて、ASEの強化に協力したのである。コールにとって、労働組合主義の強化とは、むしろ女性を排除し、熟練労働者を中心とした尖鋭な男性労組を核とする産業別組合の形式と強化を意味していた。

当時、コールは職能別から産業別に労働組合を改組し、労働者による産業の自治を目ざすギルド社会主義[22]を唱えていた。しかし、そこでは、女性労働者の積極的な役割については論じられていない。むしろ、社会主義実現という大義の前に女性問題は副次的でその影が薄かったといえる。多くの社会主義者たちと同様にコールは社会主義が実現されれば、女性問題は自と解決されると考えていたようである。

こうして、NFWWはWUとでもなく、ASEとでもなく一般組合のNUGWと一九二一年に合併した。NUGWの中では、SJC報告書に基づき婦人部をつくると同時に、執行部に女性のポストを確保することによって、女性の声が大きな混成組合の中でかき消されることのないように配慮した。そのためにも、M・マッカーサーが最初の役員になるはずであった。同様の事態は、一八七四年以来女性労働者を組織し、女性労組あるいは女性を多数含む混成組合の上部機関として活動してきたWTULにも起きた。同連盟は一九二一年労働組合会議（TUC）に吸収されて、その婦人部になると同時に、一七業種の代表三二人とともにTUC総評議会（General Council）のメンバーとなった。女性代表は業種代表とは代表基盤が異なるが、少なくとも二人を総評議会に送ることができた。前年（一九二〇年）ポーツマスで開かれたTUC総会で、マッカーサーは、TUC執行部がもっと女性労働者を認めるべきだと主張したのである。

戦時中ASEと提携し、戦後はNUGWという一般組合への合併を認めたマッカーサーの判断は実践家としての現実的なものであったと言えよう。ディルク夫人もそうであったが、マッカーサーも当時の一般的労働運動の中で女性の運動を位置づけていた。落選したとはいえ、労働党から立候補し、また労働党の執行委員でもあった彼女は働く女性の問題をまず第一に正面にかかげたが、基本的な労働観あるいは社会観は労働党の正統派に近いものであった。彼女の社会主義観も同様であったと思われる。ハミルトンもその著作の中でマッカーサーは「社会主義についてあまり語らなかったが、彼女ほど短い生涯の間にその目的のために多くをなしとげた人はいなかった」(23)、また女性労働問題に専心しながらも「両性の僚友関係に、より確かな信頼を抱いていたために、フェミニストにはなれなかった」(24)と述べている。すなわち、男女平等問題をより重視するために、時に男性と対立するフェミニスト（「平等派」フェミニスト）というより、男性との協力関係の中で女性労働問題の解決をはかった人としてマッカーサーを位置づけているのである。社会主義についてあまり多くを語らなくても、マッカーサーはＩＬＰの、また労働党の党員として「社会派」フェミニストの代表的な存在だったのである。

しかしながら、近年労働党あるいは労働組合内部での非民主性あるいは女性軽視が批判される中で、こうした路線に沿ってきたいわゆる進歩派の男性や、女性労働運動指導者たちも、現代フェミニストたちからの批判の対象となっている。とくに、デボラ・トムは、マッカーサーの女性労働運動に対する態度は「一束の薪」の比喩に見られるように「防衛的」であったという。一本の小枝なら折れても、それが多数集まれば力になるという団結の論理である。しかし、彼女の「組織化の原則は弱者の保護と援助のためのものであって、女性労働者の自主的な活動のためのものではなかった」(25)として、マッカーサーが職場代表員運動に否定的であったことを暗に批判する。そして、マッカーサーは改良主義者であり、ＮＦＷＷ内でも独裁者であったとし、これに対してＷＵ内で活動したジューリア・ヴァーリィは女性労働者をより良く代弁していたとして、マッカーサーよりヴァーリィを高く評価するのである(26)。

D・トムのこの論文はNFWWの元オーガナイザーとのインタビューなどを基にした興味あるものだが、まだ実証性と説得性に欠ける部分がある。筆者も多少検討したつもりだが、WU——ASE——NFWWの三者の関係、地方の工場における職場委員と女性労働者との関係、NFWW内の運営あるいはNFWWのオーガナイザーばかりでなく、一般の組合員の見解などが、今後さらに明らかにされることによってより正確な評価が生まれることが望まれる。

マッカーサー自身は「気も遠くなるような速度で成長する労働・社会主義運動の中での最も貴重な時期に」(27)癌に侵されて他界した。享年四〇歳だった。労働党議員として、WTULやNFWWの国会への重要なパイプであり、また、労働運動での長年の同志であった夫ウィル・アンダースンの死後、わずか二年後のことである。ビアトリス・ウェッブは彼女への弔辞の中で、マッカーサーの魅力と指導力を次のように述べている。

……彼女は決して抜群の美人でも、抜群のインテリでもありませんでした。それでいて、彼女が活躍したどの委員会でも、グループでも組織においても、彼女はつねに魅力の中心であり、機械がその廻りをまわる心棒のような存在でした。私は、この優れて重要な個性の源は、彼女の中で、豊かに広がる人生に対する喜びと、終始一貫して掲げられた社会的目的とが結びついている点にあると思います。この目的のために、彼女は、必要な時には、自らの肉体的安楽と世間的成功を犠牲にしたのです(28)。

〔注〕

（1）例えば、次の政府機関は地方自治体の各種委員会に労働女性を任命するにあたって、SJCに諮問することを勧告している。

年金省（地方年金委員会）

労働省（女性戦時雇用諮問委員会）
農業庁（女性戦時農業委員会）
地方自治庁（母性委員会）
食料庁（地方食料統制委員会）

また、次の機関への指名を依嘱され、ＷＴＵＬからＧ・タックウェル、Ｓ・ロレンス、Ｊ・Ｊ・マロンらが参加した。

食料省消費者評議会
再建省女性諮問評議会
植民地省移民予備局
大蔵省老齢年金委員会（議会労働党を通して）
地方自治庁住宅評議会

なお、初代の書記はＷＬＬのＭ・ロングマンだが、一年後Ｍ・フィリップスに代った。SJC, *Its Aims and Its Constitution* (SJC Pamphlet. 1916), WTUL, *42nd and 43rd Ann. R.* Sept. 1917 - 1918.

（2） Joint Committee on Labour Problems after the War の構成員は労働組合会議（ＴＵＣ）議会委員会、労働党執行委員会、労働組合総連合（General Federation of Trade Unions）、戦時緊急労働者全国委員会からの代表者である。SJC, *The Position of Women after the War.* Report of the Standing Joint Committee of Industrial Women's Organisations presented to the Joint Committee on Labour Problems after the War. (Co-operative Printing Society, London. 1917).

（3） WLL, *11th Report for the Year 1916.*

（4） ダイリューションの四つの形態とは次のようなものである。①一人の男の仕事に一人の女が直接代替。熟練工の場合にはあまり起きなかったが、それでも戦争末期には多数の直接代替があった。不熟練あるいは未熟練工が雇われている所、例えば車輌製造業では、よくあった。②女が不熟練あるいは一部熟練男工の仕事を代替し、代替された不熟練男工が熟練工の代替をすることによって、女が間接的に熟練工に代替する方法、金属工業で起きた。③より少ない人数の男性グループの仕事を、女性グループが代替するグループ代替。一人当り生産高は低下するが、流通業で一般的に見られた。④機械の改善あるいはオートマティックな機械の導入により、これまでの熟練工の仕事を代替するか、あるいは一人の熟練工の監督の下に、一群の工女が仕事を調整して行なう。再調整による代替。この場合には、仕事の性質が、他の産業で女性が慣れたものであるため、女の仕事の延長として見なされ、代替の質が無視されることがしばしばだった。しかし、女性労働が導入される時のもっとも重要な方法である。SJC, *The Position of Women after the ar*, op.cit., p.5.

（5）Ibid., p.14.

（6）雇用委員会（Employment Boards）は、賃金委員会が低賃金職域の最低賃金決定のために設立されたのに対し、生活賃金を下廻らない賃金を支払っているその他の職域に、新たに設立されることを報告書は提唱している。構成は労使双方の同数の代表からなり、議長は労働省推せんの委員の中から選出される。ibid.

（7）母性保護、妊産婦給付金などの福祉問題と女性の地位については第六章二節および次を参照。Elizabeth Wilson, *Women & the Welfare State* (London : Tavistock Publications, 1977). Hilary Land, 'The Introduction of Family Allowances : An Act of Historic Justice?' in Phoebe Hall, Hilary Land, Roy Parker, Adrian Webb, *Change, Choice and Conflict in Social Policy* (Hampshire : Gower, 1975).

（8）SJC, *The Position of Women after the War*, op.cit., p.20.

（9）SJC, *The Proposed Ministry of Health* (SJC Pamphlet, n. d.).

（10）David Mitchell. *Women on the Warpath : The Story of the Women of the First World War* (London 1966), p.266, quoted in Soldon, op.cit., p.100.

（11）M. A. Hamilton, *Mary Macarthur*, p.97, quoted in Lewenhak, op.cit., p.161.

（12）マッカーサーは、M・ボンドフィールドとともに、労働側代表のS・バニング（Mr. Stuart Bunning）の顧問として出席したが、彼は、この問題について、マッカーサーが正式の代表と同じように、自由に、充分に行動することを認めた。*Labour Leader*, Jan 8th.1920, quoted in Hamilton. op.cit., p.188.

(13) NFWW, *10th Report and Balance Sheets for the Two Years ended 31st December 1919*, 1920. p.11.

(14) 一八七六年の労働組合法では、合併には関係労組の組合員の三分の二の承認が必要だったが、修正法では組合員の少くとも五〇％の投票があり、賛成票が反対票より二〇％多ければ、実施できるようになった。WTUL加盟の女性の多い労組で合併してできたのは、全国印刷・製紙労働者組合（National Union of Printing and Paper Workers）（一九一四年）で、女性労働者をはじめて積極的にリクルートした。組合員数は、一万八〇〇〇人（一四年）から約五万人（一八年）に増加したが、半分以上が女性である。衣服工組合（Clothiers Operatives）もいくつかの小組合を吸収して連合衣服労働者組合（United Garment Workers）を結成し、組合員数を二万人（一五年）から六万五〇〇〇人（一八年）に増やしたが、八四％が女性である。合同男女仕立工組合（Amalgamated Society of Tailors and Tailoresses）は前記組合の行為を「大きな侵犯行動」として非難し、工場労働者をリクルートして同じ時期に一万二〇〇〇人から二万七〇〇〇人に増やしたが、その三分の二は女性である。H.A.Clegg, *A History of British Trade Unions Since 1889*. vol. II : 1911 - 1933 (Oxford : Clarendon Press, 1985). pp.200 - 201.

(15) M.R. Macarthur. 'The Women Trade Unionists' Point of View', Marion Phillips, ed., *Women and the Labour Party* (New York : B.W.Huebsch, 1918), pp.22 - 23.

(16) Cole, *Trade Unionism and Munitions*, op.cit., p.204. ドレイクは、NFWWもWUも同数のほぼ八万人と推定している（表5-1）。

(17) NFWWの盛衰を示すものとして、基金の増減は興味深い。

一九一四年　三〇〇五ポンド、一九一五年　三四六五ポンド、一九一六年　四六一六ポンド、一九一七年　一万八四四ポンド、

一九一八年　二万六三二八ポンド、一九一九年　三万二〇八一ポンド

一九一八年と一九年の分担金における増減の比較もまた、戦後期における変化を示していて興味深い。

●増加地域
H・c（東部ロンドン）一四四六ポンド、八八・五％増。

F・a（バーミンガム）七七五ポンド、一七・七％増。うちバーミンガムでは一〇九七ポンド、レディッチで一一六ポンド増。コヴェントリィでは二二七ポンド減。

H・b（北部ロンドン）三二一ポンド、一四％増。
●現状維持ないしは僅少減
E・a（ヨークシァ）一・七％減、ブラッドフォード、リーズの減による。ヨーク（八九ポンド）、ハル（一〇二ポンド）の増も前記の減少カバーできず。
E・b（北部ミドランド）五・七％減
ビーストン、カースルフォード、ノッティンガム、リプリィでは増。ダービィ（五六七ポンド）、シェフィールド（一八五ポンド）では減。
F・a（クレイドリィ）着実な増加。れんが支部は他組合へ移行。全体として、三・六％減。
●著減
B（ニューカースル）二四四三ポンドから四九五ポンドへ、八〇％減。

C（バラウ）一一八一ポンドから五五四ポンドへ、五三％減。この地域ではクリーターで著増。

D（マンチェスターおよびランカシァ）五六・八％減。ブラックプールおよびマンチェスターの洗濯業のみ増。

スコットランドではアバディーンⅠ・Ⅱ、グラスゴウおよびペイズリィで減。

アバディーンⅢ、Ⅳ、Ⅴ、アラウアおよびフォールカークで増加するが、全体として四一％減。

NFWW, *10th Report*, op.cit.

（18）Drake, *Women in the Engineering Trades*, op.cit., pp.84 - 85.

（19）Ibid. p.84.

(20) G.D.H.Cole, Monica Ewer, W. Mellor, 'Alternative Recommendations to the Main Report, Memorandum I.' in Drake, ibid, pp.108 - 109.

(21) Idid, p.109.

(22) 岡真人「G・D・H・コールにおけるギルド社会主義像の成立」『一橋論叢』八二巻三号。

(23) Hamilton. op.cit. p.208.

(24) Ibid., p.202.

(25) Deborah Thom, 'The Bundle of Sticks : Women, Trade Unionists and Collective Organization before 1918' in *Unequal Opportunities : Women's Employment in England 1800-1918*, ed. by A.V. John (Oxford : Basil Blackwell,1986), p.280. なお、次のものは未刊のため参照することができなかった。Do., 'The Ideology of Women's Work 1914 -24, with Special Reference to the National Federation of Women Workers and Other Trade Unions'. UnpublishedPh. D. Diss., Thames Polytechnic, 1982.

(26) J・ヴァーリィの伝記については、J.M.Bellamy and John Saville, eds., *Dictionary of Labour Biography*, (London : Macmillam, 1979), vol.V. 参照。また、J・ヴァーリィの評論、報告文などはイギリス・ウォーリック大学の Modern Records Centre に所蔵されており、筆者の手もとにもあるが、ヴァーリィについては別の機会に論じたい。

なお、D・トムのマッカーサーに対する消極的評価に対して、P・セインは、とくにマッカーサーに限定しているわけではないが、労働党の女性指導者に対して肯定的な評価を与えている。Pat Thane, 'The Women of the British Labour Party and Feminism, 1906-1945' in *British Feminism in the Twentieth Century*, ed. by Harold L. Smith (Aldershot : Edward Elgar, 1990).

(27) B.Webb, 'The Secret of Her Leadership', *Labour Women* (Feb.1921), p.23.

(28) Ibid.

まとめ（一九一四～一九二一年）

以上、第三・四節では第一次世界大戦が女性に与えた影響について、メアリ・マッカーサーと彼女を中心とするWTULやNFWWの活動を通して見てきたが、次にこれらをまとめてみよう。

まず、第一に言えることは女性就業人口の増大である。一九一四年から一八年までの各部門における増加数は表5-3の通りである。戦争の終結とともにそれらは一時激減するが、その後再び着実に増えている（表5-4）。もっともこの増加は必ずしも戦争だけの影響ではない。流通、運輸、公務、専門職等にその増大が目立つから、産業・社会構造の変化がかかわっていることは言うまでもない(1)。

第二に、このことと平行して女性労働者の組織化がすすみ、組織率、組合員数ともに著しく増加した。一九一四年に四〇万人以下（うち織維労働者は約二五万人）であった女性組合員が一九一八年には一〇八万人（うち織維労働者は四二万人）に増加し、三六の女性のみの労働組合と三四七の混成組合に所属していた。伝統的に女性の職業においてもかなりの増加をみたし、婦人服仕立工のように絶望的なほど低賃金の労働者の間にもやっと一八年に組織化が始まった。前者の例としては、仕立工女が二万六〇〇〇人から一一万九〇〇〇人に、印刷工女が八〇〇〇人から三万九〇〇〇人に、陶器および化学工女が二〇〇〇人から二万三〇〇〇人に、事務員（郵便局員を含む）が三万四〇〇〇人から一四万五〇〇〇人にそれぞれ増加した。一般組合における女性組合員の増加も著しく、二万四〇〇〇人から二一万六〇〇〇人であった（表5-1および5-5参照）(2)。

ホワイト・カラー労働者は女性労働者の六％（一九一〇年）から二五％（二〇年）になり、全労働組合員数に

表5-4　女性就業者数の推移，1901～1931年（イングランドおよびウェールズ）

	総人口	女性総数	10歳以上	女性就業者総数	既婚者　未亡人	男性1,000人に対する女性数	20歳～45歳の男性1,000人に対する女性数
1901	32,527,843	16,799,230	13,189,585	4,171,751	917,509	1,068	
1911	36,070,492	18,624,884	14,357,113	4,830,734	680,191　411,011	1,068	1,095
			12歳以上				
1921	37,886,699	19,811,460	15,699,805	5,065,332	693,034　425,981	1,096	1,172
			14歳以上				
1931	39,952,377	20,819,367	16,419,894	5,606,043	896,702　389,187	1,088	

出所）A. Marwick, *Women at War*, op. cit., p. 166.

表5-5　男女労働組合員数[a]および組織率[b]（グレート・ブリテン[c], 1896～1951年）

年	男性組合員数（1,000人）	組織率（%）	女性組合員数（1,000人）	組織率（%）	総組合員数に占める女性の割合（%）
1896	1,356	14.0	116	2.7	7.9
1901	1,783	17.2	124	2.9	6.5
1911	2,799	24.5	331	6.6	10.6
1921	5,526	46.3	986	18.8	15.1
1931	3,820	29.5	749	12.8	16.4
1941	5,664	42.4	1,384	22.2	19.6
1951	7,515	55.2	1,751	24.7	18.9

注）a. 労働組合が雇用省に届け出た組合員数を示す.
b. 全労働者に対する組合員数の割合.
c. グレート・ブリテンに本部のあるもの.

出所）G. S. Bain and R. Price, *Profiles of Union Growth*（Oxford: Blackwell, 1980）, pp. 39-40.

おける女性の比率も一九一〇年の一〇%から一六%に、一八年にはピークの一八%に達した。一九一〇年には綿業工女が女性労働組合員全体の半分以上を占めていたのが、戦後は二二%に減ったから(3)、組織対象分野が広がったこともこの時期の特色である。全国商店員組合のように女性委員長が出たり、女性の執行委員をもつ組合もできたが、これらはなお、地方や支部のレベルのものが多かった。一九一八年のTUC総会には二八人の女性代表が出席し、うち八人はNFWWの代表であった。

女性運動の観点からみて重要なことは、強い男性の労働組合が存在しなかった所では、多数の女性が戦時中に得た職場に、戦後もそのまま残ったということである。銀行、商店、政府や地方自治体、あるいは個人的な企業が彼女たちを吸収して、新しい女性の職場として発展した。これらは一九世紀なかばにボディション夫人たちの雇用促進協会が開発をめざしたものであり、それらが戦時期を経てやっと実現したことを意味するのである(4)。

第三に、賃金については、戦時中という非常時を通して不十分ながらも「同一労働同一賃金」の原則が認められたことである。男性熟練工に代替した女性のよい例は前述の通りだが、全体としては、男性の賃率と、同じ産業の他の女性の賃率との間の中間くらいだった。軍需産業でも伝統的に劣悪な女性の職域では、NFWWが特別調停所に提訴して、戦前の賃金の二〇〇％の増加を実現した。これは生活費の高騰を考慮しても純五〇％の増加である。バスの車掌が男女同一賃金を実現したことは重要である。しかし、賃金面の改善にはばらつきが目立った(5)。

第四に、労働環境の改善である。例えば、休けい室の設置や、手洗所・食堂等の改善である。雇用者が導入した「福祉員（welfare worker）」は労働者には監視人のようだとして不評だった。SJC報告書が指摘したように、工場監督官の増員こそ望まれた(6)。労働経済史家の三富氏によれば、パートタイム制は第一次大戦中に萌芽的に始まったが、このような女性のために保育所が創設された(7)。

第五に、女性参政権、女性無資格除去、母性と児童の福祉に関する法律などの法制面での改善があげられる。女性にも治安判事、陪審員、裁判官、弁護士への道が開かれ、M・マッカーサー、G・タックウェルらも治安判事に選出された。

第六として、このような各方面での改善がWTULやNFWWにその多くを負っていることをあげたい。この両組織は女性労働者の間だけでなく、WLLやWCGの政治組織や協同組合組織と提携して、SJCを創設し、労働者階級の女性全体の問題解決に向かったことも再度指摘しておきたい。SJCはやがて労働党の諮問機関となるし、国際的な女性労働者組織とも連帯していった。「社会派」フェミニストたちの本格的な活動の時期だったのである。また、NFWWがはじめて政府から招かれ、女性労働政策にかかわったことはすでに述べたが、これらは女性が国の政策決定に接近していく一里塚だったと言えよう。

さて、以上が数量、環境、法制、組織などにおける外面的な変化（ブレイボンはこれらの点でも、消極的な評価をしている）だとすれば、意識面での変化はどのようなものだっただろうか？

ストレイチィやマーウィックが記すように、女性が新しい職業に進出し、それをやりこなす能力をもつことを、女性自身もまた社会も認めるようになったことは大きな変化である。マッカーサーは次のように述べている。「戦争がもたらしたあらゆる変化の中で、女性の地位と立場に与えた変化ほど大きいものはありません。それでも、女性自身が変ったというより、女性についての男性の意識が変ったのです」(8)。フォーセット夫人も戦争は「男性の考えを、すなわち普通の日常的な女性ができる仕事の種類についての男性の意識を、根本的に変えました」(9)と述べている。だが、女の能力の評価について多少の前進があっても、女性が男性に代替できる分野は限られていた。

一九二〇年代に深刻な不況が続き、男性の雇用の保持がまず求められると、フェミニストの声はさらに弱くなった。しかし、女性労働者の数的増加は続く。自らの収入で自分自身あるいは家族を支えなければならない女性もふえてくる。第一次世界大戦はこうした働く女性の数的増加あるいは法律・制度面での改善の端緒を開いたが、伝統的家族観や女性観、あるいは家父長的思想とそれらに支えられた社会・経済構造を変革するような質的転換をもたらすまでには到らなかった。そのためには、さらに半世紀以上の時を待たねばならなかった。

本節では、現代フェミニストたちが、大戦中の家父長制の残存を強調するあまり、第一次大戦のもたらした変化の側面（例えば、女性労働者数や女性労働組織における）を必ずしも十分に認識し得たとは思えないために、彼女たちの批判的見解を評価しつつも、敢えて第一次大戦の諸影響の実態とその意義をより立体的に提示しようと試みた。それは筆者が、歴史研究者としての仕事はそれぞれの時代のもつ制約の中での歴史的事象を客観的に見極めてその歴史的意義を正当に評価する必要があると信ずるからである。

「男性は仕事、女性は家庭」という考え方そのものへの疑問、そうした考え方と女の低賃金との結びつき、さらには、それが資本主義に適合的であることへの指摘は、すでに萌芽的にはあったとしても、それを一般化し得たのは、過去の女性運動の経験を背景として一九六〇年代以降に生れた新しいウーマン・リブ運動が強調した視角だからである。

〔注〕

（1）ブレイボンは女性雇用者比率が三二・三％（一九一一年）から三〇・八％（二一年）に減少したことから、第一次大戦中の女性労働者数の増加は一時的なものと見ている。三富氏は女性の労働力率の推移（三五・三％〔一一年〕→三三・九％〔二一年〕）から、同様の傾向を認める。しかし、同氏はこの間の労働力率の低下は、公教育とくにフルタイム教育の普及等が原因していて、男性の場合にも見られたことを指摘。しかも、その低下の幅はわずかとはいえ、男性の方が大きかったこと、また、その後の労働力率の上昇は独身者や寡婦のみならず、既婚女性についても見られるとして、豊富な一次資料に依拠しながらブレイボン説に反対している。三富紀敬「イギリスにおけるパートタイム問題の史的展開」『法経研究静岡大学』第三九巻二号、一九九〇年七月。

（2）Drake, *Women in Trade Unions*, op.cit, pp.96, 111. ＮＦＷＷは一万人から八万人へ、ＷＵは七五〇〇人から八万人へ、ＮＵＧＷは四〇〇〇人から六万人へ、それぞれ増加した。
ドレイクは一九三九年に発表した次の論文では四三万人（一九一四年）から一二〇万人（一八年）に増えたと修正している。Drake, 'Women in Trade Unions', in Cole, ed. op.cit., p.258. 表5-1との数字の違いは前者では各主要組合の組合員数であるが、本文の数字はそれぞれの職業全体における組合員数である。表5-1と表5-5は統計年度の違いから、直接比較はできないが、趨勢を理解する一助となる。なお、統計年は異なるが、雇用・生産性省の統計では、女性組合員数は三三万五〇〇〇人（一一年）、一〇〇万五〇〇〇人（二一年）、七六万五〇〇〇人（三一年）である。Department of Employment and Productivity, British Labour Statistics, Historical abstract 1886-1968, p.395. 三富、前掲論文に引用。

（3）Clegg, op.cit., p.304.

（4）これらの分野における女性労働者については、Lee Holcombe, *Victorian Ladies at Work : Middle Class Working Women in England and Wales 1850-1914*. op.cit. 参照。

（5）Drake, 'Women in Trade Unions', in Cole, ed.op.cit., p.258. および Drake, *Women in Trade Unions*. pp.94-96. 綿業では一一〇%、ウールおよびウーステッドでは時間賃率で一〇四・七五%、製陶では六〇%、賃金委員会法に基づく「苦汗」産業では七〇~九〇%の増加である。「同一賃金」については、ロンドンの電車、バスの車掌の「同一賃金」要求運動を契機として、一九一八年九月にできた「産業女性に関する戦時内閣委員会（War Cabinet Committee on Women in Industry)」の報告書（Report, London, HMSO, 1919, cmd. 135 and 167）が、戦時中の男女同一賃金問題（「同一」という言葉は使っていないが）を扱っている。その内容については、大森「イギリスにおける第一次大戦下の労　働問題……」前掲論文が詳しい。

（6）SJC, The Position... op.cit.

（7）三富、前掲論文。もっともこれははなはだ不十分なものであり、P・サマーフィールドは第二次大戦中の女性労働者の動員の失敗は、保育所の不足が大きな原因の一つだったとしている。Do., *Women Workers in the Second World War : Production and Patriarchy in Conflict*.（London : Routledge,1984, reprinted in 1989).

（8）M.Macarthur, 'The Women Trade-Unionists' Point of View', op.cit., p.18.

（9）M.Fawcett, *The Women's Victory and After*（Sidgwick & Jackson, 1925), p.106, quoted in Braybon. op.cit., p.157.

第六章　性と階級の違いを超えて――「平等」と「福祉」の実現への歩み

1　女性参政権運動の高揚――「平等派」から「社会派」フェミニズムへ

①「急進派《ラディカル》」婦選論者《サフラジスト》の誕生

「独自派」フェミニストによって意識的継続的にとり組まれた女性労働者の組織化の活動は、WTUL第二、三期においてしだいに「社会派」の手に移っていった。それでは「平等派」フェミニストの始めた女性参政権運動はどのように展開したであろうか？

女性選挙権運動は当初ミドル・クラスの女性によって進められたために、長い間それはミドル・クラス女性の運動とみられてきた。しかし、一九世紀末に繊維工業とくに綿工業における女性労働者の地位が高まり、彼女たちの政治意識が高まるにつれて、女性選挙権運動においても綿工女たちが重要な役割を演ずるようになった。それは「平等派」フェミニストばかりでなく、社会運動・労働運動にかかわっている「社会派」フェミニストによっても担われたことを意味した。このような女性労働者の選挙権運動にはじめて焦点を合せて本格的な研究を行なったのが、リディングトンとノリスの『片手を後にしばられて——女性参政権運動の高揚』（一九七八年）である。一般に、参政権運動の中でフォーセット夫人たちの「穏健派」とパンクハースト母娘の「過激派」という名称の区別は運動の形態から生れたものである。「穏健派」は「合法派《コンスティテューショナリスト》」とも呼ばれ、啓蒙、宣伝、ロビー活動といった伝統的な方法で女性選挙権を実現しようとした。これに対して「過激派」は「戦闘派《ミリタント》」と呼ばれ、フォーセット夫人たちのやり方に満足せず、しだいに人目をひく派手な行動をするようになった。当時の人びとはこの違いによって、前者を「サフラジスト（suffragist）」と呼び、後者を「サフラジェット（suffragette）」と呼んだ。これらはいずれもミドル・クラスの女性の運動であった。これに対し、「政治的急進主義《ポリティカル・ラディカリズム》」を支持する女性労働者だけの運動を進めようとした綿工女中心の運動家たちをリディングトンとノリスは「急進派婦選論者（radical suffragist）」と命名したのである(1)。これは運動の担い手を念頭においた命名といえる。運動の進め方はフォーセット夫人と同様に、集会・署名・ロビー活動であったから、両者はやがて協力するようになる。活動の拠点は「隠健派」と「過激派」がロンドンとすれば、「急進派」はランカシァという地方であった。

しかし、労働党の誕生によって階級問題が大きくクローズ・アップされると、「社会派」フェミニストに属する「急進派」サフラジストたちは、その中でこれまで通り「男性と同じ資格を有する女性に」選挙権を与えようとする制限付女性選挙権論者（以下伝統的呼称にならって「婦選派」と呼ぶ）と、制限資格を排除し、すべての男女に対する選挙権を要求する成人選挙権論者（以下「普選派」と呼ぶ）に分れた。ＷＴＵＬのメンバーは後者に属したが、この「社会派」フェミニストの中での不幸な対立は、その後の運動の中でも尾をひくことになるのである。

だが一九一二年の労働党大会は「女性を含まないいかなる選挙権法案をも認めない」との決議を採択して、再び「婦選派」の統一が成立した。それはまた「平等派」フェミニストと「社会派」フェミニストとの協力関係の樹立をも意味していた。同時に一部では「平等派」から「社会派」への変容もみられた。一時は激しい対立関係となった両者が活動を提携することにより参政権運動はいっそうのもり上りをみた。しかし第一次世界大戦の勃発はすべての活動を暫時中断させた。

以下では、主に女性労働者を中心とした「急進派」婦選論者の活動をとりあげる。なぜなら、それはＷＴＵＬと深い関係があり、ミドル・クラスの女性と労働者階級の女性との近密な協力関係が実現した典型的な事例の一つだからである。

女性参政権運動の復活

綿工業の中心地マンチェスターでは、女性参政権運動の初期すなわち一八六〇年代からリディア・ベッカーが熱心な活動を続けていた。しかし、一八八四年の第二次改正法でも女性選挙権が認められず、また八九年に有力な女性たちから「厳粛な反対」[2]声明が発表されると、女性参政権運動は衰退した。九〇年のＬ・ベッカーの死はさらにそれに拍車をかけた。

だが、ニュージーランド（九三年）、南オーストラリア（九四年）で女性に選挙権が賦与され、イギリスでも地方自治体の女性有権者に国政選挙権を与えようとする動きが出てくると、女性参政権運動は再び息を吹き返した。ロンドンでは九三年六月に、またマンチェスターでも同年八月にそれぞれ参政権を求める集会が開催された。そして、これを契機に「急進派」サフラジストのエスター・ローパー（Esther Roper, 1868-1938）がマンチェスター選挙権協会の書記に推挙されたのである。女性参政権に好意的な独立労働党（ＩＬＰ）が同年結成されたこともランカシァの運動をもり上げる原動力となった。ＩＬＰの創立には後に「過激派《ミリタント》」の中心人物となるエメリン・パンクハーストも夫とともにかかわっていたし、その生涯を女性参政権獲得のために捧げたイザベラ・フォードも加わっていたから、ILPは労働者ばかりでなく多数のミドル・クラス出身者を擁していた。同様に九五年に、WTULとは無関係にできた「マンチェスター・ソールファド女性労働組合評議会（Manchester and Salford Women's Trade Union Council, 以下MSWTUCと略）」も階級差を超えた組織であった。ILPが政治団体とすれば、MSWTUCはWTULと同じように女性労働者の組織化を目ざす労働団体であった。両者に共通する点は、ILPもMSWTUCもともに女性参政権に賛成であり、後者にはマンチェスター選挙権協会の会員がその支持者となっていたことである。したがって、九〇年代の中頃には政治団体や労働団体を含めて女性参政権獲得のための動きが活発化し始めていた。しかも、こうした動きに女性労働者をもまき込んでいったのがエスター・ローパーである。

ローパー自身はILPにもMSWTUCにも加わらず、専らマンチェスター選挙権協会を根城にして活躍した。同協会の書記になったのは彼女がわずか二五歳の時であった(3)。彼女はマンチェスターに近いチェシァのミドル・クラスの出身であり、当時としてはまだ数少ない大学（マンチェスター）卒業生の一人であったが、インテリ的な自己顕示欲のない誠実な人物であった。九三年のロンドン・ウェストミンスター公会堂で開かれた女性選挙権集会では、「あらゆる政党およびあらゆる階級の女性からの訴え」が採択された。はじめて工場で働く女性について言及されたわけだが、ローパーはこの点にとくに留意し、ランカシァやチェシァの工女の注意をこの「特別声明」に向けようとしたのである。

E・ローパーは九六年に詩人のエヴァ・ゴア-ブース（Eva Gore-Booth）に会い、参政権運動を女性労働者にまで広げる考えに賛同を得ると、その活動を本格化した。ゴア-ブース自身はアイルランド西部の大土地所有者の娘であり、ソールファドにも土地をもつ上層階級の出身であったから、「急進派」サフラジズムもその火つけ役は上・中層階級の女性であったといえる。そして、ミドル・クラス出身のE・ローパーの下で、工女による工女のための参政権運動が展開することになるのである。折しも、翌九七年にF・ベッグ（Faithfull Begg）による女性参政権法案が第二読会を通過したのを契機として、それまで各地で分裂していた選挙権協会が再び統合され、「女性参政権協会全国連合（National Union of Women's Suffrage Societies, 以下NUWSSと略）」が結成された。フォーセット夫人がその会長となり、マンチェスター選挙権協会も「女性参政権英国北部協会(North of England Society for Women's Suffrage)」と改名して全国連合と協力することになった。

綿工女、女性参政権運動に加わる！

綿工女を中心とする女性労働者が政治運動に参加するようになった背景には、一八九〇年代以降の労働運動の高揚があった。第四章でみたように、WTULは当時地方へ活動を拡大しており、綿工女（打綿室）のアニィ・マーランドを有給のオルグとして採用し、北部地域の女性労働者の組織化に当らせていた。彼女は九三年にマンチェスターで約一〇〇〇人の集会でスピーチをし、またバーンリィ出身の糸まき工アニィ・ヒートンとともにマンチェスターから数マイル離れたトドマーデンに二週間滞在して既製服製造工女の組織化に成功している。労働者階級の主婦を対象とした女性協同組合ギルド（WCG）も支部を確実にふやしていた。こうした活動方法にヒントを得たE・ローパーは同じく工女の中から二人のオルグをまず採用した。そのうちの一人がアニィ・ヒートンである。ウィガン織布工組合の女性委員長であるヘレン・シルコック（Helen Silcock）も九八年以降ローパに協力している。彼女はWTULの協力のもとにウィガンで働く女性の賃金問題を解決したことがあった。同じくボウルトン近くの出身で九九年にWTULのオルグであったセアラ・レディッシュ（Sarah Reddish）も熱心な活動家として女性参政権運動に加わった。いずれもWTULで開発された能力が参政権運動で活用されたことになる。一方、セリナ・クーパー（Selina Cooper）(4)はＷＴＵＬとは直接的関係はなかったが、糸まき工からＩＬＰと社会民主連合（ＳＤＦ）に参加して、しだいに女性参政権運動の中心的人物に成長した。彼女たちは工場における自分たちの状況が政治と深くかかわっていることを知り、工場での不当な労働条件の改善のためには、政治を動かすための参政権が必要だと悟ったのである。もちろん労働組合もこの問題に密接にかかわっている。セリナ・クーパーは両者の関係を次のように述べている。

私は鉱夫や綿紡績工や機械工たちの大組合が求めている政策や手続を注意深く観察しました。彼らはすべて産業の諸条件の改善のために国の介入を強く求めているのです。私は議会の力を認めざるを得ませんでした。その力は公共の利益のために用いることができるし、また用いられるべきものなのです。彼らのように十分組織された産業では、自分たちの生活水準の向上のテコとして投票箱をもっています。しかし、女性労働者は、たとえ十分組織されていても、自分たちの苦悩をとり除きたいという欲求を助けるためのそのようなテコをもっていないのです(5)。

こうしてセリナ・クーパーのように政治的に目ざめた工女たちが参政権運動に積極的に加わっていった。「急進派」婦選論者たちの目ざましい活動は一九〇〇年から六年頃までランカシァの各地で見られた。彼女たちは工女の家庭であるいは工場で、女性参政権を求める署名を集めた。一九〇一年春にランカシァで二七万四〇〇〇人の綿工女から集めた署名は約三万に及んだ(6)。同年十一月に開催された「女性参政権英国北部協会」の年次大会でも、Ｅ・ローパーは署名を集める困難はないし、またこの運動の過程で工女の女性参政権への関心を高めたことを報告している。女性労働者の多い町、例えば一万六〇〇〇人を下らないブラックバーンでは集会も成功した。このような運動の高揚の中で一五人のランカシァの綿工女代表が一九〇一年三月署名を持参してロンドンに向かったのである。彼女たちは女性参政権に好意的な国会議員のテイラーに面会して、代表団は純粋に女性労働者から成り立っていること、彼女たちが国の基軸産業を担っていること、「この国の五〇〇万人の女性労働者が自分たちが従わねばならない法律の作製に関与できない不当性」(7)を訴えた。エスター・ローパーはもちろん彼女たちに同行したが、後方に控えて一切発言しなかった。同夜、NUWSS会長のフォーセット夫人は彼女たちを夕食に招いて、その後の協力関係の基礎を築いたのである。

〔注〕

（1）Jill Liddington and Jill Norris, *One Hand Tied Behind Us : The Rise of the Women's Suffrage Movement* (London : Virago. 1978) p.15.

（2）Mrs Humphrey Ward, 'Solemn Protest Against Women's Suffrage', *Nineteenth Century*, June 1889. なお、イギリスにおける女性選挙権賦与への根強い反対については次を参照。Brian Harrison, *Separate Spheres : The Opposition to Women's Suffrage in Britain* (London : Croom Helm, 1978).

（3）J.Liddington and J.Norris, op.cit, p.77. 急進派サフラジストの活動に関する執筆について筆者は同書に多く負っている。

（4）セリナ・クーパーについては、Jill Liddington, *The Life and Times of Respectable Rebel Selina Cooper* (1864 - 1946), (London : Virago, 1984).

（5）Interview with Selina Cooper, the *Queen* 17. 4. 1909, quoted in J. Liddington and J. Norris, op.cit., p.100.

（6）Anna Davin, Foreword to *The Life and Writings of Ada Nield Chew*, Remembered and Collected by Doris Nield Chew (London : Virago, 1982) p. xvii.

（7）NUWSS, *Annual Report*, 1901.

②「女性社会政治連合（ＷＳＰＵ）」の結成

一方、同じマンチェスターを基盤にエメリンとクリスタベル・パンクハースト母娘によって一九〇三年「女性社会政治連合（Women's Social & Political Union, 以下ＷＳＰＵと略）」が結成された。「急進派」婦選論者が女性労働者の政治的経済的問題の解決という広い観点から女性参政権を要求していたのに対し、彼女たちはただ「男性と同じ資格をもつ女性に選挙権を！」という極めて限定された目標をかかげていた。したがって、ＩＬＰの初期からのメンバーであったが、アニィ・ケニィのような女性労働者をその運動の働き手としては使っても、自ら「急進派」女性労働者たちと地味な活動をともにすることはなかった。ＷＳＰＵの運営もパンクハースト母娘の意のままであった(1)。彼女たちは一九〇四年、女性選挙権問題が議会委員会で真面目なとり扱いをされていないとみて憤慨した。そして、従来の運動方式では道が開けないことを痛感した。

折から長期間続いた保守党内閣が退陣し、総選挙のための運動が始まった。パンクハースト母娘はこの機会を利用して、やがて誕生すると予想されていた自由党内閣の有力候補者に、詰問戦術といわれたかの有名な戦術をとり始めた。すなわち、候補者に対して閣僚になった際には「婦選」を主要な政策目標としてとり上げるかという質問を、可能な限り多数の選挙演説会場で行なう方法をとったのである(2)。

人目をひくこのような行動は早速マスメディアの格好の材料となり、サフラジェッツの異名をとることになった。

選挙の結果は予想通り自由党が圧勝したが「労働者代表委員会（Labour Representation Committee, 以下ＬＲＣと略）」からも二九人の当選者を出して初の労働党が誕生した。婦選論者たちは保守党に代った自由党の内閣に大きな期待をかけていた。そして、一九〇六年五月にすべての婦選論者と、一五三〇人の大学卒業生、五万人の織維労働者、二万二〇〇〇人の女性協同組会員、五万二〇〇〇人の女性禁酒会員から成る婦選論者代表三〇〇人以上がキャンブル-バナマン新首相に面会して「婦選」の実施を要請した。過激な行動をするWSPUの参加については異論もあったが、ともかく認められて代表団に加わった。WSPUの運動の拠点もマンチェスターからロンドンに移された。エミリィ・デイヴィス、パンクハースト夫人、エヴァ・ゴア-ブースら八人の女性が首相に会って、運動の主旨を述べた。綿工女のセアラ・ディキンスンも女性賃金労働者を代表して要請した。しかし、約半世紀に及ぶ活動をしてきたフォーセット夫人らに対する首相の回答はひたすら「忍耐の徳を説く」ものにすぎなかった(3)。

これに失望したWSPUのメンバーは過激な行動をさらにエスカレートさせた。新しくできた労働党が女性選挙権ではなく成人選挙権を求めていることが知れると、労働党とも絶縁した。これを契機にWSPU自体も分裂して、労働党との関係の維持を求める人びとによって「女性自由連盟（Women's Freedom League, 以下WFLと略）」が結成されたのである。

一方、フォーセット夫人の率いるNUWSSは街頭演説、印刷物の配布、地方への宣伝など伝統的な方法ではあったが、支持者のいっそうの拡大をはかった。そして、一九〇七年に約三〇〇〇人が参加した最初の大規模な示威集会をロンドンのハイドパークで実現した。

議会内ではこうした院外での運動のもり上りをうけて一九〇九年に超党派の調停委員会が設置され、翌一〇年から一二年までどの党も受け入れやすい内容の女性選挙権法案を毎年提出した。しかし、ことごとく否決された。それには一九〇八年にキャンブル-バナマンから政権をうけついだアスキス首相が強硬な婦選反対論者であったことも原因していた。彼が女性選挙権より男性選挙権法案（manfood suffrage）を提出しようとしたことによって、婦選運動は新たな局面に入るのである。

〔注〕

（1）パンクハースト母娘が「マンチェスター・ソールファド女性労働組合協議会（MSWTUC）」を女性選挙権運動に利用して同会が世間から誤解されたために、エヴァ・ゴア‐ブースとセアラ・ディキンスンは同会を脱退した。両者は一九〇四年 Manchester and Salford Women's Trade and Labour Council を結成、MSWTUC会長の了解のもとに七組合約二〇〇〇人の会員が前者から移動した。Liddington and Norris, op.cit., pp.178 - 9.

なお、パンクハースト母娘、F・W・ペシック-ロレンスら、WSPUの中心的人物の、女性参政権に関する論文は次に収録されている。Jane Marcus, *Suffrage and the Pankhursts* (London : Routledge & Kegan Paul, 1987).

（2）Ray Strachey, op.cit., pp. 293 - 296.

針子から治安判事にまでなったハナ・ミッチェルも一時WSPUに加わり、詰問戦術に参加している。Hannah Mitchel, op.cit., Ch IV. および拙稿「針子から治安判事へ――ハナ・ミッチェルの生涯」川本静子・北條文緒編『エッセイ集ヒロインの時代』（国書刊行会、一九八九年）所収。

（3）Strachey, op.cit., pp.300 - 301. Liddington and Norris, op.cit., p.202.

③　婦選か普選か？

ミドル・クラスの女性を中心とした婦選運動が以上のように穏健派と過激派に分れて活動している時、女性労働者による急進派婦選運動も分裂した。それは労働者階級の代表を議会へ送ろうとする労働者代表委員会の設立（一九〇〇年）や、その後身の労働党の誕生（一九〇六年）によって、階級的結束がまず重要視されたからである。彼らは女性選挙権よりむしろ普通選挙権を求めた。また、男性労働者の中には他の階級の男性と同様に、その底流に、女性の政治参加そのものに反対する気分があった。当初反サフラジストであり、エセルとの結婚後サフラジストに転向したＩＬＰのフィリップ・スノードンも次のように語っている。

　全体として男性は、自分がかち得た諸特権を女性に分ちたくないという利己的な気持からそれ（女性選挙権）に反対であった。抑圧者に対して武装して戦った男性労働者でさえ、何か自分たちより下の者の存在を感じたがっていた[1]。

こうした二つの理由による男性側の婦選反対の論調は「急進派」にも逆作用して、従来通り婦選を主張する者と、普選に転向する者とに分れた。ヘレン・シルコックは後者であった。では、次に一九世紀末に独自に活動していた工女による婦選運動が、二〇世紀初頭における労働者階級全体の政治動向の渦中でいかなる運命をたどったかを見よう。

前述のヘレン・シルコックは女性労働者の婦選にたいする期待について、まず労働組合会議（ＴＵＣ）の承認を得ようとした。彼女は一九〇一年のＴＵＣ年次大会にウィガン織布工組合委員長として出席していた。そこで彼女は次のような動機を提出した。

　女性とくに、工場や作業場に雇用されている女性に対する立法措置が不満足なことを考慮して、国政選挙権を男性と同等の資格をもつ女性に拡大すべきである[2]。

彼女はさらに独立した女性は自らが生計維持者であるから、投票権をもつ資格があるとして次のように訴えた。

　女性は夫によって十分保護されていると言われています。しかし、私は女性すべてが妻ではないことを指摘したいと思います。実際わが国には生活の糧を自分で得なければならない五〇〇万人の女性が働いています。何らかの保護が彼女たちに差しのべられなければなりません。投票という手段によって、彼女たちは生存し、生活を可能にする法律の作成に協力することができるでしょう(3)。

シルコックの情熱的なアピールも普選を求める声によって否決された。彼女は翌二年のTUC総会では動議の出し方をさらに工夫した。彼女は自分自身で出すより、毛織物労働組合の書記長で、LRCの執行委員でもあるアレン・ジー(Allen Gee)という有力な男性指導者に提出させ、自分はそれに賛同するという戦術をとった。だが、この強力な支援にもかかわらず、動議は僅小差で敗北した。圧倒的多数の男性代表の中で、女性代表はわずか四人にすぎなかった(4)。度重なる失敗で、シルコック(この時フェアハースト夫人になっている)はやがて「急進派」婦選論者とたもとを分つのである。

労働組合が支援母体の一つであるLRC第一回年次大会でも同様の経過をたどった。一九〇一年二月マンチェスターで開かれた同会議では、成人選挙権を優先する次のような動議が採択された。

民主主義にそった適切な選挙権賦与のために本会議は次の諸改革が不可欠であることを宣言する。

(A) 成人選挙権(5)

(B)(略)

(C)(〃)

その後毎年開催される大会でも女性選挙権ではなく、成人選挙権を求める決議がくり返し採択された。一九〇五年のリヴァプール大会ではこうした状況を考慮して、決議の言葉使いやその発表者の人選にとくに注意が払われた。スコットランド代表の機械工が決議を提案し、すぐれた演説家であり、ILP代表のセリナ・クーパーが賛同者として起用された。決議は次のように述べている。

本大会は成人選挙権と両性に対する完全な選挙権の賦与を確認する。そして、前国会で提案された女性選挙権賦与法案が成人選挙権への重要な一歩と信じて、これを承認する。

セリナ・クーパーはこの動議をうけて賛成演説を行ない、自分は労働者階級の女性を代弁しており、同法案を支持することは労働者を支持することであって弱めるものではないと主張して次のように語った。

私は働く女性であり、決議で指摘された方法によってのみ完全選挙権賦与への実際的な一歩をふみ出せると思います。私は自分が属する何千という繊維女性労働者を代弁しています。現在提出されている選挙権賦与法案は一時しのぎ的政策だとして反対する意見があります。しかし、私はあなた方に思い出していただきたいのです。本会議が先日「失業」問題を扱った時、私たちは一時しのぎ策を求める用意をしたのではないでしょうか？　子どもの養育は〔成人するまでの〕一時しのぎ策ではないでしょうか？　私たちが正当に誇りとしている労働組合運動は、私たちの求めるものと比べて一時しのぎ的なものではないでしょうか？　クリザロー地区だけでも男性と同じ資格をもつ女性が五五〇〇人も投票権をもつことに賛成する請願に署名しています。私はあなた方に女性が女性としてのみ選挙権を望んでいると考えていただきたくないのです。私たちは他の人と同様に人びとの要求に気づいています。選挙権をもったら、私たちは改革のためにそれを使うでしょう(6)。

クーパーのこの切切たる訴えに対して、ロンドン労働評議会代表のハリィ・クウェルチ（Harry Quelch）はすかさず、「クーパー夫人は性の問題をまず第一に出したが、この会議では性ではなく『労働』を先に出すべき」だと批判して、成人選挙権を求める修正動議を提出した。彼の動議は四八三対二七〇で採択された。

この間、「急進派」サフラジストたちはイギリス北部を中心に活動を継続して、女性協同組合ギルド（WCG）の中で婦選への支持を広げていた。マンチェスターでは既述のようにエヴァ・ゴア-ブースらがパンクハースト母娘と別れて別組織をつくり（一九〇四年）地味だが着実な活動を続けていた(7)。一九〇四年から五年にかけての冬には、リヴァプール女性繊維労働者委員会がキア・ハーディ、エスター・ローパー、イザベラ・フォードたちを招いて大きな集会を開いた。

リーズ出身の社会主義者であり、リーズの仕立工女の運動に協力した熱烈なフェミニストであるI・フォードは、女性の解放と労働者の解放は「同じ偉大な力の異なる側面」であることを強調して、次のように書いている。

……これらの二つの運動は現在と同様、過去においても同じ目的をもっていました。それ故に両者は相互に大きく依存し、ともに衰退し、また、ともに高揚してきました。同じ出来事が、多かれ少なかれ同じやり方でそれぞれに影響してきました。そしてまた、同じ勢力が両者にとって敵対的であったし、また現在も敵対的なのです(8)。

彼女は、ミドル・クラスの女性たちが自らの状況と女性労働者たちとの関係をいっそう理解することを信じていた。また、ミドル・クラスのためにだけなるような政治的解放を求めるようなことを、彼女たちがしないことをも確信していた。一方、ILP党首として、当初から婦選に好意的であったキア・ハーディは「制限付き女性選挙権法案」が実施された場合、実際どの程度の有産階級女性が有利になるかを調べた。そして、彼は新しい有権者のうち八〇%以上が労働者階級の女性であることを発見した(9)。一九〇七年の労働党ベルファースト大会で再び成人選挙権修正動議が提出されると、キア・ハーディは次のように発言した。

もし、同法案が財産資格に依存するなら、〔私は〕それを支持しないでしょう。……否です。選挙権を得るのに財産は必要ではありません。世帯主資格はあってもよいでしょう。同法案は新しい資格を何らつけようとしていません。その法案によれば、二〇〇万人の女性が選挙権を賦与され、そのうち一七五万人が労働者階級の女性となるしょう。同法案についての困難は、人びとがそのことをあえて理解しようとしないことです(10)。

ハーディのこのような論理は翌八年も九年の大会でも認められなかった。一九〇五年にマーガレット・ボンドフィールドを会長として「成人選挙権協会（Adult Suffrage Society）」が結成されて以来、成人選挙権への動きがいっそう活発化されていたからである。しかし、アスキス首相の男性選挙権法案への意向が明らかになると、成人選挙権論者を「男女双方の成人に対する選挙権賦与」に確実に向けさせる必要がでてきた。ここに女性労働組合員や女性協同組合員らが結束して一九〇九年「人民選挙権連合（People's Suffrage Federation, 以下PSFと略）」を創設したのである。WCGのマーガレット・ルウェリン・デイヴィスが書記となり、メアリ・マッカーサー、M・ボンドフィールド、議会労働党員の大部分と自由党成人選挙権論者が多数その設立に参加した。彼らの主張は三カ月居住証明をもつ男女双方の完全成人選挙権の実現であった(11)。

WTULと婦選

雇用労働者問題に専心していたM・マッカーサーは、意見の対立が予想される政治問題、例えば女性参政権については、これまで慎重な態度をとっていた。WTULはさまざまな階層から財政援助を得ていたからである。したがって、彼女は労働党婦人部の前身である「女性労働連盟（WLL）」第二回大会（一九〇七年）でも次のような思慮深い動議を提出している。

WLLの多くの活動家たちの中には、女性参政権獲得のための最善の方法について二つの意見があります。ある人びとは成人選挙権のみを主張し、また、他の人たちは現在の選挙権資格を即刻女性にまで拡大すべきだと主張しています。こうした状況を考慮して、本会議は、いかなる方法であれWLLの会員が、最善と思われる主張を自由に行なっていくことを認めます。しかし、市民としての男女の平等の承認と、議会およびあらゆる地方自治体における労働者階級の女性の直接的代表の必要を再確認します(12)。

こうした慎重なマッカーサーもPSF設立後は、さらに明確な立場を示すようになった。すなわち一九一〇年の労働党大会で彼女は次のように言明している。

ミス・ボンドフィールドおよび自分〔マッカーサー〕自身を含む多くの女性は、一部の女性のみに選挙権を与えて、労働者階級の女性や、現在選挙権をもたない男性を除くようないかなる試みにもくみしないでしょう(13)。

〔注〕

（1） Philip, Viscount Snowden, *An Autobiograhyy* (Nicholson & Watson, 1934) p.279, quoted in Constance Rover, *Women's Suffrage and Porty Politics in Britain 1866 - 1914* (London : Routledge & Kegan Paul, 1967), p.147.

（2） *Englishwomen's Review*, 15. 10. 1901.

（3） Ibid.

（4） Liddington and Norris, p.151.

（5） C. Rover, op.cit., p.149

（6） Labour Representation Committee, *Annual Conference Report, 1905*, transcribed as direct speech by Liddington and Norris, op.cit., p.185.

（7） ②「女性社会政治連合（ＷＳＰＵ）」の結成の注（1）参照。

（8） Isabella Ford, *Women and Socialism*, 1904. pp.3 - 7. 女性参政権の要請署名はヨークシァの繊維工女から三万三一八四およびチェシァからも四三〇〇集まり、一九〇二年国会議員に手渡された。I・フォードは彼女たちに同行した。*Yorkshire Factory Times* (YFT)' 14 Feb. 1902, quoted in June Hannam, *Isabella, Ford* (Oxford : Basil Blackwell, 1989), p.85.

（9） Sheila Rowbotham, *Hidden from History* : *300 Years of Women's Oppression and the Fight Against It* (London : Pluto,

1973), pp.82 - 83.

(10) C. Rover, op.cit., p.149.

(11) Sandra Stanley Holton, *Feminism and Democracy : Women's Suffrage and Reform Politics in Britain 1900 - 1918* (Cambridge, CUP. 1986), p.63.

(12) WLL, *Annual Conference Report, 1907*. ＷＬＬの会長であるマクドナルド夫人も「ＷＬＬが団結して、それ自身の仕事に活躍し、労働党の一般的な仕事に影響を与える方が、選挙権に関する決議を行なうより、はるかに女性の将来にとって良いことです」と述べた。J. Ramsay MacDonald, *Margaret Ethel MacDonald*, (London : Grorge Allen & Unwin Ltd., 1912), p.208. しかし、ＷＬＬが労働党の路線すなわち成人選挙権に強く影響されると、ＷＳＰＵの戦闘的活動にかかわっていたＭ・ゴーソープやＥ・リグビィはＷＬＬを脱退した。Ｅ・スノードンやＴ・ビリントン-グレイグも同様である。これに対し、ＷＦＬのＣ・デスパードやエイダ・チューはＷＬＬに残った。Liddington and Norris, op.cit., p. 236.

(13) Labour Party, Annual Conference Report, 1910.

④　フォーセット夫人の労働党支持

労働諸団体で成人選挙権の声が高まる中で、フォーセット夫人の率いるＮＵＷＳＳは一九〇七年新規約を採択し、エセル・スノードン、マーガレット・アシュトン、イザベラ・フォード、若きバートランド・ラッセルを含む強力な新しい執行部を結成した。また有給の活動家を雇えるような財政措置も講じた。大学を卒業した優秀な女性が多数採用された中で、ランカシァからはむしろ工場労働者が多く選ばれた。その第一号がセリナ・クーパーであった。彼女は親婦選派の自由党候補者Ｂ・ラッセルの選挙運動をウィンブルドンで手伝い、マンチェスターの補欠選挙で協力し、また、一九一〇年にはフォーセット夫人、クレマンティナ・ブラック、I・フォードらとともにアスキスへの請願に加わった(1)。一方、NUWSSの地方支部、例えばニューカースル協会や、すでに見たマンチェスター協会は、労働運動や社会主義運動の中で高まった女性参政権運動と提携し、補欠選挙でも協同歩調をとっていた。これは当時ではまだNUWSSの執行部の認めるものではなかった。しかし、地方支部で育った若手女性たちの中から、例えばキャスリーン・コートニイがNUWSSの書記になり(一〇年)、ヘリナ・スウォニック*(Helena Swanwick, 1864 - 1939)が九年創刊の機関誌『コモン・コーズ(*Common Cause*)』の編集長になると、NUWSSの中央執行部もしだいに労働党寄りになっていった(2)。

議会内では、保守党のリットン伯爵(Earl of Lytton)(3)が議長になって、超党派の議員からなる調停委員会が結成された。その目的は「男性と同じ条件をもつ女性に選挙権」を与えようとする保守党案と、労働党や一部自由党員の主張する「成人普通選挙権法案」の妥協点をさぐり、調停案を策定することであった。しかし、でき上った第一次調停案も第二次案もそれぞれ、一〇年と一一年に第二読会までは通過したが、その後の段階で否決された。第三次調停案はすでに第二読会で否決されていた(4)。

NUWSSはこの失敗から自由党とくに自由党の指導部に失望した。自由党議員の四二人が反対票を投じ、九一人が棄権したからである(5)。これに対し労働党議員は、第二・三次調停案が財産より世帯主に選挙権賦与のための条件を移したことから、一〇数名の棄権者を除くすべてが賛成票を投じた(6)。また、労働党は同じ一九一二年一月すでに党大会で「女性参政権を含まないいかなる選挙権法案にも反対する」という決議を採択していた。これは前年アスキス首相が明らかにした「近い将来に成人男性選挙権(manhood-franchise)法案を政府案として提出する」との意向に対応したものであった。アスキス首相はPSFの代表に同法案が出された時、「女性参政権」を挿入するための修正案提出の可能性を示唆したのである。

第三次調停案をも否決されるに及んで、ＷＳＰＵの活動はさらにその激しさを増した。公私の建築物や資産への放火、商店のショーウィンドウの破壊、電話線の切断等々が行なわれた。一方、ＮＵＷＳＳは「成人男性選挙権法案」（正式名は「選挙権および登録法案」Franchise and Registration Bill）に対する「女性修正案」に最後の望みをかけた。この頃彼女たちは調停案のような議員提案では有効性に乏しく、政府提案でなければ成功しないことを悟ったからである。しかも、この女性修正条項を確実に入れさせるためには、それなりの対策が必要であった。こうして、編み出されたのが選挙闘争基金（Election Fighting Fund, 以下ＥＦＦと略）政策である。

ＥＦＦ政策

一九一二年五月最初に作成されたＥＦＦ計画は極めて単純なものであった。すなわち、ＮＵＷＳＳはＥＦＦと呼ばれる特別委員会の設置に同意し、「自由党の女性選挙権反対論者への抵抗が望ましいと思われる所では、労働党候補者を支持する特別な目的のための募金を行なう」、また「強力なキャンペーンを組織して、そのような候補者に支持を与える」(7)というものであった。ＮＵＷＳＳと労働党の仲介をしたのは、リットン調停委員会の書記であり、ジャーナリストのブレイルズフォード（H.N.Brailsford）である。しかし、このＥＦＦ政策については、ＮＵＷＳＳ側でも労働党側でも反対論があった。前者はＥＦＦ計画が労働党を利するのみであり、自分たちはあくまで自由党支持者であって、労働党の主張する社会主義に与することはできないとするものであった。後者では、もともと女性選挙権については三通りの対応があった。その一つはジョージ・ランズバリの主張するもので、まず女性選挙権を先行すべしとするものであり、第二はスノードンとハーディの、女性を含まないいかなる選挙権法案にも反対するが、同法案が必ずしも他の法案すべてに先行する必要はないとするものであった。そして第三は、熱心な成人選挙権論者のマクドナルドである。彼は女性選挙権を犠牲にしても男性選挙権を優先しかねなかった。こうしたマクドナルドであるから、ＥＦＦに対して懐疑的であった彼はＮＵＷＳＳによって労働党が買収されるのではないかということを危惧したのである(8)。

このような不安に対して、ＮＵＷＳＳの内部ではすべての自由党候補者に反対するのではなく、あくまで女性選挙権反対の自由党候補者に反対するのであり、従来の「いかなる政党にも偏らない態度」には変わりなく、むしろ、女性選挙権に好意的な候補者を支持するという伝統的な政策を拡大しただけであることがくり返し主張された(9)。地方からもこの主張に対する賛意が多々表明された。一方、労働党でもオズボーン判決(10)以後、財政的に逼迫していたために、ＮＵＷＳＳの提案を一二年五月に実質的に受け入れることを決めた。

ＥＦＦの組織は右記のような多様な意見を考慮してＮＵＷＳＳとは別のものとなり、財政も独立した。執行委員も多様な層から選出された。労働党支持者からはマーガレット・マクミランが選ばれた。地方には支部が設けられて、労組の支部と協力して活動することになる。基金もＥＦＦ創立後わずか二カ月間で三六二九ポンド集められた(11)。地方のオルグとしては労働者階級出身のエイダ・チューやセリナ・クーパー、マーガレット・オールダスリィ（Margaret Aldersley）らが起用された。

一九世紀末から二〇世紀初頭にかけて活躍した「急進派《ラディカル》」婦選論者《サフラジスト》たちの活動がこの時期に再び見られるようになる。彼女たちはＴＵＣや労働党大会で女性参政権に対する強い反対に出合うと、その後多様な軌跡を描いた。セリナ・クーパーは前述のように一九〇七年の労働党大会で自分の動議が否決されてからＮＵＷＳＳの活動に専心していた。これに対して、ヘレン・シルコックは女性選挙権から成人選挙権に転向して、ＥＦＦ政策の採用以後再び女性参政権に戻った。他方、エイダ・チューは一九〇〇年から八年までＷＴＵＬのオルグとして活躍し、五年には女性選挙権に反対の立場をとっていた。しかし、成人選挙権論者たちの不誠実な態度に失望して、一一年以後は女性選挙権論者になっている。こうしたさまざまな経緯の後、ＥＦＦ政策の採用によって、「急進派」婦選論者たちは再び同じ戦列に並ぶことになったのである。

補欠選挙とEFFキャンペーン

EFFキャンペーンが実施された選挙区は一九一二年に四カ所、一三年から第一次大戦開始まで四ヶ所、計八カ所である。しかし、この間一三年一月に政府案が撤回されて議会での最後の望みが断たれると、EFF政策は一三年を境にしてその性格を大きく変えた。

EFFの目標は四つあり、第一は労働党議員をふやすことであり、第二は議会内の労働党の相対的地位の強化のために、自由党議員を減らすこと、第三は自由党の女権反対論者を除去すること、そして第四に労働党候補者の得票数をふやすことであった。前半の四つの選挙区における選挙では、労働党の候補者を当選させることはできなかったが、クルーとミドロージアンで自由党が議席を失って保守党に移り、労働党が大きく得票数をふやした。クルーでは同地出身のエイダ・チューが労組の地方支部の協力のもとに女性選挙権のための集会、パンフレットの配布、個別訪問などを通して支持者の確保に当っている。また、ホームファース（Holmfirth）ではWTULの協力者であり、EFFキャンペーンの強力な推進者であるI・フォードが遊説に出向いている(12)。結果は自由党が得票数を減らし、労働党が倍増した。唯一の失敗はハンリィ（Hanley）で労働党が議席を失なったことであった(13)。

戦略転換

「選挙権および登録法案」に対する女性修正案は一九一三年一月に上程されるはずであった。しかし、その直前になってあっけない終りとなった。下院議長は女性修正案の挿入は原案を大きく変えることになるから撤回して、再度別の形で提出することを示唆したのである。この突然の法案撤回はアスキスの法的手続きに対する無知に起因したとはいえ、前年三月の第三次調停案の失敗の時以上に深い失望感をＮＵＷＳＳの人びとに与えた。彼女たちは議会への圧力のみでなくさらに広く一般市民に女性参政権を訴え、選挙運動を通して労働党議員の数をふやすことの必要をいっそう痛感した。そのための方法としては集会、講演、要請文、行進、バザーなど、これまでと大差ないが、その基調は大きく変った。すなわち、それまで女性参政権の主張は平等思想に基づくものであったが、新しい主張はむしろ男女の差違に依拠しており、「女性は男性と同一ではない。それ故にいかなる男性も女性の代弁をすることはできない」というものであった。女性参政権を訴える対象が広く労働者階級に拡大されたからである。「男性支配反対」を主張するより、女性の「独自性」の主張となり、「妻、母そして労働者としての利益を守るために女性は参政権を必要とする」との立場から、ＮＵＷＳＳは労働者階級に訴えていった(14)。これはまさに「急進派」女権論者たちが主張したことであった。ＮＵＷＳＳはできるだけ多くの労組から女性参政権に賛成の決議を得ようとし、また、実際に得ることができた。一九一三年九月には二〇〇万人以上の労働者を代表するＴＵＣが「首相の失敗」を批判し、「女性参政権を含む『政府改革法案』が早急に法制化されるべきである」との決議を採択した。さらに、最も頑固な炭鉱夫組合も翌一四年の労働党大会でようやく女性参政権を承認するに到ったのである。

ＥＦＦオーガナイザーたちは、以上のような労働組合あるいは工場地域の労働者への宣伝に力を入れるだけでなく、一九一三年から第一次世界大戦までに行なわれた四つの補欠選挙区でも活躍した。その結果、ラナークとリース・バーフスの二選挙区で自由党が保守党へ議席をあけ渡し、他の選挙区（ホートン・ル・スプリングとダラム）でも自由党が勝ったが、得票数を大きく減らした。また、労働党はすべての選挙区ではじめて候補者をたてて善戦した(15)。したがって、労働党の議席を獲得することはできなかったが、女性参政権に賛成する労働党への支持を増やすという点では成功であった。ラディカル・サフラジストたちの活躍も再び目立った。一二年の補欠選挙では出身地クルーで活躍したA・チューが今回はラナークで、また、S・クーパーとともにダラムで、あるいは女性選挙権支持に戻ったH・シルコックもウィガン選挙権協会の書記となって活動した(16)。

しかし、EFF政策が一三年と一四年にますます拡大するにつれて、NUWSSの指導部の間では、EFF政策の理解をめぐって微妙な差異が出てきた。ある者にとってはEFF政策は自由党内閣へのプレッシャーとしての「便宜的」なものであるのに対し、他の人たちにとっては、それは一時的便宜的以上のものであった。労働党のために活動することは、性差別と階級差別の両方をなくしたいとするラディカル・サフラジストあるいはデモクラティック・サフラジストたちの自己主張そのものだったのである(17)。参政権をめぐる政治に目ざめてこそ、自らをとりまく社会・労働環境も改善できると信じたA・チューは、女性参政権と女性労働の関係を次のように述べている。

大切なことは、男性に依存し従属しているような産業的あるいは政治的立場が著しく不名誉なものであることを女性に理解させない限り、政治的権力と同様、彼女のための産業的組織について希望をもつことはほとんどできないということです。たとえ、眠っていても一かけらでも自由や成長への潜在的欲求があれば、働きかける基盤があり、結果について何らかの希望をもつことができます。そして、私が思いますのは、この眠った資質に訴える最善の方法の一つは、男性と比べて女性が投票権をもたない状況に見られるような明らかな不平等に対して怒りの感情を起こさせることです。まずこれがはじめでしょう。しかし、第一歩がふみ出されなければなりません。そして、これが有効な方法であり、成長と力へと導いていくなら、それは正しい道です。次に必要なことは、労働組合員と同様にできるだけ多くの女性参政権論者による教育だと私には思われます(18)。

ＮＵＷＳＳで指導的な地位にあるＩ・フォードも、また『一七世紀の女性の労働生活』について書いたＡ・クラークも同じ立場をとった。ラディカル・サフラジストのＳ・クーパーやＭ・オールダスリィも同様であり、その意味からＥＦＦキャンペーンが実施されなかったキーリィでも彼女たちは労働党のために活躍した。同地では女性参政権支持の自由党員が立候補していたのである。

再び百家争鳴

女性参政権支持の自由党候補者を個々に推すか、あるいは党全体で明確に女性参政権を支持している労働党候補者を推すかは意見の分れるところであった。ＮＵＷＳＳは前者の立場をとっていた。それにもかかわらず、次章で述べる「母性手当」を求めて努力したエリナ・ラスバウンは、ＥＦＦ運動家たちが純粋に女性参政権だけでなく、労働党の政治にまきこまれすぎていると非難して、総選挙の際にＥＦＦ政策が実施されることに反対した。また、労働党の選挙組織があまりにも未熟で、「労多くして功少なし」との判断から、ＥＦＦに反対の声が聞かれることもあった。このようなＥＦＦ政策に対する賛否両論の中で、確かなことは自由党による選挙権改革案の撤回後自由党の支持者が激減したことであった(19)。戦争の勃発はさらに戦争に反対するグループ（Ｉ・フォードを含む）(20)と戦争協力を訴えるフォーセット夫人のグループに分裂させた。

一方、成人選挙権への要求が高まり、一九一六年に「成人選挙権全国評議会（National Council for Adult Suffrage）」が結成された(21)。

ＷＴＵＬはこれまで成人選挙権を支持するものの、参政権運動の中の相対立するさまざまな組織に対しては、中立的立場をとった。ＷＴＵＬとしては、男女の支持者から一様に財政的援助を仰がねばならないから、非経済的な問題でいずれの組織とも対立関係をつくりたくなかった。実際一九〇四年に、ダービシァの炭鉱夫たちは、

WTULが制限的な女性参政権に賛成していると思って、会費を送ってこなかったが、事実が判明すると、一三年にはWTULの特別声明に対して五〇ポンドの寄付をした(22)。

マッカーサーも女性問題の経済的側面、あるいは男女混成労働組合の創設に献身した。したがって、個人として発言することはあっても、女性参政権を求める示威行動にNFWWのメンバーを使うことは拒否した。しかし、一二年の労働党年次大会で、炭鉱労働組合の指導者であるロバート・スマイリィ（Robert Smillie）が、たとえ女性参政権が含まれていなくても、男性選挙権を拒否することには反対であると主張すると、マッカーサーは自分の中立的立場を捨てた。彼女は、スマイリィに、自分は財産に基づく制限的女性選挙権に反対していることを思い出させ、彼にも意見の変更を求めた。これは失敗に終ったが(23)、炭鉱労組も一四年には、「女性を含まないいかなる参政権法案にも反対する」との労働党大会決議を認めたことは前述の通りである。そして、一六年創立の「成人選挙権全国協議会」にはM・マッカーサーもR・スマイリィもともに執行委員になった。最終的には一八年に三〇歳以上の女性世帯主および世帯主の妻、年価値五ポンドの資産専有者または大学卒業者に選挙権と被選挙権が賦与され、新しく約八五〇万人が議会選挙権者として登録されることになった(24)。

以上のように、女性参政権運動は、活動の形態、「普選」か「婦選」か？　あるいは支持政党をめぐって、また、戦争をめぐって意見が分れ、そのつど組織も動揺した。しかし、明らかなことは、女性参政権運動がより広範な政治、社会問題とのかかわりから論じられる時、はじめて広い支持を得られるということだった。ハウルトンは「デモクラティック・サフラジズム」という概念がこれを可能にしたと述べている(25)。そして、この広範な政治・社会問題の解決に向けて階級差を超えて提携できた時、その運動が力を得て、政治状況を変え得るということだった。半世紀以上にわたる女性参政権運動でこうしたことを学んだイギリスの女性たちは、一九六〇年代以後の新しいフェミニスト運動の中で再びこの教訓を生かすことになる。

「平等派」から「社会派」フェミニズムへ

一九一八年に不十分な条件づきながらも選挙権を獲得したＮＵＷＳＳは戦後「平等市民協会全国連合(National Union of Societies for Equal Citizenship, ＮＵＳＥＣ)」と改名した。活動の目標も主として妻や母の福祉に向けられるようになった。家族手当、母と子のための福祉サービス、住宅改善、産児制限を求める運動の母体となった。「平等派」フェミニストたちは「社会派」フェミニストに変り、二七年のＮＵＳＥＣの年次大会では、激論のすえにはじめて女性労働者のための保護法反対の立場を捨てたのである(26)。

次章では「社会派」フェミニストによる福祉政策要求の過程とその結果を男女平等の実現という観点から検討したい。

〔注〕

（１） Liddington and Norris, op.cit., pp.213 - 215.

（２） Holton, op.cit., pp.65 - 69.

（３） レイディ・コンスタンス・リットンの兄。彼女はＷＳＰＵの中心メンバーで、身分を隠し、労働者階級の出身の過激《ミリタ》派《ント》の風をよそおった。この頃監獄で強制給食を経験した。この体験で体をこわし、終生回復できなかった。Strachey, op.cit., pp.314 - 315. Andrew Rosen, *Rise Up, Women : The Millitant Campaign of the Women's Social and Political Union 1903 - 1914* (London : Routledge & Kegan Paul), pp.129 - 130.

（４） 第一次調停法案は、一八八四年人民代表法が規定する世帯主資格あるいは、一〇ポンド占有資格を有するすべての女性にまで国政選挙権を拡大することがもりこまれていた。これに対し、第二次法案では、後半部分の一〇ポンド占有資格条項が脱落し、世帯主資格のみが求められる「女性選挙権法案（A Bill to Confer the Parliamentary Franchise of Women)」となった。A. Rosen, op.cit., pp.134 - 146.

（5）　Leslie Parker Hume, *The National Union of Women's Suffrage Societies 1897 - 1914* (New York : Garland Publishing, Inc., 1982), p.145.

（6）　第二・三次調停案に対する投票の内訳については、ibid., p.136 を参照。

（7）　Hume, op.cit., pp.144 - 145. なお、ＥＦＦ政策については、酒井順子「ＮＵＷＳＳのＥＦＦ政策―第一次世界大戦前夜のイギリスにおける女性選挙権運動と二大政党制の再編」（未発表、立教大学修士論文）がある。

（8）　Ibid., pp.149 - 150.

（9）　Ibid., p.152.

（10）　オズボーン判決は、自由党員で合同鉄道従業員組合員のオズボーンが、組合を通して労働党への献金を強制されることに反対して起こした訴訟に対する判決を言う。一九〇九年一二月の上院の最終判決は労働組合の政治献金を非合法とした。これが逆転するのは一三年の労働組合法によってである。

（11）　Holton, op.cit., p.81.

（12）　Ibid., p.82.

（13）　Hume, op.cit., p.161 の第3表参照。

（14）　Editorials and articles in *Common Cause*, 1914. *passim* ; Correspondence of the National Union of Women's Suffrage Societies, 1913 ; Marshall Papers, Report of the Election Fighting Fund to the Half - Yearly Council of the N. U. W. S. S., 〔Oct. 1913〕, etc. quoted in ibid., p.194.
Richard Evans, *The Feminists: Womens's Emancipation Movements in Europe, America and Australasia 1840 - 1920* (London : Croom Helm, 1977) は平等理論を放棄した時にのみ、女性選挙権が認められたと主張している。しかしまた、これ故に女性選挙権が賦与されると、実質的な平等実現に向けての運動は衰退した。

（15）　Hume, op.cit., p.206. ハウルトンも、David Morgan, *Suffragist and Liberals : The Politics of Woman Suffrage in England* (Oxford: Basil Blackwell, 1975) もこのような経緯が自由党の分裂をもたらす一因となったことを示している。

（16） Liddington and Norris, op.cit., pp.248 - 249.

（17） Holton, op.cit., pp.101 - 102. リンディグトンとノリスが労働者階級出身で女性参政権運動にかかわった女性をラディカル・サフラジストと命名したのに対し、ハウルトンは出身階級の差を問わず、性と階級の双方の不平等の廃棄に努める女性たちを、M・L・デイヴィス（女性協同組合ギルド会長）の用語を踏襲して、デモクラティック・サフラジストと呼んだ。ibid., pp.5 - 8.

（18） Ada Chew, 'Let the women be alive' To the Editor of *The Freewoman*, 18 April 1912. in *The Life and Writings of Ada Nield Chew*, by Doris Nield Chew (London, Virago, 1982), pp.235 - 238.

（19） 例えば、Women's Liberal Federation（WLF）の会員は一九〇四年から一二年の間に六万六〇〇〇人から一三万三二二五人に、支部の数も四九六から八三七に増えた。しかし、一三年には会員が一二万一八八八人にへり、また二〇支部が脱退、三〇支部が消滅した。*Women's Liberal Federation Annual Report*, 1903-4, 1911-12, 1913-14, 1914-15, quoted in Holton, p.119.

（20） NUWSSから分裂してThe Women's International League for Peace and Freedom（WILPF）のイギリス部会が設立された。I・フォードの平和運動については、June Hannam, *Isabella Ford*, op.cit., ch.10 参照。WILPFについては、Gertrude Bussey and Margaret Tims, *Pioneers for Peace : Women's International League for Peace and Freedom 1915 - 1965* (London : WILPF British Section, 1980, 1st published 1965).

（21） National Council for Adult Suffrage の書記には、NUWSSの名誉書記K・コートニィがなり、EFFの書記C・マーシャル、M・マッカーサー、M・ボンドフィールド・M・L・デイヴィスらが炭鉱労組のR・スマイリィとともに執行委員になった。

（22） WTUL, *Committee Meeting*, 16 June 1904, Nov. 1908, 13 Nov. 1913.

（23） Marian Ramelson, *The Petticoat Rebellion : A Century of Struggle for Women's Rights* (London : Lawrence and Wishart, 1967), pp.158 - 159. 一九一二年の労働党大会ではA・ヘンダースンの動議に対して九一万九〇〇〇人が賛成、

六八万六〇〇〇人が反対、このうち六〇万人が炭鉱労働者による反対である。

(24) Hume, op.cit., p.224.

(25) Holton, op.cit., p.152 - 153.

(26) 長時間にわたる熱のこもった議論の後行なわれた採決では八一対八〇という僅少差で、C・イーストマン（彼女自身平等派）が「人道主義者《ヒューマニタリアン》」と呼ぶグループが勝った。「平等主義者《イークオリタリアン》」たちは、選挙権の平等、道徳基準の平等、賃金の平等、産業と専門職における平等を優先させ、家族手当や産児制限は二義的に扱うべきだとする決議を提案したが、さらに長時間で熱心な討議の末否決され、結局NUSECを脱退した。Blanche Wiesen Cook, ed., *Crystal Eastman on Women and Revolution* (Oxford : OUP, 1978), pp.230 - 231.

2　女性諸団体による母子福祉政策の要求

以上、第Ⅱ部および第Ⅲ部前半では女性雇用労働者の問題と、女性参政権運動を女性労働者との関係から見てきた。しかし、女性労働者は同時に妻であり、母でもある。そのような立場にあって彼女たちのかかえる問題についても新たな光があてられる必要がある。とくに一九世紀第4・四半期以後、出生率の低下とイギリス人の体格の弱化が目立つようになった。そのため一般的な生活環境の改善とともに、母や子のための福祉を求める声が高まったからである[1]。「社会派」フェミニズムは本来母性の尊重と男女平等の双方を主張していたから、母子のための福祉政策要求もその根底に男女の平等、すなわち女性の経済的自立の要請があった。運動の担い手となったのは正統的「社会派」フェミニストのフェビアン協会婦人部や労働党婦人部、女性協同組合ギルドの人びとである。彼女たちは双方の目的を達成するものとして新しく「母性手当」の概念を生み出し、その実現を目ざした。だが、実際には経済的自立の主張は運動の過程で脱落し、母子福祉の面のみが残った。しかも、国による福祉政策は一家の稼ぎ手としての男性を基礎にして実現されたから、女性たちの意図とは大きくかけ離れたものになった。ここに近年のフェミニスト歴史家たちが現代福祉制度を批判する大きな理由がある。とくにE・ウィルスン、M・マッキントッシュ、M・バレット[2]らはその研究の中で、福祉政策がいかに女性を家族の守り手として位置づけ（この位置づけは女性の賃金労働を、景気変動の安全弁とした）、また、帝国の維持のための優秀な兵士と資本主義発展のためのすぐれた労働力の再生産[3]のための政策として打ちだされたかを明らかにした。しかし、これらの研究では、福祉政策が形成されていく過程で女性自身あるいは女性団体がいかにかかわってきたかについては必ずしも明確にされていない。

本節は、二〇世紀初頭に女性と子どものための福祉思想がフェミニズム[4]と結びついた歴史的過程を明らかにするとともに、いかにして「母性手当」要求が女性の中から生まれたか、またそれが母のみならず子をも含む「家族手当」や保険制度下の妊産婦給付《マタニティ・ベネフィット》に変ったかについて、労働党婦人部、フェビアン協会婦人部、女性協同組合ギルドなどの活動を通して見ることを意図している。

結論を予め述べるならば、母子福祉政策への要求は、フェミニスト歴史家の指摘通り、結局性別役割分担意識の定着に貢献した。その危険はもともと「母性手当」の要求の中にひそんでいた。「母性手当」は理論としては成り立っても、莫大な国の予算措置を必要としたからである。その上「母性手当」の内容について運動の担い手たちの間の理解も必ずしも一定していなかった。したがって男女平等の前提になる経済的自立は国家政策の中に求めるべきものではなく、女性自らの労働による貨幣収入に依存すべきであるという主張が生まれる。しかし、フェビアン協会婦人部の人びとが心配したように、今日のように家事が電化・合理化あるいは社会化されていない当時にあって、雇用労働と家事労働の二重の負担は女性にとって過酷であった。それを避けるための「母性手当」要求はまさに妥協の産物であった。しかも、それすらも内容が「育児手当」に矮小化されてしまったのである。

しかし、こうした手当が夫を通してではなく妻に直接支給されることによって多少の前進をみることができる。これとてもフェビアン協会婦人部、労働党婦人部、女性協同組合ギルドなどに結集したミドル・クラスの女性と労働者階級の女性、すなわち「社会派」フェミニストたちの協力的活動によってのみ結実したのである。労働市場の女性問題に専心したＷＴＵＬはこれらの運動に間接的にかかわっただけである。

①　福祉政策を求めて

幼児死亡率の増加と出生率の低下

工場法の対象として女性工場労働者が話題になり、また、女性参政権運動で、上層・中層階級の女性が問題になったとしても、これらの女性をも含む女性一般の問題が全国民問題として大きく論じられるようになったのは、ようやく二〇世紀に入ってからである。

そのひとつの契機は、ボーア戦争でイギリスの兵士たちの体格が貧弱なこと、ひいてはイギリス国民の体位の低さが明らかになり、人びとに衝撃を与えたことである。幼児の死亡率の高いこともあらためて問題とされた。戦争に勝ちぬいて、帝国を維持し、一九世紀末から顕著になり始めていた経済的衰退をくい止めようとする為政者や支配階級にとって、これはゆゆしい問題だった。大衆の体位の低下は社会主義者たちにとってもまた憂慮すべき問題であった。当時イギリスの優生学者たちは、こうした体位の劣悪さ、あるいは高い幼児死亡率は、既婚女性の賃金労働とそれから派生する家事・育児の怠慢、および栄養や医療に関する無知が原因だとした。したがって、それらを除去するためには、女性の家庭への復帰と母親学級の設置こそ望ましいという主張が生れた。

しかし、C・ブースが、もっとも富める国の首都ロンドンの住民の約三分の一が飢餓線上にいることを示したように、夫の収入を補うためには妻の賃金労働は不可欠だった。しかも賃金の高い女性労働者の場合は家事もむしろよく行なわれており、子どもの生活水準も高いことがレスターの例によって判明した。ブラックはこの事実から、幼児にとっては「母親の多少の配慮の欠如より、極貧の方が悪い」(5)として、「最低賃金法」の成立に献身したことは前述の通りである。

他方、出生率の低下については、女性作家のO・シュライナーは、女性の生産労働からの遊離がその原因である、と考えた。個人の充実と健康な民族の維持のためには、女性の生産労働への参加こそが望ましいと彼女は述べて(6)当時多くのフェミニストの喝采を浴びた。

このような考え方に対して、S・ウェッブは、むしろ出産のもたらす経済的負担が子どもの数を減らしていると言う。彼によれば、出生数の減少は確かに中層・上層階級に多く見られる。しかし熟練労働者の家庭でも出生数は減っていたし、既婚の女性労働者が多い繊維業や靴下編業の中心地でも同様だった。一九〇一年の工場法は出産後四週間以内の女性労働を禁止していたから、家計の重要な部分を占めていた既婚女性は妊娠を控えるようになったのである。ウェッブは中層・上層階級というより、むしろいかなる階級であれ「もっとも慎重で、洞察力があり、自己規制力のある」(7)階層の中で顕著な出生の低下が見られると指摘して、健康で道徳的で知的な階層の再生産力を高めるためには、政府の側での出産への奨励こそ望まれると主張した。こうして政府による「母性手当(Endowment of Motherhood)」の考えが生まれたのである。以後ウェッブが所属するフェビアン協会およびその婦人部ではこの「母性手当」論がいっそう展開されることになる。

以上のように、幼児死亡率の上昇と出生率の低下はその解決を探ぐる過程で、さまざまな女性論を輩出した。一方で女性の家庭復帰論が提唱されると、他方では、労働参加論が主張された。また、ウェッブのように出産を女性の特別な「社会サーヴィス」ととらえ、国家の関与を求める意見も提起された。しかし、C・ブラックの言をまつまでもなく、当時のイギリスでは、労働者階級の一般的な貧困の克服こそが何よりも大きな問題だった。イギリスでフェミニズムが「社会主義」（議会を通して漸進的に権力の交代をはかるイギリス流の）と結びついて「社会主義」フェミニズムが生まれたり、母や子に対する国家の福祉政策を求める福祉フェミニズムが生まれたのも以上のような経緯からだった。それらは、筆者が「社会派」フェミニズムと呼んでいるものに含まれる。では当時さまざまな女性団体や個人が、この問題にどう対処したかを次に見ていきたい。

子どものための福祉を求めて

一九〇四年に発表された「体力低下」に関する各省合同委員会報告書は、適切な衛生・医療知識の普及のために「保健医療官」をもっと一般に広く任命すること、食品・飲料の基準の改善、過密居住と大気汚染の規制などの必要を勧告した。子どもに関するものとしては、「乳幼児福祉への配慮や、欠食児童への給食および全児童の身体検査」(8)を助言した。これらの提言の中で重要なのは、いずれも女性の役割を家庭中心にとらえ、母親には育児に関する適切な教育が必要であり、また女子には栄養や調理の学習が必要だとしている点であろう。女性の役割についてのこのような考え方は、委員会のメンバーや為政者たちの間に普及していただけではなかった。それは当時存在した各種女性団体の指導者の間でも広く受け入れられていた。

「女性労働連盟（ＷＬＬ）」の指導者の一人であるマクドナルド夫人も同様の考えをもっていた。彼女は女性労働者に配慮しながらも、「大多数の女性の第一の任務と責任は家庭と子どもである」(9)とし、その任務遂行のためには、女性自身の教育と政治への参加が必要であると説いた。それは誕生したばかりの労働党を労働者の妻や母が支えていく中で可能であるとされた。ＷＬＬ第一回大会（レスター）では、(1)国会および地方自治体議会に労働者階級の女性代表を出す、(2)女性労働者の労働条件の改善と労働時間の短縮、(3)学校給食と学校検診の実施、(4)無料・義務・非宗教教育の実施と義務教育年限の一六歳までの延長、などが話し合われた。その中でもとくに「学校給食法案」通過のためにＷＬＬが、労働党を通して全力を尽くすことが決議され(10)、一九〇六年に自由党内閣の最初の立法の一つである「教育（給食）法」の制定を導いたのである。

しかし、これは中途半端にしか実施されなかったために、第二回大会では、さらにＷＬＬのメンバーは地方当局に圧力をかけて同法の実施を要請し、他方、労働党に対しては現在の法の随意制を強制に改めること、休日も実施する(11)ように要請することが決められた。その後、地方での実施状態は改善された。ロンドンでは救貧法によるより、教育委員会から給食を受ける貧困児の方が多くなった。そして、一九一四年には、ついに、ロイド・ジョージによって費用の半分が国庫から支出されることになった。

学校検診については、その実施を求めてＷＬＬの代表が文部大臣に会い、一九〇七年の「教育（管理規定）法」を実現させた。しかし診断に対して適切な処置が伴わなければ意味がない。第四回大会（九年）の席上、医師の女性会員が学童の眼や歯の異常を訴え、治療の必要を説いた。同時に、彼女は、病院での子どもに対する処置の不十分さを指摘し、学校クリニックの設立を提唱した。この提案は一一年大会でもとり上げられ、「すべての教育当局が国（傍点筆者）の子どもの肉体的欠陥を直すためにその力を行使し、すべての学校あるいはその地域の学校群に学校クリニックを教育当局の管轄下に設置すること、さらに、治療が必要な場合は無料で行なうこと」(12)という動議が採択されたのである。一二年には政府が「地方教育局」に対し、治療の実施のための補助金を出すことになり、ここではじめて真の意味における学校医療サーヴィスが始まった。子どもは両親だけのものではなく、社会のものでもあり、社会＝国によって保護されるという考えが定着したのである。このような考え方は既存の法律を統合・発展させた八年の「児童法」の中ですでに明確にされていたから、今回の措置はそれを財政面から裏づけたことになる。

翌一九〇九年には、累進課税制が導入されるが、併せて子どものための課税控除も開始された。しかし、この勧告を行なった王立所得税委員会の女性委員のL・ノウルズは課税控除は恩恵をもっとも必要としている大多数の貧しい両親には何の利益ももたらさない点を指摘した。彼女の主張はすぐには影響を与えなかったが、課税控除と金銭手当との相違について、基本的な問題を提起したと言えよう。その後、B・ウェッブはこの理論を援用して、現金による家族手当の導入によって、国が親の家庭責任を認めるようにと主張したのである[13]。

以上のように、これまで個人の生活領域とされていた家庭に、子どもの健康や育児への援助を通して国が関与するようになったわけだが、それはWLLなど女性団体からの強い要望に基づくものだった。そして彼女たちの要請は、当然のことながら同じく国に対する母性手当の要求へと連なっていった。

〔注〕

（1）P. Thane, op.cit., p.10. 出生率の低下の幅は一八五〇～一八八〇年代で、専門職・高級行政官の家庭で三三%、熟練、半熟練、不熟練労働者の場合でそれぞれ二一、二〇、一五%である。Do., 'Late Victorian Women' in *Later Victorian Britain, 1867 - 1900*, op.cit., p.176. Do, 'The British Welfare State, 1900 - 1990', 立教大学公開講演一九九〇年五月一七日。大森真紀氏によるこの日本語訳が『立教大学国際学術交流報告書第一〇輯』に収録されている。

（2）Elizabeth Wilson, *Women and the Welfare State*, 1977 ; Mary McIntosh, 'The State and the Oppression of Women', in A. Kuhn and A. Wolpe, eds., *Feminism and Materialism : Women and Modes of Production* (London : Routledge &

Kegan Paul 1978 ; Michèle Barrett, *Women's Oppression Today* : *Problems in Marxist Feminist Analysis* (London : Verso, 1978).

（3） Anna Davin, 'Imperialism and Motherhood', *History Workshop Journal*, no.5, 1979, pp.55 - 56.

（4） バンクスは福祉フェミニズムと呼んでいる。Olive Banks, *Faces of Feminism* : *A Study of Feminism as a Social Movement* (1981), Ch. 9.

（5） Clementina Black, ed., *Married Women's Work* : *Being the Report of an Enquiry undertaken by the Women's Industrial* Council (1983, 1st edn., 1915), p.x.

（6） Olive Schreiner, *Woman and Labour*, op.cit., pp.66 - 68.

（7） Sidney Webb, 'The Decline in the Birth-Rate', Fabian Tract no.131, 1907, pp.7 - 8.

（8） M・ブルース『福祉国家への歩み――イギリスの辿った道』前掲書、三四ページ。

（9） *The Women's Labour League, Report of the Second Conference*, 1907, pp.8 - 9.（以下ＷＬＬ報告書と略）。

（10） ＷＬＬ第一回大会報告書、一九〇六年。

（11） ＷＬＬ第四回大会報告書、一九〇九年。

（12） ＷＬＬ第六回大会報告書、一九一一年。

（13） Hilary Land, 'The Introduction of Family Allowances : An Act of Historic Justice?' in Phoebe Hall, Hilany Land, Roy Parker, Adrian Webb, *Change, Choice and Conflict in Social Policy*, op.cit., p.161.

②　経済的自立と「母性手当」

もともと乳児死亡率の上昇には、産前産後に妊産婦が十分な休養をとらない点に大きな原因があった。ＷＬＬ第二回大会でも「出産時には、それを必要とする母親には金銭援助を与えること……また、賃金のために働くことを強制されずに、子どもの養育に専念できるように適切な補助を継続的に与えること」(1)との動議を採択している。

大会ではしばしば「母性手当」という言葉が使われたが、その内容は必ずしも明確ではなかった。マクドナルド夫人は、母性手当が法律で労働を禁止されている期間の母親に対する補助を意味するならば必要経費も少額ですむために実現可能だが、それがもし夫とは別の収入を意味するなら、その採用には慎重な配慮が望ましいし、彼女自身は現実的な提案でないと思うと述べた。

経済的自立の必然性と可能性

フェビアン協会婦人部（ＦＷＧ）も「母性手当」について熱心な討議を重ねている。ＦＷＧは一九〇八年に、折からの女性参政権運動の高揚と労働党の誕生に刺激されて生れた。バーナード・ショウ夫人、Ｂ・ウェッブ、Ｍ・フィリップス博士などそうそうたるメンバーを擁していたが、最盛時の一九一二年でも会員総数は約二三〇人だったから決して大きな組織ではない。しかし、フェビアン協会が労働党のブレインとしてその政策決定に大きな影響を与えたと同様に、その婦人部も女性解放運動の方向づけに重要な役割を演じた。

ＦＷＧ設立の目的は、⑴市民生活における男女の平等と、⑵女性の経済的独立の達成である。⑴については、ロンドン都議会や地方自治体へ女性の代表を送りこむことに努力が払われた。(2)については、さっそく一九〇八年から九年にかけて、セミナーが開かれた。婦人科医師、少女のための健康訓練監督官、あるいは女性労働史研究家たちによる、次のテーマに基づく報告があった(2)。(ア)すべての女性が経済的独立を望む時、母親であることはどの程度まで労働者としての女性に障害になるか、(イ)不可避的な障害の程度が明らかになった時、社会化された国家はそれらをいかにして除去するかである。

報告者たちはまず、生活のための結婚は性的奴隷であることを明確にし、経済的自立とは、遺産であれ、生産労働その他のサーヴィスの提供によってであれ、獲得された、自分で自由に使える収入をもつことであると確認された。その上で、月経期、妊娠期、出産期、授乳期における女性が実際労働者として不適格かどうかが検討された。結論として「女は労働者として無能」という一般的見解は、誇張ないしは誤った事実認識に基づく推論だとされたのである。さらに母にとっても子にとっても、社会あるいは同年齢の子どもたちとの接触は望ましいとの見解が出された。子どもがとくに幼ない時の母の場合については、別途考慮しなければならないとしながらも、保育園などの利用や国からの「母性手当」が得られれば、母も「生産労働者としての富の創造に参加し、その果実を得ることができる」(3)としたのである。

ここでは、まだ「母性手当」そのものの内容については検討されていない。むしろ、女性の経済的自立の必要と可能性にその関心が向けられたと言えよう。

経済的自立の必要性を実際的な経済的側面から強調したのはフェビアン協会婦人部のアトキンスンである(4)。シュライナーが女性の個人としての全面的な発達の必要から労働参加を説いたのに対し、アトキンスンはイギリスにおける労働者階級だけではなく、ミドル・クラスの女性にとっても経済的に自立を迫られている具体的な実態を示した。彼女はその理由を、(1)一九世紀のなかば以来女性が過剰であること、(2)サラリーマンが増加したために夫の死亡後はその生業を妻が引き継ぐことができない、(3)生活水準の向上によって男性が結婚をおくらせている、などに求めている。そして、当時高揚しつつあった女性運動の経済的基盤は中層階級・労働者階級を問わず同じであることを示した。ただ、アトキンスンは、ミドル・クラスの女性にとっては職（専門職）を得るための労働の権利を最も必要なものとみなすのに対して、労働者階級にとっては、自立や労働権より、「終わることのない労苦に対する保護」が望まれるとして、両者の違いをも明らかにした。

しかし、いずれの階級の女性にとっても育児は最優先課題である。歴史家のチェイターとルイスは、この最後の部分の主張をもとに、フェビアン協会の女性たちは働く母の実態を詳細に調査し、むしろ、母性の尊重を説いたと結論する(5)。資本主義の下で女性の労働の多くは不適当なものであり、女性にとって母であることはそれ自体で十分な労働であり、母にとって最もふさわしい労働形態は家庭にとどまることだ、とフェビアン協会婦人部の人びとは考えていたというのである。

しかし、筆者がフェビアン・トラクトを詳細に読んだ結果は、ＦＷＧのメンバーたちは女性の家庭外での労働の必要を認めていたと考えざるを得ない。慎重なアトキンスンの、前述の一九〇九年におけるセミナーでの報告は、「労働者としての女性の無能」論に反ばくする他の人びとの報告と微妙に異なる。確かに彼女は賃労働者と母の二重の負担から女性を解放すべきであり、そのためには男性に対する最低賃金制の確立こそ必要だと主張した(6)。だが、四年後に彼女は次のように警告を発している。「もし、既婚女性があらゆる賃金労働から除外され、未婚女性は、反動的な優生学者が十分な調査もしないで一方的に女性に不適当だとした仕事から追放されたら……、同時に他方で、公立の学校や育児施設が発達し、子どもの数が減ったらどうなるだろうか。労働者階級の女性は外で働くこともできず、育児に費やす時間も減って、ミドル・クラスの女性がすでに経験しているのと同じような、自らの『有用性の喪失』を味わうことになろう」(7)。

国からの「母性手当」を!

このようにアトキンスンは、少なくとも育児期間中の母親の就業には反対したが、その期間は人生の一部であり、この一時期のために全生涯にわたって家庭外労働から締出されるべきではないとした。そして、この一時的な賃労働離脱期における経済的独立は、国からの「母性手当」によって維持されるべきだとしたのである。換言するなら、母性を尊重しながら父や夫からの経済的自立を保障するためには、国庫による「母性手当」が必要だというのである。S・ウェッブは出産に伴う経済的負担を軽減するために「母性手当」を考案したから、同じ「母性手当」でもFWGの人びとの主張の根拠とは微妙に異なると言えよう。ただ共通していることは、両者とも出産・育児を国や社会に対する女性の偉大なサーヴィスと考えている点である。こうした役務に対する国の報酬は、アトキンスンによれば、母が育児のために仕事につけない期間にのみ限定すべきである。だがその期間は一律にきめるべきではない。それは、産業によって母性に対する女性の危険度が異なるからである。結局、アトキンスンにとってもっとも理想的形態は、「仕事―育児―仕事」すなわち出産までは社会的労働に従事し、育児期間中はそれに専念し、その後再び労働界に戻ることだった。もちろん、彼女は育児時期が終った後、ビジネスという競争社会に女性が復帰することの困難を認めている。しかしこの困難が克服されなければ、有能な女性たちの出産率を高めることはできないと警告した。独立の仕事と母性保護という女性の二つの要求を達成するためには、国が「土地と資本の主人になり、十分な財源をもち得る」「社会主義」の発展こそ必要である。すなわち、フェミニスト運動の究極的な目的は「社会主義」を通して実現されるというわけである。イギリス・フェミニズムの特徴である「社会主義」とフェミニズムの結合の形態、すなわち、正統的「社会派」フェミニズムがこうして形成された。

それでは、彼女たちが考える「社会主義」の実現に到るまで、「母性手当」の額と支給期間はどれだけが望ましいだろうか？　アトキンスンが一律に決めることに反対したことはすでに述べた。前述の一九一〇年のセミナーでは、ドイツやオーストリアの例が紹介された。両国では賃金の七五％と医療費が出産後六週間国民保健制度から支払われていた。これらの事実に依拠して「母性手当」論を展開したのはフェビアン協会員のＨ・Ｄ・ハーベンである。彼は、この問題に関しては、ドイツの場合はイギリスよりもはるかに進んでいるとしながらも、金額においても、期間においても、まだ不十分だという。しかし保健制度下ではこれ以上の支給は不可能だとして、イギリスでは国庫からの支給を要請した。ハーベンはまた、ドイツでは女性を母としてではなく労働者としてみなしている点を批判し、手当を休業中の賃金保障としてではなく、「誰にも代わることのできない社会サーヴィスに対する報酬として」働く母にも家庭の主婦にも支払わるべきことを主張した(8)。さらに給付が賃金の七五％ということはそれをもっとも必要とする貧しい女性に妥当な金銭給付がなされないことを意味しているとみる。ハーベンはロンドンにおける病院の入院費が週七シリング七ペンスであることから、諸雑費を含めて定額の週一〇シリングを産前二週間産後六週間、最低でも計八週間は国庫で負担することを提唱したのである。Ｓ・アリグザンターが「フェビアン・フェミニズムの特徴を主婦および母の地位に対する配慮」(9)としたのは、このようなフェビアン・グループの主張からであろう。

「保険」による「妊産婦給付」へ

いずれにしても明らかなことは、ハーベンやフェビアン協会の人びとが、「母性手当」を保険による賃金保障としてではなく、出産・育児という女性一般の社会的役務に対する、国からの報酬として位置づけたことである。しかし、実際には、それは一九一一年にできた国民保険制度の下で「妊産婦給付《マタニティ・ベネフィット》」として出発した。「女性労働連盟（ＷＬＬ）」は、女性協同組合ギルド（ＷＣＧ）」や「女性労働組合連盟（ＷＴＵＬ）」、あるいは「全国女性労働者連合（ＮＦＷＷ）」とともに、「産業女性保険勧告協会」を結成して、同制度の欠陥をいくつか修正させた。例えば被保険者である女性労働者には、夫からと自分自身の保険から倍額妊産婦給付が支払われることによって、出産による一時的出費をカバーするだけでなく、休業中の賃金の保障を可能にしたのである(10)。

主に労働者階級の主婦から成り立っているＷＣＧは、とくに妊産婦給付に熱心だった。彼女たちは、妊産婦の実態調査をし、賃金労働者の家庭の多くが出産のために十分な経済的裏づけをもたないことを知っていたからである。しかも、彼女たちの努力で、妊産婦給付は、夫の手に渡って飲み代に変ることなく、妻に直接支給されることによって妻のものとなった。これはＷＣＧによれば「家での母の地位に対する最初の公的承認であり、妻の経済的自立に対する新しいステップ」(11)である。その後もＷＣＧは保険制度内での、妊産婦給付の改善に向けて努力し、一定の成果を収めている。しかしそれは保険制度に基づいているという点でアトキンスンを含むフェビアン協会婦人部の人びとが考えた国庫負担による育児期間中の「母性手当」とは、内容が異なるものになった。しかも妻が雇用労働に従事していない時、「保険」は夫を通して掛けられていたから、給付が直接に支払われたとしても、女性側の真の意味での経済的自立にはならなかったのである。

〔注〕

（1） ＷＬＬ第四回大会報告書。

（2） *Summary of Six Papers and Discussions upon the Disabilities of Women as Workers.* Prepared by Miss Murby, Issued for Private Circulation Only by the Fabian Women's Group, 1909. Mrs. G.B.Shaw, ed., *Summary of Eight Papers and Discussions upon the Disabilities of Mothers as Workers*, The Fabian Women's Group, 1910.

（3） Ibid., p.31.

（4）Mabel Atkinson, 'The Economic Foundations of the Women's Movement', Fabian Tract, no.175, 1914.
（5）Miranda Chaytor and Jane Lewis, Introduction to *Working Life of Women in the Seventeenth Century*, by Alice Clark, op.cit., pp.xviii-xxi.
（6）*Summary of Eight Papers*..., op.cit., p.24.
（7）Atkinson, op.cit., p.15.
（8）Henry D. Harben, 'The Endowment of Motherhood', Fabian Tract, no. 149, 1910, p.13.
（9）Sally Alexander, Intraduction to *Round About a Pound a Week*, by Pember Reeves, (1979)1st edn., 1913.
（10）*The W.L.L. Eight Annual Report of the Executive*, 1912, pp.16-17, 34. *Reform of Social Security. Programme for Change*, by the Secretary of State for Social Services, 1985, vol.2, Cmnd. 9518, p.51.
（11）Jean Gaffin, 'Women and Cooperation' in Lucy Middleton, ed., *Women in the Labour Movemant : The British Experience*, op.cit., p.128.

③　「母性手当」から「家族手当」へ

「母性手当」と同一賃金

フェビアン協会の女性たちは、賃金労働と家事、育児の二重の負担に苦しむ勤労婦人の立場を理解しながらも、女性の経済的自立の重要性を説き、むしろ労働条件の改善や保育園の増設あるいは家事の協同化を通して、働く女性の負担を減らそうとした。この考え方の基盤には男女の同権思想がある。

これに対して、E・ラスバウンはむしろ女性の妻、母としての機能を認め、それを高めようとした。男性との平等よりも女性の特殊性を主張した。出産、育児を個人の問題ではなく、社会や国家へのサーヴィスととらえて、それへの報酬（母性手当）の支払を国家に義務づけようとしたことはハーベンと同様である。しかし、ラスバウンは「母性手当」によって主婦には経済的独立を達成し、女性の賃金労働者には「同一労働・同一賃金」を実現しようとした点が異なる。すなわち、彼女は「母性手当」をさらに発展させて、母子を含む家族手当を考案した。それは当時――現在もだが――男性は妻子を扶養しなければならないから、女性よりも賃金が高いのは当然だ、とする「家族賃金」論が横行しており、彼女はそれに反対だったからである。家族手当を雇用者が賃金に含めて労働者に支払うのではなく国家が妻に支給すれば、男性の「家族賃金」論は消滅する。そうすれば、性による賃金差別はなくなるし、主婦の家事・育児に対する正当な評価も可能となるとラスバウンは考えたのである(1)。もっともこのような「家族手当」論は女性の労働市場からの撤退を促進する危険性を含んでいる。

他方、一九一七年に、児童に対する学校給食やミルクなどの実物ではなく、金銭による手当を求める運動が小委員会の結成とともに始められた。これはラスバウンの提唱によるものだが、翌年には「家族手当協会」と改名され、「同一賃金と家族」と題するパンフレットを発行して、家族手当制度導入に関し、次の点をとくに主張した。

(1)手当制度は、個々の雇用者の自発的な発意によるものではなく、国家制度であるべきこと、(2)したがって、経費は全額国庫負担とすること、(3)手当は妻に対して支給されること、(4)受給者の収入如何にかかわらず一定額を支払うこと、などである。これらの主張については当時施行されていた出征中の兵士の家族に対する手当（別居手当）が大きなヒントになっていた。したがって、パンフレットにおける要求額も別居手当と同様のものが子どものみでなく妻に対しても求められた(2)。

ラスバウンらのこうした要求の背後には、租税による国からの支給には社会の資源の妻子への再配分という考えがあった。同じ年一九一八年には女性に参政権が賦与されたが、これを契機に「女性参政権協会全国連合」の名称は「平等市民協会全国連合」に変った。二五年にその会長に就任したラスバウンは就任演説で、男に開放された機会を女にも開放せよということよりも、女の経験を反映できるように社会を改善すること、家族手当によって母の権利を容認し家庭の主婦の経済的従属を減らすとともに、他方では労働市場における女性のための同一賃金の実現をはかることを訴えたのである。

しかし、主婦に対しては女性の特殊性を認め、女性労働者には男性との同権を求めるというユニークな観点（バンクスはこれをニュー・フェミニズムと呼ぶ）からの彼女の主張は次の二つの理由のために充分支持されることも、発展することもできなかった。すなわち、一つは家族手当は一般に育児手当として把握されたためであり、もう一つは「家族賃金」の廃止は男性労働者には、賃金の低下をもたらすと思われたためである。

「家族手当」と賃金引下げ

Ｂ・ウェッブも家族手当を育児手当と同義に考えた一人である。彼女によれば、労働者の賃金は妻の生計費をカヴァーしている。妻の立場は退職した父や、未亡人となった母、老齢の祖父母、病弱の叔父・叔母という被扶養者や子どもとは異なる。妻は家事によって夫にサーヴィスを提供している。このサーヴィスは独身者の場合は家政婦や下宿の女将によって提供され、それに対して、報酬が支払われているから、既婚・未婚を問わず、家事サーヴィスの費用は賃金に含まれているとみる。老齢者は老齢年金から、病弱者は健康保険制度によって維持されている――これらは、現在不十分であるから、今後充実すべきである――が、子どもの養育についてはいかなる施策もとられていない。ウェッブは以上のように述べて、育児手当は国によって支給されるべきだ、と主張したのである(3)。

独立労働党（ＩＬＰ）の『生活賃金』(4)政策も、基本賃金算定基準に夫婦の生活費をあてている。彼らは夫婦と子ども三人から成る標準家族に基づいて決められた最低賃金も、実際には家族の必要を満たしていないことに気づいた。そこで夫婦の生活を賄うに足る賃金と、すべての子どもに対する国家による手当を求めていく「生活賃金政策」をうち立てた。そして一九二六年の同党年次大会では、生活賃金の一環として育児手当制度導入を全員一致で認めた。ラスバウンが母子双方に求めたのとは異なり、子ども、とくに貧民の子どもに有利となるような所得再配分を求めたのである。また、妊産婦給付と同様、育児手当を直接母親に支給することによって、「彼女の提供するサーヴィスの威厳を認め」ようとした。当時まだ、どの労働団体も政党もこうした家族手当に関する明確な政策を発表していなかったから、ＩＬＰの決議は画期的なものだったといえよう。

労働党と労働組合会議（ＴＵＣ）は、この問題に関して一九二一年にＷＬＬのＭ・フィリップスを議長として調査委員会を設置した。だが、この段階では、同委員会は手当制度の原則を認めながらも、金銭手当が子どものために使われる保障がないなどの理由で拒否した。むしろ、食料、ミルク、衣料などの現物支給が望ましいと報告したのである(5)。

その後、ＩＬＰの決議を受けて、労働党とＴＵＣは再度合同委員会を設けて、この問題について調査し、二つの報告書を発表した。多数派報告書は、国からの金銭による育児手当ての導入を勧告したが、少数派報告書は社会サーヴィスの開発こそ優先すべきだとした。

二九年の世界恐慌は人びとに再び失業と貧困の恐ろしさを示した。その影響で翌三〇年のＴＵＣの総会では少数派報告書が採択された。彼らは家族手当問題が独身者と既婚者の間に対立をもたらすことを恐れたのである。また失業保険給付など公共支出がふえている中で、子どもをもつ家庭にのみ支給される家族手当より、保健サーヴィス、社会保険、社会保障制度の充実を優先的に求めたのである。こうして、以後家族手当問題は一九四一年までの一〇余年間ＴＵＣの年次大会で正式にとり上げられることはなかった。

家族手当については、フォーセットも親の家族責任を弱めるとして反対したが、概して女性団体は母と子の地位を高めるとの観点から支持した。「全国労働女性会議」も二三年に、健康・教育サーヴィスの確立や住宅問題の解決を優先させて、家族手当に反対したが、二六年にこの決定をくつがえした。のちに、労働党内閣の文部大臣となったエレン・ウィルキンスンも、家族手当を失業や低賃金で苦しむ労働者階級の家族の購買力を高めるものとして評価した(6)。しかし、ランドも指摘するように、「同一労働・同一賃金」が大半の女性団体の中心的課題だったにもかかわらず、それを実現するための国による「家族手当」は彼女たちの優先的課題とはならなかった。それにはTUCなど男性の労働団体の動向が大きく影響したと思われる。二一年までWTUL会長だったG・タックウェルも、初期には母性手当、未亡人手当の熱心な支持者だった。しかし、後に、家族手当は賃金の引下げをもたらすかもしれないと恐れるようになった。そして、この問題で意見を求められると次のように答えた。「家族手当が賃金の引上げと逆に作用をしないかが明らかではない。……私としてはそれが大きな影響を与える労働者たちからの一致した支持を得られないような、いかなる提案も主唱するつもりはない」(7)と。

帝国の維持と貧困撲滅

このように、国による家族手当の支給についてさまざまな見解が併存している中で、保険制度の下での、家庭の主婦に対する二～三の改善がみられた。すなわち、失業保険の範囲を拡大し、失業者の妻(独身者の家政婦を含む)とその子どもに対する家族手当が失業給付の中に組み入れられた。また、一九二五年には、未亡人とその子ども、および孤児に対しても、「保険」から年金が支払われるようになった。しかし、社会保障制度全体における女性のとり扱いについては、もちろん男性と同等ではなかった。例えば、三二年の「国民健康保険拠出年金法」では、女性に対する給付を減らした。また認可組合は、女性が結婚する時、健康保険のための二六週間分の保険料の支払いを命ずることによって、彼女を新入会員のようなとり扱いをしようとした。だが、これは女性議員の反対によってくい止められたのである(8)。

前述のように、TUCは四一年までに正式に家族手当問題をとり上げていない。しかし、三〇年代の不況による大量の失業と低賃金は深刻な問題だった。貧困による栄養不足、とくに子どもたちの間での栄養不足が人びとの注意をひいた。当時競争相手だったドイツやイタリアや日本で「生めよ、増やせよ」の政策がとられている時、イギリスでは子どもの数が減少し、人口の高齢化に直面していた。こうした情況は帝国の維持という観点から、保守党の政治家たちをも人口問題、ひいては家族手当問題に関心を向けさせたのである。

さらに、第二次世界大戦の勃発と四〇年五月の連立内閣の誕生は、家族手当問題を実現の方向へと一歩進めた。入閣した労働党の代表者たち(アトリーとベヴィンは別だが)は、労働者階級の生活難の除去という意味からも、家族手当に注目した。

チャーチル首相は、二四年にロンドン・スクール・オブ・エコノミックスで、すでに家族手当を実施した経験のあるW・ベヴァリッジ(当時学長)に、戦後の福祉国家建設のためのプランの作成を依頼した。ベヴァリッジは四二年に報告書を提出するが、この中で彼は疾病、労働能力の喪失、失業、老齢などによる所得の中断に対しては保険制度に基づいて保障し、出生や死亡などの不時の支出についても出生手当(「妊産婦給付」より改善されている)や葬祭手当の支給を勧告した。これに対して、家族手当は第二子から、租税による支給を勧告したのである。

〔注〕

(1) Eleanor F. Rathbone, *The Disinherited Family* (New York : Garland Publishing, Inc., 1985, 1st edn., 1924), pp.129

- 161.

（2）長沼弘毅『各国家族手当制度論』（ダイヤモンド社、昭和一三年）四一八～四一九ページ。

（3）Mrs. Sidney Webb, *The Wages of Men and Women : Should They Be Equal?* The Fabian Society, 1919, pp.67 - 70.

（4）H. N. Brailsford, J. A. Hobson, A. C. Jones, E. F. Wise, *The Living Wage* (The Independent Labour Party, 1926), Ch. IV.

（5）長沼、前掲書、四二五ページ。および、TUC, *The First Annual Women's TUC Conference Report*, 1926, p.6. この報告書ではつづいて、各国の家族手当の実情が記されている。

（6）Betty D. Vernon, *Ellen Wilkinson*, 1891 - 1947 (London : Croom Helm Ltd., 1982) p.98.

（7）J. M. Bellamy and J. Saville, ed., *Dictionary of Labour Biography*, vol. VI, p.256.

（8）Wilson, op.cit., p.120.

まとめ

イギリスの手当制度は、こうして一九四五年六月についに実現した。ラスバウンらが運動を始めてから約二七年の年月を経ている。しかし、その含意は大きく変った。女性の経済的自立を達成する手段としての「母性手当」の要求から始まって、「同一労働・同一賃金」実現のための重要な鍵として、また、出産・育児という女性の社会への役務に対する正当な評価として求められた「家族手当」は、一方では「保険」による妊産婦給付に矮小化し、他方では国から子どものみに対する育児手当となり、当初の意図からは大きく逸脱した。そして、福祉政策の中心的な部分は子どもに対するものとなった。それは子どもが帝国を維持する戦力となり、資本主義を発展させる労働力となるからである。女性はそれらを生み育て、家庭を守る者として、しかも夫に従属する者として定置された。ベヴァリッジが前記の報告書を作成した時、彼にも賃金取得者としての夫と扶養される妻という伝統的家族観があった。ここに現代フェミニストの福祉政策批判が生れる根拠がある。

しかし、自分自身の社会へのサーヴィスが認められなかったとしても、育児手当を妻が国から受け取ることにより、夫への依存度を減らしたことは事実である。また不幸な結婚から脱却することも可能となった。その意味で、福祉政策はなお大きな問題を残しているとはいえ、大家族からくる貧困問題の解消のためだけでなく、女性の地位を改善するために一定の役割を演じた。ただ、バンクスも言うように(1)、福祉フェミニストたちの、母子に対する福祉の要求が部分的に実現しても、また、社会の資源を子どもたちのために再配分するという、「社会主義」フェミニズムの社会主義的要求が一部実現しても、「社会派」フェミニズムのもう一つの目標である性差別撤廃については無視されるかないしは忘れ去られたままである。

その意味で、主婦・母としての女性の重要性や独自性を前面に出し「主婦労働をGNPに算入」したり、「家事に対する賃金」を求めるラスバウンの流れをくむ運動に対しては、イギリスの女性の全国会議もバレットも反対しているのである(2)。

ブレイボンは、第一次大戦中の女性の経験をもとに、「女の領域は家庭」という考え方こそ改めなければならないと言ったが(3)、まさに性別役割分業意識(現在の福祉制度はそれに依拠)こそが女性解放の桎梏といえる。「家族手当」運動が大きく盛り上らなかったのは、女性労働者にその熱意がなかったことも一つの原因である。それは彼女たちが福祉政策にさまざまな手当を求めるより、むしろ「同一労働・同一賃金」や、保育園など子どものための福祉施設を要求したからである。そして、その要求は、現在でも、性差別撤廃運動の中で中心的な要求項目の一つとされている。

〔注〕

（１）Banks, op.cit., p.177.

（２）Barrett, op.cit., p.244.

（３）Gail Braybon, *Women Workers in the First World War : The British Experience*, 1981.

結　論

以上論じてきたように、イギリスのフェミニズムの三つの主要傾向は、歴史的現象としてはさまざまの要素が混在し合って多様な様相を示してきた。女性労働運動もその中で、男性労働運動の影響を受けながら複雑に展開した。それらの特徴と歴史的意義をあえて整理し分類すると、次のようにまとめることができるであろう。

一　女性の徳性あるいは女性ならでわの優れた資質（独自性）によって、道徳的改善や貧民の救済を追求したイギリスの「独自派」フェミニストたちは、慈善活動の中でより広い社会問題に開眼するようになった。一般的には「女性の領域は家庭」だと主張しながら、彼女たち自身はしだいに社会・政治問題にかかわり、さらには「平等派」フェミニストたちとともに女性の選挙権の必要をも主張するようになる（もっとも中には、それは地方政治レベルにおいてであり、国政選挙権には反対する人たちもいたから一様ではなかった）。したがって「独自派」の活動には家庭重視《ドメスティック》イデオロギーや家父長主義的イデオロギーを普及するという反フェミニズムの傾向とともに、結果的には男女平等主義を導くという内的矛盾があったことにも留意しなければならないであろう。

二　また、「独自派」フェミニストたちは慈善活動を広げる中で、一九世紀後半の地方自治体による福祉事業と結びついた。そして、彼女たちの運動が現在の福祉国家の重要な基礎を築いたといえる。ただし、この点についても、多数の女性ヴォランティアが福祉活動に従事したということから、結果的に福祉部門の専門職が低賃金の職域とされてきたことを見逃してはならない。

三　他方「独自派」フェミニズムの慈善活動は「女性保護共済連盟（ＷＰＰＬ）」の設立（一八七四年）によって新しい領域を開いた。それまでの活動の中心は、あわれむべき、貧しい女性の救済という救貧法の根底に流れる思想に通ずるものであった。しかし、ＷＰＰＬが主要な対象にしたのは職業をもった女性たちであり、彼女たちの職業や生活が社会・経済変動によって傷ついたり、破壊されたりするのを防ぐことを目的としていた。職業生活が破壊されれば、一挙にあわれむべき存在に転落してしまうからである。ＷＰＰＬは女性労働者の中に共済組合をつくることにより、彼女たちの自助の精神を育成するとともに互助組織の創設を目ざしたのである。こうした措置は男性熟練労働者の場合は一九世紀後半以後の賃金の上昇と生活の安定によって、自力で達成できた。したがって、労働運動はとかく労働者自らの自足的運動と理解されがちである。だが、不熟練の女性労働者の場合は、とりわけその初期において良心的なミドル・クラスの人びとの協力を必要とした。そして、ミドル・クラスの女性のイニシアティヴによって女性労働者の組織が生れたのである。一方、「平等派」フェミニストたちは女性の経済的自立の観点からＷＰＰＬの創立に参加していたことも忘れてはならない。

四　一八八八年のマッチ工女の争議を契機として起きたガス工や港湾労働者の争議は、労働運動をこれまでの熟練労働者のみの運動から広く不熟練労働者をもまき込むより大衆的な運動に変質させた。ＷＰＰＬも「女性労働組合連盟（ＷＴＵＬ）」と改名して、女性のみの組織から男女混成労働組合にまで加入の資格を拡大した。これによって綿業を中心とする繊維産業労組との交流が深まり、ＷＴＵＬの活動も「独自派」あるいは「平等派」フェミニズムから「社会派」フェミニズムへとその性格を変えることになった。当時、貧困からの解放を、自助努力にではなく、イギリス流「社会主義」社会の実現を含む社会構造そのものの改革に求める風潮が強まった。その中で、女性の解放も新しい社会の創出によってこそ実現できると主張する「社会派」フェミニズムが復活したのである（誕生は一九世紀初頭）。「社会派」フェミニストによれば、新しい社会では、母性＝女の「独自性」の尊重とともに、男女間の平等も達成されるはずであった。

ＷＴＵＬは一度も「社会主義」を前面におし出したことはなかった。しかし、女性労働者の保護を含む社会改革を国家に求める中で広義の「社会派」フェミニズムに変質したのである。

五　一方、これらの女性運動が男性労働者との接触を強化するにつれて、労働者階級の中にも深く根づいている男性優位主義に遭遇し、ここでも性的差別と戦わざるを得なかった。男性労組による製鎖業や炭鉱の坑口作業からの女性の排除、ミュール紡績業の男性による独占、第一次大戦中の軍需産業における男女労働者の協力と、戦後における女の職場離脱などである。

しかし、他方では男性労働者との協力の中で、例えば、綿織布工業や第一次大戦中の機械工業におけるように、男女の平等賃金を実現した事実がある。後者の場合は戦争中という一時的なものであったとしても、綿工業の場合は、ミュール紡績部門を除いて、工業化の初期から男女が同じ職場に就労しており、平等賃率が実現していた数少ない職域である。確かに綿工業は男にとって高賃金部門ではない。したがって、そこで男女平等賃金が実現しても、決して女性に高い賃金を保証したわけではなかった。しかし、当時のイギリスの主要産業である綿工業において、一家の稼ぎ手《ブレッドウィナー》の男性とともに共働したことは、相対的に女性の賃金を引上げ、また女性労働者の組織化を促進した。組織化はまた賃金の引下げを防いだばかりでなく、時に引上げももたらした。その過程で女性労働者は社会的・政治的にその意識を高めたといえる。

ＷＴＵＬは、一部の地域を除いて、これらの綿工女の組織化に直接的な関与をしていない。だが、綿工女が男性とともに組織化された後にＷＴＵＬに加盟することによって、ＷＴＵＬは活力を得て、さらに活動範囲を広げることができた。ＷＴＵＬによって綿工女の経験が組織化のおくれた地域と職域に、流布されていったのである。

六　これに対して、女性のみの、あるいは女性が圧倒的に多数を占める衣料産業においては、賃金が極端に低く組織化も容易に進展しなかった。性別職業分離《ジョブ・セグリゲーション》の悪影響がもっとも顕著に現れた部門である。このような「苦汗産業」に対しては法律による保護が重要な意味をもつ。ＷＴＵＬは国に最低賃金法などの制定を求めて闘い、実現した。そのためＷＴＵＬが女性労働者の生活の改善のために「組織化」と「立法化」の二面作戦をとったことは妥当といえよう。また、こうした綿工業と衣料産業という女性の二大職業における女性労働者の相反する経験は、その後の女性運動を進める上で大きな示唆を与えている。ＷＴＵＬは、その一方で、男性と摩擦を起しそうな政治問題、例えば、女性参政権や「家族手当」問題に関しては敢えて慎重な態度をとったのである。

七　しかし、「社会派」フェミニストたちの活動は、ＷＴＵＬのように雇用労働者のみを対象にしてはいなかった。同じく「社会派」フェミニストに属する「女性協同組合ギルド（ＷＣＧ）」、「女性労働連盟（ＷＬＬ）」、「女性産業評議会（ＷＩＣ）」や「フェビアン協会婦人部（ＦＷＧ）」は、労働者階級の妻や子どもたちを対象にする福祉政策を求める社会運動を展開した。これらの組織の大半は、ＷＴＵＬと同様にミドル・クラスの女性によって指導されていたが、労働者階級の女性の密接な協力のもとに運営された。事実、一九世紀末から二〇世紀初頭における労働者階級の家族や女性に対するミドル・クラスの女性の活動には目ざましいものがあったのである。

八　労働運動の中では、階級問題が優先し、男女平等問題はとかく後方に追いやられがちである。しかし、相対的に高賃金で、「社会派」フェミニズムを標榜する綿工女たちは政治的意識も高く、「平等派」フェミニストを主体とする女性選挙権運動に参加した。これに対して、階級問題の解決を優先する男性労組指導者や労働党の政治家たちは成人選挙権を主張して対立した。

だが、階級差別も、男女差別もその根は同じである。最終的には、イザベラ・フォードの理解と同じように[1]、女性の選挙権の獲得をより広い社会的変革をもたらすものと認めて、男性労働者は「社会派」および「平等派」フェミニストと合意し、女性選挙権（一九一二年の時点で、内容的には成人選挙権にかなり近づいていた）のための運動をともに推進することになった。「平等派」フェミニストと男性労働者を結びつけたのは「社会派」フェミニストたちであった。また、両者の結合を可能にしたのはＷＴＵＬの活動を通してでき上ったミドル・クラスの女性と労働者階級の女性のネットワークだったのである。

一九世紀を通じて女性をとりまく諸問題――例えば、売春婦救済、産児制限、女性の高等教育、選挙権の賦与、女性労働者の保護など――をめぐっては、「独自派」、「平等派」、「社会派」の各フェミニストたちは、そのつど相互に意見の対立や一致をみた。フェミニスト運動は決して一枚岩的な運動ではなかった。しかし、第一次大戦勃発前夜に到って協調の一つの大きなピークを迎えたと言える。

九

以上、筆者は女性労働運動を、フェミニスト運動との密接な関連の中で具体的に跡づけることによって女性解放運動の新しい歴史的理解を示そうと試みた。ミドル・クラスの女性の指導を、労働者階級の女性がいかに見てきたかについては、それ自体で独立の研究テーマとなり得る。ただ、筆者が注目したのは、ミドル・クラスの女性自身が「ミドル・クラス・レイディの善意の行為」とのみ理解されるのをさけ、極力、女性労働問題を労働者階級の問題として、男性労働者とのかかわりの中で解決したことである。彼女たちの意図は、本書の第四章でとりあげたＴＵＣ総会と同じ時期に開かれた「女性会議」の討議の中に現われている。そして、その配慮によって、皮肉なことにかえって、女性労働者よりは男性労働者の利益を優先したとして、現代のフェミニストたちによって批判されているのである。

しかし、彼女たちは労働運動（＝ＴＵＣ）の中に女性労働者を明確に位置づけたし、第一次大戦中にはＷＴ

ＵＬを女性労働者の代弁者として政府に認識させた。また、一九一八年には働く女性にかかわる多くの組織を糾合して「産業女性団体常任合同委員会（ＳＪＣ）」を結成し、戦後女性政策を立案して、政府に実行させた。その過程で不十分とはいえ、女性労働者に賃金や労働時間の面で改善をもたらし、母子のための福祉政策を実現したのである。労働党（これ自体ミドル・クラスの知識人と労働者階級の協力の産物である）の勢力の拡大がこれらの改善に大きくかかわっているのは言うまでもない。

このようなミドル・クラスと労働者階級の女性との協力と発展はアメリカでは見られなかったし、女性労働者の声は「米国労働総同盟産別会議（ＡＦＬ-ＣＩＯ）」の中ではあまりにも小さかった。そのためイギリスの最初の女性閣僚が生粋の労働者階級出身のマーガレット・ボンドフィールドであったのに対し、アメリカでは消費者連盟のフランシス・パーキンズ*であった(2)。階級差を超越した女性同士の協力関係の弱い所では、労働者階級の女性の発言力も、少なくとも、第一次大戦までは大きくなり得なかったのである。

こうした英米の伝統の相違が、イギリスでは「平等賃金法（Equal Pay Act）」（一九七〇年）や「性差別禁止法（Sex Discrimination Act）」（一九七五年）が制定・施行されているのにたいして、アメリカでは、伝統的な男女平等思想に支えられて各種の先駆的な改革や試みがなされている州も少なくないが、全体としては、「平等権修正条項（Equal Rights Amendment）」は憲法にもり込まれなかったし、性差別撤廃条約も未批准のままという現状に結びつく。

そのような意味からも筆者がとり上げたイギリスの女性労働運動史の特性の検討は、イギリス・フェミニスト運動のもつ普遍的意義とその歴史的先進性の理解にとって必要な作業と思われるのである。

〔注〕

（1） S. Rowbotham, *Hidden from History*, op.cit., p.93.

（2） William L.O'Neill, *The Woman Movement : Feminism in the United States and England* (London : George Allen and Unwin Ltd., 1969), pp.68 - 69.

あとがき

一九六九年にイギリスで、半世紀ぶりに開かれたという女性のみの大集会に筆者が参加してから、もう二〇年以上が経った。その間に運動の波は世界中に広がっていった。一九八五年にケニアのナイロビで開催された「国連世界女性会議」では「二〇〇〇年に向けての女性の地位向上のための将来戦略」が各国政府によって承認された。同時に開かれた「民間女性会議」でも各国のかかえる女性問題について、民間レベルでの話し合いがもたれた。会場となったナイロビ大学は色鮮やかな民族衣裳をまとった各国代表の女性で溢れていた。私は偶然そこで以前から親しくしていたイギリス人の女性史研究者に感動的な再会をした。ナイロビ会議にかける期待は彼女も私も同じだったわけである(1)。

女性解放運動《ウーマンリブ》はその後表面的な華やかさを失ったが、その成果は徐々にではあるが、確実に広がっているように思われる。近年、日本人の生活水準は高まり、女性の平均寿命は八〇歳を超えて世界第一位となった。しかし、日本人の生活の実感は真の豊かさにはまだ遠い。とりわけ、女性の社会的地位は先進諸国に比べて低いと言わざるを得ない。確かに、政府、地方自治体、教育・報道機関あるいは企業などの政策決定の場に進出する女性の数もしだいに増えてきた。わが国では、人手不足を反映して賃金や労働条件も少しずつ改善されてきている。しかし、これはあくまで表面的な現象であり、あるいは、限られた一部の女性について言えることであって、まだ一般化することはできないのである。フェミニスト運動が沈静化し体制内化することによって、伝統的男性優位体制や古い価値観に対する女性の側の抵抗の精神や向上心が衰退しつつあるとしたら、それは日本の女性の劣位を固定化することになろう(2)。

今日の世界は階級や人種や信仰や性の差別を撤廃する広範な運動の高まりの中にあるといってよい。その世界的な運動の先駆的な例がほかならぬ本書でとりあげたイギリスの女性運動であった。その中で、女性活動家たちが掲げた急進的な理想の一部はすでに社会で常識化したか、福祉国家の建設の中でその多くの部分が実現したために、かつての輝きを失ったかに見える。また、資本に対する労働者の対決もその後の社会経済構造の変化に伴って、より複雑な様相を示しており、往時の緊張感をうすめつつある。しかし、これらの変化の底流に、イギリスのフェミニズムや女性労働運動の築いた歴史的成果が固い基盤として定着している事実を見逃すことはできない。その意味で本書がとりあげたイギリスの例は、時代と場所を異にするとはいえ、私たちにとって有益な歴史的教訓を示していると思われる。良きにつけ悪しきにつけ、それらはわれわれの共有すべき人類的遺産である。イギリスの歴史的運動を研究対象とした本書の意図もそこにある。

わが国に従来欠けていたイギリス女性運動史の多面的な検討という課題は、困難で、かつ魅力あるテーマである。筆者は自らの非力を省みずこの課題にとり組んだが、対象の複雑さと広さのために充分な検討を果し得なかった点も残している。それら個別的問題の解明については、今後内外の専門家のご教示を得て、さらにその充実をはかりたいと願っている。

本書の執筆にあたっては、長い間にわたって多くの方々の励ましと助力を得た。まずオクスフォード大学という世界的な学問の中心地で勉学する貴重な機会を与えて下さったイギリス社会思想史家の都築忠七氏（一橋大学名誉教授）と、イギリス労働運動史・社会史の新しい研究で絶えず刺戟を与えて下さった松村高夫教授（慶応大学）に心よりお礼申し上げたい。オクスフォードでは元セント・アントニーズ・カレッジ（現在キーブル・カレッジ）のフェロー、ブライアン・パウエル博士夫妻、女性学研究セミナーの主宰者であるシャーリー・アードナー氏とヘレン・キャラウェイ博士、オール・ソールズ・カレッジのJ・S・G・シモンズ氏に大変お世話になった。また、一昨年は、本書執筆の最終段階で旧綿工業地域を訪れ、トム・ウッドハウス博士（ブラッドフォード大学）、ジル・リディングトン博士（リーズ大学）、アラン・ファウラー博士（マンチェスター・ポリテクニク）、パット・ハドスン博士（リヴァプール大学）から、また、パット・セイン博士（ロンドン大学）からも同氏の来日時とそれ以後に貴重な助言と示唆を得た。オクスフォードでのモイラ・ネルスン夫人の友情も忘れ難い。

法政大学大学院では宇佐美誠次郎先生（同名誉教授）と、今は亡き古川哲先生から、経済学の方法論と、それぞれの研究の意義を絶えず問うことの重要性をご教示いただいた。伊藤セツ教授（昭和女子大学）を中心とする「女性労働問題研究会」の仲間からも多くの刺戟を受けた。

資料の閲覧にあたっては、ブリティッシュ・ライブラリィ、英国政治経済図書館（ロンドン・スクール・オブ・エコノミックス）、労働党図書館、労働組合会議（TUC）図書館（以上ロンドン）、ボドリアン・ライブラリィ、ナフィールド・カレッジ図書館（オクスフォード）、ウォリック大学図書館、マンチェスター大学図書館、マンチェスター公共図書館、リーズ大学図書館、バーンリィ公共図書館、ワーキング・クラス・ムーヴメント・ライブラリィ（ソールファド）、労働史博物館（リヴァプール）、国内では中央大学、一橋大学、法政大学、大東文化大学の各図書館の方々のご協力を得た。数年前からイギリスにおける労働史・労働運動史関係資料はマンチェスター、ソールファド、プレストンなどの北部諸都市の図書館に系統的に集められて保管されつつあり、労働党図書館（ロンドン）の資料も多数マンチェスターの「全国労働史博物館」に移動されたとのことであった(3)。リヴァプール労働史博物館のM・V・ヘルモント女史からは、お目にかかった後も、同地におけるWTULの活動に関する貴重な資料をお送りいただいた。

実践面では大学時代の恩師・高野フミ先生と中村ミチコ先生（ともに津田塾大学名誉教授）から「大学婦人協会」で活躍する機会を与えられ、国内の五〇の婦人団体、および「世界大学婦人連盟」との接触を通して、国内・国外の現実の女性運動に深くかかわることができた。これらの経験がイギリス女性運動史の理解を深め、その成果を本書の中にいく分なりとも反映できたとすれば幸いである。

なお、参考文献目録と登場人物の略伝作成については、津田塾大学卒業の菅沼順子さんの助力を得た。また、初期段階での原稿の清書については友人の内田恵美子さんに、また、索引作成については寺田とくさんに協力いただいた。記して感謝の意を表したい。

勤務先の大東文化大学からは本書出版のための助成金を授与された。

また、出版事情の厳しい折に、本書のような地味な研究の出版を快諾された日本経済評論社社長栗原哲也氏と編集者の宮野芳一氏にお礼申し上げたい。

最後に筆者の研究に深い理解を示し、応援してくれた夫・義夫の好意にも感謝したい。本書の執筆に当っては研究上の一先輩として、構成と表現について的確な助言を与えてくれた。また、彼のもつ内外の広範な学問的交友関係から私は多くの恩恵をうけた。

一九九二年一月――メアリ・ウルストンクラーフト『女性の権利の擁護』（一七九二年）出版二〇〇年記念の年に記す――

〔注〕
（1）拙稿「女性学と『国連婦人の一〇年』――イギリスの女性学からナイロビ会議へ」婦人研究者グループ編『世界女性の「将来戦略」と私たち』草の根出版会、一九八六年。
（2）日本における「均等法」の成果についてはJ・ゲェルブ「日本における伝統と変化――雇用機会均等法に見る」『日米女性ジャーナル』第一〇一号、一九九一年参照。
（3）アラン・ファウラーによる。なお *Labour History Review* (vol.55, pt.3, 1990) によれば、一九九〇年五月七日に正式に開館されたとのことであるが、筆者が同年八月に訪れた時には閉鎖されていた。

初出一覧

第一章　書下し。
第二章　1　「イギリスにおける女性史研究の動向」『歴史評論』(一九八六年三月)を大幅に加筆・修正。
　　　　2　「イギリスにおける工業化と女性労働運動——『女性労働組合連盟』の活動を中心に——」『現代史研究』三三号(一九八五年)を大幅に加筆・修正。
第三章　書下し。
第四章　1～2　「一九世紀後半のイギリスにおける女性労働運動とミドル・クラス」『大東文化大学紀要』第二二号(一九八三年)を加筆・修正。
　　　　3～5　「ディルク夫人とイギリス女性労働運動　その二——組織化と保護立法を求めて——」『大東文化大学紀要』第二三号(一九八五年)、および「イギリスの働く女性たち——組織化と立法化をめぐって——」『婦人通信』(一九八七年三月)を加筆・修正。
第五章　1～2　「M・マッカーサーと二〇世紀初頭イギリスにおける女性労働運動　その一」『大東文化大学紀要』第二五号(一九八七年)を加筆・修正。
　　　　3～4　「M・マッカーサーと二〇世紀初頭イギリスにおける女性労働運動　その二——第一次世界大戦下の女性労働者——」『大東文化大学紀要』第二六号(一九八八年)を加筆・修正。
第六章　1　「フェミニストと国王陛下の馬——イギリス女性参政権論者の苦闘」『婦人通信』(一九八七年二月)、および「針子から治安判事へ——ハナ・ミッチェルの生涯——」川本静子・北條文緒編『エ

ッセイ集　ヒロインの時代』（国書刊行会、一九八九年）を大幅に加筆・修正。

2　「二〇世紀初頭イギリスにおける女性と福祉政策」『婦人労働問題研究』第一二号（労働旬報社、一九八七年）、および「イギリスの女性と福祉政策」『婦人通信』一九八七年四月。

本書に登場する主要人物の略伝

アダムズ（Addams, Jane）一八六〇〜一九三五年

アメリカの社会改革者、セツルメント創立者。イリノイ州生まれ。銀行家、州上院議員、奴隷制廃止論者でリンカーンの友人であった父親によって育てられる。一八八三年ヨーロッパ旅行中、都市の貧困問題に触発され、帰国後、プレスビテリアンの洗礼を受け、慈善活動を開始。ロンドンのトインビーホールをモデルとして、八九年シカゴにセツルメントを創設。人間性に基づく共同体の設立、社会主義と権利の平等の達成をめざす。一九一一年「全国セツルメント連盟」の会長に就任。一一〜一四年「全国アメリカ女性参政権同盟」副会長。第一次大戦中はアメリカの参戦に反対。一五年ハーグ第一回女性平和会議会長。三一年ノーベル平和賞を授与された。

アンダースン（Anderson, Elizabeth Garrett）一八三六〜一九一七年

医学を女性に開放するために努めた最初のイギリス女性医師。解剖と手術を学ぶためにまず看護婦となる。しかし、医学校への入学は認められず、薬剤師試験を受け合格。一八六六年セント・メアリ女子診療所開設。七〇年パリ大学から医学博士の称号受ける。ロンドン女子医科学校校長。七三〜九二年英国医師会の最初で唯一の女性会員。妹のミリセント・ギャレット・フォーセットとともに女性参政権運動にもかかわる。一九〇八年生地オールドバラ（Aldeburgh）の市長に選ばれ、イギリス初の女性市長となった。

ヴァーリィ（Varley, Julia）一八七一〜一九五二年

労働組合組織者。ブラッドフォードに生まれる。父は毛織物工場のエンジン操作手。一二歳でパートタイム工女となり一五歳で織布工組合ブラッドフォード支部書記。一九〇四〜七年救貧委員。七年ＷＳＰＵの戦闘的活動に参加して逮捕される。この頃ＷＴＵＬとＮＦＷＷのために活躍。一〇〜一九

年バーミンガム労働評議会の最初の女性委員、役員に就任。一一年以後WUのために活動、バーミンガム周辺地域のWUメンバーを増やすのに貢献。二一年TUC総評議会委員二人の女性代表のうちの一人。政治的には穏健。三一年「大英帝国四等勲士(OBE)」を授与された。

カーペンター(Carpenter, Mary)一八〇七～七七年

慈善活動家。エクシター生まれ。父はユニタリアン派の有名な牧師で教師。一八二九年母親と共同でブリストルに女学校を設立。三〇年代には、貧しい子どもたちのために活動を開始。三五年「労働・訪問協会(Working and Visiting Society)」設立。四六年ブリストルのスラム街に貧民学校開設。五二年罰則による教育を嫌い、自身の進歩的な考えを広めるため、少年たちの更生学校創立。その後少女用のも創立。その後実業学校の問題に関心を持ち、自分でも二校設立。五七、六一、六六年の実業学校法の成立に努力した。六六～七六年の間に四回インドを訪問、インドの女性問題に関心を持つ。また女性のための高等教育を支持。晩年には女性参政権を支持した。

ケリィ(Kelly, Florence)一八五九～一九三二年

アメリカ社会改良家、フェミニスト。フィラデルフィア生まれ。下院議員の娘。一八八二年コーネル大学卒。八三～五年、チューリッヒで法律・経済学を学ぶ。八七年彼女の翻訳になるエンゲルスの『イギリスにおける労働者階級の状態』(一八四四年)出版。九一～九九年J・アダムズのセツルメントで働く。九五年イリノイ州最初の女性工場監督官。九九年「全国消費者連盟」事務局長。一九一九年チューリッヒ開催の「永久平和のための国際女性会議」アメリカ代表。

コッブ(Cobbe, Frances Power)一八二二～一九〇四年

アイルランドの改革者、フェミニスト。福音派プロテスタントの娘で、家庭とブライトンで二年間の学校教育を受ける。一八五六年父親の死後、イタリアとギリシャを旅行、のちに『ロンドン・デイリィ・ニューズ』のイタリア通信員となる。いくつかの福祉事業に従事。精神障害者や不治の罹病者に対する特別介護の必要性を説く。メアリ・カーペンターともブリストルの貧民学校で共に働きワークハウス(救貧院)の改善や働く少女のために努力。生体解剖に強く反対。初期の女性参政権運動家で、その主張は機知に富み、論理明快。女性問題については急進的意見の持ち主。彼女の論文は多くの定期刊行物と選集に載った。

シュライナー（Schreiner, Olive）一八五五～一九二〇年
　南アフリカの小説家、フェミニスト。ドイツ理想主義的メソディスト牧師を父に、英国人を母に生まれる。孤独な瞑想と自然を好む。一八八四年ジョージ・メレディスの助力によって、英国で『アフリカ農園物語(Story of an African Fram)』を出版。女性抑圧とキリスト教への攻撃は賛否両論をまき起こした。ロンドンの進歩的知的サークルに入る。そこで、ハヴロック・エリス（Havelock Ellis）と会い、親密な、しかし、プラトニックな関係を持つ。八九年に南アフリカに戻り、『夢（Dreams）』（一八九一年）他執筆。九四年結婚。一九一一年『女性と労働(Woman and Labour)』執筆。一三年英国に帰国、平和運動に従事。

スウォニック（Swanwick, Helena）一八六四～一九三九年
　女性参政権運動家、平和運動家。ドイツ・ミュンヘン生まれ。芸術家、漫画家の娘。一八八五年ガートン・カレッジ（ケンブリッジ）卒業、倫理学専攻。八八年結婚後マンチェスターでジャーナリスト、大学講師として働く。労働者クラブや女性協同組合ギルド、女性労働組合評議会で活躍。一九〇〇年以降「女性参政権北部協会」に参加、のちに「女性参政権協会全国連合（ＮＵＷＳＳ）」の執行委員となる。九年『コモン・コーズ』の編集長を経て、フリーランス。第一次大戦に反対。「独立労働党」加入。「女性国際平和自由連盟（ＷＩＬ）英国支部長。戦後、労働党顧問。二四年・二九年国際連盟の英国代表。

ストレイチィ（Strachey, Ray）一八八七～一九四〇年
　フェミニスト。ニューナム・カレッジ（ケンブリッジ）とブリンマー・カレッジ（米国）で教育を受ける。一九一一年リットン・ストレイチィの弟のオリヴァー（Oliver）と結婚。ＮＵＷＳＳ議会担当書記、『女性指導者(Womens's Leader)』誌編集長。第一次大戦中は女性徴兵局（Women's Services Bureau）議長。戦後多数の組織に関与。一八、二二、二三年の三回にわたって無所属で国会議員選挙立候補。最初の女性国会議員ナンシィ・アスター（Nancy Astor）の秘書を一時務める。

タックウェル（Tuckwell, Gertrude）一八六一～一九五一年
　労働組合運動家。オックスフォード生まれ。急進的な牧師で、ニュー・カレッジ・スクールの校長であった父親から教育を受ける。一八八五～九二年ロンドンで小学校教師を勤めた後、叔母のディルク夫人の秘書。「女性労働組合連盟（Ｗ

TUL)」会長(一九〇四~二一年TUC合併まで)。白鉛公害や、苦汗労働反対運動に参加。第一次大戦後も熱心な労働組合運動家。労働党党員として活動するとともに母性保護運動等、社会改革に従事。二〇年ロンドンの女性治安判事となる。

チュー(Chew, Ada Nield)一八七〇~一九四五年

女権論者、労働組合運動家。スタファードシァ出身。家事手伝いのため一一歳から働く。一八九四年仕立工場の針子になる。『クルー・クロニクル紙』に「工場の少女」について執筆。九四年頃ILPに入党。九六年社会主義宣伝隊のクラリオン・ヴァンに参加、ジョージ・チューと会う。九八年娘ドリス誕生。一九〇〇~八年WTULオーガナイザー。八~一一年同パート・タイマー。一一~一四年ロセンデイル(Rossendale)を中心にNUWSSのオーガナイザー。一二~一四年NUWSSのために補欠選挙応援。一五年平和主義者として戦争協力を拒む。

デイヴィス(Davies, Emily)一八三〇~一九二一年

イギリスのフェミニスト、教育改革者。牧師であり教師の娘。一八五九年エリザベス・ギャレットとバーバラ・スミスに会い影響を受ける。女性雇用促進協会のノーサムバランドおよびダラム支部を創設。六一年『イングリッシュウーマンズ・ジャーナル』編集長。六六年ロンドン女性校長協会を設立。七〇年教育法施行後、グリニッジの教育委員に選出される。彼女の運動の中心は女子の大学教育であり、六九年ヒチン(Hitchin)に女子カレッジ開設、七四年にガートン・カレッジと称す。八四年にケンブリッジ大学はその試験を女子に開放したが、学位授与は一九四八年以後。男女別カリキュラムに反対。女性参政権論者で、一八六六年ミルによって提出された最初の請願の支持組織者のひとり。一九〇六年女性の投票権を求める議会代表団の長を努めた。

デイヴィス(Davies, Margaret Llewelyn)一八六一~一九四四年

協同組合運動家。ロンドンに生まれる。キリスト教社会主義者と近しい牧師の父と、女性参政権論者の母の影響を受ける。ロンドンのクィーンズ・カレッジ、ケンブリッジのガートン・カレッジで学ぶ。一八八六年衛生監督官として働きながら地元の協同組合に参加。八九年女性協同組合ギルド(WCG)の事務局長となる。その後、カービィ・ロンズデイルに移り、そこから一九二一年まで同ギルドを運営。WCGを

女性参政権、最低賃金、働く女性や妻と母親の諸権利を求める圧力団体に育てた。一九一〇年男女平等と離婚を容易にする法律を要求。一四年には第一次世界大戦の開始に反対したが、男性の組合員から反対される。二一年国際女性協同組合ギルド設立に協力。二二年最初の協同組合会議女性議長になる。ロシア革命の支持者で二四～二八年ソ連文化交流協会の議長を努める。

ディルク（Dilke, Emily Francis Strong）一八四〇～一九〇四年

社会運動家、労働組合主義者、美術史家。大銀行のオクスフォード支店長を父として、同市に生まれる。幼時はオクスフォード大学の宗教上の改革運動の最中であった。ジョン・ラスキンに絵画の才能を認められ、ロンドンの美術学校に通学した（一八五九～六一年）。宗教心の厚い彼女はラスキンの影響のもとに「人類愛、社会奉仕の義務」を信条とするにいたる。二〇歳の時二七歳年上の、リンカーン・カレッジ学寮長M・パティスンと結婚して話題となり、G・エリオット作『ミドルマーチ』のモデルとなったといわれる。その後パティスンの神経症のため結婚生活は困難を極めたが、自ら女性参政権運動に加わり、七六年以降WPPLにも参加した。パティスンの死後、自由党の有力国会議員チャールズ・ディルク卿と再婚（一八八五年）、二人は深い愛情によって結ばれていたが、夫のチャールズはクローフォード卿の離婚訴訟で共同被告人とされ、一時期政界から追放された。一八九二年に復帰後、WTULと国会との重要なパイプ役として活躍し、女性を含む貧しい労働者の生活改善のために尽力した。（拙稿「ディルク夫人とイギリス女性労働運動　その1――ジョージ・エリオット作『ミドルマーチ』と関連して」『大東文化大学紀要』第二二号　一九八五年参照）

トワイニング（Twining, Louisa）一八二〇～一九一一年

ワークハウス改革家。紅茶業と慈善事業で著名な、国教会信徒の家庭に生れる。ワークハウスの問題に関心をもち一八五三年訪問開始。関連する諸問題につき、「社会科学振興全国協会」で講演および執筆。五七年「ワークハウス訪問協会」結成。六〇年ワークハウスの少女のためにホーム設立。ワークハウスでの看護改善にのり出す。七九年「ワークハウス診療看護協会」創立。八四年「ケンジントン救貧委員会」委員に選出される。

ナイティンゲール（Nightingale, Florence）一八二〇～一九一〇年

看護婦、行政家。富裕な両親がフローレンス旅行中に生まれる。ドイツのカイザーヴェルトにあるルーテル病院訪問が病院経営のきっかけとなる。一八五四年クリミア戦争中に三八人の看護婦とともに戦場のスクータリに赴き、不潔な環境を克服して英国軍隊の中に医療組織を編成、死亡率を四二％から二・二％に下げた。戦後ナイティンゲール看護学校設立。看護婦の人格、技術的能力とプロフェッショナリズムの向上に努めた。ヴィクトリア女王から、名誉勲章を与えられる。

パーキンズ（Perkins, Frances）一八八二～一九六五年

アメリカの政治家、最初の女性閣僚。ボストン生れ。マウント・ホリオーク・カレッジで物理学と化学専攻。のち教師となる。再び勉学に戻り、コロンビア大学などで経済学と社会学を学んで一九一〇年修士号取得。同年ニューヨーク消費者連盟書記長として産業改革と女性の諸権利のためのロビー活動を行なう。三三年ルーズベルト大統領の下で最初の女性閣僚として労働省長官になる。精力的で有能な行政官として、ニュー・ディール政策、例えば社会保障法（三五年）などの草案をつくった。

パークス（Parkes, Bessie Rayner）一八二九～一九二五年

J・S・ミルの友人で、急進派の弁護士であったジョセフ・パークスの娘。バーバラ・リー・スミスの友人。一八五八年にフェミニスト運動の機関紙ともいうべき『イングリッシュ・ウーマンズ・ジャーナル』の編集長になる。

バトラー（Butler, Josephine）一八二八～一九〇六年

フェミニスト。ノーサムバランドに生れる。父は急進的農業改革家で奴隷制廃止論者。一八五二年結婚。オクスフォードに移り、三人の子どもをもうける。夫のチェルトナム・カレッジ副学長就任に伴い転居。女児をもうけるが六三年に死去。六六年リヴァプールに移り、売春婦救済と女性教育のために尽力。六七年「女子高等教育英国北部評議会」会長。六九年「伝染病法廃止全国淑女協会」指導。七四年ヨーロッパでキャンペーン。八六年同法廃止に成功。道徳改善を求める「全国監視協会（Vigilance Society）」創設者の一人。

ヒル（Hill, Octavia）一八三八年～一九一二年

英国の住宅改革者。ケンブリッジシァのウィスベック生ま

れ。父親は商人で銀行家。一八五二年ロンドンでJ・ラスキン、F・モーリスと会う。六四年ラスキンの財政的援助で住宅改善にのり出す。彼女の建築・金融・法律に関する知識で事業を成功させる。オープン・スペース、リクリエーション広場の保全のためにキャンペーンを行ない、九五年ナショナル・トラストの共同設立者となる。「慈善組織協会（COS）」で活動。救貧法委員会（一九〇五〜八年）では、若きビアトリス・ウェッブとともに活躍。

フィリップス（Philips, Marion）一八八一〜一九三二年
社会主義者。オーストラリアのメルボルン生まれ。ロンドン・スクール・オブ・エコノミクスで、植民地における独裁政治について研究し博士号を取る。一九一一年労働党専任事務局員、全国女性参政権協会会書記。フェビアン協会会員。最初の女性治安判事のひとり。二九年一八年主席女性役員。サンダーランドから立候補し、労働党の国会議員となったが、二年後落選。

フォーセット（Fawcett, Millicent Garrett）一八四七〜一九二九年
女性参政権運動の指導者。サフォークの生まれ。イースト・アングリアの商人の娘。学校教育はロンドンのブラックヒースで三年間受けただけである。姉エリザベス・ギャレット・アンダースンとその友人であるエミリィ・デイヴィスを通じて若いころから女性運動に参加。一八六七年ケンブリッジ大学経済学教授でブライトン選出の急進派議員のヘンリィ・フォーセットと結婚。翌年娘フィリパ誕生。夫が盲目であったため彼の政治活動の秘書的役割を果した。女性の諸権利のために活動し、六七年最初の参政権委員会メンバーとなり、また「既婚女性財産法」の成立に努力。八四年夫の死後、「全国監視協会」の一員として社会浄化のため活躍。九七年「全国女性参政権協会（NUWSS）」の会長になる。この間、「自由党ユニオニスト」グループの一員（一八八七〜一九〇三年）として、アイルランド訪問、「アイルランド自治法」に反対。ボーア戦争後、パンクハーストの戦闘的活動によって、女性参政権への関心が復活すると、合法的活動を強化し、全国的キャンペーンに従事。ロビー活動も行なう。一九一四年第一次大戦開始後は、NUWSSの会員に対し戦争への協力を説いた。一八年参政権取得後、NUWSS会長を辞したが完全な参政権の実現（一九二八年）と女性のための専門職および法的諸権利のために活動を続けた。

フォード（Ford, Isabella）一八五五〜一九二四年

社会主義者、労働組合主義者、フェミニスト。リーズ生まれ。父親は事務弁護士で、両親ともクウェーカー教徒の家に生まれ、急進的自由主義、女性の諸権利、人道主義的目的のために活躍する人びととの交流の中で育つ。一八八五年WPLとともに「リーズ仕立工女組合」を結成したが間もなく解組。新たに八九年「仕立工女組合」を設立し、同年WTULの中央委員となる。九〇〜九一年には、ブラッドフォードの織維工女のストライキを援助。九三年独立労働党に参加、一九〇三〜七年執行委員。七年姉のエミリィとともにリーズ女性選挙権協会副会長。七〜一五年NUWSS執行委員。同年NUWSS分裂時に脱退。「女性国際平和自由連盟（Women's International League for Peace and Freedom）」イギリス支部執行委員として平和運動に従事した。

フライ（Fry, Elizabeth）一七八〇〜一八四五年

刑務所改革者。ノーフォーク州まれ。銀行家の娘。クウェーカー教徒。米国の福音主義者の影響を受け、病人に対する慈善活動、貧困家庭の子どもの教育に携わる。一八〇〇年結婚。同九年クウェーカーの牧師になる。一三年ロンドンのニューゲイト刑務所の実態、特に、婦女子のおかれた悲惨な状況に関心を持ち、一七年囚人救済協会設立。一八年王立委員会で証言、オーストラリアに送られる囚人の条件改善のため、精力的にロビー活動を行なう。二〇年代、各地の刑務所視察、その改善を求め、女性協会や圧力団体を設立した。

ブラック（Black. Clementina）一八五四〜一九二二年

労働組合運動家。ブライトンの市役所職員の娘。一八八六〜八八年「女性保護共済連盟（WPPL）」書記となる。八八年ロンドンのマッチ工女のストライキを支持。同年「労働組合会議（TUC）」で男女平等賃金の決議案を提出。WPPL辞職後「女性労働組合協会（WTUA）」設立。その後苦汗労働反対運動を起こす。「女性産業評議会（WIC）」（九四年）設立、のち会長。「全国苦汗労働反対連盟」副会長。苦汗労働に関する著書多数。女性参政権運動の熱心な支持者で、『コモン・コーズ』の編集長代理を務め、一九〇六年、女性参政権請願の発起人となった。小説を五冊執筆。

ボディション（Bodichon, Barbara Leigh Smith）一八二七〜九一年

イギリスのフェミニスト。父は地主で進歩的な教育者だったノリッジ選出国会議員。フローレンス・ナイティンゲール

はバーバラ・リー・スミスのいとこにあたる。一八四九年にベッドフォード・カレッジに入学。五四年から文筆家・フェミニスト改革家として立つ。一八五六年「既婚女性財産法案」の国会通過のために署名運動をする。五七年結婚。五八年『イングリッシュ・ウーマンズ・ジャーナル』を財政的に支援。女性の高等教育を求めるエミリィ・デイヴィスの活動を熱心に支持。ジョージ・エリオット作『ロモラ』(六三年)のモデルとされている。

マーティナウ(Martineau, Harriet)一八〇二～七六年

小説家、政治経済学者、児童書作家。一八二六年織物製造業者の父の破産、さらに父、兄、婚約者のひき続く死去の後、職業作家として独立することを決意。三二年『ユニタリアン・ジャーナル』掲載のエッセイで受賞。三四～三六年米国訪問。奴隷制廃止論者の集会に参加。三〇年代の終わりごろから病気。四九年ベッドフォード・カレッジ書記に就任。五二～六六年『ロンドン・デイリィ・ニューズ』に寄稿、題材は農業経済学から、公営売春制度の害悪に及ぶ急進的な内容。五七年「既婚女性財産法」を支持。五九年には女性雇用について『女性の産業』と題する批判的記事を書く。

マクドナルド(MacDonald, Margaret)一八七〇～一九一一年

社会主義者、フェミニスト。ロンドン生まれ。父はグラッドストン首相の遠縁にあたる著名な化学の教授。キングズ・カレッジ女子部で勉学。一八八九年、日曜学校での教育活動を開始。九三年頃から「慈善組織協会(COS)」の訪問員。九五年ラムジィ・マクドナルドと会う。九六年ILP加入、結婚。九四年「女性産業評議会(WIC)」に参加。また「全国女性労働者同盟(NUWW)」の有力委員として、住宅や製陶用無鉛光沢剤問題にとりくむ。医療監督官。学校給食、女性職業訓練のために尽力した。

モア(More, Hannah)一七四五～一八三三年

詩人、劇作家、宗教関連作家。ブリストル生まれ。教師の五人娘の四番目。ロンドンで悲劇作家として大成功を収め、ギャリックと友人になる。E・モンタギューの「ブルー・ストッキングズ」の会員。しだいに、貧困者のための倫理関係の小冊子執筆。「宗教パンフレット協会(Religious Tract Society)」を創立。ウィルバーフォースの提案でサマーセットのメンディプス鉱業地域に学校を創立。女性の教育水準の向上に関心を持っていたが、彼女の女性観は保守的である。

ラスバウン（Rathbone, Eleanor Florence）一八七二～一九四六年

フェミニスト、社会改良家。リヴァプール生れ。父は自由党下院議員でリヴァプール大学設立者の一人。一八九三年サマヴィル・カレッジ（オクスフォード）入学。第一次大戦前に女性参政権運動に参加。リヴァプール市議。ランカシァの最初の女性治安判事。一九一七年「家族手当委員会」を設立、育児費の援助の必要を主張。一九年フォーセット夫人の後をつぎ「平等市民協会全国連合（ＮＵＳＥＣ）」会長。二五年ＮＵＳＥＣもラスバウンの家族手当論支持。二八年無所属として「英国大学連合」から国会議員に選出される。漸進的改革論者。

リットン（Lytton, Constance）一八六九～一九二三年

イギリスのサフラジェット。インド総督リットン伯爵の娘。ウィーン生れ。一九〇六年に遺産で独立するまで母親とともに隠とん生活。その後、勤労少女の援助を通じて女性参政権運動にかかわり、ＷＳＰＵに参加。戦闘的活動のため数回投獄された。上層階級出身のため、ハンガー・ストライキでは健康を理由に釈放されるので一九一一年針子に変装して抵抗。獄中の強制給食で重病になり、終生回復できなかった。しかし、執筆と請願を組織して参政権運動を続けた。

ロレンス（Lawrence, Susan）一八七一～一九四七年

労働組合組織者、労働党政治家。著名な事務弁護士を父に、ロンドンに生まれる。ニューナム・カレッジ（ケンブリッジ）卒。学校経営者となった後、一九〇〇年ロンドン教育委員に選ばれる。この頃は保守党に属す。一〇年ロンドン都議会議員（保守党）に選出される。学校雑役婦の低賃金と劣悪な労働条件に注目。ＷＴＵＬのメアリ・マッカーサーと会う。一一年フェビアン協会入会。一三年ロンドン都議会の最初の女性労働党議員。二三年Ｍ・ボンドフィールドとともに最初の女性労働党国会議員となる。

ロビンソン（Robinson, Annot）一八七四～一九二五年

フェミニスト、社会主義者。スコットランド出身。父は服地商を営むが失敗。母は村の学校の先生で、のちにアノットもダンディの学校の教師になる。一九〇五年ＷＳＰＵダンディ支部書記。八年不熟練労働者と結婚、マンチェスターに住む。同年下院を襲撃したとして逮捕される。のちにパンクハースト夫人の専制に反対、ＷＳＰＵ脱退後、七年ＩＬＰ加入。「女性労働連盟（ＷＬＬ）」に参加。一二～一五年ＮＵＷＳＳ

によるＥＦＦキャンペーンの有給オーガナイザー。しかし戦争協力に反対してＮＵＷＳＳを脱退し平和活動に専念した。

（1792～1927）

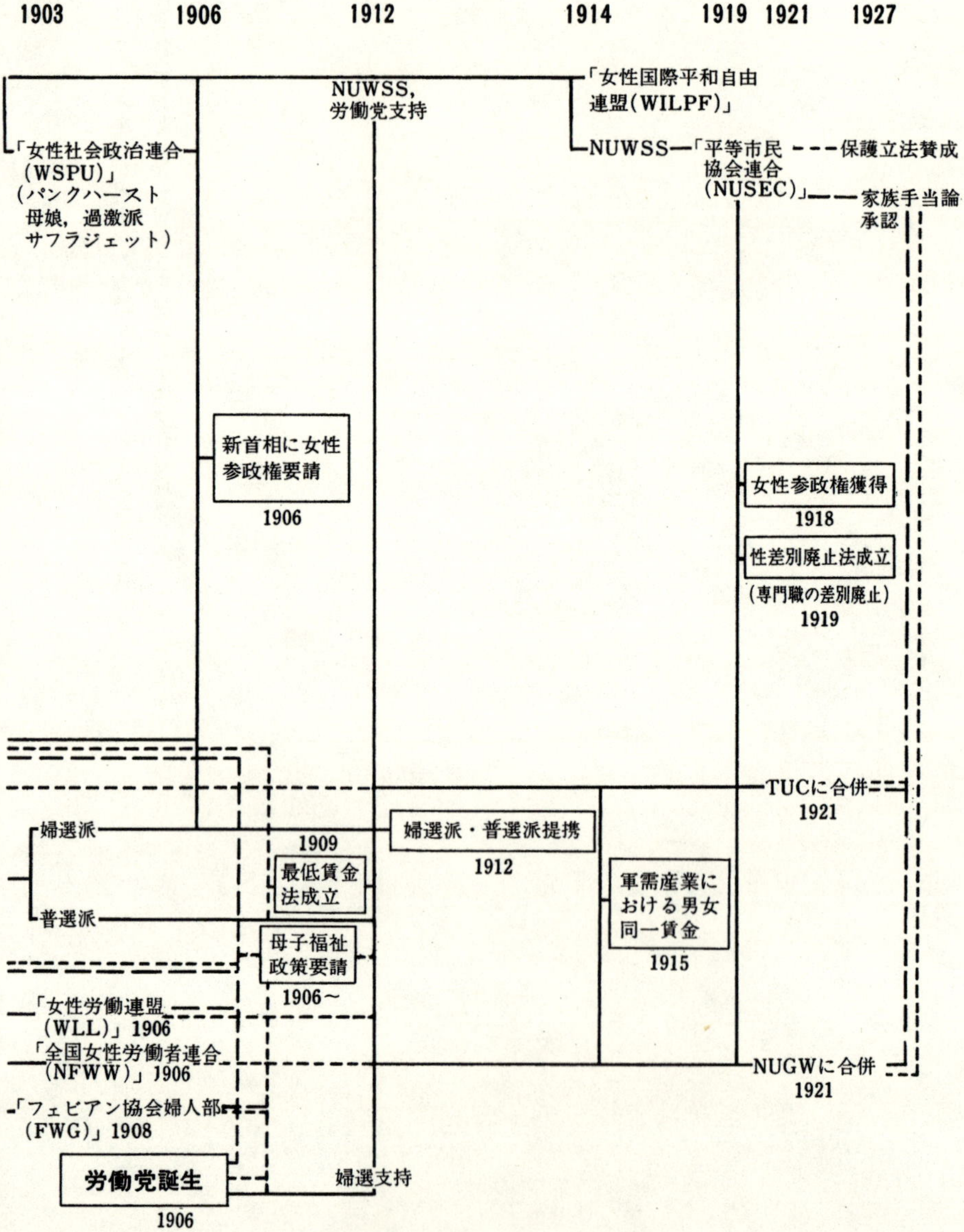
1903
1906
1912
1914
1919
1921
1927
「女性社会政治連合（WSPU）」
（パンクハースト母娘，過激派サフラジェット）
NUWSS，労働党支持
「女性国際平和自由連盟（WILPF）」
NUWSS
「平等市民協会連合（NUSEC）」
保護立法賛成
家族手当論承認
新首相に女性参政権要請
1906
女性参政権獲得
1918
性差別廃止法成立
（専門職の差別廃止）
1919
TUCに合併
1921
婦選派
普選派
婦選派・普選派提携
1912
1909
最低賃金法成立
軍需産業における男女同一賃金
1915
母子福祉政策要請
1906～
「女性労働連盟（WLL）」1906
「全国女性労働者連合（NFWW）」1906
NUGWに合併
1921
「フェビアン協会婦人部（FWG）」1908
労働党誕生
1906
婦選支持

イギリス女性運動の展開

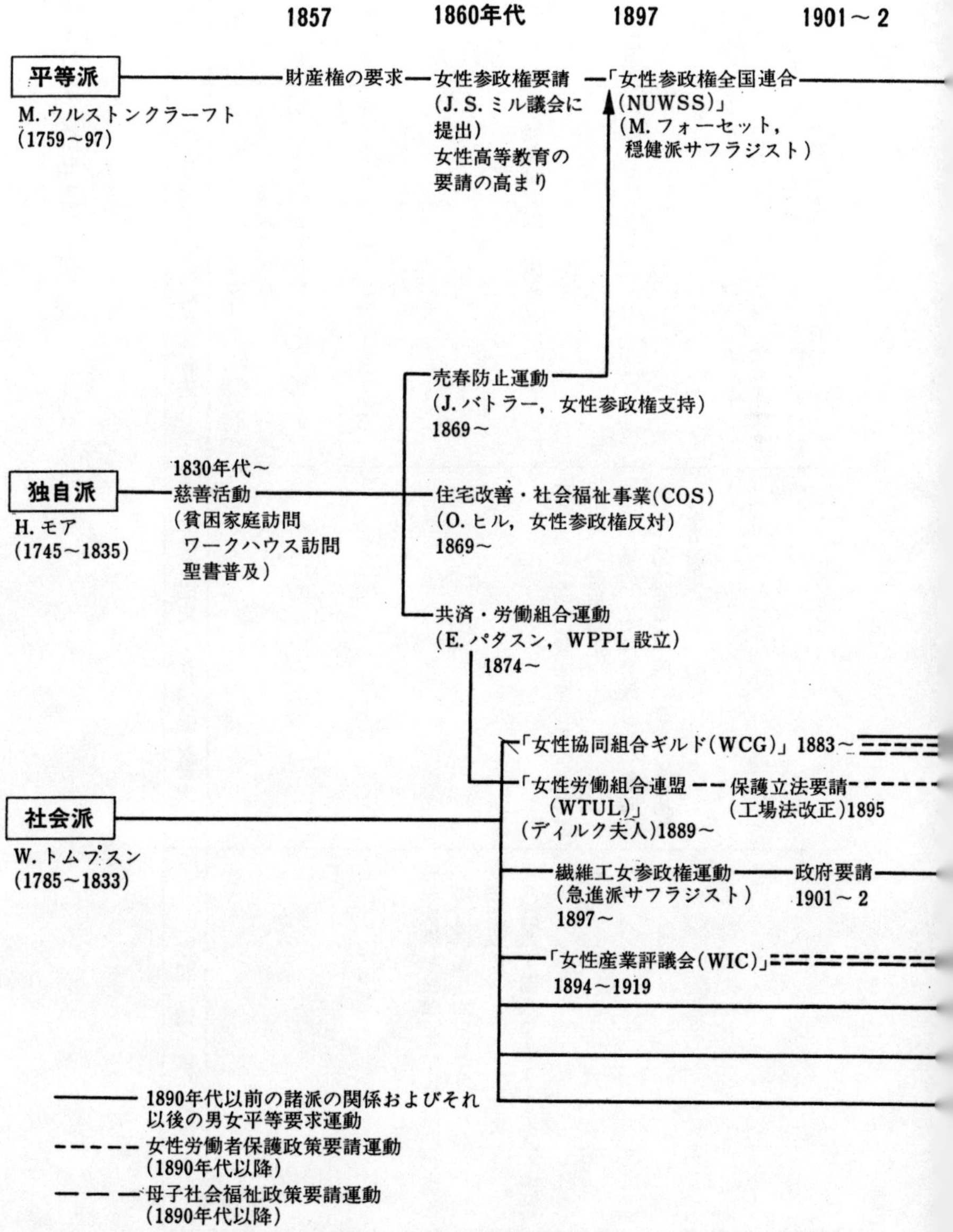
1857
1860年代
1897
1901～2
平等派
M. ウルストンクラーフト
(1759～97)
財産権の要求
女性参政権要請
(J. S. ミル議会に
提出)
女性高等教育の
要請の高まり
「女性参政権全国連合
(NUWSS)」
(M. フォーセット,
穏健派サフラジスト)
売春防止運動
(J. バトラー, 女性参政権支持)
1869～
独自派
H. モア
(1745～1835)
1830年代～
慈善活動
(貧困家庭訪問
ワークハウス訪問
聖書普及)
住宅改善・社会福祉事業(COS)
(O. ヒル, 女性参政権反対)
1869～
共済・労働組合運動
(E. パタスン, WPPL設立)
1874～
「女性協同組合ギルド(WCG)」1883～
「女性労働組合連盟
(WTUL)」
(ディルク夫人)1889～
保護立法要請
(工場法改正)1895
社会派
W. トムプスン
(1785～1833)
繊維工女参政権運動
(急進派サフラジスト)
1897～
政府要請
1901～2
「女性産業評議会(WIC)」
1894～1919
1890年代以前の諸派の関係およびそれ以後の男女平等要求運動
女性労働者保護政策要請運動
(1890年代以降)
母子社会福祉政策要請運動
(1890年代以降)

イギリス女性運動史年表

	女性史・女性解放運動史	女性労働史・女性労働運動史	関連事項
一七九二	M・ウルストンクラフト『女性の権利の擁護』刊行		
一八〇九	H・モア『妻を求めるコウレブズ』刊行		
二五	W・トムスン『人類の半分である女性の訴え』刊行		
三二			第一次選挙法改正（中層階級の男性に選挙権与えられる）
三四			救貧法改正
四一	家庭教師互助協会設立		一八三八～四八年チャーチスト運動
四二		女性および一〇歳未満の年少者の鉱山への雇用禁止	
四七		改正工場法（女性労働者の労働時間が一〇時間に制限。まもなく男性にも適用）	
四八	クイーンズ・カレッジ（ロンドン）設立		
四九	E・ブラックウェル、女性として初の医学学位を米国で取得		

一八五一			最初の国勢調査で女性人口の過剰が明らかになる 新型労働組合の誕生（機械工組合）
五四	F・ナイティンゲール、従軍看護婦としてクリミアへ		
五七	結婚および離婚法成立 B・L・スミスらの既婚女性財産法案廃案となる		社会科学振興国民協会設立
五八	フェミニスト機関誌『イングリッシュ・ウーマンズ・ジャーナル』創刊		
五九	E・ブラックウェル、英国初の女医として登録	女性雇用促進協会設立	
六四			伝染病法成立（売春婦の定期検診および性病感染者の強制拘留の目的）
六六	J・S・ミル、女性参政権法案議会に提出、否決される		
六七	女性高等教育促進北イングランド評議会設立 M・フォーセット、全国女性参政権協会設立		第二次選挙法改正（都市の労働者に選挙権与えられる）
六八			労働組合会議（TUC）結成
六九	女性納税者、市町村議会選挙権取得 J・バトラー、売春（伝染病法）廃止運動にのり出す E・デイヴィス、ガートン・カレッ		

	女性史・女性解放運動史	女性労働史・女性労働運動史	関連事項
一八六九	ジ（ケンブリッジ）の前身創設 J・S・ミル『女性の隷従』刊行 O・ヒル、慈善組織協会（COS）設立		
七〇			初等教育法成立
七一			労働組合法成立
七三	E・ギャレット、英国医師会の初の女性会員		
七四		E・パタスン、女性保護共済連盟（WPPL）設立 製本工女組合結成 女性印刷組合設立	一八七三〜九六年大不況
七五	初の女性救貧委員選出される	室内装飾工女、シャツ・カラー製造工女組合結成	
七六		E・パタスンとE・シムコックス、初の公認女性代表としてTUCに出席	
七七	ブラッドロー＝ベサント裁判、産児制限の普及をわいせつ罪で訴えられる	E・パタスン、TUCで女性のみの労働時間短縮に反対 ロンドン仕立工女組合結成	
八一	ケンブリッジ大学、女性に優等級試験受験許可（学位取得は不許可）	パティスン夫人（のちのディルク夫人）、WPPLの評議員就任	
八二	既婚女性財産法成立	女性労働評議会設立	
八三	女性参政権否決	女性協同組合ギルド設立	

一八八四		合同織布工組合結成	第三次選挙法改正 社会民主連合、フェビアン協会設立
八六		合同梳綿・打綿室工組合結成 TUCで、石炭坑口からの女性の締出し提案 E・パタスン死去 G・タックウェル、WPPL執行委員	伝染病法廃止
八七		C・ブラック、WPPLとロンドン女性労働評議会の両方の書記 ディルク夫人WPPL執行委員	
八八	女性納税者、州議会選挙権取得	TUCで、同一労働同一賃金原則認められる マッチ工女争議	
八九	H・ウォード夫人、女性参政権に反対 ロンドン都議会に女性選出	WPPL、女性労働組合連盟（WTUL）と改名 C・ブラック女性労働組合協会（WTUA）結成 WTUL、スコットランド、アイルランドの繊維工女の組織化 I・フォード、リーズ仕立工女組合結成 連合商店員組合結成	ガス労働者、港湾労働者スト 不熟練労働者のための一般組合結成 第二インターナショナル創立 一八八九～一九〇三年ブースのロンドン生活調査
一八九〇			苦汗制度に関する上院特別委員会
九一		WTUL、製陶業地域の鉛公害被害	工場法改正（出産後四週間以内の女

	女性史・女性解放運動史	女性労働史・女性労働運動史	関連事項
一八九一		者救済キャンペーン 全国商店員組合結成	性の労働禁止） 八時間労働日、ＴＵＣの政策となる
九三		初の女性工場監督官	独立労働党結成
九四	地方自治体法成立（地方自治体選挙権、女性に賦与）	女性産業評議会（ＷＩＣ）設立 ＷＴＵＬのマーランドの積極的な組織化活動	
九五			工場法改正（工場以外へ適用拡大、洗濯業含む）
九七	Ｍ・フォーセット、女性参政権協会全国連合（ＮＵＷＳＳ）設立		労働者災害補償法（鉛公害には適用されず）成立
九九			ラウントリィ、ヨーク市生活調査
一九〇〇			労働代表委員会設立
一～二	繊維工女、議会へ女性参政権請願	ＴＵＣで普選と婦選対立	
三	パンクハースト母娘、女性社会政治連合（ＷＳＰＵ）設立		
六	Ｅ・デイヴィス率いる三〇〇人の代表、自由党新首相に面会、女性参政権要請	全国女性労働者連合（ＮＦＷＷ）設立 Ｍ・マッカーサー、ＷＴＵＬと両方の書記長になる	労働党誕生 労働争議法、学校（給食）法成立
七	労働党大会、成人選挙権主張	女性労働連盟（ＷＬＬ）設立	
八	ロンドンで女性選挙権を求める三万人集会	フェビアン協会婦人部（ＦＷＧ）設立	老齢年金（無拠出）法、児童法、炭鉱（八時間）法、職業紹介所法、都市計画法成立

一九〇九	女性社会政治連合（ＷＳＰＵ）分裂、女性自由連盟（ＷＦＬ）設立、ＷＳＰＵの戦闘性強まる	最低賃金法成立	救貧法改正
一〇	女性選挙権第一次調停案否決	製鎖工女、ＮＦＷＷに組織化	Ｏ・シュライナー『女性と労働』刊行
一一		国民保険法成立	
一二	労働党、女性を含まない選挙権法案に反対。第三次調停案否決		炭鉱スト（約一〇〇万人参加）
一三	ＷＳＰＵの戦闘性さらに強まる	ロンドン食品加工工女、ＮＦＷＷに組織化	
一四	ＮＵＷＳＳ、ＷＳＰＵともに女性参政権運動停止、戦争協力		労使休戦
一五	平和主義者、ＮＵＷＳＳ辞任、女性国際平和自由連盟（ＷＩＬ）設立	機械工業で一部男女同一賃金実現、機械工組合とＮＦＷＷ提携	戦時軍需産業法成立（ストライキおよびロックアウト禁止）
一六		産業女性団体合同委員会設立（戦後女性政策立案）	
一八	国民代表法成立、三〇歳以上の女性に参政権認められる	Ｍ・マッカーサー、スタウァブリッジから立候補、二位落選	
一九	性差別廃止法成立、専門職に女性進出可		国際労働機構（ＩＬＯ）設立、出産後六週間の就業禁止、出産前六週間の休暇の権利承認（Ｍ・マッカーサー活躍）
二一	ＮＵＷＳＳ、平等市民協会全国連合（ＮＵＳＥＣ）と改名	ＷＴＵＬ、ＴＵＣへ合併 ＮＦＷＷ、全国一般労働者組合（ＮＵＧＷ）に合併	失業率一六・九％へ

	女性史・女性解放運動史	女性労働史・女性労働運動史	関連事項
一九二一		M・マッカーサー死去	
二四			労働党マクドナルド首相
二五	NUSEC、家族手当論承認		
二六			炭鉱スト、TUCゼネストで応援
二七	NUSEC、保護立法承認		
二八	国民代表（平等選挙権）法成立		

略 号 一 覧

ASE	Amalgamated Society of Engineers
CDA	Contagious Diseases Acts
COS	Charity Organization Society
EFF	Election Fighting Fund
FWG	Fabian (Society) Women's Group
ILP	Independent Labour Party
LCC	London County Council
LRC	Labour Representation Committee
NFWW	National Federation of Women Workers
NUGW	National Union of General Workers
NUSEC	National Union of Societies for Equal Citizenship
NUWSS	National Union of Women's Suffrage Societies
PSF	People's Suffrage Federation
SDF	Social Democratic Federation
SJC	Standing Joint Committee of Industrial Women's Organizations
TGWU	Transport and General Workers' Union
TUC	Trades Union Congress
WCG	Women's Co-operative Guild
WFL	Women's Freedom League
WIC	Women's Industrial Council
WILPF(WIL)	Women's International League for Peace & Freedom
WLL	Women's Labour League
WPPL	Women's Protective and Provident League
WSPU	Women's Social & Political Union
WTUA	Women's Trade Union Association
WTUL	Women's Trade Union League
WTUR	*Women's Trade Union Review*
WU	Workers' Union
WUJ	*Women's Union Journal*
WW	*Woman Worker*

労働協会雑誌』1981年4;5月号.
──────.「イギリス女性協同組合運動──Women's Co - operative Guild, 1883〜1921──」『佐賀大学経済論集』第14巻3号, 1982年3月.
──────.「イギリス工場監督官制度を担った女性たち──女性工場監督官たちの経歴をめぐって──」『佐賀大学経済論集』第20巻1号, 1987年.
──────.「女性労働協議会1894─1919」『立教経済学研究』第43巻第3号, 立教大学経済学研究会, 1990年1月.
岡真人「G.D.H.コールにおけるギルド社会主義像の成立」『一橋論叢』82巻3号.
パンカースト, エメリン, 平井栄子訳『わたしの記録』現代史出版会, 1975年.
佐藤共子「異端のライフ・スタイル─バーバラ・リイ・スミス・ボディション」川本静子・北條文緒編『エッセイ集 ヒロインの時代』国書刊行会, 1989年.
関嘉彦『イギリス労働党史』社会思想社, 1969年.
高橋克嘉『イギリス労働組合主義の研究』日本評論社, 1984年.
竹中恵美子編『女子労働論「機会の平等」から「結果の平等」へ』有斐閣, 1983年.
──────.『戦後女子労働史論』有斐閣, 1989年.
竹内敬子「イギリス1844年工場法における婦人労働の規制について」『社会経済史学』51巻2号, 1985年.
矢野久「労働運動と女性(まとめ)」『現代史研究』32号特集, 現代史研会, 1985年8月.
安川悦子『イギリス労働運動と社会主義──「社会主義の復活」とその時代の思想的研究──』お茶の水書房, 1982年.
吉田恵子「19世紀イギリスにおける既婚婦人の就業形態」『明治大学短期大学紀要』31巻, 1982年.
──────.「第一次世界大戦と英国婦人労働者」『明治大学短期大学紀要』33巻, 1983年3月.
ザレツキィ, エリ. グループ7221訳『資本主義・家族・個人生活』亜紀書房, 1980年.

松浦京子「ロンドンにおける既婚女性の賃金労働——19世紀後半から20世紀初頭まで——」『西洋史学』152，1988年.
ミル，J. S. 朱牟田夏雄訳『ミル自伝』岩波文庫，1971年，
ミレット，K. 藤枝澪子他訳『性の政治学』自由国民社，1973年，ドメス出版，1985年.
ミッチェル，J. 佐野健治訳『女性論　性と社会主義』合同出版，1973年
三富紀敬「イギリスにおけるパートタイム問題の史的展開」『法経研究静岡大学』第39巻2号，1990年7月.
水田珠枝『女性解放思想史』筑摩書房，1979年.
水田珠枝編「協同組合女性ギルド書誌」『社会科学論集』(名古屋経済大学第46号；第47号，1988；1989年.
モロワ，A. 水野成夫・小林正共訳『英国史』上・下，酣燈社，1950年.
村岡健次『ヴィクトリア時代の政治と社会』ミネルヴァ書房，1980年.
村上信彦『日本の婦人問題』Ⅵ. 戦時の婦人労働　岩波新書，1978年.
長沼弘毅『各国家族手当制度論』ダイヤモンド社，1948年.
中村伸子「第2次世界大戦期のイギリスの女性就業——ボルトンにおける産業動員と復帰過程を中心に——」『社会経済史学』52 (3)，1986年10月.
__________.「19世紀第4四半期におけるイギリス女性労働と労働運動——Women's Protective and Provident League の活動に関連して——」『三田学会雑誌』79巻6号，1987年2月.
中山章『イギリス労働貴族——19世紀におけるその階層形成』ミネルヴァ書房，1988年.
西村貞枝「イギリス・フェミニズムの背景——ヴィクトリア期ガヴァネスの問題」『思想』1974年4月.
小川富士枝「19世紀後半における婦人労働と育児の社会化の歴史——レスター市」『宮城教育大紀要』16，1981年.
大石恵子「1844年工場法における婦人労働規制」『一橋論叢』67巻1号，1972年.
大森真紀「イギリスにおける第一次大戦下の労働問題——大蔵省協定とアトキン委員会(The War Cabinet Committee of Women in Industry)報告書を中心に——」『日本労働協会雑誌』1978年10月.
__________.「イギリス女性労働組合主義の確立——メアリ・マッカーサーの生涯と思想——」『日本労働協会雑誌』1979年8月.
__________.「イギリス女性工場監督官制度——1893年～1921年——」上・下『日本

研究』第14号，労働旬報社，1988年.

＿＿＿＿．「ディルク夫人とイギリス女性労働運動 その１――ジョージ・エリオット作『ミドルマーチ』と関連して」『大東文化大学紀要』第22号，1985年.

＿＿＿＿．「針子から治安判事へ――ハナ・ミッチェルの生涯」川本静子・北條文緒編『エッセイ集　ヒロインの時代』国書刊行会，1989年.

居城舜子「『差別の経済学』批判・検討――性差別とのかかわり――」『婦人労働問題研究』第７号，労働旬報社，1985年.

川口和子・小山伊基子・伊藤セツ『国際婦人デーの歴史』校倉書房，1980年.

岸田紀『ジョン・ウェズリ研究』ミネルヴァ書房，1977年.

小林巧「イギリスにおける家内労働問題――苦汗産業展示会とＢ．Ｌ．ハチンズ」『社会政策の思想と歴史』(太陽寺順一教授還暦記念論文集)千倉書房，1985年.

栗田健『イギリス労働組合史論』(増補) 未来社，1978年(第一版1963年).

草光俊雄「『労働史学会』第20回大会参加記」『歴史学研究』490号，1981年3月.

松村高夫「イギリス産業革命期の生活水準――ハートウェル＝ホブズボーム論争を中心にして」『三田学会雑誌』63巻12号，1970年.

＿＿＿＿．「19世紀第３・４半期のイギリス労働史理解をめぐって――労働貴族論と『新型組合』論を中心にして――」上・下『日本労働協会雑誌』1977年11月・12月.

＿＿＿＿．「イギリスにおける社会史研究」角山栄編『講座西洋経済史Ⅴ』同文館，1979年.

＿＿＿＿．「マルクスと労働貴族――ロイドン・ハリスンの所論との関連で――」上・下『三田学会雑誌』76巻5号；76巻6号，1983年12月，1984年12月.

＿＿＿＿．「イギリスにおける社会史研究とマルクス主義史学」『歴史学研究』532号，1984年9月.

＿＿＿＿．「イギリス労働史の諸問題」社会経済史学会編『社会経済史学の課題と展望』有斐閣，1984年.

＿＿＿＿．「タフ・ヴェイル判決とイギリス鉄道労働運動」(Ⅰ)～(Ⅵ)，『三田学会雑誌』79巻5号―83巻2号，1986年12月～1990年7月.

＿＿＿＿．「労働者階級意識の形成」『世界史への問い』第4巻「社会的結合」岩波書店，1989年.

＿＿＿＿．「イギリス産業革命期における生活水準論争再訪」上・下『三田学会雑誌』82巻2号；83巻1号，1989年7月；1990年4月.

Vicinus, Martha. *Independent Women : Work and Community for Single Women 1850-1920* (London : Virago, 1985).

——————. (ed.) *Suffer and Be Still : Women in the Victorian Age* (Bloomington : Indiana University Press. 1972).

Walters, Margaret. 'The Rights and Wrongs of Women : Mary Wollstonecraft, Harriet Martineau, Simone de Beauvoir', in *The Rights and Wrongs of Women*, eds. by Mitchell and Oakley.

Walton, Ronald G. *Women in Social Work* (London : Routledge & Kegan Paul, 1975).

Ward, Mrs. Humphrey. 'Protest against Women's Suffrage', *The Nineteenth Century* (June 1889).

Wilson, Elizabeth. *Women and the Welfare State* (London : Tavistock Publication, 1977).

Wolf, Virginia. *A Room of One's Own* (London : The Hogarth Press, 1929, repr. 1967). 川本静子訳『自分だけの部屋』(みすず書房,1988).

Wollstonecraft, Mary. *A Vindication of the Right of Women with Strictures of Political and Moral Subjects* (1792). 白井堯子訳『女性の権利の擁護——政治および道徳問題の批判をこめて——』(未来社,1980).

C. 日本語文献・論文

エンゲルス，F．一條和生・杉山忠平訳『イギリスにおける労働者階級の状態——19世紀のロンドンとマンチェスター』岩波書店(岩波文庫，上下)1990年.

ファイアストーン，S．林弘子訳『性の弁証法　女性解放革命の場合』評論社，1980年.

藤本武「婦人労働者と最低賃金制度」社会政策学会編『婦人労働』有斐閣，1961年.

——————．『最低賃金制度の研究』日本評論新社，1961年.

——————．『資本主義と労働者階級——イギリスにおける貧乏小史——』法律文化社，1985年.

原剛『19世紀末英国における労働者階級の生活状態』勁草書房，1988年.

飯田鼎「第一次大戦中のイギリスにおける労働力政策と社会政策——いわゆる「稀薄化」政策について——」『三田学会雑誌(慶応義塾経済学会)』70 (3) 1977年6月.

今井けい「イギリスにおける女性と労働——最近の諸研究によせて」『婦人労働問題

Political Union 1903 - 1914 (London : Routledge & Kegan Paul, 1974).

Rover, Constance. *Women's Suffrage and Party Politics in Britain, 1866 - 1914* (London : Routledge & Kegan Paul, 1967).

__________. *Love, Morals and the Feminists* (London : Routledge & Kegan Paul, 1970).

Snellgrove, L. E. *Suffragettes and Votes for Women* (London : Longmans, 1964).

Soloway, Richard Allen. *Birth Control and the Population Question in England, 1877 - 1930* (London : The University of North Carolina Press, 1982).

Strachey, Ray. *The Cause : A Short History of the Women's Movement in Great Britain* (New York : Kennikat Press, 1928, repr. 1969).

Summers, Anne. 'A Home from Home - Women's Philanthropic Work in the Nineteenth Century' in *Fit Work for Women*, ed. by Sandra Burman.

Taylor, Barbara. *Eve and the New Jerusalem : Socialism and Feminism in the Nineteenth Century* (London : Virago, 1983).

Thane, Pat. *Foundations of the Welfare State* (London : Longman, 1982).

__________. 'Late Victorian Women', in *Later Victorian Britain, 1867 - 1900*, ed. by T. R. Gourvish, & Alan O' Day, (London : Macmillan, 1988).

__________. 'The Women of the British Labour Party and Feminism, 1906 - 1945' in *British Feminism in the Twentieth Century*, ed. by Harold L. Smith (Aldershot : Edward Elgar, 1990).

__________. 'The British Welfare State, 1900 - 1990' 立教大学公開講演　1990年5月17日．大森真紀訳『立教大学国際学術交流報告書 第10輯』(1991).

Thompson, W. *Appeal of One Half the Human Race, Women, Against the Pretensions of the Other Half, Men, to Retain Them in Political, and Thence in Civil and Domestic Slavery* (London, 1825, repr. Source Book Press, 1970).

Tomalin, Claire. *The Life and Death of Mary Wollstonecraft* (New York : New American Library, 1974). 小池和子訳『メアリ・ウルストンクラフトの生と死』(勁草書房,1989).

Twining, E. *Leaves from the Notebook of Elizabeth Twining* (London : W. Tweedie, 1877).

Twining, Louisa. *Recollections of Workhouse Visiting and Management*, Appendix I (London : C. Kegan Paul, 1880).

McGregor, O. R. 'The Social Position of Women in England, 1850 - 1914 : A Bibliography', *British Journal of Sociology.* VI (Jan., 1955).

McIntosh, Mary. 'The State and the Oppression of Women', in *Feminism and Materialism : Women and Modes* of *Production*, eds. by A. Kuhn and A. Wolpe.

McLaren, Angus. *Birth Control in Nineteenth - Century England* (London : Croom Helm, 1978).

McLaren, Dorothy. 'Marital Fertility and Lactation 1570 - 1720' in *Women in English Society 1500 - 1800*, ed. by Mary Prior.

Morgan, David. *Suffragists and Liberals : The Politics of Woman Suffrage in England* (Oxford : Basil Blackwell, 1975).

Nightingale, Florence. 'Cassandra' in Appendix I to Ray Strachey, *The Cause : A Short History of the Women's Movement in Great Britain.*

O'Neill, William L. *The Woman Movement : Feminism in the United States and England* (London : George Allen and Unwin Ltd., 1969).

Pankhurst, E. Sylvia. *The Suffragette : The History of the Women's Militant Suffrage Movement, 1905 - 1910* (London : Gay & Hancock Ltd., 1911).

__________. *The Suffragette Movement : An Intimate Account of Persons and Ideals* (1931, repr. London : Virago, 1978).

Parker, Julia. *Women and Welfare : Ten Victorian Women in Public Social Service* (London : Macmillan, 1988).

Prior, Mary (ed.) *Women in English Society 1500 - 1800* (London : Methuen, 1985). 三好洋子編訳『結婚・受胎・労働：イギリス女性史 1500 - 1800』(刀水書房, 1989).

Prochaska, F. K. *Women* and *Philanthropy in Nineteenth Century England* (Oxford : Clarendon Press, 1980).

Ramelson, Marian. *The Petticoat Rebellion : A Century of Struggle for Women's Rights* (London : Lawrence and Wishart, 1967).

Rathbone, Eleanor F. *The Disinherited Family* (1924, repr. New York : Garland Publishing, Inc. 1985).

Romero, Patricia W. *E. Sylvia Pankhurst : Portrait of a Radical* (New Haven : Yale University Press, 1987).

Rosen, Andrew. *Rise Up, Women ! : The Militant Campaign of the Women's Social and*

Hall, Catherine. 'The Early Formation of Victorian Domestic Ideology' in *Fit Work for Women*, ed. by S. Burman.

Hall, Phoebe ; Land, Hilary ; Parker, Roy ; Webb, Adrian, *Change, Choice and Conflict in Social Policy* (Aldershot : Gower, 1986. lst published 1975).

Harben, Henry D. 'The Endowment of Motherhood', Fabian Tract no. 149 (London, 1910).

Harrison, Brian. *Separate Spheres : The Opposition to Women's Suffrage in Britain* (London : Croom Helm, 1978).

Hollis, Patricia. *Women in Public 1850 - 1900 : Documents of the Victorian Women's Movement* (London : G. Allen & Unwin, 1979).

__________. *Ladies Elect : Women in English Local Government 1865 - 1914* (Oxford : Clarendon Press, 1987).

Holton, Sandra Stanley. *Feminism and Democracy : Women's Suffrage and Reform Politics in Britain 1900 - 1918* (Cambridge : Cambridge University Press, 1986).

Houghton, Walter E. *The Victorian Frame of Mind 1830 - 1870* (New Heaven : Yale University Press, 1957).

Hume, Leslie Parker. *The National Union of Women's Suffrage Societies 1897 - 1914* (New York : Garland Publishing Inc., 1982).

Johnson, George W. and Johnson, A. (eds.) *Josephine E. Butler, Autobiographical Memoir* (Bristol and London, 1909).

Land, Hilary. 'The Introduction of Family Allowances : An Act of Historic Justice?' in Phoebe Hall, Hilary Land, Roy Parker, and Adrian Webb, *Change, Choice and Conflict in Social Policy.*

__________. 'The Family Wage', *Feminist Review* 6 (1980).

Lorch, Jennifer. *Mary Wollstonecraft : The Making of a Radical Feminist* (New York : Berg, 1990).

Manton, Jo. *Mary Carpenter and the Children of the Streets* (London : Heineman, 1976).

Marcus, Jane (ed.) *Suffrage and the Pankhursts* (London : Routledge & Kegan Paul, 1987).

Maurice, G. E. *Life of Octavia Hill* (London, Macmillan, 1914).

Bodichon, Barbara Leigh Smith. 'A Brief Summary in Plain Language of the Most Important Laws Concerning Women : Together with a Few Observations Thereon' (1854), in *Bodichon*, ed. by C. A. Lacey.

Braithwaite, William C. *The Beginnings of Quakerism* and *The Second Period of Quakerism*, 2 vols. (London : Macmillan, 1912 & 1919).

Branca, Patricia. *Silent Sisterhood : Middle Class Women in the Victorian Home* (London : Croom Helm, 1975).

Bruce, Mauarice. *The Coming of the Welfare State* (1961). 秋田成就訳『福祉国家への歩み――イギリスの辿った途――』(法政大学出版局,1984).

Burman, S. (ed) *Fit Work for Women* (London : Croom Helm, 1979).

Butler, J. (ed.) *Women's Work and Women's Culture* (London : Macmillan, 1869).

Castle, Barbara. *Sylvia and Christabel Pankhurst* (Harmondsworth : Penguin Books, 1987).

Chapple, J. A. V. and Pollard, A. (eds.) *The Letters of Mrs. Gaskell* (Manchester : University of Manchester Press, 1966), in *Bodichon*, ed. by C. A. Lacey.

Clark, G. Kitson. *The Making of Victorian England* (London : Methuen, 1962).

Cook, Blanche Wiesen (ed.) *Crystal Eastman on Women and Revolution* (Oxford : Oxford University Press, 1978).

Crow, Duncan. *The Victorian Woman* (London : George Allen & Unwin, 1971).

Darley, Gillian. *Octavia Hill* (London : Constable, 1990).

Davin, Anna. 'Imperialism and Motherhood', *History Workshop Journal*, no. 5 (1979).

Dyhouse, Carol. *Feminism and the Family in England, 1880-1939* (Oxford : Basil Blackwell, 1989).

Evans, Richard J. *The Feminists : Women's Emancipation Movements in Europe, America and Australasia 1840-1920* (London : Croom Helm, 1977).

Fawcett, Millicent Garrett, *Women's Suffrage : A Short History of a Great Movement* (1912, repr. New York : Source Book Press, 1970).

__________. *The Women's Victory and After* (Sidgwich & Jackson, 1925).

First, Ruth and Scott, Ann. *Olive Schreiner* (New York : Schocken Books, 1980).

Godwin, William. *Memoirs of the Author of A Vindication of the Rights of Woman* (London : Joseph Johnson, 1798). 白井厚・白井堯子訳『メアリ・ウルストンクラフトの思い出』(未来社,1970).

———. *Edward Carpenter 1844 - 1929 : Prophet of Human Fellowship* (Cambridge : Cambridge University Press, 1980).『エドワード・カーペンター伝―人類連帯の予言者』(晶文社, 1985).

———. *Tom Mann 1856 - 1941 : The Challenges of Labour* (Oxford : Clarendon Press, 1991).

Turner, Ben. *Short History of the General Union of Textile Workers.* Established : Dewsbury 1875 ; Huddersfield 1881 (Heckmondwike : "Labour Pioneer & Factory Times" Printing Department, 1920).

Vernon, Betty D. *Ellen Wilkinson, 1891 - 1947* (London : Croom Helm Ltd., 1982).

Walton, John K. *Lancashire : A Social History, 1558 - 1939* (Manchester : Manchester University Press).

Webb, Beatrice. 'How to do away with the Sweating System' (Webb, S. & B., *Problems of Modern Industry*, 1892).

———. *The Wages of Men and Women : Should They Be Equal ?* (The Fabian Society, 1919).

———. *My Apprenticeshp* (1926, repr. Harmondsworth : Penguin Books, 1971).

Webb, Catherine. *The Women with the Basket, The History of the Women's Co - operative Guild 1883 - 1921* (1927).

Webb, Sydney. 'The Decline in the Birthrate' Fabian Tract, no. 131 (1907).

Webb, S. & B. *Problems of Modern Industry* (1892).

———. *Industrial Democracy* (1897).

———. *The History of Trade Unionism* (London : Longman, 1926). 飯田鼎・高橋洸訳『労働組合運動の歴史』上・下. (日本労働協会, 1973).

B. フェミニズム・女性選挙権運動・母性・福祉政策

Banks, J. A. *Prosperity and Parenthood : A Study of Family Planning Among the Victorian Middle Classes* (London : Routledge & Kegan Paul, 1954).

Banks, Olive. *Faces of Feminism : A Study of Feminism as a Social Movement* (Oxford : Martin Robertson, 1981).

Banks, J. A. and Banks, Olive, *Feminism and Family Planning in Victorian England* (*New York* : Schocken Books, 1964). 河村貞枝訳『ヴィクトリア時代の女性たち――フェミニズムと家族計画――』(創文社, 1980).

ing Society 1917).

_________. *The Proposed Ministry of Health.* SJC Pamphlet (n. d.).

Stewart, William. *J. Keir Hardie* (ILP edition, 1921).

Summerfield, Penny. *Women Workers in the Second World War : Production and Patriarchy in Conflict* (London : Routledge, 1984, repr. 1989).

Talbot, Mary S. 'Regislation for Shop Assistants', *Women's Trade Union Review*, no. 29 (Apr., 1898).

Tawney, R. H. *The Establishment of Minimum Rates in the Chain - Making Industry under the Trade Boards Act of 1909*, (Studies in the Minimum Wage, no. 1) (London : G. Bell & Sons, Ltd., 1914).

_________. *The Establishment of Minimum Rates in the Tailoring Industry under the Trade Boards Act of 1909* (Studies in the Minimum Wage, no. 2)(London : G. Bell & Sons, Ltd., 1915).

Thirsk, Joan. Foreword to *Women in English Society 1500 - 1800*, ed. by Mary Prior (London : Methuen, 1985).

Thom, Deborah. 'The Bundle of Sticks : Women Trade Unionists and Collective Organisation Before 1918', in *Unequal Opportunities*, ed. by A. John.

Thomis, Malcolm I. and Grimmett, Jennifer. *Women in Protest 1800 - 1850* (London : Croom Helm, 1982).

Thompson, Dorothy. 'Women and Nineteenth - Century Radical Politics : A Lost Dimension', in *The Rights and Wrongs of Women*, eds. by Juliet Mitchell and Ann Oakley.

_________. *The Chartists : Popular Politics in the Industrial Revolution* (Maurice Temple Smith, 1984). 古賀秀男・岡本充弘訳『チャーティスト——産業革命期の民衆政治運動』(日本評論社,1988).

Thompson, E. P. *The Making of the English Working Class* (New York : Vintage Books, 1963).

Tilly, Louise A. and Scott, Joan W. *Women, Work and Family* (New York : Holt, Rinehart and Winston, 1978).

Tsuzuki, Chushichi (都築忠七) *The Life of Eleanor Marx 1855 - 1898 A Socialist Tragedy* (Oxford : Clarendon Press, 1967).『エリノア・マルクス 1855 - 1898 ある社会主義者の悲劇』(みすず書房,1982).

People in London, ed. by C. Booth (1889).

________. 'The Lords and the Sweating System' *The Nineteenth Century* (June, 1890).

Purvis, June. *Hard Lessons : The Lives and Education of Working - Class Women in Nineteenth - Century England* (Cambridge : Polity Press, 1989).

Reeves, Pember. *Round About a Pound a Week* (London, 1913, repr. Virago, 1979).

Rendall, Jane (ed.) *Equal or Different : Women's Politics 1800 - 1914* (New York : Basil Blackwell, 1987).

Roberts, B. C. *The Trade Union Congress, 1868 - 1921* (London : George Allen & Unwin, 1958).

Roberts, Elizabeth. *A Woman's Place : An Oral History of Working - Class Women 1840 - 1940* (Oxford : Basil Blackwell, 1984).

________. *Women's Work 1840 - 1940* (London : Macmillan, 1988). 大森真紀・奥田伸子訳『女は「何処で」働いてきたか』(イギリス女性労働史入門)(法律文化社,1990).

Rowbotham, Shiela. *Hidden from History* : 300 *Years of Women's Oppression and the Fight Against It* (London : Pluto Press, 1973, repr. 1985).

Sandberg, Lars. 'American Rings and English Mules' *Quarterly Journal of Economics*, 83(1969).

Schmiechen, James A. *Sweated Industries and Sweated Labour : The London Clothing Trade 1860 - 1914* (Urbana : University of Illinois Press, 1984).

Schreiner, Olive *Woman and Labour* (London, 1911, repr. Virago, 1978).

Smith, Harold L. (ed.) *War and Social Change : British Society in the Second World War* (Manchester : Manchester University Press, 1986).

Soldon, Norbert C. *Women in British Trade Unions 1874 - 1976* (Dublin : Gill and Macmillan Ltd., 1978).

Solly, Henry. *Working Men's Social Clubs and Educational Institutes* (London, 1904, repr. Garland Publishing, Inc., 1980).

The Standing Joint Committee of Industrial Women's Organisations. *Its Aims and Its Constitution.* SJC Pamphlet (1916).

________. *The Position of Women after the War.* Report of the Standing Joint Committee on Labour Problems After the War (London : Co - operative Print-

_________. 'Women in Labour Politics', in ibid.

Milne, John Duguid. *Industrial Employment of Women in the Middle and Lower Ranks* (1857, repr. New York : Garland Publishing Inc., 1984).

Mitchell, David. *Women on the Warpath* : *The Story the Women of the First World War* (London, 1966).

Mitchell, Hannah. *The Hard Way Up* : *The Autobiography of Hannah Mitchell* : *Suffragette and Rebel* (London : Virago, 1968).

Mitchell, Juliet and Oakley, Ann (eds.) *The Rights and Wrongs of Women* (Harmondsworth : Penguin Books, 1976).

Morris, Jenny. *Women Workers and the Sweated Trades* : *The Origins of Minimum Wage Legislation* (Aldershot, 1986).

_________. 'The Characteristics of Sweating : The Late Nineteenth - Century London and Leeds Tailoring Trade', in *Unequal Opportunities*, ed. by A. John.

Neff, Wanda. *Victorian Working Women 1832 - 50* (1927).

Olcott, Tereasa. 'Dead Centre : The Women's Trade Union Movement in London 1874 - 1914', *London Journal*, 1(May 1976).

Parkes, Bessie Rayner. 'Statistics as to the Employment of the Female Population of Great Britain', in *The English Woman's Journal* (1860), in *Bodichon*, ed. by C. A. Lacey.

_________. 'A Year's Experience in Woman's Work'. A paper read at the National Association for the Promotion of Social Science, August 1860 and reprinted in *The English Woman's Journal* (October 1860).

Pelling, Henry. *A History of British Trade Unionism* (London, 1963). 大前朔郎・大前眞訳『新版イギリス労働組合運動史』(東洋経済新報社, 1982).

Phillips, Marion. *Women in the Labour Party* (Oxford : Headley Bros, 1920).

_________. (ed.) *Women and the Labour Party* (New York : B. W. Huebsch, 1918).

Pinchbeck, Ivy. *Women Workers and the Industrial Revolution 1750 - 1850* (London : Frank Cass, 1930, repr. 1969).

Potter, Beatrice. 'The Tailoring Trade of East London' *The Nineteenth Century* (Oct., 1887).

_________. 'Pages from a Workgirl's Diary' *The Nineteenth Century* (Oct. 1888).

_________. 'The Jewish Community of East London' in. *Labour and Life of the*

Lewenhak, Shiela. *Women and Trade Unions : An Outline History of Women in the British Trade Union Movement* (London : Ernest Benn, Ltd., 1977).

Lewis, Jane. *Women in England 1870 - 1950 : Sexual Divisions and Social Change* (Sussex : Wheatsheaf, 1984).

――――. (ed.) *Labour and Love : Women's Experience of Home and Family 1850 - 1940* (Oxford : Basil Blackwell, 1986).

Liddington, Jill. *The Life and Times of a Respectable Rebel : Selina Cooper* 1864 - 1946 (London : Virago, 1984).

Liddington, Jill and Norris, Jill. *One Hand Tied Behind Us : The Rise of the Women's Suffrage Movement* (London : Virago, 1978).

Macarthur, M. R. 'The Women Trade - Unionists' Point of View', in *Women and the Labour Party*, ed. by Marion Phillips (New York : B. W. Huebsch, 1918).

MacDonald, J. Ramsay. *Women in the Printing Trades : A Sociological Study* (London : P. S. King & Son, 1904).

――――. *Margaret Ethel MacDonald* (London : George Allen & Unwin Ltd., 1912).

Mappen, Ellen F. *Helping Women at Work : The Women's Industrial Council, 1889 - 1914* (London : Hutchinson, 1985).

――――. 'Strategists for Changes : Social Feminist Approaches to the Problems of Women's Work' in *Unequal Opportunities*, ed. by A. John.

Martineau, Harriet. 'Female Industry' *Edinburgh Review*, CIX (Apr. 1859).

Marwick, Arthur. *The Deluge : British Society and the First World War* (London : Macmillan, 1965, repr. 1986).

――――. *Women at War, 1914 - 1918* (London : Fontana, 1977).

Mathias, Peter. *The First Industrial Nation* (1969, 2nd ed. 1983). 小松芳喬監訳『最初の工業国家――イギリス経済史 1700 - 1914――』〔改訂新版〕(日本評論社,1988).

Matsumura, Takao. *The Labour Aristocracy Revisited : The Victorian Flint Glass Makers 1850 - 80* (Manchester University Press, 1983).

Mckenzie, K. A. *Edith Simcox and George Eliot* (Oxford, 1953).

Meyer, Mrs. Carol ; Black, Clementina. *Makers of Our Clothes* (1909).

Middleton, Lucy. (ed.) *Women in the Labour Movement : The British Experience* (London : Croom Helm, 1977).

Routledge and Kegan Paul, 1969).

Henderson, Arthur. 'Wages Boards. The Present Position. Homeworkers and Licensing.' *Women's Trade Union Review*, no. 67, Oct., 1907.

Hewitt, Margaret. *Wives & Mothers in Victorian Industry* (Westort 〔Connecticut〕: Greenwood Press, 1958).

Hobsbawm, E. J. *Labouring Men : Studies in the History of Labour* (London : G. Weidenfeld and Nicolson, 1964). 鈴木幹久・永井義雄訳『イギリス労働史研究』(ミネルヴァ書房，1968).

Holcombe, Lee. *Victorian Ladies at Work : Middle - Class Working Women in England and Wales, 1850 - 1914.* (Hamden 〔Connecticut〕: Archon Books, 1973).

Hutchins, B. L. *Home Work and Sweating : The Causes and the Remedies*, Fabian Tract no. 130 (1907).

__________. *Women in Modern Industry* (1915, repr. New York : Garland Publishing, Inc., 1980).

Hutchins, B. L. & Harrison, A. *A History of Factory Legislation.* (London : Westminster, 1907).

Hyman, Richard. *The Workers' Union* (Oxford : Oxford University Press, 1971).

Jenkins, Roy. *Sir Charles Dilke : A Victorian Tragedy* (London : Collins, 1958).

John, Angela V. (ed.) *Unequal Opportunities : Women's Employment in England 1800 - 1918* (Oxford : Basil Blackwell, 1986). なお本書に収録されている論文の場合は in *Unequal Opportunities*, ed., by A. John と略.

Joyce, Patrick (ed.) *The Historical Meanings of Work* (Cambridge : Cambridge University Press, 1987).

Kuhn, Annette and Wolpe, Ann Marie (eds.) *Feminism and Materialism : Women and Modes of Production* (London : Routledge & Kegan Paul, 1978). 上野千鶴子他訳『マルクス主義フェミニズムの挑戦』(勁草書房，1984).

Lacey, Candida Ann (ed.) *Barbara Leigh Smith Bodichon and the Langham Place Group* (New York : Routledge & Kegan Paul, 1987). ランガム・プレイス・グループ・メンバーの論文を再録したもの，以下 in *Bodichon*, ed. by C. A. Lacey と略.

Lazonick, W. 'Industrial Relations and Technical Change' *Cambridge Journal of Economics*, 3 (1979).

Fabian Women's Group. 'A Summary of Six Papers and Discussions upon the Disabilities of Women as Workers'. Printed for private circulation, 1909.

__________. 'Summary of Eight Papers and Discussions upon the Disabilities of Mothers as Workers' ed. by Mrs. G. B. Shaw. Printed for private circulation, 1910.

__________. Fabian Women's Group Pamphlet, 'Three Years' Work of the Women's Group'. Library, London School of Economics, n. d (c. 1911).

Foley, Alice. *A Bolton Childhood* (Manchester : Manchester University, Extra - Mural Department & the North Western District of the Workers' Education Association, 1973).

Ford, Isabella. *Industrial Women and How to Help Them* (London : Humanitarian League, [1900]).

__________. *Women and Socialism.* (London : Independent Labour Party, 1904).

Fower, Alan and Wyke, Terry, ed., *The Barefoot Aristocrats : A History of the Amalgamated Association of Operative Cotton Spinners* (Littleborough : George Kelsall, 1987).

Gaffin, Jean. 'Women and Cooperation', in *Women in the Labour Movement : The British Experience*, ed. by Lucy, Middleton (London : Croom Helm, 1977).

Gaffin, J. and Thoms, David. *Caring & Sharing. The Centenary History of the Cooperative Women's Guild* (Co - operative Union, Ltd., 1983).

Goldman, Harold. *Emma Paterson : She Led Woman into a Man's World* (London : Lawrence and Wishart, 1974).

Gordon, Eleanor. *Women and the Labour Movement in Scotland 1850 - 1914* (Oxford : Clarendon Press, 1991).

Hakim, Catherine. *Occupational Segregation*, Department of Employment Research Paper no. 9 (1979).

Hamilton, Mary A. *Mary Macarthur : A Biographical Sketch* (Westport [Connecticut] : Hyperion Press, Inc., 1926, repr. 1976).

__________. *Women at Work : A Brief Introduction to Trade Unionism for Women* (London : Labour Book Service, 1941).

Hannam, June. *Isabella Ford.* (Oxford : Basil Blackwell, 1989).

Harrison, J. F. C. *Robert Owen and the Owenites in Britain and America* (London :

Clegg, H. A. *General Union in a Changing Society : A Short History of the National Union of General and Municipal Workers, 1889 - 1964* (Oxford : Basil Blackwell, 1964).

__________. *A History of British Trade Unions since 1889*, vol. II, 1911 - 1933(Oxford : Clarendon Press, 1985).

Clegg, H. A. ; Fox, Allan and Thompson, A. F. *A History of British Trade Unions since 1889*, vol. I. 1889 - 1910(Oxford : Clarendon Press, 1964).

Cole, G. D. H. *Trade Unionism and Munitions* (Oxford : Clarendon Press, 1923).

__________. *British Trade Unionism Today : A Survey* (London : Victor Gollancz, Ltd., 1939).

__________. *A Short History of the British Working - Class Movement 1789 - 1949* (1949). 林健太郎他訳『イギリス労働運動史 III』(岩波書店, 1964).

Cole, G. D. H. ; Ewer, Monica & Mellor, W. 'Alternative Recommendations to the Main Report, Memorandum I'. in *Women in the Engineering Trade* by B. Drake.

Cole, M. *Beatrice Webb* (London : Longman, Green and Co., 1945).

Collette, Christine. *For Labour and For Women : The Women's Labour League 1906 - 1918* (Manchester : Manchester Universiity Press, 1989).

Courtney, Jenet E. *Women of My Time.* (1934).

Davies, M. Llewelyn. *The Women's Cooperative Guild, 1883 - 1904.*(Kinkly Lonsdale : Westmorland, 1904).

__________. (ed.) *Maternity : Letter from Working - Women.* (London, 1915, repr. Virago, 1978).

Dilke, E. F. S. II参照

Drake, Barbara. *Women in the Engineering Trade : A Problem, a Solution, and Some Criticisms ; Being a report based on an enquiry by a Joint Committee of the Labour Research Department and the Fabian Women's Group.* (London : George Allen & Unwin, Ltd., 1918).

__________. *Women in Trade Unions.* (London, 1920, repr. Virago, 1984).

__________. 'Women in Trade Unions', in *British Trade Unionism Today : A Survey,* ed. by G. D. H. Cole.

Dyhouse, C. 'Working - Class Mothers and Infant Mortality in England 1895 - 1914' *Journal of Social History,* vol. 12, no. 2 (1978).

lan, 1902 - 03).

Bornat, Joanna. 'Lost Leaders : Women, Trade Unionism and the Case of the General Union of Textile Workers 1875 - 1914', in *Unequal Opportunities : Women's Employment in England 1800 - 1918*, ed. by Angela John (Oxford : Basil Blackwell, 1986).

Boston, Sarah. *Women Workers and the Trade Union Movement* (London : Davis - Poynter, 1980).

Brailsford, H. N. ; Hobson, J. A. ; Jones, A. C. ; Wise, E. F. *The Living Wage* (The Independent Labour Party, 1926).

Braybon, Gail. *Women Workers in the First World War : The British Experience.* (London : Croom Helm, 1981).

Bullen, Andrew ; Fowler, Alan. *The Cardroom Workers Union ; A Centenary History of The Amalgamated Association of Card and Blowing Room Operatives* (Manchester : The Amalgamdted Textile Workers Union, 1986).

Burman, Sandra (ed.) *Fit Work for Women* (London : Croom Helm, 1979).

Burrows, Herbert. 'The Zurich Labour Congress', *Women's Trade Union Reviw*, no. 27, Oct., 1897.

Burton, Ross C. *Burnley As It Was* (Hendon Publishing Co., 1972).

Bythell, Duncan. *The Handloom Weavers* (Cambridge, 1969).

__________. *The Sweated Trades : Outwork in Nineteenth - Century Britain.* (New York : St. Martin's Press, 1978).

Cadbury, Edward, et al. *Women's Work and Wages* (1906).

Chapman, S. D. *The Cotton Industry in the Industrial Revolution* (Studies in Economic History)(London : Macmillan, 1972). 佐村明知訳『産業革命のなかの綿工業』(晃洋書房, 1990).

Chew, Ada. 'Let the Women be Alive' To the editor of *The Free Woman*, 18 April 1912, in Doris Nield Chew (ed.).

Chew, Doris Nield. *The Life and Writings of Ada Nield Chew* (London : Virago, 1982).

Clark, Alice. *Working Life of Women in the Seventeenth Century* (London : Routledge & Kegan Paul, 1919, repr. 1982).

Clarke, Allen. *The Effects of the Factory System* (London : Grant Richards, 1899).

Years 1820 - 50', in *The Rights and Wrongs of Women*, eds. by J. Mitchell and A. Oakley (Harmondsworth : Penguin Books, 1976).

Alexander, Sally ; Davin, Anna and Hostettler, Eve. 'Labouring Women, a reply to Eric Hobsbawm' in *History Workshop Journal*, 8(1979).

Amsden, Alice (ed.) *The Economics of Women and Work* (Harmondsworth : Penguin Books, 1980).

Anderson, Gregory (ed.) *The White - blouse Revolution : Female Office Workers since 1870* (Manchester : Manchester University Press, 1988).

Andrews, I. O. *Economic Effects of the War upon Women and Children in Great Britain* (Carnegie Endowment for International Peace) (Oxford : Oxford University Press, 1918).

Askwith, Betty. *Lady Dilke, A Biography* (London : Chatto & Windus, 1969).

Atkinson, Mabel A. 'The Economic Foundations of the Women's Movement', Fabian Tract, no. 175 (London, 1914).

Bain, G.S.; Price, R. *Profiles of Union Growth* (Oxford : Blackwell, 1980).

Barrett, Michèle. *Women's Oppression Today : Problems in Marxist Feminist Analysis* (London : Verso, 1980).

Barrett, Michèlle and McIntosh, Mary. 'The Family Wage : Some Problems for Socialists and Feminists', *Capital and Class*, no. 11(1980).

Black, Clementina. *Sweated Industry and the Minimum Wage.* With an Introduction by A. G. Gardiner (London : Duckworth & Co., 1907).

__________. (ed.) *Married Women's Work : Being the Report of an Inquiry Undertaken by the Women's Industrial Council* (London, 1915, repr. Virago, 1983).

Bodichon, Barbara Leigh Smith. 'Women and Work', 1857, in *Bodichon*, ed. by C. A. Lacey.

Bondfield, Margaret G. *A Life's Work* (London : Hutchinson & Co., 1950).

__________. 'Proposed Legislation for Shops and Shop Workers', *Women's Trade Union Review*, no. 33, Apr., 1899.

Boone, Gladys. *The Women's Trade Union Leagues in Great Britain and the United States of America.* (New York : Columbia University Press, 1942, AMS Edition 1968).

Booth, C. (ed.) *Life and Labour of the People in London*, 17 vols. (London : Macmil-

Claud Lorrain, Sa vie et ses oeuvres, Roum (Paris), 1884.

[Dilke, Lady Emilia Francis S.]

Books

The Shrine of Death & Other Stories, George Routledge, 1866.

The Shrine of Love and Other Stories, George Routlege, 1891.

French Painters of the 18th Century, George Bell, 1899.

French Architects and Sculptors of the 18th Century, George Bell, 1900.

French Furniture and Decoration of the 18th Century, George Bell, 1901.

French Engravers and Draughtsmen of the 18th Century, George Bell, 1902.

The Book of the Spiritual Life, including a Memoir of the author by Sir Charles Dilke, John Murray, 1905.

Articles

'The Great Missionary Success', *Fortnightly Review*, o. s. 51, n. s. 45 (May 1889)

'Benefit Societies and Trades Unions for Women', ibid. (June 1889)

Trade Unionism for Women', *New Review* 2 (Jan 1890)

'The Seamy Side of Trades Unionism for Women', ibid. 2 (May 1890)

'Trade Unionism among Women', *Fortnightly Review*, o. s. 55, n. s. 49 (May 1891) (with F. Routledge)

'Trades - Unions for Women', *North American Review*, 153 (Aug. 1891)

'Women and the Royal Commission', *Fortnightly Review*, o. s. 56, n. s. 50 (Oct. 1891)

'The Industrial Position of Women', ibid., o. s. 60 n. s. 54 (Oct. 1893)

'The Progress of Women's Trade Unions', ibid. 60, (1893)

'Woman Suffrage in England', *North American Review*, 164 (Feb. 1897)

III. 二次資料

A. イギリス女性労働史・女性労働運動史

Alexander, Sally. Introduction to *Round About a Pound a Week*, ed. by Pember Reeves (London, 1913, repr. Virago, 1979).

_________. 'Women's Work in Nineteenth - Century London : A Study of the

Report of the War Cabinet Committee on Women in Industry. 1919. (Cmd. 135).

C. 政治・労働・女性参政権等団体記録

Independent Labour Party. National Council Minutes.

Labour Party (Labour Representation Committee). Annual Conference Reports.

National Federation of Women Workers. Annual Reports and Balance Sheets.

Trades Union Congress. Annual Reports.

Women's Labour League. Annual Conference Reports.

Women's Trade Union Association. Annual Reports.

Women's Trade Union League (Formerly Women's Protective and Provident League). Annual Reports.

D. 新聞・機関誌

Burnley Express.

Burnley Gazette.

Common Cause.

Cotton Factory Times (The Organ of the Cotton Operatives), Manchester.

English Woman's Journal.

Englishwoman's Review.

Fortnightly Review.

Labour Leader.

Labour Woman.

Woman's Suffrage Journal.

Woman's Trade Union Review.

Woman's Union Journal.

Woman Worker (The Organ of the National Federation of Women Workers).

Yorkshire Factory Times.

II. Works by Mrs. E. F. S. Pattison and Lady Emilia Francis S. Dilke

[Pattison, E. F. S.]

The Renaissance of Art in France, Kegan Paul, 1879.

参 考 文 献

I. 一次資料

A. 私文書，その他

Charles Dilke Papers (British Museum, London).

Mark Pattison Papers (Bodleian Library, Oxford).

Jemes Ramsay MacDonald Papers (Public Record Office, Kew).

Webb Trade Union Collection (British Library of Political and Economic Science, London).

B. 公文書

British Parliamentary Papers. Census of Great Britain, 1851. Population Tables. II. vol. I (Irish University Press. British Parliamentary Papers. Population 8.)

British Parliamentary Papers. Census of England and Wales, 1861, 1871, 1881, 1891, and Reports. vol. Ⅲ (Irish University Press. British Parliamentary Papers. Population, 15, 16, 17, 20, 23).

The House of Lords Select Committee. *Reports from Committees : Sweating System.* vol. XIV. Part II, 1889.

The House of Commons Select Committec. *Reports from Committees of Home Work, 1907-8.*

Board of Trade. *Report of an Enquiry into Earnings* and *Hours of Labour of Workpeople of the United Kingdom.* I. Textile Trades in 1906. II. Clothing Trades in 1906.

Board of Trade (Department of Labour Statistics). *Seventeenth Abstract of Labour Statistics of the United Kingdom* presented to both Houses of Parliament, 1915 (Cd. 7733).

National Health Insurance. *Report of the Departmental Committee on Sickness Benefit Claims under the National Insurance Act. Memorandum A.* 1914. (Cd. 7687).

[ヤ行]

ユニテリアン派　59
ヨークシャ力織機労働組合　188

[ラ行]

ランガム・プレイス（グループ）　Langham Place　63-5, 147
リーズ仕立工女組合　Leeds Tailorsses' Union　136
リベラル・リフォーム　241
レイディ・マーガレット・ホール　Lady Margaret Hall　65
『レイバー・ニューズ』 *Labour News, The*　146
『レヴュー』→『女性労働組合レヴュー』
連合商店員組合　United Shop Assistants Union　220
労使調停法（1896年）　221
「労働貴族」　56, 246
労働組合会議（TUC）　Trades Union Congress　193, 224-25, 228-29, 231, 240, 251, 317, 341-42, 352, 376, 378, 388
　WPPLとの関係　153, 157-63
　WTULとの関係　173, 183, 185
　「女性会議」との関係　186-89
　法定8時間制との関係　212, 218, 221-22
　「家族手当」との関係　268-69
労働組合法　141
労働史学会　Society for the Study of Labour History　94
労働者組合（WU）　Workers' Union　258, 260, 273, 287, 290, 296, 313-19
労働者災害補償法　Workmen's Compensation Act（1898年）　218, 222, 241, 271
労働者代表委員会（LRC）　Labour Representation Committee　338, 340-41
労働争議法　Trade Disputes Act（1906年）　241
労働党　5, 249, 272, 312-13, 318-19, 339
　女性選挙権との関係　67, 342-45, 348
　EFFとの関係　349-55
　家族手当との関係　376
労働党婦人部→女性労働連盟（WLL）
労働に関する王立委員会　218
ロンドン仕立工女組合　London Tailoresses' Trade Union　151, 196
ロンドン市伝道会　London City Mission　26
ロンドン女性タバコ製造工組合　London Society of Female Cigar Makers　199
ロンドン男女仕立工組合　London Tailors and Tailoresses Society　196
ロンドン男性仕立工組合　London Society of Tailors　151
ロンドン女性労働評議会　London Women's Trades Council　227
ロンドン労働評議会　London Trades Council　147, 171, 213, 229, 240

[ワ行]

ワークハウス訪問協会（WVS）　Workhouse Visiting Society　25, 30, 33

Makers 199

［ハ行］

バーミンガム地区労働評議会 259
売春婦救済女性布教団 Female Mission on the Fallen 37
売春防止運動→伝染病法廃止運動
箱製造労働者組合 177
8時間労働制→法定8時間労働（日）制
パラソル洋傘製造工組合（アメリカ） 146
ピムリコ国営軍服仕立工場 151
平等権修正条項 Equal Rights Amendment(アメリカ) 388
平等市民協会全国連合（NUSEC） National Union of Societies forEqual Citizenship 356, 375
平等賃金法 Equal Pay Act（1970年） 388
「平等派」フェミニズム（フェミニスト） 4-6, 11, 34, 36, 49, 55, 70, 317, 331-33, 356, 383-84, 387
貧困救済協会 31
フェビアン協会 Fabian Society 71, 231, 363, 374
フェビアン協会婦人部（FWG） Fabian (Society) Women's Group 6, 83, 276, 360-61, 363, 368-69, 386
福祉フェミニズム 363
婦人服科学的裁断師組合 Society of Scientific Dresscutters 195
婦人服科学的仕立工組合 Society of Scientific Dressmakers 173
婦人服・婦人帽・マント製造工女組合 Dressmaker, Milliners and Mantlemakers 136, 150
「婦選」派 67, 332, 338, 355
「普選」派 67, 332, 355
物品賃金制度廃止法（1896年） Truck Act 222, 271
ブリストルおよび英国西部女性参政権協会 47
プリムローズ・リーグ Primrose League 65
ブルックランズ協約 Brooklands Agreement 191
米国労働総同盟産別会議（AFL-CIO） 388
ベッドフォード・カレッジ Bedford College 64
法定8時間労働（日）制 174, 212, 222, 225, 228, 230
北部諸州合同綿織布工組合 Northern Counties Amalgamated Association of Cotton Weavers 118, 203
母性手当 6, 360-61
　経済的自立との関係 367-74

［マ行］

マッチ工女の争議（1888年） 171
マンチェスター・ソールファド女性労働組合評議会（MSWTUC） Manchester and Salford Women's Trade Union Council 334
マンチェスター労働評議会 Manchester Trades Council 174
ミドランド機械工業雇用者連合 Midland Engineering Employers' Federation 290, 316
ミドランド雇用者連合 Midland Employers' Federation 259
ミドランド職業連盟代表 161
「民主派」女権論者 democratic suffragist 343, 353, 355
『綿工場タイムズ』 *Cotton Factory Times, The* 170, 195

gency Workers National Committee 284, 287
戦時軍需産業法　Munitions of War Act 279, 282, 289-91

[タ行]

第2インターナショナル（新国際社会主義労働者会議） 224, 227-30
『タイムズ』 *Times, The* 293
ダイリューション　Dilution 280-85, 288-89, 293-94, 298-300, 309
「体力低下」に関する各省合同委員会 364
タフ・ヴェイル判決 241
炭鉱夫労働組合　Miners Federation of Great Britain 352, 355
ダンディーおよび周辺地域製作所・工場従業員組合　Dundee and District Mill and Factory Workers' Union 185
ダンディーおよび周辺地域ジュート・亜麻労働者組合　Dundee and District Jute and Flax Workers Union 242, 261
チェルシィ女性裁縫師組合　Society of Chelsea Seamstresses 173, 195
チャーチスト運動 47, 56, 60
賃金委員会法　Trade Boards Act →最低賃金法
賃金明細条項　Particulars Clause 215
『デイリィ・クロニクル』 *Daily Chronicle, The* 217
『デイリィ・ニューズ』 *Daily News, The* 247, 255
鉄道従業員合同組合　Amelgamated Society of Railway Servants 143
鉄道女性ギルド　Railway Women's Guild 308
デモクラティック・サフラジスト（サフラジズム）→「民主派」女権論者
伝染病法実施に関する王立委員会 39
伝染病法（ＣＤ法）廃止運動　Contagious Diseases Acts 36, 38, 40, 43
伝染病法廃止淑女全国協会（ＣＤ法廃止協会）　Ladies National Association for the Repeal of the Contagious Diseases 38
ドイツ社会民主党 230
同一労働・同一賃金（男女の）（平等賃金）
　ＴＵＣにおける決議 162, 272, 278, 281
　ダイリューションとの関係 286, 290-91, 295, 327
　女性手当との関係 374, 381
道徳改善連合 25
東北ランカシァ織布工組合　Northeast Lancashire Weavers' Association 191
「独自派」フェミニズム（フェミニスト） 4-6, 11, 36, 45-49, 70, 144, 331, 383-84
独立労働党　ILP（Independent Labour Party） 34, 66-7, 71, 188, 240, 243, 283, 299, 333-36, 341-42, 344, 376
ドック・波止場・河岸・一般労働者組合 Dock, Wharf, Riverside & General Labourers Union 171, 181, 185
奴隷貿易廃止運動 14

[ナ行]

『ナインティーンス・センチュリ』 *Nineteenth Century, The* 66
長靴鋲締・仕上工全国組合　National Union of Operative Boot Rivetters and Finishers 166
ニューナム・カレッジ　Newnham College 64
妊産婦給付 372
ノッティンガム女性タバコ製造工組合 Nottingham Society of Female Cigar

Trade Union Association　174-78
『女性労働組合レヴュー』 *Women's Trade Union Review, The*　182, 193, 215-17, 219
女性労働組合連盟（ＷＴＵＬ） Women's Trade Union League　2-5, 73, 136, 145, 164, 171, 200, 202, 237-42, 251-58, 261-62, 270-73, 282, 290, 293, 295-96, 302-3, 308-9, 313-14, 317, 327, 372, 384-88
ＴＵＣとの関係　173-75, 224-25
地方への活動の拡大　181-84, 185-89
綿業労働者との関係　109-10, 116, 121, 192-95
仕立工女との関係　195-98
保護法との関係　212-18
女性工場監督官との関係　218-19
商店員との関係　219-221
第２インターナショナルとの関係　227-30
女性選挙権運動との関係　331-36, 345, 355
『女性労働者』 *Woman Worker*　243
女性労働評議会　Women's Trades' Council　153, 162, 164, 169, 171, 173
女性労働連盟（WLL） Women's Labour League　6, 226, 243, 249, 276, 308, 312, 327, 345, 360-61, 364, 367, 372, 376, 386
新組合主義　New Unionism　220, 225, 237
人民選挙権連合（PSF） People's Suffrage Federation　345-46, 349
スコットランド製作所工場従業員組合　Scottish Mill and Factory Workers' Association　186
製靴工組合　National Union of Boot and Shoe Operatives　198
生活賃金　376
製綱労働組合　Ropemakers Union　177, 229
性差別禁止法　Sex Discrimination Act（1975年）388
成人選挙権協会　Adult Suffrage Society　345
成人選挙権全国評議会　National Council for Adult Suffrage　354
成人男性選挙権法案（＝選挙権および登録法案）　340, 349, 352
成人普通選挙権法案　348
性における二重基準　46
選挙闘争基金（EFF） Election Fighting Fund　349-54
選挙法改正（第２・３次）（1867, 1884年）　65-66, 333
全国一般労働者組合（NUGW） National Union of General Workers　273, 287, 314, 317
全国衣服製造工組合　National Union of Clothiers Operatives　253
全国監視協会　National Vigilence Association　41
全国商店員組合　National Union of Shop Assistants　220
全国女性労働者連合（NFWW） National Federation of Women Workers　151, 237-43, 272-73, 282, 296, 308, 313-19, 326-27, 355, 372
賃金委員会法との関係　246, 251-54
社会不安の時代　254-62
国民保険法との関係　262-63, 270
ダイリューション　286
ＡＳＥとの協力　287-88
ＷＵとの関係　290-91, 293
職場代表員との関係　297-302
全国洗濯業協定　302
戦時緊急労働者全国委員会　War Emer-

356, 360-63, 384, 386
「社会主義」との関係 54-55
社会民主連合（SDF） Social Democratic Federation 71, 176, 230, 336
シャツおよびカラー製造工組合 Shirts and Collar Makers Union 136, 151
『ジャーナル』→『女性組合ジャーナル』
宗教書普及協会 Religious Tract Society 25
住宅都市計画法 314
自由党 348-49, 354
首都訪問救済協会 25, 31
少女友愛協会 Girl's Friendly Society 107
商店員組合 203
商店時間法（1886年） 219
商店法 Shop Act 271
職場代表員（職場委員）（運動） Shop-steward 297-98, 301, 313, 318
女性印刷組合 Women's Printing Society 143
女性印刷工組合（アメリカ） 146
「女性会議」 159-60, 185-89, 225, 387
女性学 1
女性協同組合ギルド（WCG） Women's Cooperative Guild 6, 226, 231, 276, 308, 327, 335, 343-345, 360-61, 372, 386
『女性組合ジャーナル』 *Women's Union Journal, The* 148, 172, 182
女性工場監督官 160, 175
女性雇用促進協会 25, 63-4, 141
女性雇用防衛連盟 213
『女性の隷従』（ミル，J.S.） *Subjection of Women, The* 147
女子高等教育 63-4
女子高等教育英国北部評議会 North of England Council for the Higher Education of Women 39
女子差別撤廃条約 79
『女性産業ニューズ』 299
女性産業評議会（WIC） Women's Industrial Council 177, 250-51, 276, 386
女性参政（選挙）権（運動） 6, 40, 43, 65, 133, 204, 284, 299, 331-60
女性参政権英国北部協会 North of England Society for Women's Suffrage 335-36
女性参政権協会全国連合（NUWSS） National Union of Women's Suffrage Societies 335, 347-48
ＥＦＦとの関係 349-56, 375
「女性参政権に反対する声明」（Ｈ．ウォード夫人） 66, 204
女性自由協会 Women's Liberal Association 231
女性自由連合 Women's Liberal Federation 65
女性自由連盟（ＷＦＬ） Women's Freedom League 339
「女性に関する最も重要な法律の平易な要約」（スミス，バーバラ・リー） 60
女性社会政治連合（WSPU） Women's Social and Political Union 67, 133, 338-39, 349
女性保護共済連盟（WPPL） Women's Protective and Provident League 71-4, 135-36, 141, 144
思想と政策 145-150
活動領域 150-52
ＴＵＣとの関係 153-54, 157-64
１つの結節点 165-70
「社会主義」との関係 168-69
パタスン夫人からディルク夫人へ 171-72
改組 181-83, 195-96, 384
女性労働組合協会（WTUA） Women's

クィーンズ・カレッジ　Queen's College 64
クウェーカー教徒　20,87
苦汗労働（産業）　Sweating ; Sweated Industries 125,127,136
　苦汗産業展示会　247
　苦汗制度にかんする上院特別委員会 136
　苦汗労働反対連盟　247-49,253
『クラリオン』 *Clarion* 243
『クルー・クロニクル』 *Crewe Chronicle, The* 131-32
黒い背広を着たプロレタリアート　black-coated proletariat 220
軍需産業調停裁判所　291
結婚および離婚法　61
ケンブリッジ大学　Cambridge University 89
工場および作業場法　Factory and Workshop Acts （1878,91,95,1901,1908年） 5,158,160,213-14,218
工場監督官　182,214,217,250
合同機械工組合（ＡＳＥ）　Amalgamated Society of Engineers　286-90,296-97,299,302,313-16,319
合同織布工組合　Amalgamated Weavers' Association　142,191
合同紳士服仕立工組合　Amalgamated Society of Tailors　151
合同洗濯婦組合　213
合同梳綿打綿室工組合　Amalgamated Association of Card and Blowing Room Operatives　115,190,192
合同男女仕立工組合　Amalgamated Society of Tailors and Tailoresses 253
合同漂白・染色・仕上工組合　Amalgamated Society of Bleachers, Dyers and Finishers　261
港湾労働者一般組合→ドック・波止場・河岸・一般労働者組合
国際社会主義労働婦人会議　182
国際労働機構（ILO）　313
国民保険法　5,241,262-63,270
孤独少女保護淑女協会　Ladies' Association for the Care of Friendless Girls 41
『コモン・コーズ』 *Common Cause* 348

［サ行］

最低賃金法（＝賃金委員会法）　5,136,241,246,249,251,262,270-72,301,303
サマーヴィル・カレッジ　Somerville College　65
産業上のフェミニズム　industrial feminism 317
産業女性団体常任合同委員会（SJC） Standing Joint Committee of Industrial Women's Organizations　308,312,327,388
産業別組合主義　298
産児制限運動　11
サンディカリスト（サンディカリズム） 254,272,298-301
慈善組織協会（COS）　Charity Organization Society　25,31,33,49,72
室内装飾工女組合　Upholsteresses　150
ＣＤ法反対運動→伝染病法廃止運動
児童法(1908年)　365
社会科学振興国民協会（NAPSS）　National Association for the Promotion of Social Science　30,48
「社会主義」　56,71-3,167,169
　フェミニズムとの関係　361-63
「社会派」フェミニズム（フェミニスト） 4-6,11,49 70-3,145,276,318,331-33,

事項索引

[ア行]

悪徳抑制協会　15, 41
育児手当　6, 376
イースト・エンド仕立工女組合　East End Tailoresses' Union　176
一般労働組合連合　General Federation of Trade Unions　242
『イングリッシュ・ウーマンズ・ジャーナル』 *English Woman's Journal*　63, 163
『イングリッシュ・ウーマンズ・レヴュー』 *English Woman's Review*　176
印刷および関連職業組合連合　Printing and Kindred Trades Federation　199
印刷工組合　294
印刷工・倉庫係・裁断者組合　Printers, Warehousemen and Cutters, National Amalgamated Society of　253
ヴィクトリア・プレス　Victoria Press　63
ウィトリィ委員会　Whitley Committee　301, 303
『ウェストミンスター・レヴュー』 *Westminster Review*　59
英国鉄鋼および関連職業組合　British Iron, Steel, and Kindred Traders Association　314
『エディンバラ・レヴュー』 *Edinburgh Review*　63
大蔵省協定　Treasury Agreement　286, 296
王立労働委員会　132

[カ行]

会衆派キリスト教教育協会　Congregationalist Christian Instruction Society　25
ガス労働者一般労働者組合（ガス工労組） Gas Workers and General Labourers' Union　171-73, 181, 184, 203, 229
家族賃金　4, 92, 108, 374-75
家族手当　361, 374, 376-78
学校給食　374
学校検診　365
ガートン・カレッジ　Girton College　64, 89
家内労働規制法　Regulation of Conditions of Home Works Act（1904年） 222
家内労働調査特別委員会　248, 251
危険業種調査委員会　Dangerous Trades Committee　218
既婚女性財産法案　61
「急進派」婦選（女権）論者（運動） radical suffragist　66, 332, 333, 336, 341, 350-54
救貧委員　28-9
救貧法　28, 31
教育（管理規定）法（1907年）　365
教育（給食）法（1906年）　364
協同組合　295
キリスト教社会連合　Christian Social Union　231
キリスト教知識普及協会　Society for Promoting Christian Knowledge　25
ギルド社会主義　317

313-14, 345-46, 388

［マ行］

マーウィック，アーサー（Marwick, Arthur） 280, 309, 328
マーシャル，アルフレッド（Marshall, Alfred） 148
マーティナウ，ハリエット（Martineau, Harriet） 39-40, 49, 54, 59-65, 147, 406
マーランド，アニィ（Marland, Annie B.） 116, 121, 183, 192-93, 199, 230, 335
マクドナルド，J.ラムジイ（MacDonald, J. Ramsay） 349-50
マクドナルド，マーガレット（MacDonald, Margaret E. Gladstone） 249-50, 364, 367
マクミラン，マーガレット（McMillan, Margaret） 350
マッカーサー，メアリ（Macarthur, Mary） 5, 136, 196, 255-56, 261-62, 273, 281, 296, 308, 312-19, 327, 355
　ＷＴＵＬとの関係 236-39
　ＮＦWWとの関係 241-42
　苦汗労働との関係 246-49
　最低賃金法との関係 249-52,
　国民保険法との関係 262-65,
　ダイリューションとの関係 283-89, 292-93
　職場委員運動との関係 299-300
　女性選挙権との関係 345-46
マッキントッシュ，メアリ（McIntosh, Mary） 360
マッペン，エレン（Mappen, Ellen） 71
マロン，J.J.（Mallon, J. J.） 247, 249, 253
マン，トム（Mann, Tom） 186, 188, 198, 202, 258
ミッチェル，ハナ（Mitchell, Hannah） 133
三富紀敬 327
ミル，ジョン・スチュアート（Mill, J. S.） 6, 40, 46, 59, 65, 147
メイヒュー，ヘンリィ（Mayhew, Henry） 37
モア，ハナ（More, Hanna） 15, 17-20, 42, 44-6, 53-7, 407
モリス，ジェニィ（Morris, Jenny） 127, 134

［ラ行］

ラウトリッジ，フランシス（Routledge, Frances） 182, 187, 197, 214, 219, 231
ラスキン，ジョン（Ruskin, John） 32
ラスバウン，エリナ・フローレンス（Rathbone, Eleanor Florence） 354, 374-76, 381, 408
ラッセル，バートランド（Russell, Bertrand） 226, 347
ランズバリィ，ジョージ（Lansbury, George） 29, 283
リットン，コンスタンス（Lytton, Constance） 408
リットン伯爵（Lytton, Earl of） 348
リディングトン，ジル（Liddington, Jill） 122, 332
ルイス，ジェイン（Lewis, Jane） 88, 280-81, 369
ルーウェンハック，シーラ（Lewenhak, Shiela） 239
レディシュ，セアラ（Reddish, Sarah） 117, 335
ローパー，エスター（Roper, Esther） 333-37, 344
ローボウタム，シーラ（Rowbotham, Shiela） 300
ロバーツ，エリザベス（Roberts, Elizabeth）

フェイスフル，エミリィ（Faithful, Emily） 143, 147
フェンウィック，チャールズ（Fenwich, Charles） 188
フォーセット教授（Fawcett, Henry） 158
フォーセット夫妻 147
フォーセット夫人，ミリセント（Fawcett, Millicent Garrett） 40-1, 66-7, 120, 149, 163, 214, 328, 332, 335, 337, 339, 347, 354, 377, 405
フォード，イザベラ（Ford, Isabella） 196-97, 204, 334, 344, 347-48, 351, 354, 387, 406
ブーシェレット，ジェシィ（Boucherett, Jessie） 147
ブース，チャールズ（Booth, Charles） 161, 362
フーリエ，シャルル（Fourier, Charles） 55
フォリィ，アリス（Foley, Alice） 120, 122
フォリィ，シシィ（Foley, Cissy） 116
フライ，エリザベス（Fry, Elizabeth） 20, 406
ブラウン，リリィ（Braun, L.） 230
ブラック，グレイス（Black, Grace） 176
ブラック，クレマンティーナ（Black, Clementina） 162, 164, 171, 173, 176, 186, 197, 224, 250, 348, 362-63, 406
ブラッチフォード，ロバート（Blatchford, Robert） 243
プラット，ホジスン（Pratt, Hodgson） 146, 168
ブランカ，パトリシア（Branca, Patricia） 24
ブルース，モーリス（Bruce, Maurice） 32
ブレイボン，ゲイル（Braybon, Gail） 280-82, 328, 381
ブレイルズフォード, H. N.（Brailsford, H. N.） 349
ブロードハースト, H.（Broadhurst, H.） 158, 161, 173
プロチャスカ, F. K.（Prochaska, F. K.） 25, 48, 73, 144
ベヴァリッジ, W. H.（Beveridge, W.H.） 379-80
ペイン，トマス（Paine, Thomas） 51
ベサント，アニィ（Besant, Annie） 227
ベッカー，リディア（Becker, Lydia） 40, 193
ベッグ，フェイスフル（Begg, Faithfull） 335
ヘッドラム, S. D.（Headlam, Rev. S.D.） 147, 167-68, 170, 175
ヘディングリィ，アドルフ・スミス→スミス，アドルフ
ヘンダースン，アーサー（Henderson, A.） 249, 251, 283, 289
ホートン，ウォルター・E.（Houghton, Walter E.） 24
ホウルトン，サンドラ・スタンリィ（Holton, Sandra Stanley） 335
ボディション，バーバラ・リー・スミス（Bodichon, Barbara Leigh Smith） 6, 59-60, 62-3, 65, 406
ホプキンス，エリス（Hopkins, Ellice） 37, 40, 43
ホブズボーム, E. J.（Hobsbowm, E. J.） 89
ホリオーク, E.（Holyoake, E.） 75, 182, 188, 219
ホリス，パトリシア（Hollis, Patricia） 33
ボンドフィールド，マーガレット（Bondfield, Margaret） 203, 238, 271,

トムプスン, E. P.(Thompson, E. P.) 111
トムプスン，ウィリアム（Thompson, William） 51, 55-6, 70
トムプスン，ドロシー(Thompson, Dorothy） 56, 73
ドレイク，バーバラ（Drake, Barbara） 161, 296, 316
トワイニング，ルイザ（Twining, Louisa） 29, 33, 46, 49, 403

[ナ行]

ナイティンゲール，フローレンス（Nightingale, Florence） 24, 31, 39, 45, 404
ノウルズ，リリアン（Knowles, Lilian） 89, 90, 365
ノリス, J.(Norris, J.) 332

[ハ行]

パーキンズ，フランシス（Perkins, Frances） 388, 404
パークス，ベッシィ（Parkes, Bessie Rayner） 59, 62-3, 404
ハーディ，キアー（Hardie, Keir） 187-88, 283, 344-45, 350
ハーベン, H. D.(Harben, H. D.) 371-72
バーンズ，ジョン（Burns, John） 174, 176, 186, 198
ハウムズ，デイヴィド（Holmes, David） 183, 194, 225
パタスン，エマ（旧姓スミス）(Paterson, Emma） 135, 144-46, 150-51, 157, 158, 164, 167, 170, 173, 195-96, 218-19, 224, 231-32, 237, 239
パタスン，ミュアヘッド（Paterson, Muirhead） 219
バックストン, シドニィ（Buxton, Sydney） 174
パティスン夫人（Pattison, Mrs Mark)(後にディルク夫人） 147, 157, 160, 165-66, 169
バトラー，サミュエル（Butler, Samuel） 16
バトラー，ジョセフィーヌ（Butler, Josephine） 37-8, 40-2, 46, 48, 404
ハミルトン，メアリ, A.(Hamilton, Mary A.） 318
バレット，M（Barrett, M.） 360, 381
バロウズ，ハーバート（Burrows, Herbert） 229, 230
バンクス，オリヴ（Banks, Olive） 11, 20, 375, 380
パンクハースト，エメリン（Pankhurst, Emmeline） 66, 334, 338-39
パンクハースト，クリスタベル（Pankhurst, Christabel） 338
パンクハースト，シルヴィア（Pankhurst, Sylvia） 286
パンクハースト母娘 133, 253, 332, 343
ビアド, J.(Beard, J.) 259
ヒートン，アニィ（Heaton, Annie） 117, 194, 198, 335
ヒックス，エイミィ（Hicks, Amie） 176, 196, 229
ビッグズ，エイダ・ヘザー（Biggs, Ada Heather） 213
ヒル，オクテイヴィア（Hill, Octavia） 31, 33, 46, 49
ヒューイット，マーガレット(Hewitt, Margaret） 93-8
ピンチベック，アイヴィ（Pinchbeck, Ivy） 4, 89-99
ファウンテン夫人（Fountain, Mrs.） 295
フィリップス，マリオン（Phillips, Marion） 262-63, 281, 368, 376, 405

348, 401
スコット, J. A. (Scott, J. A.)　80, 95-8
ステッド, W. T. (Stead, W. T.)　40
ストレイチィ，レイ　(Strachey, Ray)
159, 278, 328, 401
スノードン，エセル (Snowden,　Ethel)
341, 347, 350
スノードン，フィリップ (Snowden Philip)
341
スマイリィ，ロバート (Smillie, Robert)
355
スミス，アドルフ (Smith, Adolph)　168,
214, 227, 228-29
スミス，エマ→パタスン, E.
スミス，バーバラ・リー→ボディション,
B. L. S.
ソールズベリ卿 (Salisbury, Lord)　66
ソールドン・ノバート・C. (Soldon,
Nobert C.)　301
ソーン，ウィル (Thorne, Will)　203, 204,
205

[タ行]

ターナー，ベン (Turner, Ben)　187
ダイハウス, C. (Dyhouse, C.)　92
タックウェル，ガートルード (Tuckwell,
Gertrude)　171, 182, 214, 217, 231, 240,
242, 251, 327, 377, 401
チェイター，ミランダ (Chaytor, Miranda)
88, 369
チェムバレン，ジャウジフ (Chamberlain,
Joseph)　165
チャーチル，ウィンストン (Churchill,
Winston)　293, 379
チャドウィック，エドウィン (Chadwick,
Edwin)　72
チャムピオン, H. H. (Champion, H. H.)
174, 176
チュー，エイダ・ニールド (Chew, Ada
Nield)　131, 133, 350-53, 402
ツェトキン，クララ (Zetkin, Clara)
228
デイヴィス，エミリィ (Davies,　Emily)
64-5, 226, 339, 402
デイヴィス，マーガレット・ルウェリン
(Davies, Margaret Llewelyn)　226-
27, 345, 402
デイヴィン，アナ (Davin, Anna)　273
ディキンスン，セアラ (Dickenson, Sarah)
339
ディケンズ，チャールズ (Dickens,
Charles)　29
ディズレリ，ベンジャミン (Disraeli,
Benjamin, Earl of)　66
テイラー夫人，ハリエット (Taylor,
Harriet)(Mrs, J.S. Mill)　59
テイラー，ヘレン (Taylor, Helen)　147
ティリィ，ルイーズ (Tilly, Louise A.)
80, 95-8
ディルク，チャールズ (Dilke, Sir Charles)
2, 41, 183, 188, 216-17, 221, 240, 248-49,
251, 271
ディルク夫人(Dilke, Lady Emilia
Frances)　2, 5, 37, 136, 146, 182, 185-
88, 191, 195, 199-204, 212, 225, 231, 238,
240, 242, 318
ティレット，ベン (Tillet, Ben)　176, 186,
202
テナント, H. J. (Tennant, H. J.)　18
トインビィ，アーノルド (Toynbee,
Arnold)　147
トーニィ, R. H. (Tawney, R. H.)
127, 271
ドーラ，シスター (Dora, Sister)　37
トム，デボラ (Thom, Deborah)　301,
318

[カ行]

カークウッド，デイヴィッド（Kirkwood, David） 299
カーペンター，メアリ（Carpenter, Mary） 30, 39, 46, 49, 400
カーライル，トマス（Carlyle, Thomas） 23
ギャスケル夫人（Gaskell, E. C.） 60-1, 114
キャムブル-バナマン，ヘンリィ（Campbell-Bannerman, Sir Henry） 339
ギャレット，エリザベス→アンダースン．E．G．
キングズリィ，チャールス（Kingsley, Charles） 147
クウェルチ，ハリィ（Quelch, Harry） 229, 343
クーパー，セリナ（Cooper, Selina） 117, 336, 342-43, 348, 350, 353-54
クラーク，アリス（Clark, Alice） 4, 85-8
クラーク，アレン（Clarke, Allen） 113, 120
グラッドストン，ウィリアム・ユーアト（Gladstone, William Ewart） 42, 66, 165
クレッグ，H．A．（Clegg, H. A.） 142, 262
ケニィ，アニィ（Kenney, Annie） 116, 338
ケリィ，フローレンス（Kelly, Florence） 248, 400
ゴア-ブース，エヴァ（Gore-Booth, Eva） 334, 339, 343
コートニィ，キャスリーン（Courtney, Kathleen） 348
コール，G．D．H．（Cole, G. D. H.） 291, 298, 316
コッブ，フランシス・パウア（Cobbe, Frances Power） 30, 400
ゴドウィン，ウィリアム（Godwin, William） 54

[サ行]

サースク，ジョーン（Thirsk, Joan） 87
サイム，ジョン（Sime, John） 261
サン・シモン，クロード・アンリ・ド（Saint-Simon, Claude Henri de） 55, 60
サンドハースト夫人（Sandhurst, Lady） 176
ジー，アレン（Gee, Allen） 183, 188, 203, 225, 342
シプトン，ジョージ（Shipton, George） 147, 183
シムコックス，イーディス（Simcox, Edith） 147-48, 151, 157, 169, 173, 186, 224, 227
シャクルトン，デイヴィド（Shakleton, David J.） 248
シャフツベリ卿（Shaftesbury, 7th Earl of） 42
シュミーチン，ジェームズ（Schmiechen, James A.） 127-28, 135
シュライナー，オリブ（Schreiner, Olive） 81, 85, 88, 363, 369, 401
シュロス，D．F．（Schloss, D. F.） 168
ショウ，ジョージ・バーナード（Shaw, George Bernard） 81, 368
ジョージ，デイヴィド・ロイド（George, David Lloyd） 263, 286, 289
ジョージ，ヘンリィ（George, Henry） 169
シルコック，ヘレン（Silcock, Helen） 193, 335, 341-42, 350, 353
スウォニック，ヘリナ（Swanwick, Helena）

人名索引

［ア行］

アーウィン，マーガレット（Irwin, Margaret） 239

アースクウィズ，ジョージ（Askwith, George, R.） 249, 258

アシュトン，マーガレット（Ashton, Margaret） 347

アスキス首相（Asquith, Herbert Henry） 339, 345, 348-49, 352

アダムス，ジェイン（Addams, Jane） 248, 399

アトキンスン，メイバル（Atkinson, Mabel） 83, 85, 88, 369, 372

アリグザンダー，サリィ（Alexander, Sally） 94-5, 99, 127, 372

アレヴィ，エリィ（Halévy, Elie） 15

アンダースン，エリザベス・ギャレット（Anderson, Elizabeth Garrett） 40, 64-6, 120, 399

アンダースン，W. C.（Anderson, W. C.） 283, 313, 319

ヴァーリィ，ジューリア（Varley, Julia） 259, 313, 318

ウィトリィ，J. H.（Whitley, J. H.） 301

ウィルキンスン，エレン（Wilkinson, Ellen） 377

ウィルキンスン，ヘンリィ（Wilkinson, Henry） 185

ウィルスン，エリザベス（Wilson, Elizabeth） 360

ウィルスン，モナ（Wilson, Mona） 188, 239

ウィルバーフォース，ウィリアム（Wilberforce, William） 15, 17

ウェズリィ，ジョン（Wesley, John） 14

ウェッブ，シドニィ（Webb, Sidney） 248, 363, 370

ウェッブ，ビアトリス（Webb（旧姓 Potter), Beatrice） 32, 49, 72, 126, 214, 319, 365, 368, 376

ウェッブ夫妻（Webb, S. and B.） 2, 190, 214, 216, 220, 233, 262

ウォルトン，ジョン. K.（Walton, John K.） 122

ウルストンクラーラト，メアリ（Wollstonecraft, Mary） 6, 17, 46, 51-56, 59

エイヴリング夫人（Aveling, Eleanor Marx） 173, 184, 224

エイブラハム，メイ（Abraham, May） 161, 175, 197, 219

エクランド，アリス（Acland, Alice） 226

エリオット，ジョージ（Eliot, George） 61

エンゲルス，フレデリック（Engels, Frederick） 80

オウエン，ロバート（Owen, Robert） 11, 54-5, 70

オースティン，ジェイン（Austen, Jane） 24, 62

オールダスリィ，マーガレット（Aldersley, Margaret） 350, 354

オニール，ウィリアム（O'Neill, William L.） 70

Feminism and Women's Labour Movements in Britain

Kei Imai

Contents

今井けい

津田塾大学英文学科卒，法政大学大学院修士課程経済学専攻．
1969-70　オクスフォード大学訪問研究員．
1981-82　同上，セント・アントニーズ・カレッジ準研究員．
アジア経済研究所；武蔵野女子大学，津田塾大学，オクスフォード大学東洋研究所非常勤講師を経て，現在，大東文化大学教授，大学婦人協会理事．
著訳書　『現代イギリスの女性作家』（共著，勁草書房，1986），『ヒロインの時代』（共著，国書刊行会，1989），『英米制度・習慣辞典』（共訳，秀文インターナショナル，1988），他．
論文　「ディルク夫人とイギリス女性労働運動その1―ジョージ・エリオット作『ミドルマーチ』と関連して―」『大東文化大学紀要』1984，「現代イギリスにおける女性と労働」『婦人労働問題研究』1988，他．

イギリス女性運動史
――フェミニズムと女性労働運動の結合――

1992年2月29日　第1刷発行

著　者　今井けい
発行者　栗原哲也
〒101　東京都千代田区神田神保町3-2
発行所　株式会社　日本経済評論社
電話03-3230-1661　Fax. 03-3265-2993
振替東京3-157198
文昇堂・山本製本

落丁本・乱丁本はお取替いたします　Printed in Japan

イギリス女性運動史（オンデマンド版）

2003年4月1日　発行

著　者　今井　けい
発行者　栗原　哲也
発行所　株式会社《かぶしきがいしゃ》 日本経済評論社
〒101-0051　東京都千代田区神田神保町3-2
電話　03-3230-1661　FAX　03-3265-2993
E-mail: nikkeihy@js7.so-net.ne.jp
URL: http://www.nikkeihyo.co.jp/
印刷・製本　株式会社　デジタルパブリッシングサービス
URL: http://www.d-pub.co.jp/　AB214

乱丁落丁本はお取替えいたします。　Printed in Japan

ISBN4-8188-1612-4

イギリス北西部の綿工業都市